GRIMOD DE LA REYNIÈRE
ET SON GROUPE

OUVRAGES DU MÊME AUTEUR

VOLTAIRE ET LA SOCIÉTÉ FRANÇAISE
AU XVIIIe SIÈCLE

(*Ouvrage couronné par l'Académie française.*)

Publié en huit séries : 1º *La Jeunesse de Voltaire.* — 2º *Voltaire à Cirey.* — 3º *Voltaire à la Cour.* — 4º *Voltaire et Frédéric.* — 5º *Voltaire aux Délices.* — 6º *Voltaire et J.-J. Rousseau.* — 7º *Voltaire et Genève.* — 8º *Voltaire, son retour et sa mort.*

2º ÉDITION. — 8 VOL. A 4 FR. LE VOL.

LA MUSIQUE FRANÇAISE AU XVIIIe SIÈCLE
GLUCK ET PICCINNI
1774-1800

2ᵉ édition, un vol. in-12. — Prix : 3 fr. 50

LES COURS GALANTES
ÉTUDES HISTORIQUES SUR LA DERNIÈRE MOITIÉ DU RÈGNE DE LOUIS XIV

Dentu, 1860-1864. — 4 vol. in-12.

Paris.— Imp. E. Capiomont et V. Renault, rue des Poitevins, 6.

GRIMOD
DE LA REYNIÈRE

ET SON GROUPE

D'APRÈS DES DOCUMENTS ENTIÈREMENT INÉDITS

PAR

GUSTAVE DESNOIRESTERRES

PARIS
LIBRAIRIE ACADÉMIQUE
DIDIER ET Cⁱᵉ, LIBRAIRES-ÉDITEURS
35, QUAI DES AUGUSTINS, 35
—
1877

Tous droits réservés.

GRIMOD DE LA REYNIÈRE

ET SON GROUPE

I

ORIGINE DES GRIMOD. — L'HOTEL DES CHAMPS-ÉLYSÉES.
ENFANCE DE BALTHAZAR.

Pour la génération actuelle, Grimod de la Reynière n'est qu'un épicurien fameux, un viveur à outrance, un voluptueux bizarre, que des livres théoriques sur l'art de la table ont posé en père de l'église de la gourmandise. On a oublié ou l'on ignore ses premiers titres à une célébrité que des dîners ont accrue, mais qu'il devait à une excentricité à laquelle nulle ne saurait être comparée, si nous en exceptons les extravagances du marquis de Brunoy et les folies de M. de Bacqueville. Jamais homme ne poussa plus loin l'audace et le sans-gêne à l'endroit de ce que l'on respecte communément le plus, soi et les siens. Pousser l'héroïsme, de plus sévères diraient le cynisme, jusqu'à se servir de propre plastron, jusqu'à égayer à ses dépens et aux dépens de sa famille la malignité publique peu habituée à trouver la besogne ainsi faite, voilà qui passe toute idée et toute prévision. Érostrate brûla le temple d'Éphèse, mais il n'eût pas mis le feu au toit paternel. Grimod de la Reynière n'incendia pas davantage la maison de ses père et mère; il fit plus, il les couvrit tant et si bien de ridicule, que ceux-ci seraient morts de chagrin si l'on mourait pour si peu. C'était donc un fou que ce Grimod? Eh! non vraiment. Et ce n'était pas plus un monstre que ce n'était un fou. Bienveillant, serviable, facile, généreux, il avait tous les instincts qui font le fils tendre, le mari excellent, le bon père de famille. Autre impossibilité : il était gourmand. Ce besoin de se singulariser, qui ne reculait devant rien, avait sa cause toute physique : il résultait d'une infirmité que le jeune Grimod crut dissimuler ou faire oublier à force de bruit, d'extravagances et de pasquinades.

La forme a, de toute éternité, réagi sur le fond, comme le vase sur le liquide qu'il emprisonne; et ce n'est pas impunément qu'un homme est beau ou laid. Est-il beau, c'est un fat. Qu'il soit bossu et spirituel (il est rare que l'un aille sans l'autre), et ce malheureux, qui était peut-être né bon et sensible, sera un composé, un mélange, un amalgame de railleries envenimées, de malices empoisonnées, d'incessantes noirceurs. Et ne lui demandez pas pourquoi il est méchant, il vous demanderait pourquoi Dieu l'a fait bossu. Vous lui répondriez que c'est une affaire entre Dieu et lui, qu'il vous objecterait que la bosse ne serait rien, si vous n'aviez pas décidé que la bosse est une laide et ridicule chose; que le bossu n'a pas déclaré la guerre à la société; qu'il n'attaque point; en un mot, qu'il ne fait que se défendre, et qu'étant le plus faible, il lui est bien permis d'user de toutes armes. Grimod de la Reynière n'était pas bossu, lui. Sa taille était droite, son dos sans la moindre protubérance, ses jambes, ni trop longues ni trop courtes, en parfaite harmonie avec l'ensemble, sa figure agréable[1]; bref, tout eût été à souhait si ses bras, au lieu de se terminer par la main de tout le monde, n'eussent pas fini en pattes d'oie, en d'horribles moignons[2]. Il est vrai que l'on mit tout en œuvre pour dissimuler cette difformité, et que l'on y était en partie arrivé : La Reynière père servait une pension à un Suisse qui avait fabriqué à son fils des mains artificielles avec lesquelles il écrivait... et peignait agréablement, qui

---

1. Un de ses biographes a fait un portrait tout différent de l'auteur de l'*Almanach des Gourmands :* « Rien n'était repoussant comme son aspect, pour nous surtout qui ne l'avons connu qu'âgé. Il avait ce qu'on appelle les pieds bots; l'une de ses mains n'était qu'un prolongement qui se terminait par une sorte de griffe; la droite en formait deux réunies presque jusqu'à l'extrémité par une membrane. C'est en cette sorte de pince qu'il plaçait sa plume pour écrire. Son nez était très-fort et recourbé à la manière du bec d'un perroquet. Enfin sa personne, sa démarche, étaient les plus disgracieuses du monde. Mais, en revanche, rien n'était plus vif, plus enjoué, plus plaisant, plus spirituel que sa conversation. » *La France littéraire*, deuxième série, septième année, t. V. p. 325. — L'auteur de ce portrait avoue qu'il n'a connu La Reynière que dans sa vieillesse; les contemporains de celui-ci, Rétif entre autres, nous le peignent d'une façon avantageuse. Son profil, par Boily, 1774 (il avait alors seize ans), tout en accusant un nez fortement aquilin, est loin d'être désagréable. Quant au pied bot, il n'en est question nulle part. Dunant, son ami, nous a laissé son portrait vers les soixante-dix ans, qui a été publié dans les classiques de la table : Grimod est coiffé d'un carapou, il a la mine d'un vieillard de cet âge, sans présenter nullement cet aspect repoussant qu'on lui prête ici.

2. Nous lisons dans le *Magasin pittoresque* (1851, t. XIX, p. 7), que La Reynière avait eu dans son enfance les mains à demi dévorées par un porc. Nous ignorons, pour notre compte, où l'on est allé prendre ces détails.

mieux est[1]. L'originalité de Grimod tient à ses poignets. En tout état de cause, c'eût été un épicurien, un voluptueux, un gourmand comme son époque, donnant telle heure à l'amour, telle autre à l'amitié, partageant son temps entre les distractions du monde et les recueillements savoureux de l'étude, ou bien emportant à la pointe de son éloquence, au barreau, un nom qu'il ne tint qu'à lui de conquérir sans qu'il lui fût besoin pour cela d'un scandale. Mais il eût prétendu à la réputation d'homme sérieux qu'à chaque instant sa difformité fût venue désoler ses succès et les mélanger d'amertumes; tandis qu'il était toujours assez bien tourné pour un bouffon[2].

Alexandre-Balthazar-Laurent Grimod de La Reynière naquit à Paris le 20 novembre 1758, d'un père plébéien et très-publicain, et d'une mère qui, malgré l'illustration d'un nom que l'évêque d'Orléans avait rendu fameux[3], avait consenti à donner sa main à un

1. *Mémoires secrets pour servir à l'histoire de la République des lettres* (Londres, John Adamson), t. XXII, p. 92, 93). 13 février 1783.
2. Trelawnay, dans ses *Souvenirs de Shelly et de Lord Byron*, dit de l'auteur de *Don Juan*, qu'il avait vu dans sa bière : « C'était la figure et le buste d'Antinoüs, et les pieds et les jambes d'un faune. Les jambes depuis les pieds jusqu'aux genoux étaient desséchées »; et il n'hésite pas à attribuer à cette infirmité qui humiliait et désespérait le poëte, l'excessive irritabilité et l'inégalité de son humeur.
3. M. de Jarente de la Bruyère, d'abord évêque de Digne, puis évêque d'Orléans, prélat mondain, fastueux, dont les mœurs n'étaient rien moins qu'édifiantes. Il fut chargé de la feuille des bénéfices en 1757, et dépensa une bonne partie de ses revenus pour mademoiselle Guimard, que sa maigreur avait fait surnommer le *squelette des Grâces*. On sait le mot de Sophie Arnould : « Comment se fait-il que cette chenille soit si maigre, vivant sur une si bonne feuille? » Il fut accusé même d'entrete-

fermier général. Mieux vaut, en définitive, habiter un somptueux hôtel du faubourg Saint-Honoré, (dût-on s'appeler madame Turcaret,) que s'enfouir toute vivante, comme s'y était déterminée une autre sœur élevée par le crédit de l'oncle à la dignité d'abbesse, dans quelque couvent à l'abri d'un monde pervers, aux passions et aux tempêtes duquel l'on grille de se sentir mêlée. Tous les Mémoires du temps s'accordent à faire descendre le financier d'un charcutier lyonnais, et cette erreur obtint si bien créance, que ses contemporains, amis et ennemis, passent condamnation sur l'obscurité de son origine[1]. Nous ne voudrions donc pas jurer que La Reynière ne comptât pour ancêtres d'honnêtes fabricants de jambon; il faudrait remonter un peu haut, en tous cas, pour les trouver dans son ascendance. En décembre 1670, des voleurs assassinaient, à Lyon, un banquier, Jean Grimod, et trois de ces bandits étaient roués vifs pour ce fait sur la place des Terreaux. Un quatrième, nommé Seguin, comme il n'avait participé qu'indirectement à l'événement et qu'il s'était fait honnêtement le dénonciateur de ses camarades, fut gracié pour l'exemple. Ce crime fit du bruit, et Gui Patin y revient à plusieurs reprises dans ses lettres[2]. Mais nous ne pensons pas

nir les plus coupables relations avec l'une de ses nièces, et les noëls du temps sont loin de le ménager. *Mémoires secrets*, (Londres, John Adamson), t. I, p. 46, 17 janvier 1762; t. II, p. 23, 12 février 1764.) — *L'Espion anglois* (Londres, John Adamson), t. I, p. 196, 197.

1. M. du Rozoir confirme cette erreur : « La Reynière était fils, dit-il, d'un fermier général qui, de la boutique de son père charcutier, s'éleva jusqu'à l'emploi d'administrateur des postes. »

2. Gui Patin, *Lettres*. (Réveillé, Paris, 1846.) t. III, p. 768, 772, 776, 777.

que les Grimod qui nous occupent, descendent de cette branche. Ils appartiendraient à des Grimod de Givors, dont les registres de la sénéchaussée de Lyon nous révèlent l'existence, dès 1587 ; notammment à un Benoît Grimod, marchand, qui teste en faveur de ses enfants, de l'aîné particulièrement appelé Antoine, nom de baptême qu'on rencontre, et à toutes les époques, dans cette famille. Ces Grimod ne quitteront Givors que près d'un siècle plus tard, pour se fixer à Lyon, où nous trouvons, en 1689, Antoine Grimod, avocat au Parlement, directeur général des Fermes-unies de France et de la Douane de Lyon. Et c'est lui qui devenait le chef de cette dynastie de publicains, tous fermiers généraux, de père en fils, jusqu'à la réforme de Necker. Appelé à Paris, il s'était établi, paroisse Saint-Jean-en-Grève, rue du Grand-Chantier, avec sa femme, Marguerite Le Juge, née en mai 1653, nature active, résolue, dévouée aux siens, qui n'aidera pas médiocrement à la fortune commune[1]. Antoine Grimod s'éteignait en 1731 (peut-être 1735), laissant trois garçons, La Reynière, Grimod Dufort[2], et Grimod de Beauregard, mort en 1755, sans alliance, surprenant,

1. Bibliothèque nationale. Manuscrits. Cabinet des titres. Grimod.
2. Grimod Dufort, seigneur d'Orçay, né en 1693, décédé en octobre 1748. Il épousa en secondes noces, peu de temps avant sa mort, mademoiselle Marie-Antoinette de Caulaincourt, fille de condition de Picardie, et parente du comte d'Argenson, ministre de la Guerre. Après avoir demeuré rue du Grand-Chantier, il avait acheté l'hôtel Chamillart, rue Coq-Héron, bâti somptueusement par le contrôleur général de ce nom ; et, le trouvant peu commode, il y fit pour deux cent mille livres d'embellissements. *Journal de Barbier*, (Paris, Charpentier), t. IV, p. 317. — *Vie privée de Louis XV* (1786), t. I, p. 331.

indignant ses héritiers par le testament le plus bizarre et le plus inattendu, dont sa mère, il est vrai, obtenait la nullité[1]. Nous n'avons à nous occuper que du premier, qui, grâce à son mariage avec l'une des filles de Labbé[2], devenait, ainsi que Dufort, fermier général en 1721, à la régie de Charles Cordié. Il épousait en secondes noces une Mazade, fille également d'un fermier général, et qui lui apportait soixante mille livres de rentes par contrat; mais cette union devait être de courte durée. Puisqu'il faut mourir d'une façon ou d'une autre, n'était-il pas bien, au grand-père de l'auteur de l'*Almanach des Gourmands*, de mourir d'une indigestion? « Il en avait eu déjà plusieurs de dange-

1. *Testament du sieur Grimod de Beauregard* (Paris, Simon, 1756). — *Mémoires et Réplique par la dame Grimod*, contre les tuteurs du sieur Grimod Dufort et contre les hôpitaux et autres gens de main-morte. « A mon ayeul décédé en 1754, nous dit le héros du présent livre, succéda mon père; M. de Beauregard mourut, je crois, l'année suivante, en laissant par un testament *ab irato*. 3,000,000 de francs, qui composoient sa modique fortune, aux hôpitaux. Sa mère, morte en 1758, à cent quatre ans, son unique héritière, fit casser le testament par un arrêt qui se trouve dans les causes célèbres, et qui laissant 300,000 francs aux hôpitaux, rendit le surplus des trois millions à la famille. C'est par suite de ces 300,000 francs que nous nommions à trois lits dans trois hôpitaux. Mais la bienfaisante Révolution s'étant emparée de ces fondations, il a fallu les racheter aux deux tiers. Enfin de ces neuf lits, il nous en reste trois, moins un que ma mère a aliéné. C'est une ressource pour moi quand j'aurai atteint soixante-dix ans, plus l'incurabilité, conditions indispensables. » *Lettres autographes de La Reynière au marquis de Cussy*; château de Villiers-sur-Orge, 13 février 1823. — Duc de Luynes, *Mémoires*, t. XV, p. 158, 170, 171. M. de Luynes précise les chiffres, qui sont un peu différents.

2. Le vrai nom de Labbé était Fleureau. Il fut poussé par sa femme, avec laquelle madame Desmarets s'entendait, pour négocier, sous son nom, une foule d'affaires équivoques, s'il faut en croire les *Mémoires de Maurepas*, t. I, p. 83, 84.

reuses, nous dit Barbier; mais il était si gourmand qu'il n'a pas pu se corriger[1]. » Il périssait, en effet, suffoqué par un pâté de foie gras, qu'il n'avait su digérer (10 février 1754). Il avait la meilleure table de tout Paris, et c'était à ses fourneaux qu'un Vatel en herbe pouvait prendre des leçons et grandir. Le patriarche de Ferney dont La Reynière faisait passer en franchise les lettres et les paquets, lui écrivait : « Le très-obligé et très-malade Voltaire, Monsieur, vous demande deux grâces : la première, est de vouloir bien munir de votre paraphe les quatre paquets ci-joints; la seconde, que mon cuisinier puisse servir d'aide au vôtre pendant quelques jours. Ce n'est pas que je prétende faire aussi bonne chère que vous. Mais un cuisinier se rouille chez un malade qui n'a point d'écuelles lavées, et il faut protéger les beaux arts[2]. » D'un premier lit, La Reynière avait eu madame Moreau de Beaumont, et, en secondes noces, une fille qu'il mariait, en 1749, à M. de Malesherbes, alors conseiller au parlement, avec une dot de cinq cent mille livres, argent comptant, deux cent mille livres assurées, « et plusieurs années de nourriture et de logement; » une dernière fille, madame de Lévis et un garçon, pour lesquels il ne devrait pas vraisemblablement faire moins. Cela laisse entrevoir, ce semble, une honnête aisance. On éva-

---

[1]. Barbier, *Journal* (Paris, Charpentier), t. VI, p. 7.
[2]. Voltaire, *Lettres inédites* (Didier, 1857), t. I, p. 159, 160. Lettre de Voltaire à M. de La Reynière, 17 novembre 1745. Grimod était seigneur de Clichy. La seigneurie lui fut vendue le 2 mai 1740 par M. Rouillé, intendant de Lyon. Il avait fait faire de très-beaux jardins. L'abbé Le Canu, *Histoire de Clichy-la Garenne*. (Paris, 1848), p. 228, 229

luait à quatorze millions de biens la fortune que sa veuve et ses enfants eurent à se partager.

Dès 1751, son fils (il n'avait alors que quinze ou seize ans, tout au plus dix-huit) était présenté au roi par le chancelier, qui devait bien cela au père de sa belle-fille, et il obtenait gracieusement de Louis XV la survivance de la place de fermier général. Assez riche pour ne pas se préoccuper de la dot que lui apporterait sa femme, celui-ci, comme tous les siens, ne songea qu'à contracter une illustre alliance. La considération est la seule chose que ne donne pas l'argent, et c'était pourtant le premier besoin de ces pauvres millionnaires, haïs également par le peuple d'où ils sortaient et par la noblesse qu'ils écrasaient de leur faste et trop souvent de leur insolence. La Reynière jeta les yeux sur mademoiselle de Jarente, l'une des nièces de l'évêque d'Orléans. Avoir dans sa manche un chancelier et un ministre des cultes que sa liaison avec l'abbé de Bernis rendait tout-puissant, n'était-ce pas toucher à tout et devenir un personnage considérable? Mais mademoiselle de Jarente répondit d'abord par un refus; il est vrai qu'elle se ravisa presque aussitôt. On a donné à ce brusque revirement une cause toute romanesque et qui serait de nature aussi à modifier l'opinion qu'on s'est faite de madame de La Reynière. Dans le couvent où elle était, se trouvait une jeune personne qu'elle avait prise en affection, belle mais pauvre, aimée par un jeune homme qui n'eût pas demandé mieux que de l'épouser sans dot, s'il eût pu ranger ses parents à son avis. Laisserait-on ces infortunés mourir d'amour et de désespoir, quand, avec un peu d'argent, on les tirait d'affaires? Mademoiselle de Jarente, d'ailleurs à moitié ébranlée par toute cette opulence, tout ce luxe qu'on faisait miroiter à ses yeux, se dit qu'il serait beau, en s'immolant (il est des sacrifices, en définitive, plus terribles), de changer en bonheur les angoisses d'un couple amoureux dont elle devenait la providence. Elle dépêche quelqu'un au fermier général pour lui apprendre que l'on était enfin décidée et qu'il ne tenait qu'à lui d'obtenir sa main. Elle ne se livrait pas sans conditions; mais, pour un millionnaire comme Grimod, ce qu'on exigeait de lui était une bagatelle : tout uniment cent mille francs dont il ne devait point connaître l'emploi, et dont jamais aussi il ne demanderait compte à sa femme. Le financier, enchanté d'en arriver à ses fins à si bon marché, répondit par l'envoi de la somme. Mademoiselle de Jarente devint bientôt après madame de La Reynière, et son amie épousa le jeune homme qu'elle aimait[1].

L'on a été très-sévère envers madame de La Reynière. La comtesse de Genlis, qui était reçue chez elle, lui rend plus de justice dans ses Mémoires : « C'étoit une personne de trente-cinq ans, très-vaporeuse, très-fâchée de n'être pas mariée à la cour, mais belle, obligeante, polie; se plaignant toujours de sa santé, mais aussi ne se plaignant jamais de personne, et faisant les honneurs d'une grande maison avec beaucoup de noblesse et de grâce. Ma tante, quoiqu'elle en fût parfaitement bien reçue, ne l'aimoit pas; et je m'aperçus que presque toutes les dames de la cour

---

1. *La France littéraire*, deuxième série, septième année, t. V, p. 323 et 324. Notice sur Grimod de La Reynière.

de l'âge de madame de La Reynière, qui alloient chez elle, tâchoient de lui donner des ridicules; j'en cherchois la raison, et, quoique j'eusse peu d'expérience, je la trouvai. Toutes ces dames étoient, au fond de l'âme, jalouses de la beauté de madame de La Reynière, de l'extrême magnificence de sa maison et de la riche élégance de sa toilette. Cette découverte me serra le cœur et me fit faire de tristes réflexions sur le monde[1]... » Ne dirait-on pas, à l'entendre, madame de Genlis l'indulgence même ? Lorsqu'elle écrivait ces lignes, l'âge, qui apporte tant de changements aussi bien à nos idées qu'à nos visages, en désintéressant sur certaines questions de vanité, rend, sinon plus sympathique, du moins plus indifférent. L'antagonisme disparaissant, il n'y a plus de raison de calomnier, il n'y a plus de raison même d'être sévère. Et pour peu qu'on ait fait dans sa jeunesse l'un et l'autre, l'on ne demande pas mieux que de réparer ses petites cruautés de langue et de plume par une tardive bienveillance. Madame de Genlis, dans l'un de ses romans, entre autres portraits, traçait celui de la femme du fermier général. Nous le citons, et pour cause :

« La fortune immense qu'elle possède n'a pu la consoler encore du chagrin d'être la femme d'un financier; n'ayant point assez d'esprit pour surmonter une semblable faiblesse, elle en souffre d'autant plus qu'elle ne voit que des gens de la cour, et que sans

---

1. Madame de Genlis, *Mémoires*, t. I, p. 277, 278. Quand madame de Genlis écrivait cette partie de ses Mémoires, en 1813, madame de la Reynière vivait encore. Cette tante, dont il est question, était madame de Montesson.

cesse tout lui rappelle le malheur dont elle gémit en secret : on ne parle jamais du roi, de la reine, de Versailles, d'un grand habit, qu'elle n'éprouve des angoisses si violentes, qu'elle ne peut souvent les dissimuler qu'en changeant de conversation. Elle a d'ailleurs pour dédommagement toute la considération que peuvent donner beaucoup de faste, une superbe maison, un bon souper et des loges à tous les spectacles. Au reste, elle n'aime rien, s'ennuie de tout, ne juge jamais que d'après l'opinion des autres, et joint à tous ces travers de grandes prétentions à l'esprit, beaucoup d'humeur et de caprices et une extrême insipidité. Quoique fort orgueilleuse d'être une fille de qualité, elle n'a pas le moindre attachement pour son père, parce qu'il a quitté le service et le monde, et qu'elle n'en attend rien. Elle n'aime point madame de Valmont, qu'elle ne regarde que comme une provinciale, et elle a sans doute oublié qu'elle eût une sœur religieuse[1]... »

Si le monde s'amusa de la cruauté du pinceau, il parut tout autant indigné de l'ingratitude de cette jeune femme qui reconnaissait l'accueil cordial, l'affabilité charmante, les mille prévenances dont elle était l'objet[2], par la satire la plus odieuse. Madame de Genlis se défendit d'avoir fait des portraits : si elle en a fait un qui ressemble à quelqu'un, c'est celui de

---

1. *Adèle et Théodore ou Lettres sur l'Éducation.* (Paris, Lambert et Baudouin, 1782), t. I, p. 158, 159.
2. Madame de Genlis se loue elle-même des égards et des bontés de M. de La Reynière, qui avait mis sa bibliothèque à la disposition de la jeune femme, avec une grâce infinie, et la traitait en toute occasion de la façon la plus obligeante. *Mémoires*, t. I, p. 280, 281, 282.

sa fille aînée, madame de Lœwestine, sous le nom de madame d'Ostalis; les autres sont tous des portraits de fantaisie. Madame de Genlis protesta énergiquement contre l'accusation de noirceur dont elle était frappée, tout en convenant que l'apparence était contre elle. « Deux femmes, dit-elle, se disputèrent le portrait de madame de Valmont[1], femme d'un fermier général, et je puis protester que je n'avais songé ni à l'une ni à l'autre : elles se déchaînèrent contre moi avec autant de maladresse que d'injustice, car il étoit étrange de s'obstiner à se reconnaître dans un portrait désagréable qui ne leur ressembloit pas, et uniquement parce qu'elles étoient mariées à des financiers. Le portrait resta à madame de La Reynière, parce qu'elle apprit à tout le monde ce que j'ignorois entièrement, qu'elle avoit une sœur religieuse qui étoit abbesse[2]. Je fus confondue en apprenant ce fait, qui ôta toute croyance à mes protestations : c'est un hasard malheureux; mais il n'en est pas moins vrai

---

1. Ce ne serait pas le portrait de madame de Valmont, mais de madame d'Olcy. On voulut reconnaître dans madame de Surville celui de madame de Montesson; dans madame de Valée celui de la comtesse Amélie de Boufflers; dans madame de Germenil, celui de madame de Roquefeuille, etc. Grimm, *Correspondance littéraire*. (Paris, Furne), t. XI, p. 23.

2. Abbesse de Poissy. La Chesnaye-Desbois ne fait pas mention de cette dernière. Les cinq qu'il cite sont madame de la Reynière, la présidente d'Etanville, dont il va être question, la baronne de Senneville, la comtesse de Bausset et la marquise de Nicolaï. Nul doute, pourtant, qu'elle n'existât. *Dictionnaire de la Noblesse* (Schlesinger, 1866), t. IX, p. 163. Fortia de Piles en nomme une autre encore, que l'évêque d'Orléans recueillit, ce qui donna lieu sans doute aux propos auxquels il a été fait allusion plus haut : elle épousa dans la suite M. de Jamoron, marquis de Montcherel. *Nouveau Dictionnaire français*, p. 331.

que, ainsi que beaucoup de personnes de la société de madame de La Reynière, j'étois à cet égard dans une parfaite ignorance, et que cette découverte m'affligea véritablement. Il est bien certain que, si j'eusse entendu parler de cette religieuse, je n'aurois pas donné à la même la femme d'un fermier général pour sœur. Le portrait, d'ailleurs, n'avoit pas la moindre ressemblance avec madame de La Reynière. Il est bien singulier que la même personne eût un oncle et un frère évêques et une sœur abbesse[1]. »

Il faut avouer qu'il y avait une bien étrange fatalité dans toutes ces rencontres. A tort ou à raison, madame de La Reynière prit le portrait pour elle. Elle fut outrée, on le serait à moins, et, comme elle n'était pas femme à supporter passivement l'insulte, elle se vengea par un de ces mots qui sont des soufflets, autant dire des coups de poignards : « Je ne sais pourquoi madame de Genlis oublie un trait dont personne ne devait se souvenir aussi bien qu'elle : c'est que cette femme de financier a poussé l'insolence autrefois jusqu'à donner des robes à une demoiselle de qualité de ses amies; il est vrai que la demoiselle n'était connue alors que par sa jolie voix et son talent pour la harpe[2]. » On sait que mademoiselle de Saint-

---

1. Madame de Genlis, *Mémoires*, t. III, p. 180, 181, 182. Madame de Genlis entend parler de l'évêque d'Orléans et de son neveu, l'abbé de Jarente, auquel il fit d'abord avoir l'abbaye d'Aisnay, qui était de quarante mille livres de rente, et qu'il créa par suite évêque. *Journal de Barbier* (Paris, Charpentier), t. VII, p. 29.

2. Grimm, *Correspondance littéraire* (Paris, Furne), t. XI, p. 22.; janvier 1782. — *Correspondance secrète, politique et littéraire* (Londres, John Adamson), t. XII, p. 313. On répandit

Aubin, avant son mariage, était sans fortune et dans une position de gêne qu'elle ne cache pas trop dans ses Mémoires. Si l'application était fausse, elle avait un caractère de vraisemblance, et il n'en fallait pas davantage à ce monde, qui, de la sorte, avait à colporter une méchanceté de plus. Madame de Genlis appuie sur le peu de ressemblance du portrait. Le portrait n'était pas flatté, soit; il avait pourtant plus d'un point d'analogie, sans cela, madame de la Reynière ne s'y fût pas reconnue[1]. On accusait cette dernière de regretter l'illustration d'un nom qu'elle avait échangé contre celui d'un simple traitant, et c'était bien là son fait. Un mot du peintre Ledoyen caractérisait à merveille cette nature altière, souverainement entichée du préjugé des aïeux, mais non pas sans un esprit élevé, sans une grande distinction de manières et de formes : « Elle reçoit fort bien, mais je la crois attaquée de noblesse[2]. »

La Reynière faillit devenir fou de joie d'un mariage qui lui apportait la seule chose qu'il ne pouvait trouver en lui, une parenté illustre qui, en fin de compte, le soutiendrait de son influence et de son crédit. Il

une chanson bête et d'une méchanceté plate, sur l'air des *Trembleurs*, dont madame de Genlis et son mari faisaient les frais ; elle fut attribuée à Grimod, qui en était fort innocent. *Mémoires secrets* (John Adamson), t. XX, p. 75; 76. 14 février 1782.

1. Tout le monde la reconnut. Il est fait allusion à cette petite noirceur dans des *Fragments sur les femmes*, adressés à M. A. de Ségur et recueillis dans les *Mélanges de Littérature*, de Suard. (Paris, Dentu, 1804). T. IV, p. 240.

2. Madame Vigée Le Brun, *Souvenirs*. (Paris, Charpentier, 1869.) t. II, p. 281. L'anglais Dutens la dit également « infatuée de noblesse. » *Mémoires d'un voyageur qui se repose*. (Paris, 1806). t. II, p. 296, 297.

ne parlait qu'avec enthousiasme de sa fiancée. Quel bonheur serait le sien avec une pareille femme! « Cela dépend de quelques circonstances, lui eût répliqué M. de Malesherbes. — Comment! que voulez-vous dire? — Cela dépend du premier amant qu'elle aura[1]. » Notez que ce mot, c'est le vertueux Malesherbes qui se le serait permis. Tout vertueux qu'il était, M. de Malesherbes aimait assez la plaisanterie, et la plaisanterie osée; il savait, a-t-on dit, la *Pucelle* par cœur. Son ancêtre, le président de Lamoignon, riait bien aux gaietés du *Lutrin;* mais il y a quelque distance entre les moqueries de Boileau et les ordures du poëme de *Jeanne*.

Au rebours de sa femme, que ses tons, sa morgue avaient rendue peu sympathique, La Reynière s'était fait aimer de sa société par des qualités réelles et une infinité de petits ridicules qui n'étaient pas sans grâce même. Une célébrité du temps a laissé un portrait de l'époux qui fera contraste avec celui que la comtesse de Genlis nous a donné de madame de La Reynière. Il avait aussi sa pointe de bizarrerie et d'originalité mais bien inoffensive en tous les cas.

« Son mari était un bonhomme dans toute l'étendue du terme, facile à vivre, ne disant jamais de mal de personne; néanmoins on le tournait en ridicule[2], ou plutôt on s'amusait de lui pour la prétention qu'il avait de savoir peindre et de savoir chanter; ces

---

1. Chamfort, *Œuvres*. (Lecou, 1852), p. 70. Il va sans dire que nous laissons l'absolue responsabilité de l'anecdote à Chamfort.
2. « On le mange, mais on ne le digère pas, » disaient des estomacs ingrats. *Ibid.*, p. 112.

deux prétendus talents occupaient toutes ses journées, l'un le matin, l'autre le soir. Il avait une peur horrible du tonnerre, au point d'avoir fait arranger dans ses caves une chambre tapissée d'un double taffetas, dans laquelle je suis descendue par curiosité. Dès qu'un orage commençait, il se réfugiait sous cette voûte, où l'un de ses gens battait de toutes ses forces sur un gros tambour tant que grondait la foudre; nulle puissance humaine n'aurait pu le faire sortir de là avant que le ciel n'eût repris sa sérénité. Comme il soutenait cependant qu'il n'avait point peur du tonnerre, qu'il ne se réfugiait dans cette cave que pour éviter la vive impression que l'orage faisait sur ses nerfs, on eut la malice d'enlever cette excuse au pauvre homme : un jour il était allé faire sa partie à la Muette, chez la duchesse de Polignac, qui habitait ce château en été; on dressa la table de jeu près d'une fenêtre ouvrant sur le parc, au bas de laquelle le comte de Vaudreuil avait fait placer deux fusées. M. de La Reynière était à jouer tranquillement, car le temps était fort calme, quand tout à coup on mit le feu à l'artifice, dont il eut une telle frayeur, qu'en s'écriant : Le tonnerre! le tonnerre! il se trouva presque mal. On parvint bientôt à le rassurer en lui expliquant cette mauvaise plaisanterie; toutefois, il n'en fut pas moins prouvé que le tonnerre n'agisssait point sur ses nerfs, mais qu'il en avait peur[1]. »

Madame d'Étanville[2], à l'occasion de sa fête, lui

---

1. Madame Vigée Le Brun, *Souvenirs*. (Paris, Charpentier, 1869), t. II, p. 280, 281, 282.
2. Grimm dit qu'elle était sœur de La Reynière. C'est une erreur, comme cela résulte de ce passage d'une lettre de son

faisait cadeau d'un tambour, et le persiflait doucement dans une chanson sur l'air de *Lison dormant dans un bocage*, rimée par un membre de l'Académie, l'abbé Arnaud :

> Si l'on entrevoit qu'un orage
> Obscurcisse notre horizon,
> Et que de loin un gros orage
> Fasse entendre son carillon,
> Au lieu de vous mettre sous terre
> Ou de vous blottir dans un four,
> Vite au tambour, vite au tambour;
> Devenez rival du tonnerre :
> Vite au tambour, vite au tambour;
> Battez jusqu'à vous rendre sourd.

Autre bizarrerie : il avait fait peindre toute sa maison à l'huile.

> Cour, salon et péristyle,
> Il veut que tout soit à l'huile,

s'écriait le comte d'Albaret dans une autre chanson, sur l'air des *Lampons*, pour accompagner l'offre d'un baril d'huile dont mademoiselle Quinault faisait les frais à l'occasion de ladite fête[1]. Tout cela n'était qu'innocent

---

neveu à M. de Cussy : « ... J'avois un oncle, président à mortier au parlement de Rouen, qui s'appeloit M. Mahiel d'Étanville... Il vivoit de 1765 à 1770 ou 72 qu'il est décédé, encore fort jeune, de la petite vérole, qu'il prit de sa femme dont il étoit très-amoureux (c'étoit la sœur de ma mère), qui en réchappa, et qui ne s'est pas consolée de l'avoir perdu. » *Lettres autographes de Grimod de La Reynière au marquis de Cussy*; Villiers-sur-Orge, ce 4 mai 1823. La Chesnaye-Desbois précise l'époque de sa mort, 15 octobre 1769. *Dictionnaire de la Noblesse*, (Schlesinger 1866), t. IX, p. 163. Il était premier président aux requêtes.

1. Grimm, *Correspondance littéraire*. (Paris, Furne), t. IX, p. 128 à 131. Juin 1776.

et n'empêchait pas le monde et le très-grand monde de hanter ces salons dont, en définitive, la maîtresse de maison faisait les honneurs avec beaucoup de noblesse. « La société de madame de La Reynière, dit encore madame Lebrun, se composait des personnes les plus distinguées de la cour et de la ville ; elle attirait aussi chez elle les hommes célèbres dans les arts et dans la littérature. L'abbé Barthélemy, auteur du *Voyage du jeune Anacharsis*, y passait sa vie[1] ; le comte d'Adhémar, si spirituel et si aimable, y venait presque tous les soirs, ainsi que le comte de Vaudreuil, et le baron de Bezenval, colonel général des Suisses. Les grandes soirées de madame de La Reynière rassemblaient habituellement les plus charmantes femmes de la cour ; c'est là que j'ai fait connaissance avec la comtesse de Ségur, qui était alors aussi jolie que bonne et aimable. Sa douceur, son affabilité, la faisaient aimer dès le premier abord ; elle ne quittait pas son beau-père, le maréchal de Ségur, vieux et infirme, qui trouvait en elle une véritable Antigone. Son mari, connu par son esprit et ses talents littéraires, était, à cette époque, ambassadeur en Russie.

« Pour qu'il ne manquât rien au charme des soirées de madame de La Reynière, on y faisait très-souvent de la musique dans la galerie, et c'était Sacchini, Piccini, Garat, Richer et autres célèbres artistes, qui l'exécutaient. Enfin, il serait difficile maintenant de

---

1. L'abbé Barthélemy qui ne pouvait vivre sans habitudes, privé du salon de madame de Choiseul, ne quittait plus l'hôtel des Champs-Élysées. Sainte-Beuve, *Causeries du Lundi*.(Paris, Garnier), 1853, t. VII, p. 174, 175. « Il a rédigé, nous dit Quérard, un petit *Traité de morale* et qu'il fit à la demande d'une mère. » Cette mère était madame de La Reynière.

faire comprendre avec quelles délices on se rassemblait dans ce bel hôtel, quelle aménité, quelles bonnes manières régnaient dans ces salons remplis de personnes charmées de se trouver ensemble [1]. »

La liste est loin d'être complète, car il eût fallu citer tout le Paris élégant, tout le Paris titré, qui traversa durant plus de trente ans, les immenses salons du fermier général. Madame du Deffand sera de ces soupers, et ce sera même par madame de La Reynière qu'elle fera connaissance avec madame de Genlis [2]. La spirituelle comtesse de Sabran racontait ainsi au chevalier de Boufflers une soirée passée, mais bien plus tard, à l'hôtel des Champs-Élysées. « J'arrive de souper chez madame de la Reynière avec cinquante personnes, je n'ai pas joué, et j'ai été assez heureuse pour me trouver dans un petit coin du salon fort à mon aise avec M. de Thyard, l'ambassadrice de Suède (madame de Staël), madame de Boufflers et madame de Cambise : c'était certainement ce qu'il y avait de plus intéressant dans cette nombreuse assemblée. Je me suis fort divertie à examiner les différentes manières d'avoir de l'esprit, et j'ai trouvé que M. de Thyard avait l'esprit le plus aimable, l'ambassadrice le plus fou, madame de Cambise le plus fin, et ta chère cousine le plus faux. Je voudrais pouvoir passer plus souvent de ces soirées [3]. » Boufflers était alors au delà des mers,

---

1. Madame Vigée Le Brun, *Souvenirs*. (Paris, Charpentier, 1869), t. II, p. 282, 283.
2. Madame du Deffand, *Correspondance complète*. (Paris, Plon, 1865), t. II, p. 509. Lettre de la marquise à Horace Walpole ; lundi 25 octobre, 1775.
3. *Correspondance inédite de la comtesse de Sabran et du chevalier de Boufflers*. (Plon, 1875), p. 254. Ce 1er juillet 1786.

mais c'était un des intimes de la maison, auquel on permettait et qui se permettait des plaisanteries quelque peu risquées, si elles n'excédaient pas le ton général, à une époque où l'esprit couvrait tout[1].

A la mort de son père, La Reynière habitait rue Neuve-des-Petits-Champs[2]. Par suite, il alla se loger rue Grange-Batelière, à l'hôtel Laborde[3]; mais c'était pour se donner le temps de construire le magnifique hôtel que l'on voit encore à l'angle de la rue des Champs-Élysées et de la place Louis XV[4]. Cette demeure vraiment princière, occupée sous la Restauration par l'ambassade russe, et, en dernier lieu, par

---

1. Madame de La Reynière, ayant commandé un lustre pour son boudoir, ne goûta pas l'idée de l'artiste qui le faisait soutenir par un amour. « Arrangez-vous comme vous voudrez, lui avait-elle dit, mais ne me faites point d'enfant. » Ce propos donna lieu à Boufflers de faire des couplets sur l'air : *Dansez, chantez*, du vaudeville de la *Rosière*, commençant ainsi :

> Thémire, un jour dans son boudoir,
> Avec un disciple d'Apelle.....

2. Rue Vivienne, la deuxième porte cochère, à droite, venant de la rue Neuve-des-Petits-Champs. Léon Lagrange, *Joseph Vernet et la peinture au dix-huitième siècle*, (Didier, 1863), p. 440.

3. La Borde cédait son hôtel à La Reynière au prix de 450,000 livres, mais il en retranchait une partie du jardin, fort vaste, pour ouvrir une nouvelle rue, en face de la rue de Grammont, destinée à traverser tout le Marais. Hippeau, *Le Gouvernement de Normandie aux dix-septième et dix-huitième siècles*. (Caen, 1864), t. IV, Nouvelles de Paris et de Versailles, 10 septembre 1770. Nous trouvons l'autorisation du ministre à la date du 16 décembre. *Archives nationales* : dépêches 0-1, 415, p. 848. — Voir aussi le *Courrier de l'Europe* du vendredi 2 janvier 1778, t. III. p. 2. — Heurtaut et Magny, *Dictionnaire historique de la ville de Paris*. (Paris, 1779), t. IV, p. 268.

4. Les terrains en avaient été cédés à La Reynière par le prévôt des marchands et les échevins de la ville. L'acte de vente est du 12 septembre 1769.

l'ambassade ottomane[1], était l'œuvre de l'architecte Barré. Rien n'avait été épargné pour en faire un séjour enchanteur. Le salon carré fut décoré dans le style arabesque sur les dessins de Clérisseau, peintre du roi et premier architecte de l'impératrice de Russie[2]; les peintures d'histoire furent exécutées par M. de Lavallée, surnommé le chevalier Poussin. L'on a dit plus haut que la Reynière avait la prétention de savoir peindre. C'était là un travers. Mais il est rare qu'un mal n'amène pas un bien. Si le financier était un peintre médiocre, il était un amateur éclairé; sa galerie contenait une riche collection de tableaux de l'école française, une suite de dessins de différents maîtres et un choix d'estampes de tous les graveurs depuis l'origine de l'art[3].

Grimod de La Reynière faisait la meilleure chère de tout Paris : « Sa maison, dit Grimm, est l'auberge la plus distinguée des hommes de qualité. » C'était assez pour attirer à ses dîners : il recevait splendidement, comment ne serait-on pas allé à ses fêtes ? En France, même alors, la richesse et le plaisir finissaient toujours par venir à bout de l'orgueil et du préjugé. Un grand seigneur lui disait naïvement, un jour qu'il se plaignait de se voir forcé d'opter entre la place de

---

1. Maintenant Cercle des Champs-Élysées (ancien Cercle impérial.)

2. Ce Clérisseau était un terrible homme, et il faisait une véritable scène, dans l'hôtel même de La Reynière, au comte du Nord, qui dut lui adresser des excuses pour ne l'avoir pas accueilli selon ses mérites. Grimm, *Correspondance littéraire*. (Paris, Furne), t. XI, p. 156, 157. — *Mémoires secrets*. (Londres, John Adamson), t. XXI, p. 4, 5. 2 juillet 1782.

3. Thiéry, *Guide des amateurs et des étrangers voyageurs dans Paris*, 1789, t. I, p. 103.

fermier général et celle d'administrateur des postes, dans lesquelles il s'était longtemps maintenu par le crédit de ses patrons : « Eh ! mon Dieu, cela ne fait pas une grande différence dans votre fortune. C'est un million à mettre à fonds perdus ; et nous n'en viendrons pas moins souper chez vous[1]. »

Il s'en fallait que le mari et la femme fussent du même avis sur la composition de leur salon. Madame de La Reynière, qui n'avait apporté en mariage à son époux que « trente-trois francs et un nom plus ancien qu'illustre[2], » n'avait d'accueil que pour les grands seigneurs. Elle paraissait rarement à table, quand elle savait devoir se trouver en face de gens sans naissance, de parents pauvres, ou même des collègues de son mari ; à moins que quelque talon rouge, plus accomodant qu'elle, consentît à se mêler à ce personnel bourgeois dont elle avait horreur. « Comme depuis peu, nous dit le graveur Wille, nous avions reçu M. de la Reynière à l'Académie en qualité d'honoraire, il a trouvé bon et convenable de donner successivement à dîner à tous ceux qui ont voix et le droit d'élire ; je fus donc invité aujourd'hui (10 avril 1787), à me rendre à son hôtel. Le repas était magnifique. Plusieurs convives s'y trouvèrent, entre autres M. le maréchal de Stainville, M. le duc de Laval, M. le baron de Wurmser, lieutenant-général, M. l'abbé Barthélemy, garde des médailles du roi, etc. Après le repas et la visite des magnifiques appartements de M. de la Reynière, je revins avec M. Voirol, aussi conseiller de

1. Chamfort, Œuvres. (Lecou, 1852), p. 44.
2. *Lettres autographes de La Reynière au marquis de Cussy* Villiers-sur-Orge, 21 juin 1823.

l'Académie, en nous promenant par les Tuileries [1]. »
Mais il fallait de ces circonstances extraordinaires. La
migraine, « le grand cheval de bataille des femmes qui
veulent faire leur volonté et la faire faire aux autres, »
la migraine, autrement, était inexorablement alléguée;
et le triste financier, avec un revenu de plus de six
cent mille francs et une cuisine tellement en renom
qu'elle éclipsait toutes celles de la haute finance, excédé
de ces caprices, désespéré d'impolitesses dont il était
le premier à souffrir, mais sentant qu'il n'était pas le
plus fort, laissait faire sa despotique moitié et avait
renoncé presque entièrement à recevoir ses propres
amis. Il avait acheté à quatre lieues de Paris, le château de la Thuilerie, situé entre Paris et Auteuil [2], qui (il
eût dû s'y attendre) allait être, plus encore que l'hôtel
des Champs-Élysées, une véritable auberge sur le
chemin de Versailles. « Il m'est arrivé souvent, nous
dit le dernier des Grimod, de m'y trouver seul avec
ma mère et la célèbre mademoiselle Quinault, la cadette, qui y venoit passer tout l'été et dont la société
intime étoit l'un des charmes de ma vie (car née en
1700 et ayant passé son existence dans la meilleure
compagnie de la cour et de la ville, et avec les hommes
de lettres les plus célèbres du XVIIIe siècle, sa conversation étoit un excellent livre); il étoit dix heures, on
alloit se mettre à table, lorsque dix ou douze carrosses

---

1. *Mémoires et Journal de J.-G. Wille, graveur du roi.* (Paris, Renouard, 1857), t. II, p. 140, 141.
2. Presque à l'extrémité de la rue de La Fontaine, en face du pont de Grenelle. Encaissé dans un jardin magnifique, il n'est aperçu d'aucun côté, quoiqu'il jouisse d'une fort belle vue. Le docteur Véron l'a occupé sous le second empire. Adolphe de Feuardent, *Histoire d'Auteuil.* (Paris, 1855). p. 125, 126.

défilant dans la cour, annoncent quinze ou vingt convives inattendus pour un souper de trois personnes. Heureusement le cuisinier (le grand Mérillon [1]) savoit à quoi s'en tenir, il avoit en réserve bon nombre d'entrées marquées, et à dix heures et demie, on servoit un excellent souper de vingt-cinq couverts. Mais ces impromptus finirent par dégoûter mon père de cette maison de campagne, et il la vendit à perte à M. le marquis de Latour-du-Pin-Gouvernet [2]. » Ces misères très-réelles de l'opulence ne seraient-elles pas de nature à consoler ceux dont la bourse n'est que trop légère, si l'on apportait plus d'observation et de vraie philosophie dans la pratique et l'économie de la vie ?

Balthazar n'avait que onze ans lorsqu'il entra, en 1769, au collége du Plessis, rivé à un précepteur, homme borné, passionné, joueur, brutal, dont il eut beaucoup à souffrir. Il se fit remarquer tout d'abord par son application et son amour pour l'étude; ses professeurs et ses maîtres le considéraient comme l'un de leurs meilleurs sujets, et, durant les quatre années et demie qu'il y demeura, ils n'eurent pas la punition la plus légère à lui infliger. Il quitta le Plessis, en 1773, pour le collège de Reims, d'où il allait en classe à Louis-le-Grand. Son précepteur l'y avait suivi et n'avait rien changé à son système de taquineries et de vexations incessantes. Cela prouverait que les dis-

---

1. « L'un des plus grands cuisiniers du dix-huitième siècle, » dit ailleurs La Reynière, qui le classe à côté des Véry, des Réchaud, des Balaine. *Almanach des Gourmands* (1808), VIe année, p. 136, 324.

2. *Lettres autographes de La Reynière au marquis de Cussy*; Villiers-sur-Orge, 1er juin 1823.

sipations d'une vie affairée et mondaine ne laissaient à M. de La Reynière et à sa femme que peu de loisir de veiller sur leur fils. L'abandon, l'oubli, dans lesquels il passa son enfance, devaient porter leurs fruits. La Reynière ne ressentit jamais, on ne le verra que trop, un grand fonds de tendresse pour ses parents. Sans l'innocenter, nous dirons qu'il y eut beaucoup de la faute de ceux-ci. Madame de La Reynière, tourmentée du désir de briller, n'eut pas sans doute ces rayonnements d'affection et d'amour qui font les bons fils. Le temps était mauvais pour les sentiments de famille : la famille n'existait guère que de nom et au point de vue de la transmission ; le père ne voyait qu'un héritier dans son fils, qui n'était souvent que cela, il est vrai. L'adultère, introduit dans les mœurs, au point de n'être plus qu'un fait et de cesser d'être un crime, avait tué la paternité. Le marquis de Conflans disait au duc de Coigny qu'il menait chez sa femme et qui lui témoignait son embarras, n'ayant soupé de sa vie chez elle : « Ma foi, ni moi non plus ; nous irons ensemble, et nous nous soutiendrons[1]. » Le moyen que des maris si peu mariés aient des sentiments de père le jour où ils le deviendront !

Très-galante[2] et très-dissipée, madame de La Reynière trouva plus commode de confier à des mercenaires un enfant auquel elle ne se sentait d'humeur de rien sacrifier, sans s'assurer même si ceux qui

---

1. *Correspondance secrète, politique et littéraire.* (John Adamson,) t. 1, p. 267.
2. On trouve d'assez étranges révélations à cet égard, aux dates des 7 janvier, 4 mars et 21 juin 1763, dans le *Journal des Inspecteurs de M. de Sartines.* (Bruxelles, 1863), p. 229, 253, 290.

devaient se charger de lui étaient dignes d'une semblable mission. Cela en mérite la peine, cependant : l'avenir d'un caractère dépend souvent des premières directions qui lui ont été imprimées, et la tyrannie brutale et déraisonnable sous laquelle le jeune Balthazar se sentait courbé, ne fut pas, c'est à croire, sans exercer une influence fâcheuse sur cette organisation bouillante, emportée, antipathique à tout joug et avide d'indépendance. Il acheva, dans les deux années qui suivirent son entrée au collége de Reims, sa rhétorique et sa philosophie. Bien que bridé par son stupide mentor, il était dès lors moins tenu et jouissait même d'assez de liberté pour dérober à sa surveillance l'emploi suffisamment équivoque d'heures que l'amour disputait à l'étude. Est-ce bien l'amour qu'il faudrait dire ? Le délabrement de sa santé fit toutefois comprendre l'urgence de le changer d'air et de l'arracher aux séductions du milieu dangereux dans lequel il se trouvait ; on se décida à le faire voyager, et il quitta Paris le 14 août 1776, à cet âge heureux où se mouvoir, où se transporter d'un lieu à un autre est déjà un bonheur.

Il visita d'abord le Bourbonnais, le Lyonnais, le Dauphiné, Genève et la Savoie. A la Grande Chartreuse, l'idée lui vint, étrange idée ! d'y demeurer et de faire profession. La Reynière chartreux !... bénédictin, passe. « J'ai eu souvent, dit-il cependant, dans le cours de ma vie, à regretter de n'avoir pas suivi cette impulsion. » Enfin, il s'arrête à Lausanne, où il devait séjourner près d'une année, ne s'en éloignant que pour revenir tout aussitôt dans cette contrée chérie des dieux, où, de son aveu, il passa l'année la plus heureuse. « Libre, indépendant, fêté, recherché, amoureux autant qu'il le falloit pour n'être pas malheureux ; jouissant d'une existence, d'une considération personnelle rare à mon âge, et qui flattoit également mon amour-propre et ma vanité ; livré à des études agréables et purement de mon choix ; enfin, à cette époque, où la nature, se développant, ouvre l'âme au sentiment, et les organes aux sensations, je puis dire que j'ai joui véritablement, et d'un bonheur sans mélange[1]. »

La Reynière avait rencontré à Lausanne une jeune fille dont la beauté l'enchanta tout d'abord, et qu'il se prit à aimer avec cette fougue d'une âme ardente qui ne s'est pas encore donnée. Mademoiselle Suzanne T*** ne pouvait manquer de s'apercevoir du sentiment qu'elle inspirait ; elle fut flattée de cette tendresse trop respectueuse pour la blesser. Mais elle avait disposé d'elle, et La Reynière n'avait droit qu'à une amitié, qui était loin de suffire aux besoins de son cœur. Son rival était un homme honorable, dont il était le premier à reconnaître la valeur : c'était un homme d'ailleurs, et La Reynière n'était qu'un enfant. Mademoiselle T*** devint la femme de M. B***[2]. Voilà qui était mal débuter sans doute, et Grimod, blessé dans son orgueil autant que dans son cœur, voudra se donner le change à lui-même sur ce premier attachement très-sincère. Cette grande passion n'aurait été qu'un jeu, qu'un prétexte à expériences psychologiques, fécondes en résultats, comme on va voir.

1. Rétif de la Bretonne, *Le Drame de la vie*, t. V, p. 1252. *Pièces Justificatives*, lettre VIII à Rétif. 7 mai 1787.
2. *Peu de chose, hommage à l'Académie de Lyon*, par Grimod

« J'ai passé dix mois dans une ville où les mœurs sont simples et les femmes moins dissimulées qu'ailleurs, et comme à quelques nuances près elles se ressemblent toutes, j'ai été à portée de les juger. Pour n'avoir point l'air d'un philosophe curieux, aux yeux de qui on n'eût pas manqué de chercher à se soustraire, j'ai pris le masque d'un amant français qui faisoit la cour à toutes les femmes en général, et l'amour à l'une d'elles en particulier. J'ai donc fait semblant d'aimer, et quelque difficile que fût ce rôle dans un pays où la nature n'a rien perdu de ses droits, je suis parvenu à faire illusion. Dès qu'on ne s'est plus défié de moi j'ai vu tout à découvert, et les huit mois que j'ai passés dans le grand monde en 1778 à Paris, n'ont fait que confirmer les observations que j'avois faites à Lausanne en 1776. J'ai vu que l'amour-propre est le premier mobile des actions des femmes..., filles elles sont fausses, dissimulées et difficiles à bien connaître ; femmes elles cessent de se contraindre [1]... »

L'amour-propre hélas ! est le premier mobile de l'un et l'autre sexe, et ce n'est pas à un autre sentiment que cède La Reynière, dans cet étrange travestissement d'une passion dont il n'avait point à rougir, en dépit de son issue inévitable. En réalité mademoiselle T*** lui avait inspiré un vif attachement, et ce ne sera pas sans émotion qu'il la retrouvera, à une autre phase de sa vie.

de La Reynière, avocat au Parlement de Paris, membre de l'Académie des Arcades de Rome et de celle de Marseille, honoraire du Musée de Paris, etc. — *Les Anciennes Amours*, à madame B..., 1788, p. 28.

1. Collection de M. L. Sapin. *Lettres de La Reynière à M. Rodier*, à La Thuilerie, 24 septembre 1778.

2.

Cette existence de touriste et d'exilé, avec ses distractions et ses mécomptes, commençait à lui paraître longue, et il le laissait entendre à son oncle, M. de Malesherbes, qui semble avoir été le trait d'union officieux entre les parents et ce fils déjà émancipé.

« Je vois avec plaisir, mon cher neveu, lui répondait l'excellent homme, que votre santé est beaucoup meilleure et malgré le regret qu'il est tout naturel que vous ayés d'être éloigné de votre patrie, je vois que le séjour de Lausanne vous est agréable. Je n'en peux juger que par la description que vous en faites vous-même.

« Je sçais aussi par d'autres voyes que vous réussissés très-bien dans la société de ce pays, que vous vous y intruisés, et croyés que toute votre vie vous vous trouverés bien d'avoir pris dans vostre jeunesse cette espèce d'instruction qui consiste à voir d'autres hommes, d'autres pays, d'autres usages que ceux parmi lesquels on est né...

« Vous me demandés quand vos parens vous rappelleront à Paris. Pouvez-vous douter qu'il ne leur en coûte beaucoup d'être éloignés de vous. Je pense qu'il est utile que vous attendiés le premier effet que fera sur votre santé le commencement du printems...

« Si vous voulés me mander sur cela vos vœux personnels, si vous voulés les faire passer par moy à vos parens, et que j'en sois le médiateur, c'est une fonction dont je me chargeray avec bien du plaisir[1]... »

---

1. Etienne Charavay, *Catalogue de lettres autographes* provenant du cabinet du capitaine d'Hervilly; du 11 avril 1872. Lettre de Malesherbes à Grimod de La Reynière; à Versailles, ce 26 mars 1776.

On entrevoit le peu d'empressement, la répugnance même de ceux-ci à rappeler un enfant dont ils n'attendaient guère de satisfaction. Ce pouvait être, de leur part sécheresse et manque de cœur. Mais Balthazar s'appliquera à donner raison, comme à plaisir, à ces appréhensions.

La Reynière assure qu'il voyagea de seize à dix-neuf ans[1], ce qui ferait trois ans de pérégrinations ou de séjours à l'étranger; mais c'est se mettre en contradiction avec les dates qu'il nous donne ailleurs : il était parti le 14 août 1775, il rentra à Paris, le 4 octobre 1776. Cela ne fait guère plus d'une année. Sa présence nous est révélée dès 1777, par son active collaboration au *Journal des Théâtres*, que dirigeait alors Le Vacher de Charnois; deux de ses amis nous disent qu'il faisait son droit pendant ce même hiver et qu'il occupait, rue d'Enfer, un entresol où il rassemblait souvent ses jeunes camarades[2]. Son penchant pour les lettres s'était développé de bonne heure, et il nous apprend lui-même qu'à Lausanne déjà, il avait écrit un *Éloge de Fréron* qui a échappé à toutes nos recherches[3]. En 1780, il se constituait l'éditeur officieux du petit conte en vers, *Le Fakir*, et, l'année suivante, de la comédie du *Flatteur*, l'un et l'autre de son protégé Lantier. Mais c'est surtout le théâtre qui le passionne et l'absorbe. Le théâtre aura été sa maison; enfant, il

---

1. *Réflexions philosophiques sur le plaisir* par un célibataire, 3ᵉ édit. (Lausanne, 1781), p. 39.
2. *Souvenirs de deux anciens militaires*, par MM. de Fortia et G. D. S. C. (Paris, 1817), p. 236.
3. Rétif de la Bretonne, *le Drame de la vie*. t. V. p. Douzième lettre de Grimod à Rétif; Lausanne, 11 juillet 1788.

y aura été attiré, caressé, bercé sur les jupes de Melpomène. Mademoiselle Quinault cadette, on l'a vu, était une des intimes de madame de La Reynière, qui savait choisir ses amies, et, de 1767 à 1783[1], époque de sa mort, elle fut de toutes les réunions et de toutes les fêtes. « C'étoit, nous dit La Reynière, une fille de beaucoup d'esprit, qui avoit une manière originale et piquante de dire les choses les plus triviales, et qui joignoit un excellent cœur à un très-grand usage du monde, et à toutes les qualités qui attachent, qui plaisent, amusent et intéressent. Sa société composée de gens de lettres et d'hommes du monde de toutes les classes, étoit l'une des plus agréables de Paris. On l'avoit surnommée mademoiselle Quinault du bout du banc, tant pour la distinguer de sa sœur aînée (qui avoit épousé le comte de Nevers, sans avoir jamais voulu en porter le nom) que pour caractériser l'empressement avec lequel on sollicitoit la faveur d'être admis chez elle, dût-on n'être placé qu'au bout du banc[2]. » Mais cette amie de Caylus, de Marivaux, de Duclos, de Voisenon, de Piron, est trop connue pour que nous ajoutions quelque chose au portrait : elle avait pris le bizarre enfant en grande affection et s'amusait à l'initier aux mystères des coulisses.

Mais elle n'était pas la seule, qui lui eût fait accueil, et Grimod n'a pas gardé dans son cœur un souvenir moins reconnaissant pour une autre gloire de la scène française, mademoiselle Luzy. « Je peux dire que j'étois son petit protégé, et que ses genoux m'ont en effet bien

---

1. *Le Censeur dramatique*, t. I, p. 187 (30 fructidor an V).
2. *Almanach des Gourmands*, V^e année,, p. 240.

souvent servi de siége. Jugez, avec le goût que j'avois pour la comédie, combien les caresses de l'une des plus jolies et des meilleures actrices de la Comédie française, flattoient mon amour propre et ma sensibilité naissante[1]. » Il n'avait que dix-neuf ans, quand il se voua, dans le *Journal des Théâtres*, avec une impitoyable rigueur « à la défense du goût et de la vérité[2] ». Cette collaboration avec Charnois cessait en 1778[3]; mais il retrouvait bientôt un autre organe où il s'escrimait avec la même indépendance quelque peu cynique, le *Journal helvétique* qu'il comblait de sa prose en 1781 et 1782[4]. Et fier de sa mission d'aristarque international, il s'intitulait dès lors et s'intitulera longtemps encore, sur les têtes de ses lettres privées comme sur la couverture de ses ouvrages : « rédacteur pour la partie dramatique du *Journal de Neufchâtel.* »

Tout cela lui avait acquis une certaine notoriété à l'étranger, et l'Académie des Arcades se l'associera de la façon la plus flatteuse pour ses vingt ans. « Je ne suis pas étonné, (lui disait à ce propos un famélique personnage qui ne tardera pas à entrer en scène,) de la manière dont vous êtes devenu membre de l'Académie

---

1. *Revue du Lyonnais* (Avril 1855), t. X, p. 307. Lettres inédites de Grimod de La Reynière à un Lyonnais de ses amis. Première lettre ; Béziers, 31 mai 1793.

2. *Journal des Théâtres*, t. IV aux pages 61, 65, 67, 68 « et surtout à la ligne 28 de la page 69. » Il signait *Damis.*—*Le Fakir*, conte (à Constantinople, de l'imprimerie du muphti, 1780), *Avertissement*, p. 6.

3. Voir, à cet égard une très-curieuse lettre de Charnois au *Journal de Paris*, 18 août 1777, n° 230, p. 3.

4. Gaullieur, *Études sur l'histoire littéraire de la Suisse française.* (Genève, 1856), p. 183. Le recueil était dirigé par le ministre David Chaillet.

des Arcades de Rome; telle sera vôtre destinée; vous n'irez jamais au devant des dignités, ce seront toujours elles qui viendront vous trouver[1]. » On sait que chacun de ses membres avait sa désignation pastorale. Fontenelle c'était *Pigastro*, M. de Voltaire *Muséo*. Le diplôme de La Reynière l'appelle *Nerino*.

Balthazar suivit les cours de droit avec un zèle, une assiduité exemplaire, et sortit brillamment des luttes épineuses de la thèse. Ses parents le destinaient à la magistrature, mais ils devaient, en cela comme en beaucoup d'autres choses, rencontrer un obstacle insurmontable dans cette volonté bizarre, cette sorte de parti pris de contrecarrer en tout leurs visées sur lui. On a dit que questionné sur cette inexplicable obstination, il avait répondu qu'en sa qualité de juge il pourrait fort bien se trouver dans le cas de faire pendre son père; tandis que, dans sa passion d'avocat, il conservait au moins le droit de le défendre[2]. Qu'il se soit permis une telle saillie, cela n'est pas impossible, et ce ne sera point l'unique énormité de ce genre, mais sa pensée sérieuse, nous la trouvons dans ce passage d'une lettre à un jeune magistrat de ses amis, le confident de l'heure présente. « Mon intention n'est pas d'entrer en charge. Je veux suivre quelque tems le palais comme avocat et apprendre en travaillant un métier que je dois exercer un jour. D'ailleurs il n'est pas d'état plus libre et plus beau que celui d'orateur du barreau, il ne dépend de personne, ne prête le ministère de sa voix qu'à la défense de l'opprimé, et ne fait

---

1. Collection de M. L. Sapin. *Lettres autographes de Longueville, écrivain public, à La Reynière*; 9 août 1779.
2. Grimm, *Correspondance littéraire*, t. XI, p. 366, avril 1783.

usage de ses talens que pour honorer la patrie qu'il sert et le citoyen juste et malheureux qu'il défend... Laissez-moi donc jouir un peu de mes droits et voir si je suis appelé par la nature dans une carrière qu'il faut parcourir avec honneur, ou dans laquelle il ne faut jamais entrer[1]... »

Cela est bien différent pour la forme et le fond. Il ne sait pas ce que l'avenir lui garde. Il avoue que l'indépendance de la profession le séduit, qu'il la préférerait à toutes autres. Grâce à elle il espère échapper à ce monde de son père et de sa mère qui n'est pas le sien, et il l'avoue avec la même franchise un peu rude. « Contrarié, dit-il quelques jours après à M. Rodier, jusqu'à cette heure dans ma façon de vivre et obligé de voir trois fois par semaine ce qu'on appelle ici la bonne compagnie, et qui selon moi est la plus mauvaise, puisqu'elle est presque toute composée de gens de la cour, je me suis vengé sur eux de l'ennui qu'ils me font éprouver. C'est en les étudiant que j'ai appris à les connoître... J'espère cet hiver vivre davantage avec mes amis et me détacher petit à petit de la société que je rencontre ici, l'exercice des devoirs de mon état en sera pour moi le prétexte plausible... »

Son cabinet était rue Chauchat, à deux pas de l'hôtel de La Borde, où son père demeurait alors. Dans une « courte notice » des ouvrages de l'auteur, qui précède l'une de ces publications de quelques pages que Grimod affectionnera, il est question d'un grand nombre

---

1. Collection de M. L. Sapin. *Lettre de la Reynière à M. Rodier, conseiller* (à la cour des Aydes); à La Thuilerie, 17 septembre 1778.

de mémoires, le produit de huit années d'exercices au palais[1]. Nous avons sous les yeux une lettre à un M. Margueré au sujet d'un procès qu'il venait de lui gagner, et à la suite de laquelle se trouvait une invitation à déjeûner[2]. Il n'en trouvait pas moins le temps de se livrer à son goût dominant pour les lettres et le théâtre. On va voir même que l'envie de se conquérir un renom d'écrivain, de moraliste, de penseur, entraînera un peu loin cet original à outrance, cet Alcibiade estropié, capable de couper la queue de tous les chiens de la capitale pour occuper de lui les Athéniens de Paris. Mais il faut joindre à cet amour du bruit un égal besoin de s'étourdir, de faire diversion à des chagrins, à un amour qui, il le savait d'avance, ne pourrait être du goût de ses parens. « Je prévois, dit-il les malheurs qui vont fondre sur ma tête, et les persécutions qu'il me faudra essuier... Je voudrois que quelqu'un se chargea (*sic*) d'instruire mes parens de ma passion et de son objet, car je ne me sens pas assez de courage pour leur en faire l'aveu. Je sens qu'un refus me mettroit au désespoir, et me porteroit aux plus grandes extrémités[3]... »

1. Grimod de La Reynière, *Moins que rien*, suite de *Peu de chose* (Lausanne 1793). *Courte notice.*
2. Laverdet, *Catalogue des Lettres autographes* provenant du cabinet de M. Cap ***; du jeudi 27 février 1852, p. 43, n° 408. Lettre à M. Margueré, 8 juillet 1781.
3. Collection de M. L. Sapin. *Lettres de La Reynière à M. Rodier;* à la Thuilerie, 24 septembre 1778.

II

LA JOURNÉE DU 26 AOUT. — LONGUEVILLE
ÉCRIVAIN PUBLIC. — LE GRAND M. AZE.

L'objet de cette tendresse qui allait s'exalter par l'obstacle était mademoiselle Angélique de Bessi, cousine des La Reynière, mais appartenant à des parents moins riches, moins brillamment posés dans le monde, auxquels l'on faisait bon accueil, que l'on recevait avec bienveillance, mais que l'on n'eût pas aisément consenti à s'attacher par des liens plus étroits. « Angélique n'étoit pas une beauté régulière, nous dit Rétif; mais c'étoit une de ces jolies parisiennes sveltes, mignonnes, ayant des yeux spirituels, une belle peau, un son de voix d'une pénétrante douceur, des talens agréables, et cet esprit de société qui tient lieu de tout autre. Elle étoit charmante enfin, et ne pouvoit inspirer qu'une ardente passion[1]. »

Madame de La Reynière, devant cette passion naissante, ne cacha point qu'elle avait d'autres vues aux parents de la jeune fille, qui, loin de s'en blesser, promirent de travailler à la guérison du volcanique cousin. Rétif a écrit une nouvelle sur les amours de La Reynière,

---

1. Rétif de la Bretonne, *Les Françaises. La Fille à la bonne Mère*, t. I, p. 24.

et tout ne doit pas être vrai dans *La fille à la bonne mère*. Mais, de l'aveu de ce dernier, le dénouement excepté, c'est « son histoire ou peu s'en faut; » et, comme rien, au demeurant, n'est moins incidenté que ce petit roman, il est aisé de discerner le réel du faux. Il paraîtrait que, sans changer de projets, la femme du financier, de concert avec M. et Madame de Bessi, avait cherché à tirer parti de cet amour pour ramener son fils dans le giron de la famille.

« Il fut résolu que madame de Reinette prendroit Angélique auprès d'elle. On en avoit une double raison : depuis longtemps, le jeune homme ne paroissoit plus à la table de ses parens; il mangeoit chez lui ou en ville; sa conduite étoit celle d'un homme indépendant, *locataire dans la maison paternelle*, madame de Reinette espéra le rappeler par la présence d'Angélique, sans réprimandes, sans ordres absolus : cette mère *prudente* savoit que son fils étoit poli, d'un caractère plein d'aménité, malgré quelques travers; que ses manières étoient réglées par les convenances : elle imagina que, rentré dans l'ordre, il s'accoutumeroit par ses propres actions à reprendre les sentimens qu'elles indiquoient.

« Tout cela étoit bien vu ; mais par son genre de vie, M. de Reinette ignora durant plus de trois semaines, que sa cousine fût dans la maison paternelle[1]... »

Si ce n'est là une invention d'auteur, on admettra que l'expédient était assez étrange et passablement scabreux. Il était excellent, du reste, pour rappeler le fugitif qui ne quitta plus l'appartement de sa mère et

---

1. Rétif de la Bretonne, *La Fille à la bonne mère*, t. I, p. 28.

la suivit aux Thuileries, comme nous l'apprenons par ses lettres. Il y avait peu de convenance déjà à faire servir d'instrument une pauvre jeune fille, qui d'ailleurs avouait avec ingénuité qu'elle trouvait son cousin de son goût; et bercer celui-ci d'un espoir qu'on ne voulait pas réaliser mériterait une qualification plus sévère. Jusqu'au moment où on la maria, La Reynière put s'illusionner, s'étourdir sur les difficultés de ses projets d'avenir. Mais mademoiselle de Bessi devenait, un beau jour, madame Mitoire, et son jeune parent n'eut plus qu'à prendre son parti sur un malheur irrévocable. Ce mariage dut avoir lieu vers la fin de 1779, au moins c'est ce que laisse à supposer une lettre de Grimod à M. Mitoire, qui lui faisait part de la naissance de son premier-né. La contenance de cet amoureux déçu est curieuse. Si la plaie saigne encore, il faut qu'on l'ignore, il faut surtout le cacher à ce rival préféré, auquel du reste l'on n'a rien à reprocher. On sent cette dure nécessité, cette difficile tâche dans le compliment de La Reynière, dont les « sincères félicitations » pourraient être et moins entortillées et moins emphatiques.

« Je suis tout glorieux de voir que vous avés bien voulu me faire scavoir vous-même cette agréable nouvelle; vous pensez sans doute au plaisir que j'aurois de partager votre satisfaction, et vous pensez vrai. Enfin donc vous voilà père; père d'un être qui, pendant le reste de vos jours, doit absorber vos sentimens, et devenir le foyer sacré de leurs touchantes expressions. C'est sans doute pour une âme sensible et vertueuse, un plaisir bien touchant et bien pur; c'est un plaisir que mon état, mes devoirs et mon sistème ne me permettront jamais de goûter ; mais il me rejouit dans les personnes qui me sont chères, et la plus douce jouissance pour eux devient pour moi le plus pur et le mieux senti des plaisirs...

« Je ne vous chargerai ici de rien pour ma chère cousine, elle est dans une de ces crises particulières à son sexe qui ne lui permettroit ni d'entendre, ni de goûter les propos fastidieux d'un avocat babillard, mais lorsque la douleur qui donne l'existence, aura fait place au sentiment heureux qui en jouit, je vous prierai, j'oserai vous supplier même d'être auprès d'elle l'interprète de ma joie et du plaisir que j'ai de la voir heureuse[1]. »

Ces durs mécomptes de cœur ne devaient pas être sans conséquences funestes pour cette organisation impétueuse, trop encline à la misanthropie et à la haine. Si madame de La Reynière joua dans toute sa plénitude le rôle tortueux que lui prête l'auteur de la *Fille à la bonne mère*, elle récolta ce qu'elle avait semé. Loin d'avoir par ce criminel et tout autant bizarre stratagème ramené son fils au vrai de la vie et aux affections de famille, elle n'allait pas tarder à reconnaître, dans une circonstance grave, qu'elle avait fait fausse route et aggravé le mal auquel elle avait espéré de porter remède.

« Il se fit, nous dit Rétif, un plan de vie dégagé des devoirs sacrés que la société nous impose, et tacha de mettre à exécution ce plan mal pensé... Sa principale maxime fut de tout fronder, et comme il

---

1. Collection de M. L. Sapin. Copie d'une lettre de M. G. D. L. R., avocat, à M. Mitoire, du 13 septembre 1780 (de la main de La Reynière).

avoit souvent raison, il se persuada facilement qu'une improbation générale étoit fondée, il se voua au célibat par cette misanthropie qui tient de l'enfant.... Son caractère qui n'étoit pas adouci par la complaisance pour les femmes honnêtes, devint altier, dur, ridicule; une politesse extrême qu'il affecta, fut ironique envers les femmes qu'il étoit forcé de respecter intérieurement; il alla plus loin, le mépris pour les femmes mène à tous les vices; il cessa d'honorer sa mère [1]... »

Le livre dans lequel se trouvait cette grave inculpation ne parut qu'en 1787, à une époque où La Reynière, renfermé dans une maison de détention, commençait à sentir le besoin de nier ou de placer sous un jour moins défavorable certaines circonstances qu'il eût sans doute bien voulu rayer de l'histoire de sa vie. Aussi se plaint-il à son ami avec une amertume contenue de l'accusation odieuse qu'il a portée contre lui : « ... Ce n'est pas sans la plus grande surprise que, dès les premières lignes, je me suis reconnu sous le nom de Reinette, et que j'y ai vu mon histoire, ou peu s'en faut, avec madame Mitoire. Vous me permettrez cependant de vous dire que la peinture que vous faites de mon caractère et de ma conduite avec mes parens est un peu chargée et pourra fournir à mes ennemis des armes contre moi. Le plus acharné n'auroit pas dit pire, et cette phrase surtout : *Il cessa d'honorer sa mère*, s'approche de mes dissensions domestiques, et pourroit me faire le plus grand

---

1. Rétif de la Bretonne, *Les Françaises. La Fille à la bonne Mère*, t. I, p. 23.

tort! Si j'ai des opinions, des principes et des façons d'agir différentes de ceux des personnes à qui je dois le jour, je n'ai jamais cessé d'avoir pour eux le respect qui leur est dû à tant de titres; et si j'avois jamais eu le malheur de m'en écarter, je désavouerois ces nuages comme des illusions à jamais détestables[1]... » Non content de cette protestation, il revient à la charge dans une autre lettre : « ... Ma sensibilité sur le rôle que je joue dans les *Françaises* n'a rien que de très-naturel : on m'a prêté, à l'égard de mes parens, des sentimens trop étrangers à mon cœur pour que je ne sois pas vraiment affecté de tout ce qui pourroit donner lieu à de nouvelles imputations... Et je voudrois de bon cœur effacer de mes larmes tout ce qui a été écrit contre moi à cette occasion[2]. » Voilà qui prouve que La Reynière est revenu à résipiscence : démentir, c'est condamner, mais c'est également se repentir. En 1787, Balthazar ne pouvait que cela, regretter, nier aussi des actes d'une notoriété trop grande pour qu'une pareille tache fût bien effective.

Le 26 août de la même année, quelques jours avant les couches de madame Mitoire, une scène terrible se passait au château de la Thuilerie entre Grimod et sa mère. Quel en fut le prétexte, quelle tournure prirent ces scandaleux débats, c'est ce que celui-ci ne nous dit point. Il convient, toutefois, de ses torts, s'il ne fut pas le seul à en avoir. Un témoin assistait à ces débats orageux et n'y prit qu'une part trop directe et

---

1. Rétif de la Bretonne, *Le Drame de la Vie* (Paris, 1793), t. V, p. 1240, lettre V (suite).
2. *Id.*, t. V, p. 1242, lettre VI (27 mars 1787).

trop vive, le bailli de Breteuil, l'amant reconnu de madame de La Reynière, qui s'élança, hors de lui, sur le coupable et l'eût châtié sans ménagement, si l'on ne se fût interposé entre eux. « Vous avez pensé, lui dit Grimod, dans une lettre que nous reproduirons en partie, qu'étant né sans mains, vous pourriez m'offenser impunément, et des menaces vous avez passé aux voies de fait. On a arrêté votre furie et j'en suis fâché, j'aurois été bien aise de voir jusqu'à quel excès peut se porter un grand seigneur qui a perdu tout sentiment de raison et de pudeur. » Quelque peu refroidi par la réflexion, le coupable comprit qu'il avoit manqué à sa mère de la façon la plus grave, et songea à la fléchir par d'humbles soumissions. Mais, madame de La Reynière, profondément ulcérée, lui fit impérativement signifier qu'il n'eût point à se présenter devant elle.

Il existe un projet de lettre de Grimod à sa mère où il confesse sa faute et son repentir. « Si le fils malheureux, dit-il, qui a mérité cette animadversion, se trouve abandonné à lui-même, à ses réflexions, à ses remords, peignez-vous son état déplorable, descendez dans votre cœur, et si vous n'y trouvez plus cette ancienne amitié, ce sacré lien des âmes sensibles et vertueuses qui vous joignoit à lui comme elle l'unissoit à vous, rappelez en du moins le sentiment de l'indulgence, croyez qu'il a peut-être quelques titres pour le mériter, et si vingt-deux ans d'une conduite irréprochable peuvent vous faire oublier un moment d'erreur involontaire, permettez lui d'aller solliciter à vos pieds un pardon qu'il désire, qui, seul, peut en assurant sa félicité future devenir le gage de son bonheur présent¹. » Grimod se bat les flancs pour trouver des paroles tendres et émues; mais on ne le voit que trop, ce « sacré lien des âmes sensibles et vertueuses, » ce « pardon qui devient le gage de son bonheur présent » sont autant de mots à effet, péniblement assemblés et d'une médiocre rhétorique. Telle fut sans doute aussi l'opinion de madame de La Reynière, qui ne se laissa point persuader et pour pardonner attendit d'autres témoignages de repentir.

Le seul moyen de rentrer en grâce, c'était de se réconcilier avec l'ambassadeur de Malte, et Grimod, à qui on ne le cacha point, s'y résigna, bien que le cœur lui en saignât. Voici la lettre qu'il lui écrivait, cinq ou six jours après ce billet à sa mère.

« Les marques de bienveillance, je pourrois même dire d'amitié dont V. E. m'a comblé jusqu'à cette heure ont dû me rendre encore plus sensible aux choses dures qu'un zèle poussé peut-être trop loin lui a dicté samedi 26 du mois dernier. Fâché de perdre les bonnes grâces de V. E. j'ai repoussé vivement des épithètes qui m'ont violemment affecté, et dont la plaie ne s'effacera pas de longtemps dans mon cœur. J'apprends que mes réponses ont scandalisé V. E. Je n'entrerai point ici dans le détail d'une justification déplacée et qui ne plairoit peut-être pas à tout le monde, et me renfermant dans les bornes du plus profond respect dû au caractère de V. E. et sans doute à sa personne, je me contenterai de la prier d'oublier ce qu'un moment de vivacité a pu me forcer à lui dire de déplai-

---

1. Collection de M. L. Sapin. *Pièces originales de la journée du 26 août* 1780. Idée de la lettre de Grimod de La Reynière à sa mère; Paris, 29 auguste.

sant, et de croire que mon cœur honnête et sensible ne participe en rien aux choses désobligeantes que j'aurois pu lui dire[1]. »

N'est-ce pas là l'accent d'un chien hargneux, (Linguet l'appelle un « dogue enfant[2], ») qui grogne encore tout en essayant de caresser son maître? Cette lettre ne pouvait guère satisfaire le bailli, qu'elle ne satisfît pas du tout, comme on va en juger. Quant à La Reynière, il croit en avoir fait bien au delà de ce qu'on pouvait exiger de lui ; et, après cette marque de déférence et de respect envers sa mère, il adressait à celle-ci une nouvelle épître, plus heureuse par le tour comme par le fond, bien qu'encore suffisamment pointue et récriminante par endroits :

« Si j'ai attendu jusqu'à ce moment, lui mandait-il, pour vous assurer du vif intérêt que j'ai pris et que je prends encore à l'inquiétude que vous donne la santé de Mr l'É. d'Orléans, c'est que j'ai jugé par votre silence que loin de vous être agréable, mes lettres vous étoient importunes, et même odieuses. Depuis

---

1. Collection de M. L. Sapin. *Pièces originales de la journée du 26 août* 1780, à S. E. (le bailli de Breteuil) : mardi 5 septembre. M. de Breteuil demeurait faubourg Saint-Honoré, au coin de la rue de Marigny. *Almanach royal*, 1784, p. 151.

2. Sans le nommer, toutefois. C'était à propos d'une *Satyre des Satyres* sortie de la boutique philosophique et dont on fit honneur à La Reynière. Linguet, *Annales politiques et littéraires* (Londres. 1778), t. IV, p. 270 à 296. Ému d'une accusation qui pouvait lui nuire au Palais, Grimod s'empressa de démontrer sa parfaite innocence, et l'on a conservé un dossier renfermant originairement sept pièces, mais dont quelques-unes ont disparu. Il est intitulé : *Pièces relatives à la page 238 du t. XII des Mém. secrets de Bachaumont.* 25 décembre 1778. La satí, traité Linguené.

3.

la malheureuse scène que vous aviez promis d'oublier, il ne s'est passé aucun jour où dans l'amertume de ma douleur je n'ai gémi sur la dure nécessité qui m'a privé de votre présence et de votre bienveillance. Quelque dure que soit la loi que votre colère m'impose c'est à moi de m'y soumettre. Vous avez oublié ma vie entière passée dans les sentiments les plus respectueux, pour ne vous rappeler qu'un moment d'erreur. Je respecte les motifs de votre conduite, et je ne me permettrai pas de les approfondir; mais j'oserai en appeler à votre cœur, et j'ose espérer que lorsqu'il n'écoutera plus les conseils cruels et perfides de certaines gens, il pourra quelque jour s'ouvrir à des sentiments plus doux...[1] »

Cette lettre qui prétendait fléchir et persuader, ne devait pas atteindre son but, et l'allusion aux « conseils cruels et perfides de certaines gens, » aurait suffi pour tout gâter. Mademoiselle Quinault, soit qu'elle y fût poussée par les parents, soit qu'elle n'obéît qu'à son affection pour tous, écrivit à Grimod, et le pria de passer à son domicile, place du Louvre. Il lui répondit qu'il s'y trouverait ponctuellement, le lendemain (23 septembre[2]). Nous ignorons quel fut l'entretien et ce qui s'échangea entre ce jeune homme obstiné, têtu, et cette fille si spirituelle et si adroite. Mais, à en juger par les faits, le colloque n'eut aucun résultat. Nous avons cité tout au long la lettre au

---

1. Collection de M. L. Sapin. *Pièces originales de la journée du 26 août* 1780, lettre de Grimod à sa mère; Paris, 12 septembre.

2. *Ibid.* Lettre de Grimod à mademoiselle de La Re..., ce 22 septembre.

bailli; La Reynière, qui, l'estimait des plus convenables et des plus méritoires, comptait sur une réponse, qu'il n'obtint point. Ce procédé fit plus que le surprendre, il l'indigna, il le mit hors de lui. A ses yeux, l'injure la plus grave qu'on pût faire à quelqu'un, c'était de laisser ses lettres sans réponse. L'impolitesse de M. de Breteuil lui fit oublier tout l'intérêt qu'il avait à un accommodement. Et, sans songer qu'il allait, en un instant, perdre le fruit d'une démarche qui lui avait tant coûté, il se mit à brocher tout d'un trait une catilinaire dont le début révèle le ressentiment qu'avait soulevé en lui le mutisme de ce grand seigneur dédaigneux.

« J'avois cru jusqu'ici que le devoir impérieux de la simple politesse obligeoit à répondre à quiconque nous fait l'honneur de nous écrire, votre conduite avec moi me prouve le contraire, et ce n'est pas la première fois que mes idées de vertu, de politesse et d'honnêteté sont renversées par les actions d'un homme de la cour. Ce n'est pas que j'attache une grande prétention à cette formalité omise à mon égard, ni que je me fâche ou m'étonne de vous trouver moins poli que moi, mais comme la lettre qu'on m'a forcé de vous écrire pourroit vous laisser croire qu'on m'intimide aussi facilement qu'on m'insulte, il est de mon intérêt de détruire une opinion qui me seroit aussi préjudiciable. Et c'est l'objet de cette lettre. Vous pouvez y répondre ou non, peu m'importe...

« D'après ce qui s'est passé à la Thuilerie le 26 août dernier, d'après la manière atroce dont vous avez traité un homme d'honneur, vous pensez bien, monsieur, qu'il ne peut jamais y avoir de relations entre nous. C'est ce que vous demandez peut-être, et vous vous féliciterez d'avoir pu me bannir de la maison paternelle par votre présence comme vous m'avez exilé par vos injures. Mais votre triomphe sera de courte durée...

« Vous avez coloré vos injures du prétexte spécieux qu'un homme doit toujours prendre le parti d'une femme offensée, et s'en montrer le souteneur, sans penser qu'une feinte aussi grossière ne pouvoit trouver de créance qu'auprès de gens vendus ou avilis, soit par état, soit par sentiments; et que les âmes honnêtes n'applaudiront jamais à la conduite d'un homme qui cherche à aigrir une mère contre son fils, et à souffler le feu de la discorde dans une famille...

« Il existe heureusement des loix pour réprimer les scandales et punir les atrocités. J'aurois pu les invoquer, tout m'en faisoit peut-être un devoir, je ne l'ai pas fait; je me suis contenté de déposer dans un registre public et dans le sein d'un magistrat mes légitimes plaintes...

« Voilà votre conduite à mon égard, et voilà la mienne envers vous. Descendez dans la sincérité de votre conscience, jugez-vous vous-même avant que d'autres en prennent le soin, et rendez-moi surtout la justice de croire que ma première lettre étoit dictée et que celle-ci est le tableau fidèle des sentiments de mon cœur[1]. »

Ainsi, voilà qui est clair, ce qui aura été adressé

1. Collection de M. L. Sapin. *Pièces originales de la journée du 26 août* 1780. Lettre de Grimod au bailli de Breteuil; Paris, 15 novembre 1780.

de poli, au bailli, avait été imposé, commandé (dicté n'est pas trop le mot, car, à coup sûr, bien des choses qui se trouvaient dans la lettre, ne s'y fussent pas rencontrées.) Le rôle de M. de Breteuil était délicat. La Reynière l'accuse de l'avoir noirci, « de maison en maison », et de s'être efforcé à lui aliéner l'estime de quelques personnes dont il faisait cas. Cette scène déplorable avait transpiré, et chacun la propagea, selon les intérêts de sa cause, le bailli tout le premier. « Je ne suis ni le seul ni le plus coupable, » disait Grimod, dans sa lettre à mademoiselle Quinault. Cela pouvait être vrai, et cette mère, si peu mère, par l'abandon où elle n'avait que trop laissé cette nature déjà si revêche, n'est pas sans avoir assumé une grande part de responsabilité dans les folies présentes et futures de son fils. Mais, ces réserves faites, Grimod est-il bien fondé à le prendre sur ce ton; et, après le scandale d'une scène où il avoue qu'il n'a été ni un bon fils ni un fils respectueux, le silence n'était-il pas l'unique attitude qui lui convînt?

Cette lettre à l'ambassadeur est la dernière de notre dossier. On comprend qu'elle ferma le débat et que le Bailli ne fut pas tenté d'y répondre. Quand et comment s'opéra un rapprochement inévitable, qu'il fût dicté par le cœur ou les convenances? Quand Grimod rentra-t-il sous le toit paternel où il retrouvait, inévitablement aussi, M. de Breteuil, qu'on n'était pas d'humeur à lui sacrifier? C'est ce que nous ne saurions dire. Ces derniers événements ne firent, et l'on devait s'y attendre, que motiver, que justifier à ses propres yeux, cette soif d'indépendance qu'il manifestait dans tout et à tout propos. Son horreur de la cour, sa passion pour les lettres allaient le pousser à l'autre pôle, et il n'allait plus s'entourer que de ces aventuriers troués auxquels il sut un gré infini de leur misère et de leur ton exécrable; amitiés de rencontre qui, on se l'imagine, le compromettront plus souvent qu'elles ne lui feront honneur.

A cette première heure, si le mérite ne lui échappe point, il est bien plus attiré vers ces individualités bizarres, par cette espèce de protestation contre une société qui laisse dans leur crotte des hommes intelligents, des génies peut-être, quand tant de sots les éclaboussent et les couvrent de boue. Tout ce monde qu'il fréqente et qu'il accueillera, est, à coup sûr, un étrange monde; mais c'est le monde selon le cœur de La Reynière. Au moment où nous sommes, nous le trouvons en relations suivies avec un pauvre diable, auquel il viendra en aide de la façon la plus généreuse. Vers 1777, au Palais-Royal, dans la galerie communiquant de la cour des Fontaines à la rue Saint-Honoré, se trouvait un bureau d'écrivain puplic, dont la situation particulière, sur le passage de l'Opéra, se prêtait singulièrement à l'exercice d'une profession qui, tout humble quelle fût, avait son importance; car l'écrivain public était le dépositaire obligé de bien des confidences et de bien des secrets, et les réels services qu'il était appelé à rendre, relevaient, aux yeux du moins de ses clients, un état qui ne menait guère à la fortune. Le titulaire du bureau de la galerie des Fontaines était un homme de quarante-huit ans environ; il se nommait Longueville. Il avait eu des jours meilleurs et n'était pas fâché qu'on le devinât.

C'était un stoïcien, qui, à l'entendre, ne regrettait d'être pauvre que par l'impuissance où le mettait la misère de faire du bien. « Le sieur de Longueville, dit-il dans l'ordre de son bureau, n'indique plus de jour fixe pour servir les pauvres *gratis*; il remplira ces devoirs d'humanité quelque jour que ce soit, dès que les pauvres se présenteront, et qu'il sera libre. Si, quand il arrive à sa loge le matin, il trouvoit un pauvre qui l'attendît, il commenceroit volontiers sa journée par la bonne œuvre de servir un pauvre *gratis*[1]. » Pensant comme il pense, il n'est plus que logique en attendant des autres la même commisération, et cela sans doute devra légitimer son parfait sans-gêne avec ses bienfaiteurs.

Longueville a de l'instruction, il sait le latin, tourne des vers avec aisance, il est avocat : il sera écrivain et moraliste. Il hasarde une première *Lettre*, puis une seconde, puis une troisième, où il philosophe. Il remplit ces brochures de cent cinquante pages de tout ce qui lui traverse la tête; mais ces folies ne manquent ni de style, ni d'originalité; et la société désœuvrée à laquelle il les dépêche, se les dispute et fait une sorte de vogue à l'écrivain public[2]. On voulut voir le nouveau Diogène dans son tonneau; belles dames et cavaliers, en se rendant à l'Opéra, de lui jeter un mot, un regard que celui-ci savourait avec

---

1. *Lettres de M. de Longueville, écrivain public, à M****.(Amsterdam, 1778), n° III, p. 4. Avertissement.

2. Quérard ne cite que ces *Lettres*, dont la quatrième, la plus remarquable, portait, à un second tirage, un titre spécial : *le Portrait de Rousseau*. Longueville parle d'une *Hamadryade du Palais royal*, qui parut en janvier 1780. Nous avouons que nous l'avons cherchée en vain.

une ivresse débordante. Il s'était avisé de dire, dans une de ses lettres, qu'on devrait instituer des « officiers de morale », qui conseilleraient, dirigeraient les courages et les consciences prêtes à faiblir, qui seraient les guides chevaleresques de la vie. Les uns considérèrent cela comme un paradoxe ingénieux; d'autres n'eussent pas été éloignés d'appliquer la théorie. La seule difficulté eût été de dénicher ces officiers d'un nouveau genre, dans une société si peu morale. Au moins, des Cydalises de province trouvèrent que M. de Longueville était digne d'être « un officier de morale[1], » et le lui écrivirent.

La réputation a ses servitudes. Bientôt notre écrivain est assailli par une tourbe d'indiscrets, qui le dérangent et l'obsèdent. « Je ne me tiens plus dans ma loge que néanmoins je garderai, dit-il à La Reynière; quand j'y étois, les curieux se relevoient pour me faire perdre mon temps et souvent deux ou trois jours après une visite où j'avois été mis à la question, je recevois une lettre anonyme très-offensante. J. J. Rousseau avoit bien raison de ne pas se laisser approcher[2]. » Longueville, en s'autorisant de l'exemple de Rousseau, était dans son droit; il s'était fait l'historien et le panégyriste du citoyen de Genève et lui consacrait sa quatrième lettre, qu'il intitulait le Portrait de Rousseau. Il savait bien qu'une brochure ayant trait au grand écrivain attirerait inévitablement l'attention. Cela avait aussi son écueil, et le modeste

---

1. Lettres de M. de Longueville, écrivain public, à M***, n° III, p. 100.
2. Collection de M. L. Sapin. Lettres de Longueville à Grimod de La Reynière; samedi 3 juin 1779.

biographe, l'ouvrage achevé, se sentait pris d'une belle mais fugitive frayeur, qui fait assurément son éloge. « Les terreurs que j'éprouve sur le malheur de publier une mauvaise brochure ont été calmées ce matin par un homme qui m'est venu voir et qui a eu des liaisons avec Voltaire : il m'a dit que le grand Voltaire, tout éminent qu'il étoit en littérature, éprouvoit de pareilles transes toutes les fois qu'il donnoit un nouvel ouvrage; cela m'a un peu calmé le sang... » Il nous semble, sauf erreur, que cela était fait bien plutôt pour alarmer que réconforter un homme qui n'avait guère d'autres points d'analogie avec l'auteur de *la Henriade* et de *Charles XII*.

Longueville ne demande qu'à entretenir son monde de ses petites affaires. Il s'adresse au *Journal de Paris*[1] qui donne l'hospitalité à cette prose nécessiteuse avec une bienveillance dont il profitera largement. Il lui communique ses besoins et ses vues, lui parle comme à un ami, comme à un bienfaiteur. Il n'est point marié, il n'a ni société, ni famille, il ne tient à rien : dans ces conditions il mettrait un prix infini au bonheur d'être attaché à une personne de considération dont les bontés *nourriraient* éternellement dans son cœur le sentiment de la reconnaissance. Secrétaire, bibliothécaire ou homme de compagnie, il sera tout ce qu'on voudra : « Ce seroit pour lui un avantage bien précieux que l'occasion d'être quelquefois souffert dans la bonne compagnie[2] ». Qu'on

---

1. *Le Journal de Monsieur* accueillera avec la même facilité les extraits qu'il lui enverra. Voir le n° du vendredi 6 août 1779, p. 257 à 275.
2. *Journal de Paris*, du dimanche 26 mars 1780, n° 86, p. 355.

se le dise. Voilà des visées assez étranges, on en conviendra, dans un écrivain public ; et il y a loin, ce semble, de l'échoppe à ces salons où, de bonne foi, il se croit fait pour poser le pied.

C'est que notre homme se ressent de son passé, c'est que l'on était né pour figurer dans ce monde dont des malheurs ou des fautes nous ont à tout jamais séparé. Il soulèvera un coin du voile, dans une lettre au *Mercure* de novembre 1778. « Un père respectable, dit-il, et qui étoit le meilleur des humains m'a fixé en province jusqu'à l'âge de quarante ans. Une tête exaltée ne m'a point permis de faire ce que mon père exigeoit, et je n'ai point fait non plus ce qu'exigeoit une tête exaltée ; de là sont venus mes malheurs qui m'ont conduit à être écrivain public[1]. » Les lecteurs n'en sauront pas davantage. Nous en savons, nous autres, un peu plus. Longueville est cynique sans être un cynique ; il a quelquefois des boutades de fierté, mais il est, en définitive, assez accommodant sur sa dignité, à laquelle il ne prend garde que lorsqu'il a la bourse et la panse remplies, ce qui est rare. Il avait communiqué à La Reynière certaines ambitions maladroites, et ce dernier, qui lui eût voulu des sentiments plus hauts, ne peut se défendre de le rappeler à un passé, dont il n'ignorait pas les taches. Longueville, humilié, sent la justesse du reproche. Il essayera, pourtant, d'atténuer la gravité des charges et de donner une couleur presque innocente à des frasques qui n'avaient fait que trop de bruit dans sa province.

---

1. *Mercure de France*, du 5 novembre 1778, p. 46 à 51.

« Vous m'observez, Monsieur, que m'étant mal comporté dans un emploi de finance, je ne dois pas me permettre d'obtenir la confiance de personne.

« On vous a mal informé, si on vous a dit que moi personnellement j'ai été le receveur des décimes du diocèse de Laon, c'est mon père qui l'étoit, et c'est mon père qui m'a forcé d'être son commis; je ne le voulois pas; possédé de la métromanie j'eusse beaucoup mieux aimé de vingt à trente ans être à Paris dans un grenier à faire des vers du matin au soir que de rester en province chez mon père où j'étois dans une aisance très-large... Quand je me suis expatrié, il est encore certain que je ne suis parti qu'avec 100 louis; je rendois compte à mon père toutes les semaines, je ne pouvois pas avoir à ma disposition une somme bien considérable.

« Lorsque M. le marquis de Condorcet a eu le projet de me faire revenir des païs étrangers, il a écrit à feu M. le cardinal de Rochechouart qui étoit évêque de Laon pour lui demander son agrément; le cardinal qui étoit un prélat fort judicieux a répondu : « Je consens de tout mon cœur que cet infortuné « revienne en France; ce n'est point au fils que nous « avions confié la recette.... c'est le père qui a manqué « de jugement d'associer au travail de sa recette dès « l'âge de vingt ans un cerveau brûlé que dévoroit la « métromanie, c'est-à-dire le feu de toutes les pas- « sions[1]. »

Longueville donne ses vingt ans pour date et pour

---

1. Collection de M. L. Sapin. *Lettres de Longueville à La Reynière*; du lundi 3 avril 1780.

excuse de ses fautes. Il ne fallait donc pas dire antérieurement qu'on avait quarante ans sonnés, lorsqu'on dut quitter sa province. Quant à la nature de l'escapade, l'on n'a pas le choix; Longueville s'était enfui avec la recette, fort médiocre, à l'entendre; mais eût-il reculé devant l'énormité du chiffre? Si La Reynière avait été amené à faire la leçon à cet étourneau qui avait le double d'âge, c'est peut-être l'unique fois où il lui aura parlé de ce ton. Il avait été séduit par l'esprit original de l'homme et de l'écrivain. Ce contraste entre la position présente et une origine honnête, l'avait fortement impressionné, et, plus tard, lorsqu'il arrivera par une connaissance plus intime du personnage à en rabattre de son estime, nous allions presque dire de son respect, il ne lui en demeurera pas moins fidèle.

Longueville, il est vrai, ne négligera rien pour s'assurer et consolider cette affection si preste à le secourir au premier appel. « L'action que vous fîtes hier en ma faveur, lui dit-il, est une des plus belles que puisse faire l'homme le plus vertueux; j'en suis pénétré de reconnaissance et d'admiration, et sans aucune exagération, je vous proteste de m'en souvenir jusqu'au dernier soupir...[1] » En présence d'un nouveau secours généreusement déguisé, il dira encore, avec le même lyrisme : « J'ai bien vu que votre bienfaisance cherchoit à se voiler, mais je ne l'en ai pas moins apperçue, et loin de m'humilier, elle m'a réjoui; je triomphe de joie quand les hommes que je chéris me donnent de nouveaux motifs de les aimer et de les

---

1. Collection de M. L. Sapin. *Lettres de M. de Longueville, écrivain public, à La Reynière*; du mardi 15 décembre 1778.

estimer encore davantage¹. » C'est déjà bien de témoigner à celui qui vient à notre aide sa gratitude avec cet élan; mais l'on fera plus et mieux : « Il y a quelques jours, écrivait-il à La Reynière, j'ai trouvé dans un caffé monsieur de Villeneuve, avocat au parlement, qui me marque beaucoup d'intérêt, quand je le rencontre; nous avons parlé de vous; il a fait l'éloge de vos talens et de l'agrément de votre société; il y avoit beaucoup de monde qui l'écoutoit; j'ai dit tout haut : « L'habit que je porte est un présent qu'il m'a fait². » Longueville eût dû laisser au hasard le soin de répéter à celui qu'il visait ce mot parti du cœur; en tous cas, était-il peu opportun de lui donner place dans la même lettre où l'on en appelait à la générosité de La Reynière.

Cette générosité, on la provoque à tout instant et avec une rare intrépidité. « Quand je suis sans argent, je suis comme un carrosse sans souspentes. Je bois de tems en tems un peu de vin en travaillant pour réchauffer mon vieux pégase et lui faire retrouver les ailes de la jeunesse, mais le vin de cabaret que je bois m'empoisonne; auriés-vous la bonté, monsieur, de proposer à votre maitre d'hôtel de m'envoyer une demi-douzaine de bon vin rouge..... pour que le service fût complet, je voudrois que les bouteilles, avant de m'être apportées, fussent placées quelques minutes sur votre secrétaire; le génie qui vous inspire, quand vous écrivés entreroit dans les bouteilles et me passeroit ensuite dans le sang; Dieu sait combien j'écrirois de

---

1. Collection de M. L. Sapin, *Lettres de Longueville, écrivain public, à La Reynière*; samedi 15 mai 1779.
2. *Ibid.*; 25 avril 1780.

belles choses[1]. » L'appel fut entendu, et Longueville mande à son jeune Mécènes qu'il a reçu et bu cet excellent vin qui lui a rendu sa verve de vingt ans[2]. Ce sont d'incessants petits emprunts (car Longueville inscrit tout sur un registre et compte bien s'acquitter sur le produit des chefs-d'œuvre à venir), emprunts auxquels Grimod souscrit sans se lasser.

L'auteur du *Portrait de Rousseau* a une imagination ardente, il rêve à mille moyens de sortir de sa misère; et il faut bien lui donner un coup de collier dans ces entreprises de Sisyphe. Il s'est figuré que le prince de Conti s'est pris de sympathie pour lui. Quelques bienfaits anonymes sont venus le chercher, et il les met à l'actif du prince auquel il suppose les desseins les plus généreux. N'est-ce pas le cas de tenter une démarche décisive, qui fixe cette bienveillance toujours flottante et incertaine des grands? Il risquera une épitre; mais comment la faire parvenir? Il a songé tout de suite à La Reynière, dont il dispose sans plus de façon, et qui n'aura qu'à observer de point en point ses instructions. Ainsi il ne faudra pas s'adresser au secrétaire des commandements qui pourrait peut-être ne voir en lui qu'un rival, ni aux maîtresses, la pire voie aux yeux du prince, mais au gentilhomme le plus en crédit. Et, lorsque Grimod sera suffisamment renseigné, on le prie d'aller lui-même remettre le paquet au favori et de recommander l'affaire avec l'éloquence et le zèle dont il a déjà fourni tant de preuves[3]. Mais

---

1. Collection de M. L. Sapin, *Lettres de Longueville, écrivain public, à La Reynière;* vendredi 12 mars 1779.
2. *Ibid.;* lundi 12 avril 1779.
3. *Ibid.;* jeudi 5 août 1779.

le plébéien La Reynière ne se montra point disposé à se prêter à ces plans d'ambition, et le souple Longueville d'en prendre assez galamment son parti. « Après l'éclat que j'ai fait dans le monde, disait-il avec une résignation philosophique, je dois vivre et mourir écrivain public[1]. »

Ces petites brochures, on l'a dit déjà, lui avaient conquis plus d'un admirateur et plus d'un ami enthousiaste. Un certain prieur de Chartrage, dans le Perche, l'invita à passer quelques jours avec lui, « dans une jolie maison toute neuve. » Longueville accepte de grand cœur; mais il lui faudrait trois louis, qu'il est d'ailleurs certain de pouvoir rendre dans trois semaines. La Reynière peut n'être pas en état pour le moment de se passer de cette somme, mais il y a moyen de s'arranger. « Si vous aviés un bijou valant six louis ou quelque chose de plus, vous auriés peut-être l'humanité d'aller le déposer chez un homme que je vais vous nommer qui n'est point un prêteur sur gages mais un très-galant homme et j'aurois mes trois louis dans le moment[2]. » Ce n'était pas autrement difficile. La Reynière, loin de faire sentir à ce mendiant sans vergogne l'indécence de sa requête, lui envoie un vêtement neuf et quarante-huit livres pour aider au voyage. « Le bel habit dont vous m'avés fait présent me donnoit l'air d'un riche dans ma route, et me donnoit à chaque instant à moi qui ne suis point brave la terreur d'être assailli par des voleurs[3]. »

1. Collection de M. Léon Sapin, *Lettres de Longueville, écrivain public à La Reynière*, 10 août 1779.
2. *Ibid.*, vendredi 19 novembre 1779.
3. *Ibid.*, samedi 27 novembre 1779.

Son séjour dans le Perche sera de peu de durée; il viendra reprendre le collier de misère, non sans avoir été tenté pendant huit jours (c'est lui qui le dit), de se faire chartreux au Gaillon. Mais les bons pères l'évincèrent sur sa mine, ce qui ne l'affligea pas autrement. « J'ai été fort aise de la réponse des chartreux; je me suis réjoui de ce qu'ils ne vouloient pas de moi, parce que je ne voulois pas d'eux. » La Reynière sera sa providence ordinaire et quotidienne. Un jour il lui demandera de venir le voir en carrosse : une seule apparition dans ces conditions produirait le meilleur effet du monde. « Les personnes chez lesquelles je loge, quand vous arriverés, ne verront que le carrosse, et moi je ne verrai que l'homme[1] » Il avait jeté ses vues sur mademoiselle Cécile, jolie danseuse de l'Opéra, qui pouvait tout sur l'esprit comme sur le cœur de Papillon de La Ferté, l'administrateur de ce fantasque royaume; et il rima une belle épître pour se gagner les bonnes grâces de la demoiselle. « Je voudrois, dit-il encore à La Reynière, que mademoiselle Cécile me présentât à M. de La Ferté pour que celui-ci me donnât un sujet d'opéra. J'ai du talent pour ce genre de poésie... j'ai une imagination brûlante et j'adore les femmes[2]... » Ces chimères ne devaient point aboutir, on s'en doute, comme bien d'autres que son imagination entassait incessamment.

Il quittait, d'ailleurs, peu de temps après, Paris pour Nantes, où il était accueilli à merveille, grâce à ses ouvrages, grâce à la bizarrerie de ses allures, de

---

1. Collection de M. L. Sapin, *Lettres de Longueville, écrivain public, à La Reynière*; mercredi 15 décembre 1779.
2. *Ibid.*; 25 avril 1780.

son esprit, de son accoutrement. Un jour, qu'il avait trop chaud, il lui prit une « impatience philosophique » et il jeta sans plus de façon sa perruque dans la Loire. « Je dois tendre de toutes mes forces à redevenir l'homme de la nature, et c'est un bon commencement que de m'être débarrassé d'un amas de cheveux qui ne m'appartenoient point. » Mais cette petite fantaisie ne devait pas trouver faveur auprès de Grimod qui ne plaisantait pas volontiers, on le verra, en pareille matière ; il témoigna à ce vieux fou sa franche désapprobation, et Longueville lui répliquait avec soumission que, déterminé à suivre en tout ses conseils, il reprendrait la perruque dès qu'il le pourrait.

Longueville a raconté son voyage et son séjour à Nantes, dans une lettre au *Journal de Paris*, à laquelle nous renverrons[1] ; car en voilà bien assez et trop sur ce personnage qui a quelques titres, toutefois, à figurer dans cette galerie des amis de Grimod. En dépit de son indiscrétion et de son peu de dignité, la Reynière lui conserva son affection en faveur d'un esprit dont il s'exagère assurément l'originalité et la valeur. Toutes ces épîtres dans lesquelles l'écrivain public met à nu, avec sa misère, ses convoitises et son âme dégradée en un style léger, plaisant, où le cynisme revêt des airs de candeur et de bonhomie, La Reynière les recueille sous cent clés. Il les fera même transcrire pour plus de sûreté, ce qui ne laissera pas d'émerveiller l'auteur du *Portrait de Rousseau*. « J'ai

---

1. *Journal de Paris*, du lundi 3 juillet 1780, n° 185, p. 753, 754.

été si étonné, lui écrivait-il, quand vous m'avés montré le manuscrit où mes lettres sont copiées et en même temps l'original de ces mêmes lettres que je n'ai sçu que dire... Comme je n'y mets aucun travail et que je n'attache aucune importance aux lettres que j'ai l'honneur de vous écrire, le prix que vous daignés y mettre m'a causé une surprise dont je ne reviens point[1]. » Ces lettres, curieuses et même historiques au point de vue des mœurs, nous édifient sur un des côtés vraiment honorables de cette nature de protée : Grimod nous apparaît là tout à son avantage, avec de la sensibilité, une générosité réelle et sans alliage qui rachètent bien des actes sur lesquels seuls il ne gagnerait pas à être jugé. C'est grâce au manuscrit même de Longueville, précieusement conservé par l'auteur de la *Lorgnette philosophique* que nous avons pu restituer cette physionomie du ruisseau qu'il ne faudrait pas comparer même de loin à Rétif de la Bretonne, un étrange philosophe sans doute, mais un philosophe plus sincèrement philosophe que le philosophe de Genève.

A dater de 1780, Longueville nous échappe et nous ne le retrouvons mêlé d'aucune façon à la vie décousue de son patron. Il n'en sera pas ainsi du personnage dont nous allons hasarder la biographie, et qui, jusqu'à sa mort, après sa mort même, exercera une influence prédominante sur la façon de penser, les déterminations, les principes de Grimod de La Reynière. C'est, en définitive, toute une figure que ce M. Aze, un origi-

---

1. Cette correspondance, qui se compose de quarante-cinq lettres, court du 15 décembre 1778 au 8 juillet 1780. La première lettre manque au recueil.

nal des plus curieux ; nous nous garderons bien de dire, comme La Reynière « l'un des plus grands philosophes du XVIII° siècle[1]. » Nous ne connaissons ce sage que par le portrait qu'il nous a laissé de lui dans mille fragments épars de sa correspondance ; mais c'est plus qu'il n'en faudra pour se faire une idée de cette mirifique individualité. M. Aze, était fils d'un boucher du quartier Saint-Jacques-la-Boucherie. Il n'en avait pas pour cela l'âme moins tendre, se hâte de nous dire son apologiste ; et c'est même par suite de cette sensibilité et d'une chute grave faite en allant verser dans la chaudière une hottée de suif en tranche, qu'il renonça à exercer la profession paternelle. « Il ne lui est resté de son noviciat (car il a quitté au moment où il assertissoit et où l'on étoit sur le point de le faire écorcher) que le talent de faire cuire à point un alloyau sans aucun instrument qu'un clou et un bout de corde, et celui qu'il m'a fait manger ainsi le 1ᵉʳ novembre 1784 ne sortira jamais de ma mémoire[2]. » En effet, Grimod ne parlera jamais de ce procédé ingénieux et expéditif qu'avec une véritable admiration[3]. On a peine à croire que cet enthousiasme persistant ne soit pur persiflage et que La Reynière ne se moque point bel et bien du grand M. Aze. Il n'en est rien, il parle

1. *Lettres autographes de La Reynière au marquis de Cussy*, Villiers-sur-Orge, 29 septembre 1822. Grimod écrira toujours « Villers ».
2. *Ibid.*; Villiers-sur-Orge, 17 mars 1823.
3. « ... Cet homme universel a tout prévu, rien ne l'embarrassoit, et il lui suffisoit d'un bout de corde, d'un marteau et d'un clou pour faire cuire un alloyau de vingt livres, qu'une broche ordinaire n'auroit pu recevoir... » Lettre du 6 février 1822.

avec conviction et semble ne pas soupçonner que ces récits homériques puissent produire un tout autre effet sur l'esprit de ceux auxquels il les raconte. M. de Cussy se défendait un peu de l'admiration, et son ami, à toute occasion, s'efforçait de lui inspirer les sentiments de vénération qu'il éprouvait pour son héros, toutefois sans le surfaire, sans modifier en quoi que ce fût cette physionomie de petit bourgeois madré, jouant du philosophe, mais très-positif dans les choses de la vie.

« Je conviens que le son d'un écu chatouilloit mieux son oreille, que les larmes d'une jolie femme. Cependant il ne haïssoit pas le sexe, et les vingt enfans qu'il a faits à madame Aze, sans compter tous ceux de la paroisse Saint-Jacques-de-la-Boucherie et des SS. Innocens y réunis, auxquels il a travaillé en sont la preuve. Au reste, vous lui feriez grand tort en pensant qu'il avoit quitté l'état de son père pour une boutique de friperie... S'il achetoit dans les ventes les perruques et les habits par douzaines, c'étoit pour son usage, et après avoir fait son choix, il revendoit le reste sur place, et avec bénéfice ; car il n'a jamais su vendre à perte ni faire quelque chose pour rien. Aussi étoit-on sûr de ses services et de ses bons offices dès qu'il y trouvoit son intérêt. Voilà comme j'aime les hommes. Avec des gens de ce caractère on ne craint jamais d'être indiscret ou importun. »

Nous ne disputons pas sur la préférence de Grimod pour ces caractères sans gêne qui dispensent de toute contrainte ; et nous concevons même qu'on s'en accommode. Mais c'est être philosophe à bon marché, et sans y être du sien. Quoi qu'il en soit, cette physionomme d'original prise sur le fait par cet original sans pareil est piquante et aide au portrait du peintre lui-même.

« Loin d'être fripier le grand législateur étoit artiste, car vous conviendrez qu'on ne sauroit être modeleur, acheveur, fondeur, ciseleur, graveur, doreur et argenteur à moins de savoir le dessin ; et je n'en veux pour preuve que les chandeliers, les binets et les éteignoirs sortis de la main de ce grand homme. Il travailloit de plus, dans cet heureux temps qui ne reviendra plus, pour les gros bijoutiers de la rue Saint-Honoré, tels que des Poirier, des Daguerre et des Dulac, qui tenoient les articles les plus nouveaux de la dorure bien plus travaillée et contournée qu'elle ne l'est aujourd'hui. M. Aze avoit dans l'hôtel de la Vieille-Monnoie qu'il occupoit presqu'à lui seul, plus de vingt étaux roulans, sans compter les mâches, et il a occupé jusqu'à vingt-cinq compagnons... Malheureusement les goûts changèrent. On préféra la crème fouettée à la belle dorure, et pour ne pas mourir de faim M. Aze fonda une nouvelle boutique dans la grande salle du palais où j'allois chaque jour entre les deux audiences me gargariser avec une bavaroise, et quelquefois avec des rognons fricassés (qu'on payoit vingt sous la douzaine) et qui étoient les meilleurs de Paris[1]. Un bougeoir d'un écu fut le commencement de ma liaison avec M. Aze, dont le caractère jovial et original me mit tellement dans le goût de la dorure qu'il a fini par

---

1. Chez Jouane, traiteur de la buvette du Palais. Nous trouvons une note à payer de 60 francs à celui-ci dans *l'État de situation de M. A. B. L. Grimod de La Reynière*. Av¹, en 1784. (Collection de M. L. Sapin.)

me vendre 600 francs une paire de girandoles de table dont S. M. l'Impératrice et autocratrice de toutes les Russies, Catherine II, n'avoit pas voulu[1]. Mais comme je ne tardai pas à reconnaître sous la perruque de cet argentier un véritable philosophe, je ne tardai pas non plus à me mettre sous sa conduite et à en faire mon guide et mon ami. Aussi depuis cette époque, je n'ai jamais mis pain sur nappe qu'il ne fît partie des hôtes du festin[2]..... »

« J'aime à me persuader, mon illustre maître, disait ailleurs l'intarissable La Reynière, que vous auriez très-bien goûté M. Aze... Une grande confiance se seroit dès le premier abord établie entre vous et le seigneur du fief de N. D. de Montmeillant, et en deux heures de temps vous auriez connu toute la famille, tous les secrets de son commerce... il vous eût parlé de madame Aze (née Morel) qu'il appeloit la dame Gigogne, de sa fille favorite qu'il nommoit sa dame de cœur, parce qu'elle étoit religieuse à Montmartre et favorite de madame l'abbesse, de ses deux enfants mâles, l'un orfèvre, l'autre doreur, etc., etc. Mais c'est surtout sur son fief de N. D. de Montmeillant qu'il n'eût pas tari. Il vous auroit parlé du siége qu'il soutint en 1010, de ses murs de neuf pieds d'épaisseur, de ses *créneaux*, de sa vue si étendue sur dix lieues de pays... Il vous eût également parlé de ses pigeons qui ne lui coûtoient pas un sol de nourriture (vu le fief qui leur permettoit

---

1. Dans le même État, nous trouvons, à l'article de M. Aze : « Restant d'une fourniture d'ouvrages dorés, comme bras, flambeaux, girandoles, etc., en billets, 509 livres. »

2. *Lettres autographes de La Reynière au marquis de Cussy*; Villiers-sur-Orge, 25 mars 1823.

d'aller manger les voisins) mais dont la fiente (aussi recherchée que celle de la bécasse par les vrais gourmands) lui rapportoit 24 francs par an et qui formoit le principal revenu de sa terre, qu'il a souvent voulu me vendre pour 6,000 francs ; ce qui étoit bon marché. Il est vrai que cette maison n'avoit ni porte ni fenêtre ni cour ni jardin, ce qui n'empêchoit pas que ce ne fût une seigneurie qui a fait souvent envie à M. Le Pelletier de Mortefontaine, qui auroit bien voulu la joindre à cette terre[1] et à celle de Plailly dont il étoit également seigneur. Mais M. Aze n'a jamais voulu la lui vendre. Rivalité de seigneurs, hauts et bas justiciers[2]. »

Artiste doreur, argenteur, ciseleur, porte-dais de sa paroisse, seigneur de fief, M. Aze, comme on le voit, a plus d'une face, il a fait plus d'un métier, et c'est un habile homme, à n'en pas douter. Mais où est le grand homme dans le grand M. Aze, et l'un des plus grands philosophes pratiques du dix-huitième siècle ? C'est ce que Grimod se devait de nous apprendre, et c'est ce qu'il nous apprend, en effet. Si M. Aze était homme d'action, il était autant et plus un homme de réflexion. Il n'entreprenait rien sans y avoir rêvé, et cela fait, il y songeait encore. Chaque événement, même le moindre, était consigné à sa date, il se faisait pour tout des points de repère, sachant bien que le passé a presque autant de droits sur nous que les présent. Sa philosophie reposait sur l'expérience seule de la vie. Si elle n'était pas élevée, elle était de

---

1. Le Pelletier était marquis de Montmeillant.
2. *Lettres autographes de La Reynière au marquis de Cussy;* Villiers-sur-Orge, 22 mai 1823.

tous les instants, et d'autant plus usuelle qu'elle était vulgaire. De quoi s'agit-il en somme? tourner les difficultés, éviter les écueils, être plus fort que l'ennemi, connaître le terrain, y marcher d'un pied sûr, hurler avec les loups sans se faire loup; demeurer honnête homme mais s'appliquer à démontrer aux méchants que l'on est plus habile qu'eux et qu'ils aient à chercher ailleurs. Ce n'est pas là une tâche si aisée, à en juger par le faible nombre de ceux qui cheminent sans trébucher, et jusqu'au bout, dans le sentier quelconque où les a jetés la destinée. M. Aze eut d'autant plus de mérite, qu'il vécut à une époque singulièrement troublée, presque aussi périlleuse pour le petit que pour le grand; et Grimod constate avec admiration qu'il a pu traverser impunément la Révolution et mourir dans son lit à plus de quatre-vingts ans. Mais M. Aze a et aura un expédient prêt pour toutes les choses imprévues de l'existence; c'est un esprit méthodique, toujours sur ses gardes, ne négligeant ni ne méprisant la moindre précaution. Cette entente, cette pratique de la vie, il l'a formulée pour le plus grand bien de l'humanité, dans d'immortels *Règlements*, dont Grimod ne parle qu'en se signant. Ces *Règlements* sont demeurés inédits et ignorés, et l'on ne peut s'en faire une idée que sur ce que nous en dit La Reynière, qui revient sur eux, il vrai, à toute occasion.

C'est particulièrement sur le chapitre de la correspondance que M. Aze est magistral, et que Grimod l'invoque, s'autorise de lui, d'un ton qui n'admet pas de réplique. Ainsi, M. Aze défend absolument, impérativement, dans les cas les plus graves, deux lettres pour une. Et cette prescription, le grand législateur en exigeait l'observance judaïque de ses sectaires. Une demoiselle Justine de N***, parente de La Reynière, et en commerce de lettres avec lui, s'étonne qu'il ait tout à coup cessé de lui écrire; elle s'en plaint à un ami commun. Grimod répliquera qu'il ne peut juger que sa correspondance est agréable que lorsqu'on y répond; dès que l'on cesse, il est autorisé à croire ses lettres importunes. Mais, par-dessus toute autre considération, il y a l'article XXVIII du titre V, du *Règlement épistolaire.*

« Je conviens que je l'ai transgressé en faveur de M. Pons de Verdun... M. Aze l'a su, je ne sais comment, et m'en a fait les plus vives réprimandes à mon dernier voyage à Paris; je soupçonne même que c'est pour la même cause qu'il n'est pas venu dîner avec nous, jeudi (17 mai 1793), que nous l'avons attendu jusqu'à trois heures et demie, et que je ne l'ai point revu depuis... D'après cela, vous jugez bien que je ne puis pas m'exposer une seconde fois à son ressentiment; c'est ce que je vous prie de faire valoir à mademoiselle de N***. Si elle s'obstine à ne pas vouloir répondre à ma lettre du 1ᵉʳ janvier, elle doit présenter une requête dans les formes à M. Aze, avec l'exposition des faits, afin d'en obtenir la permission d'écrire une seconde lettre. Cela demandera du temps, cela occasionnera des frais, mais je les supporterai volontiers pour prouver à ma cousine que ce n'est ni par obstination, ni par mauvaise volonté que je ne lui ai pas écrit, mais bien parce que, lié par une autorité supérieure, il ne dépendoit pas de moi de faire autrement. Si elle en doute, elle peut écrire elle-même à

M. Aze, dont je vous envoie l'adresse pour elle[1], et il lui répondra, pourvu qu'elle affranchisse sa lettre et qu'elle n'omette aucune de ses qualités dans sa suscription ; c'est un homme très-formaliste comme vous, en quoi je le loue fort ; j'ai toujours été pour les formes[2]. »

Cette réglementation de la correspondance sera à tout instant et à toutes les époques, rappelée par La Reynière, qui, religieux observateur de ces préceptes basés sur l'expérience, supporte malaisément qu'on s'en affranchisse. Nous disons observateur religieux, c'est fanatique et frénétique qu'il faut dire ; et ce dernier trait achèvera de peindre l'homme. Quinze ans après la mort de M. Aze, en 1823, M. de Cussy survenait, dans les premiers jours de mai, à Villiers-sur-Orge, sans s'être annoncé. La Reynière, qui ne l'attendait pas, lui avait écrit. Sa lettre, toutefois, n'était point partie : que devait-il faire de cette lettre ? la détruire comme dès lors, sans objet, ou, mieux, la remettre au destinataire, qui faisait, avec raison, grand cas des épîtres humoristiques de l'auteur de l'*Almanach des Gourmands*? L'on pouvait hésiter entre l'un des deux partis, mais, à coup sûr, personne autre que Grimod ne se fût avisé de l'expédient qu'on va lire, et qu'il

---

1. Cette adresse, qui tenait une grande page, et où, pour plus de précision, l'on citait les voisins des voisins de M. Aze, avec leurs noms, prénoms, titres et qualités, se trouve reproduite notamment dans *Omniana ou Extrait des archives de la Société universelle des Gobe-mouches*, par M. Moucheron (Fortia de Piles).(Paris, 1808), p. 313, 314.
2. *Revue du Lyonnais* (1er avril 1855), t. X, p. 295, 296. Lettres inédites de Grimod de La Reynière à un Lyonnais de ses amis. Première lettre ; Béziers, 31 mai 1793.

explique avec une candeur qui éloigne toute supposition de mystification :

« C'est seulement hier, Monsieur et très-vénéré grand-maître, que j'ai reçu votre aimable et honorée lettre du 2, en réponse à la mienne du 27, dont l'arrivée à Paris, pendant votre séjour à Villiers, paroît vous avoir fortement intrigué ; rien cependant n'est plus simple que cette aventure. Cette lettre, écrite le 26, et terminé le 27, étoit cachetée et timbrée, et reposoit sur ma cheminée avec d'autres au moment de votre arrivée ici, arrivée sans annonce et non moins agréable pour avoir été imprévue. J'aurois donc pu v/remettre dès ce moment cette missive et v/ en épargner le port. Mais d'après les *Règlemens* de M. Aze, qui, dans sa profonde sagesse a décidé que rien n'étoit plus sot et plus inconvenant que de recevoir et de décacheter une lettre en présence même de celui qui l'a écrite pour être lue loin de sa présence, je me suis vu forcé de donner cours à celle *de cujus*, et de lui faire remplir sa première destination, ce qui, je le pense, vous aura encore été moins pénible que de la savoir brulée (car M. Aze ne donne que cette alternative). Cette lettre a donc été portée lundi matin à Montlhery ; elle est partie lundi soir de Linas, et comme cette fois la poste a été exacte, il est tout simple que vous l'ayez trouvée rue de Grammont, n° 26, à votre débotté[1]. »

Cette observation stricte et par trop stricte des sacrés Règlemens est à faire mourir de rire. Grimod ne plaisante pas, il ne songe pas à mystifier le marquis, il est très-sérieux, il a obéi à son évangile. Il ne doute

---

1. *Lettres autographes de La Reynière au marquis de Cussy*, Villiers-sur-Orge, 4 mai 1823.

pas que M. de Cussy ne s'incline devant de tels motifs, et il le regretterait, le cas échéant, sans s'en repentir. Ces Règlements, M. Aze (et il ne pouvait mieux faire) les a légués à son plus fervent disciple. Il semblerait que ce dernier aurait dû souhaiter leur vulgarisation. Il ne tint qu'à Grimod qu'un libraire, plus oscur que sage, ne fît les frais de l'édition et n'achetât même fort cher le droit de faire une mauvaise affaire[1]. Mais M. Aze n'avait point ambitionné le titre de chef de secte, et La Reynière crut respecter ses intentions en ne révélant que par fragments, et à l'occasion, ces formules de philosophie et de morale usuelle.

« Vous demandez communication des Règlemens de cet illustre législateur ; sans songer que les lois des plus grands empires, à commencer par celui de Rome, n'ont jamais été écrites, et que la nymphe Égérie, qui étoit le M. Aze de Numa Pompilius, ne communiquoit point ses Règlemens... Vous auriez bien moins de respect pour les lois de M. Aze, si on vous en donnoit communication ; qu'il vous suffise de savoir qu'elles remplissent 4 vol. in-4°, et qu'elles sont conservées aussi précieusement que l'étoient les tables de la loi dans l'arche sainte des Hébreux[2]... »

Nous aurons à revenir plus d'une fois sur M. Aze et ses Règlements : il ne devait pas plus négliger la table que les autres obligations de la vie, et, sur ce chapitre encore, il faudra bien le citer.

---

1. Le libraire Maradan, qui offrait 3,000 francs. Lettres des 23 octobre 1822 et 15 avril 1824 (fragment).
2. *Lettres autographes de La Reynière à M. de Cussy ;* Villiers-sur-Orge, ce 15 mai 1823.

III

LE FAMEUX SOUPER. — DÉJEUNERS PHILOSOPHIQUES.
RÉTIF ET MADAME MITOIRE.

Dans les derniers jours de janvier 1783, des billets d'invitation de forme plus qu'étrange, parcouraient la ville et devenaient l'objet de l'attention et des propos de tout Paris. Ils étaient imprimés en gros caractères, et n'avaient pas moins de cinquante-deux centimètres de largeur sur quarante de hauteur. La majuscule initiale était encadrée dans un fond noir étoilé de larmes d'argent ; elle semblait accolée à une sorte de catafalque que surmontait un crucifix; et autour duquel brûlaient deux cierges de chapelle. On nous dit que des gueules béantes avaient été substituées à la tête de mort des billets d'enterrement ; dans notre exemplaire ces gueules béantes sont absentes. Voici, dans toute leur intégrité, les termes de cette inqualifiable circulaire, dont l'effet fut tel qu'il empêcha de faire la moindre attention à la mort de mademoiselle La Guerre, ce vampire femelle qui avait dévoré en six mois six cent mille francs au prince de Bouillon, laissant pour trois cent mille livres de billets noirs et trente mille livres de rentes au soleil.

« Vous êtes prié d'assister au souper-collation de M⁰ Alexandre-Balthazar-Laurent Grimod de La Reynière, écuyer, avocat au Parlement, membre de l'Académie des Arcades de Rome, associé libre du Musée de Paris, et rédacteur de la partie dramatique du *Journal de Neufchâtel;* qui se fera en son domicile, rue des Champs-Élysées, paroisse de la Madeleine-de-la-Ville-l'Évêque, le premier jour du mois de février 1783.

« On fera son possible pour vous recevoir selon vos mérites ; et, sans se flatter encore que vous soyez pleinement satisfait, on ose vous assurer dès aujourd'hui que du côté de l'*huile* et du *cochon* vous n'aurez rien à désirer.

« On s'assemblera à neuf heures et demie, pour souper à dix.

« Vous êtes instamment supplié de n'amener ni chien ni valet, le service devant être fait par des servantes *ad hoc.* »

Les termes de cette invitation sont conformes à la version reproduite par Grimm dans sa Correspondance et qu'il prétend avoir copiée fidèlement sur un exemplaire que Louis XVI fit encadrer, tant cela lui parut prodigieux[1]. Cette drôlerie avait été combinée, arrangée avec beaucoup d'adresse et assez de mystère pour que les ayant droit n'y pussent mettre obstacle. Soit que le logement spacieux qu'il occupait dans une

---

1. Grimm, *Correspondance littéraire*, t. XI, p. 361. — Les Nouvelles à la main offrent quelques variantes, du reste fort légères. L'invitation commence de la sorte : « Vous êtes prié d'assister au convoi et enterrement d'un gueuleton qui sera donné le samedi premier février par messire, etc., etc., » et se termine par cette recommandation : « Vous êtes prié de rapporter le présent billet, sans lequel on ne pourra entrer. » *Mémoires secrets*, t. XXII, p. 86, 87 ; 11 février 1783.)

des ailes et où on le laissait pleinement libre d'agir à sa fantaisie, lui semblât encore trop restreint, soit qu'il ne crût avoir ses coudées complétement franches qu'en expulsant de l'hôtel son père et sa mère, notre fou manœuvra de telle sorte, que ceux-ci, par leur retraite, le laissèrent maître de la place. Le moyen dont il se servit pour écarter le financier est assez plaisant. Il le prit à part et le prévint qu'il était dans l'intention de tirer un petit feu d'artifice en faveur de la paix (le bon citoyen!), et qu'il avait, dans ce but, tout un magasin de poudre: comme il connaissait sa crainte de la foudre, il croyait de son devoir de l'avertir afin qu'il ne fût pas effrayé par la détonation. La confidence eut un effet magique. Le papa La Reynière détala sans plus ample informé et délivra ce singulier fils d'une présence qui eût été au moins un embarras[1].

Bien des descriptions furent faites, bien des versions circulèrent sur ce fameux souper[2]. Nous choisirons la seule relation reconnue exacte par La Reynière. Ce qui donna lieu à celle-ci est une mystification d'un tour assez singulier, faite par un autre original, l'ami et le commensal de Grimod, au souper duquel même

---

1. *Mémoires secrets*, t. XXII, p. 93, 13 février 1783.
2. *Correspondance secrète, politique et littéraire* (Londres, John Adamson), t. XIV, p. 137, 138. — Nougaret, *Tableau mouvant de Paris ou Variétés amusantes* (Paris, 1787), t. I, p. 275, 276, 277. « Cet Olibrius, écrit La Reynière à Rétif, ne s'est-il pas avisé de parler de mon *souper*? Il a copié les *Mémoires secrets*, et a encore ajouté mille absurdités à toutes celles qu'il y a trouvées. Vous avez aussi votre coup de patte dans sa préface : c'est le coup de pied de l'âne. Je vous gronderai toute ma vie de m'avoir amené chez moi une pareille espèce. » *Les Contemporaines*, t. XXX, quatrième lettre de La Reynière; 27 janvier 1787.

il assistait, par le comte Fortia de Piles[1], qui, sous le couvert d'un nom de convention, s'était mis en tête d'écrire, de Nancy où il résidait, à toutes les célébrités parisiennes, pliant son style au caractère, à l'esprit, à la condition des personnes, et réussissant toujours à les attirer dans le piége qu'il leur tendait. De cette façon, en peu de temps, il était parvenu à réunir la plus curieuse collection d'autographes, tant par la qualité des signataires, que par le contenu de leurs réponses[2]. Le souper de La Reynière avait fait trop de bruit pour que notre mystificateur ne désirât pas grossir son dossier d'un récit circonstancié et authentique. Que fait-il? Il s'adresse purement et simplement au secrétaire de Grimod, M. Barth. La lettre a un ton de bonhomie qui devait détourner et détourna toute mé-

---

1. La Reynière a fait, sans le nommer, le portrait qui suit de Fortia de Piles : « Véritable Protée, dit-il, il sait prendre toutes les formes pour plaire, et sans cesser d'être aimable, il n'est jamais un instant le même. Doué d'une gaieté inaltérable et d'une force d'esprit peu commune, il a su se consoler par l'une de toutes les peines, et grâce à l'autre, braver tous les dangers. Cachant beaucoup d'instruction sous les formes les plus légères, il est en même temps joueur et philosophe, homme de plaisir et stoïcien. Il sait allier beaucoup d'ordre à la plus extrême prodigalité; la folie la plus aimable à la raison la plus sévère; le goût immodéré des plaisirs à l'amour constant des lettres; et l'esprit des affaires les plus sérieuses au sentiment de la dissipation la plus effrénée. En un mot, c'est un composé des vices les plus séduisants et des vertus les plus réelles; et de tant de contrastes réunis dans le même individu, il résulte un être que toutes les femmes voudroient avoir pour amant, et tous les hommes pour ami. » *Le Censeur dramatique* (10 ventôse an VI), t. III, p. 16.

2. P.-L. Jacob, *Mystificateurs et mystifiés* (Paris, 1875), p. 19 à 83. — Lorédan Larcher, *Les Mystifications de Caillot-Duval* (Paris, Pincebourde, 1861).

fiance; c'est le langage d'un provincial que la lecture des gazettes n'a pas décrassé et qui a conservé sa candeur primitive. M. Barth y fut trompé. Voici la lettre :

« Nancy, le 1er novembre 1785.

« Vous serez peut-être étonné, mon cher monsieur, de la demande que je vais vous faire, n'ayant pas l'honneur de vous connaître. Je commence par vous dire que je jouis d'un nécessaire honnête, et que je cultive les lettres, selon mes moyens : je fréquente beaucoup le cabinet littéraire de cette ville, qui est le rendez-vous des gens de tous les états.

« On est venu à parler, il y a quelques jours, d'un souper que M. G. D. L. R. le fils a donné, il y a près de trois ans, et qui a fait tant de bruit : aussitôt un habitué du cabinet a été chercher les *Mémoires secrets*, il a fait lecture de cet article, qui y est traité fort au long. Nous étions tous persuadés de la vérité des circonstances, quand un officier de la garnison a dit clairement qu'il n'y avoit pas un mot de vrai dans tout ceci : de là sont venus de grands débats qui ont fini par des paris ; quant à moi j'ai parié pour ce qui étoit dans le livre, persuadé qu'on n'iroit pas inventer à plaisir et imprimer des choses si extraordinaires. Un inconnu, qui se trouvoit là, nous a conseillé d'écrire à M. Barth, clerc de M. de La R., qui nous donneroit tous les renseignements nécessaires, et même le nombre des convives que l'on a dit être de soixante, et cet officier en question, de dix-sept. Voilà ce qui fait, monsieur, que je m'adresse à vous, et, quoique le pari ne soit pas un objet conséquent, j'espère que vous ne me refuserez pas les détails que je vous demande. Cet inconnu a prétendu avoir assisté à des déjeuners chez M. D. L. R., et nous en a fait une description si bizarre que personne n'a cru un mot de ce qu'il a dit; il nous a parlé de deux mufles de fontaine qui jetoient du café et du lait, de règlements qui obligeoient de boire dix-sept tasses, d'une pyramide de tartines de vingt-huit pouces de haut, d'anchois qui circuloient rapidement sur la table par le moyen d'une croquignole, d'aloyaux qui se mangeoient sans boire autre chose que du café[1], etc. Vous m'obligerez beaucoup de me dire ce qui en est.

« Monsieur, par la même occasion, il m'est dû quelque argent à Paris, que je ne puis pas toucher; vous me rendriez un grand service de me donner l'adresse d'un bon procureur qui m'aidât à poursuivre cette affaire. Je vous prie d'excuser mon importunité: mais vous sentez qu'un homme, dont toute la fortune est en viager, a besoin de ses fonds, surtout quand il n'est pas bien fortuné.

« J'ai l'honneur d'être, etc.

« CAILLOT-DUVAL. »

Il va sans dire que le dernier paragraphe n'était là que pour donner un plus grand cachet de vraisemblance à la lettre. La réponse ne se fit pas attendre.

« Paris, le 7 novembre 1785.

« Par la lettre que vous m'avez fait l'honneur de m'adresser, monsieur, il m'a paru que cet officier de

---

[1]. Ces derniers détails ont rapport aux déjeuners non moins fameux dont il va être parlé.

garnison de votre ville, dont vous me parlez, étoit instruit des principaux détails du souper donné par M. de La R. fils le 1ᵉʳ février 1783, en avançant formellement que la relation rapportée à ce sujet dans les *Mémoires secrets de Bachaumont* était invraisemblable. Je vais vous exposer un récit véridique de la manière avec laquelle le tout s'est passé dans cette fête célèbre, dont les circonstances jusqu'à présent ont été défigurées par des descriptions aussi absurdes qu'exagérées. Cette narration, mise en parallèle avec celle des *Mémoires secrets*, vous mettra à même de vous convaincre qu'on invente à plaisir et qu'on imprime des choses extraordinaires. Le rédacteur des *Mémoires secrets* est fréquemment induit en erreur d'après les sottes et ridicules interprétations des gens désœuvrés; mais il devroit bien se tenir en garde contre de pareilles balourdises, ou, du moins, quand il n'est pas assuré de l'exactitude d'une anecdote, prévenir le lecteur qu'il ne la garantit pas rapportée avec soin : alors on ne seroit pas absolument la dupe de ses misérables assertions.

« Dix-sept personnes, dont plusieurs gens de lettres, artistes, magistrats et jurisconsultes [1], avoient été précédemment invitées par un billet fait dans la forme des billets d'enterrement. Le billet commençoit ainsi : « Vous êtes prié d'assister au souper-collation de

---

1. Voici leurs noms : MM. de La Reynière, Brisson, conseiller au Parlement, Rodier, conseiller à la Cour des Aides, Champcenetz, de Fortia de Piles, Vigée, Dubuisson, hommes de lettres, Neveu, peintre, le comédien Dazincourt, Bonnières, Rimbert, de Lisle de Norvan, Villette, Popelin, Vivien, avocats, Barth, madame de Nozoyt, habillée en homme.

« M., etc., » et finissoit par prévenir « qu'on s'assem-
« bleroit à neuf heures, pour souper à dix, et on étoit
« instamment supplié de n'amener ni chiens ni valets,
« le service devant être fait par des servantes *ad hoc*. »
A ce billet d'invitation en étoit joint un d'entrée, nécessaire pour être introduit. A votre arrivée, vous
rencontriez d'abord deux hommes armés, qui faisoient
une première corne à votre billet et vous obligeoient
de déposer vos armes, chapeaux, etc.; sur ces effets
on attachoit un numéro; on vous en délivroit un double
que vous représentiez en sortant, et d'après lequel on
vous restituoit exactement ce qui vous appartenoit.

« Cette formalité remplie, vous passiez dans une
salle où se trouvoit un homme vêtu en chevalier
Bayard, l'épée au côté, la lance en arrêt, à qui vous
remettiez votre billet, et qui vous introduisoit, par
votre nom, dans un cabinet très-éclairé.

« Au bureau de ce cabinet étoit assis un particulier
en perruque carrée sur la tête, et vêtu d'une longue
robe noire; ce particulier se levoit en pied, saluoit et
accueilloit du geste tous les survenants, mais sans prononcer une seule parole. Il sembloit écrire sur du
papier timbré, ce qui a fait croire qu'il dressoit procès-
verbal de la séance[1].

« Vers les dix heures et demie, un gagiste, en costume ordinaire, vint annoncer que messieurs pouvoient sortir du cabinet; ce qui n'avoit pas été possible jusqu'alors, la porte ne s'ouvrant que pour
entrer.

« Tout le monde ayant défilé dans une pièce peu

---

1. C'était M. Aze.

éclairée s'y vit aussitôt enfermé comme dans une écluse. Au bout de quelques minutes, deux battants s'ouvrirent, et les convives furent introduits, deux à deux, dans la salle du festin.

« Le hérault d'armes, le particulier à la longue robe, un thuriféraire, deux cent suisses et un musicien s'empressèrent de leur en faire les honneurs, chacun selon son emploi ; le musicien exécutoit, pendant ce temps-là, différentes symphonies sur la mandoline.

« La table étoit chargée d'un buisson de lumières, et les buffets présentoient une grande quantité de bougies. Les quatres coins de la salle étaient éclairés par des lampes transparentes et un cintre qui forme niche, entouré de verres colorés; en sorte que l'on comptoit, dans cette seule pièce, trois cent trente-neuf lumières[1].

« Le repas fut divisé en quatorze services : chacun, à l'exception du dessert, n'étoit composé que de cinq plats.

« Pendant le souper, différentes personnes assistèrent au dehors d'une balustrade, où on leur distribua des friandises sèches et des rafraîchissements.

« On sortit de table vers les quatre heures du matin ; la pièce, qui, avant le repas, étoit obscure, se trouva alors éclairée de cent treize bougies[2], et dans le milieu

---

1. Rétif, comme on va voir, porte le chiffre à trois cent soixante-six. Mais c'est lui qui se trompe et non M. Barth.
2. « Ce nombre extraordinaire nous a semblé mystérieux, et avec raison. Comme nous n'avons regretté ni soins, ni dépenses pour donner à nos lecteurs tous les genres de satisfaction, c'est avec la plus grande joie que nous leur apprenons que ce nom-

étoit une table chargée de lumières, de café, de thé, de chocolat et de liqueurs de différentes espèces.

« Lorsque chacun eut pris part à ces différentes boissons, on passa dans une pièce totalement privée de lumières, dans laquelle se fit la démonstration de la lanterne magique ; après quoi les convives se retirèrent. »

Comme on le voit, M. Barth ne soupçonnait pas qu'on se moquât de lui, et fut complétement la dupe de notre plaisant, qui ne s'en tint pas à cette espièglerie. Mais pourquoi M. Barth, aux premières loges pour tout voir, se tait-il sur plus d'un incident très-digne, au demeurant, de trouver place dans son récit ? L'on ne peut pas tout dire sans doute ; mais s'il s'était abstenu sur les singularités les plus notables de cette étrange soirée ? La Reynière convient qu'il pouvait être moins réservé et entrer dans de bien autres détails. « Il va bientôt paraître, dit-il, sous le titre de *Roman véritable* ou *Vie et Aventures d'un vieux Célibataire*, un Livre qui renfermera une description curieuse, exacte et très-détaillée de ce repas célèbre, dont on peut voir, en attendant, une relation assez fautive dans les *Mémoires secrets*, et une assez fidèle, mais très-succincte dans la *Correspondance philosophique de Caillot-Duval*, brochure extrêmement piquante de l'auteur du *Voyage de deux Français au*

---

bre cent treize, et celui de trois cent trente-neuf qui précède, ont rapport au nombre des notaires de la capitale. Cette raison a paru sans réplique, et paraîtra sûrement de même à tous nos lecteurs ; car nous le tenons de si bon lieu qu'il ne nous est pas permis de le révoquer en doute : d'ailleurs elle est toute naturelle, ou nous ne nous y connaissons pas. » (Note des éditeurs de la *Correspondance philosophique de Caillot-Duval*.

nord de l'Europe....[1] » Le *Roman véritable* n'ayant jamais paru, que nous sachions[2], il faut donc bien chercher ailleurs ce qui manque à la relation de M. Barth; et, puisque La Reynière récuse les *Mémoires secrets*, s'enquérir autre part, dans la *Correspondance de Grimm*, notamment. Par malheur, sauf quelques petits faits insignifiants, Grimm n'est pas autrement renseigné que Bachaumont; il raconte les mêmes particularités, particularités assez peu édifiantes et dont nous comprenons que Grimod se défende. Serait-ce que Grimm, ayant puisé aux mêmes sources que Bachaumont, ne pouvait que répéter les mêmes choses? ou bien encore que La Reynière, après avoir mûrement réfléchi sur ses extravagances, ait essayé de se disculper d'une façon vague et indéterminée? car notez qu'il ne spécifie rien et qu'il n'indique aucun fait séparément. Ce qu'il y a à faire observer, c'est que, dans l'espèce, Bachaumont et Grimm avaient moins d'in-

---

1. Le *Censeur dramatique*, t. IV, p. 233 (10 messidor, an VI).
2. Ce n'est pas la seule fois que Grimod annonce et annoncera des révélations qui, en fin de compte, ne paraîtront point. Dans une *Lettre à madame Desroys* (Lyon, 7 décembre 1791), il est dit, p. 6, aux notes : « Nous savons qu'il s'occupe de rédiger ses mémoires; ils ne plairont pas à tout le monde. » L'année suivante, on lisait dans l'avertissement de la *Lettre d'un voyageur à son ami ou Réflexions philosophiques sur la ville de Marseille* (Genève, 1792). « Les mémoires sur la vie de l'auteur paraîtront dès qu'il sera décédé. » Bien des années après, La Reynière reparlera de ses mémoires, dans une lettre autographe au marquis de Cussy. On pouvait soupçonner dans ces annonces successives des libraires un stratagème destiné à effrayer et contenir l'ennemi. Ici rien ne peut faire douter de sa sincérité. La famille aura-t-elle anéanti des souvenirs qui devaient casser les vitres en plus d'un endroit? C'est ce que nous ne sommes pas parvenu à éclaircir.

térêt à calomnier que La Reynière à crier au mensonge; que, si quelques écervelés avaient ri de cette folie, les gens sérieux l'avaient jugée plus sévèrement, et qu'elle pesa toujours comme un tort grave sur la tête d'un fou qui n'avait vu dans tout cela qu'une mascarade.

Grimm rapporte, à peu de choses près, dans les mêmes termes que les *Mémoires secrets,* une petite question du suisse qui, pour être assez comique, n'accusait pas un sentiment très-distinct du respect filial. « Où allez-vous ? demandait le suisse. — Chez M. de La Reynière. — Lequel ? M. de La Reynière *sangsue du peuple,* ou M. de La Reynière *défenseur de la veuve et de l'orphelin ?* — Chez M. de La Reynière le défenseur de la veuve et de l'orphelin, répondiez-vous en exhibant la lettre d'invitation[1]. » Il est fait mention, dans la *Correspondance,* de quatre enfants de chœur, placés aux quatre coins de la salle avec des encensoirs; M. Barth n'en avoue qu'un; mais c'est un de trop, si La Reynière tint le propos cité par Grimm : « Quand mes parens donnent à manger, dit le maître du festin à ses convives, il y a toujours trois ou quatre personnes chargées de les encenser; vous voyez, messieurs, que j'ai voulu vous épargner cette peine; voici des enfans qui s'en acquitteront à merveille. »

Barth, dans sa lettre à Caillot-Duval, ne dit point que la salle fût tendue de noir. Ce sont les *Mémoires secrets* qui avancent cette particularité. Au milieu de la table, en guise de surtout, trônait un catafalque.

---

1. Grimm, *Correspondance littéraire* (Paris, Furne), t. XI, p. 361. — *Mémoires secrets,* t. XXII, p. 87. 11 février 1783.

Pourquoi un catafalque? Interrogé plus tard, Grimod eût dû répondre que ces démonstrations de deuil étaient toutes en commémoration de la mort de mademoiselle Quinault, expirée quelque temps auparavant; ajoutant qu'il était honteux qu'on n'eût rien fait pour honorer la mémoire de cette femme célèbre, que l'on n'eût point envoyé de billets d'enterrement et que le *Journal de Paris*, chargé du nécrologe de toutes les personnes de talent, l'eût absolument oubliée[1]. Cette raison en vaut bien une autre.

Il invitait ensuite chacun à prendre place, et l'on se mettait à table en se regardant et sans trop savoir si l'on devait rire. M. Barth n'accuse que quatorze services; Grimm parle de vingt, le premier tout en cochon. A la fin de celui-ci, La Reynière s'adressant à ses convives : « Messieurs, comment trouvez-vous ces viandes? leur demanda-t-il. — Excellentes. — Eh bien! je suis fort aise de vous dire que c'est un de mes parens qui me les fournit; il se nomme un tel, il loge dans tel et tel endroit; comme il m'appartient de fort près, vous m'obligeriez fort de l'employer lorsque vous en aurez besoin[2]. »

---

1. *Mémoires secrets*, t. XXII, p. 94. 13 février 1783.
2. Les *Mémoires secrets* racontent ces mêmes particularités avec plus de détails encore : « Le souper a été magnifique, au nombre de neuf services, dont un tout en cochon. A la fin de celui-ci, M. de La Reynière a demandé aux convives s'ils le trouvoient bon, tout le monde ayant répondu en *chorus*, Excellent, il a dit : Messieurs, cette cochonaille est de la façon du chaircutier un tel, demeurant à tel endroit, *et le cousin de mon père*. A un autre service, où tout étoit commandé à l'huile, l'Amphitrion ayant également demandé si l'on étoit content de cette huile, il a dit : Elle m'a été fournie par l'épicier un tel, demeurant à tel endroit, *et le cousin de mon*

Outre les dix-sept convives, cette bouffonnerie avait ses témoins platoniques. Autour de la salle était une galerie affectée aux curieux qu'avait attirés l'annonce de cette étrange fête. La Reynière avait répandu dans Paris près de trois cents billets qui ne donnaient que le droit de jouir, sans y prendre part, du bizarre coup d'œil du banquet. A l'heure indiquée sur ces lettres, il dit de laisser entrer. Mais il fallait circuler; l'amphitryon, qui tenait à ce que cela fût vu par le plus de gens possible, ne permettait sous aucun prétexte que l'on s'attardât. L'abbé de Jarente, le coadjuteur d'Orléans, frère de madame de La Reynière et oncle, par conséquent, de Balthazar, ayant appris cette burlesque mascarade, fut curieux de voir par lui-même ce qui allait s'y passer; mais comme il ne se pressait pas outre mesure, son beau neveu eût ordonné qu'on le mît à la porte. Voilà de quelle sorte Grimod en usait avec ses parents[1] « En vérité, mon cher ami, lui dit un jeune avocat, M. de Bonnières, en voyant le public

---

père; je vous le recommande, ainsi que le charcutier. » T. XXII, p. 88, La Reynière proteste. Ce ne serait pas toutefois une raison pour le croire, si nous n'avions d'autres motifs de révoquer en doute ces plaisanteries plus qu'indécentes. Nous avons vu qu'il était arrière-petit-fils de fermiers généraux. Qu'il eût eu des charcutiers et des épiciers dans sa famille, cela n'est pas impossible; mais comme il était originaire du Lyonnais, vraisemblablement ces épiciers et ces marchands de cochonaille n'auraient pas été à Paris, mais à Lyon. Nous dirons même qu'il se trouve dans les actes consulaires de cette dernière ville, à la date du 14 mai 1699, un Claude Grimod, épicier, qui fournit au consulat du vin de Barbantane et de l'huile d'olive, destinés à la cour, pour une somme de 1,793 livres 14 sous. Mais Claude Grimod appartenait-il à la branche de nos Grimod? Bien des années se sont écoulées d'ailleurs de 1699 à 1793.

1. *Mémoires secrets,* t. XXII, p. 88.

assister au souper, cela devient trop farce, on va nous mettre aux Petites-Maisons en sortant d'ici. » L'observation assombrit un instant le front de La Reynière. « Quoi! cette plaisanterie, dit-il avec une certaine inquiétude, m'empêcheroit-elle d'être mis sur le tableau? j'en serois au désespoir[1]. »

Son père et sa mère étaient allés souper en ville. Madame de La Reynière, qui aimait fort à se montrer, parut un instant dans la salle, appuyée sur le bras du bailli de Breteuil. Le bailli était très-grand et très-maigre; Grimod se serait mis à réciter, en les regardant, ce vers si connu des *Jardins:*

Et ces deux grands débris se consolent entre eux[2].

A trois heures du matin, le plus grand nombre, épuisé de fatigue, parla de se retirer. Mais les portes étaient verrouillées. Toutefois, quelques personnes

---

1. Nous ne savons si cette folie ajourna son inscription au tableau, mais ses trois ans de stage s'accomplissaient six semaines plus tard, comme cela résulte du certificat suivant, dont l'interlocuteur de Grimod est un des signataires. « Nous soussignés avocats au Parlement certifions, que M. Grimod de La Reynière notre confrère a suivi les audiences du palais depuis le 12 avril 1780 jusqu'à ce jour, et qu'il a plaidé au châtelet et en la grande chambre. Fait à Paris le 30 avril 1784. Caillères de Lestang, Rimbert, Broussé, Blondel, de Bonnières, Farot. » (Collection de M. L. Sapin).
2. Grimm, *Correspondance littéraire,* t. XI, p. 366 (avril 1783). — Grimod de La Reynière se plaint d'avoir été calomnié, et il est peu probable, en effet, qu'il ait poussé la plaisanterie aussi loin. Quant à l'application de cet alexandrin fameux, ce n'eût été qu'un plagiat. « On disputait chez madame de Luxembourg, dit Chamfort, sur ce vers de l'abbé Delille. On annonce le bailli de Breteuil et madame de La Reynière. « Le vers est bon, » dit la maréchale. Ce vers est le quatre-vingt-quinzième du chant IV des *Jardins.* »

purent se sauver par un escalier dérobé. La Reynière, qui en fut informé, fit garder le passage par deux suisses, et prévint ses convives qu'il ne les lâcherait point. Mais la lassitude tua la gaieté, et, à partir de ce moment, la fête ne fit que languir pour s'éteindre avec les bougies.

Cette soirée, dont l'acteur Dugazon avait été l'ordonnateur secret, coûta à notre avocat dix mille livres. C'était acheter quelque peu cher le droit de passer pour un fou. Si tout le monde rit, la plaisanterie n'en parut pas moins osée et presque criminelle au plus grand nombre. Les gens austères plaignirent sincèrement les parents d'avoir un pareil fils. Un homme seul se fit le champion de La Reynière, et consacra à sa défense une plume qui n'avait pas l'habitude de reculer devant l'audace du mot et la rudesse de l'expression.

« J'ai demandé, écrit Rétif de la Bretonne dans le langage et l'orthographe que l'on connaît déjà, à l'auteur la permicion de prendre sa défense, et de dire la vérité sur bien des singularités qu'on lui attribue; la plus considérable est le *souper*. Le jeune homme avoit fait une brochure peu volumineuse : c'étoit la première produccion isolée qu'il lâchoit dans le publiq, sous son nom, ou l'équivalent. Quelques jours avant de la mettre en vente, sa modestie lui fit craindre pour son ouvrage une humiliante obscurité : moins hardi que beaucoup d'autres, il n'osa laisser tout faire au mérite de son livret. Il cherchoit un moyen de fixer l'attencion du publiq, lorsqu'un *billet-d'enterrement*, par son élégance, par la beauté du vinicial et des attributs, chef-d'œuvre de gravure de feu Papillon, fut pour le jeune auteur un trait-de-lumière. Sa première idée fut de faire afficher son livre sous la forme de l'élégant billet : mais on n'a pas la liberté d'afficher les livres sans privilége. Comment donc faire? L'idée d'un souper s'offrit alors à son imaginacion; et, pour ne point perdre-de-vue son idée, il voulut que la compagnie fût également-nombreuse en convives et en spectateurs : il fit imprimer ses billets d'invitaccion dans la belle forme, inventée sans doute par *Boniface Crétien*, et conservée par tradiccion de *prote-en-prote* chés *Guillaume-Desprez*, l'un de ses successeurs. Les billets pour les convives furent caractérisés à la main; ceux des spectateurs, beaucoup plûs-nombreus, n'eurent que l'impression. Ces billets firent peu de bruit d'abord; mais le *souper* fit un vacarme épouvantable!... Les circonstances en furent particulièrement détaillées par ceux qui ne l'avoient ni vu, ni goûté; ils en imaginèrent les circonstances, avec une fécondité merveilleuse, dont la plûs-piquante fut celle des *servantes-nues;* ces espèces de *crédences* piramidales, où l'on met les plats et les assiètes, après s'en-être servis, furent métamorfosées en-fammes, comme les nefs de *Virgile*. La célébrité du *souper* répandit son éclat sur les billets; ceux-ci furent encadrés, etc. Le livre parut alors, et trois éditions justifièrent la spéculacion du jeune auteur. Voici comment en parle M*** (Rétif lui-même) dans un ouvrage manuscrit :

« Ce fut en 1782 que je fis la connaissance de M.*** le fils, jeune homme plûs sage que singulier, puisque toute sa singularité consiste à vouloir sans cesse se-raprocher de la vie commune, en-se-suposant né dans la médiocrité : il met la filosofie à se-conduire avec la même simplicité, la même apliquacion au travail, la même frugalité, le même goût pour la littérature, que s'il n'étoit pas fils d'un millionaire : il nous aime tous, nous-autres pauvres auteurs, comme s'il étoit réduit, comme nous, à vivre de son travail; il nous montre la même cordialité;-nous fait les mêmes caresses; il respecte les artistes; il fait asseoir à sa table quiconque a du mérite et de l'utilité, n'importe dans quel état; la capacité est un titre, dès-qu'on excèle. On sent combien les gens-du-monde sont-intéressés à ridiculiser une conduite qui est pour eux une satire cruelle : aussi ne l'ont-ils pas épargné : ils ont-voulu lui faire avaler la coupe du ridicule jusqu'à la lie; mais ce jeune homme, qui n'est pas-encore-trentenaire de si-tôt, l'a repoussée avec une fermeté noble, et l'a renversée sur l'habit de ceux qui vouloient la lui-faire-boire. Je serois ingrat si je ne rendois pas à ce hardi et vertueus filosofe le juste tribut de reconnaissance que lui doivent, avec moi, tous les gens-de-lettres, tous les artistes, tous les hommes honnêtement-industrieux qui sont connus de lui. Hà! les amateurs désintéressés du mérite sont si-rares, que c'est une criminelle ingratitude, j'oserois dire un sacrilége, quand on les connoît, de ne pas leur rendre le juste hommage qui leur est dû[1]. »

Ce fut chez la veuve Duchesne que Rétif et Grimod se rencontrèrent[2]. Ce dernier s'enthousiasma tout aussitôt pour cet étrange grand homme, abrupte, rebelle aux conventions et aux poétiques, et n'ayant foi

---

1. Rétif de la Bretonne, *les Contemporaines*, t. XLII, p. 539
2. Le 22 novembre 1782.

qu'en son génie. La Bretonne ne pouvait être insensible à cette admiration passionnée, et il répondit avec la même candeur aux avances du jeune philosophe. Il n'eut rien de caché pour lui, lui ouvrit son cœur, lui confia ses chagrins. Il en avait de grands. L'inconduite de sa femme le désespérait. A l'entendre, elle eût été la pire comme la plus éhontée des syrènes. « Dès qu'un homme la voit, il l'adore, et veut lui faire violence. Toutes mes connoissances en sont là, même celles des derniers temps, toutes, sans exception, si ce n'est M. de Lélisée. » C'est le nom qu'il donne à Grimod dans la *Femme infidèle*. La Reynière, affligé de l'état de son ami, s'efforce de le calmer : peut-être est-elle moins criminelle qu'il ne le suppose, peut-être exagère-t-il ses torts. Mais M. Jean-de-Vert (Rétif), de s'indigner, de s'emporter : « Quand un homme tel que je suis annonce qu'il a des griefs, il le faut écouter[1]. » Et bientôt, abusé par des apparences, il en arrivera à taxer Grimod de complicité avec ses ennemis, et se plaindra avec violence et acrimonie. Mais la réflexion, aidée de témoignages non suspects, lui démontrera l'innocence de cet ami qu'il avait accusé avec trop de hâte ; et, au bas de la lettre même où il l'accablait de ses reproches, il ne craignait pas d'avouer qu'il s'était mépris. « Depuis cette lettre écrite, disait-il, en note, j'ai reconnu, avec une infinie satisfaccion... que la conduite de cet estimable jeune homme à mon égard, a toujours été aussi franche qu'honnête[2]. » Cette découverte, on le conçoit, ne

---

1. Rétif de la Bretonne, *La Femme infidèle* (Maradan, 1788), t. III, p. 728, 786.
2. *Ibid.*; t. IV, p. 912.

devait que resserrer davantage les nœuds de leur amitié un instant menacée; et, dès lors, l'auteur du *Paysan perverti* ne s'exprimera, sur le compte de son disciple, qu'en termes des plus affectueux, avec une sorte d'attendrissement et même de respect pour ce « hardi et vertueux filosofe. »

La Reynière avait trop réussi, réussi au point de regretter quelque peu d'avoir poussé les choses aussi loin. Il avait ambitionné le renom d'original : à cet égard il avait lieu d'être satisfait; mais sa réputation le gênait parfois autant qu'elle le flattait. Si toute sa vie il songea un peu à la galerie, il y eut des heures où il eût voulu qu'on le prît pour un homme comme tout le monde. Mais il devait subir les inconvénients de la position qu'il s'était faite. Ce n'est pas qu'il n'en ait appelé, en plus d'une rencontre, avec une visible amertume : « Damis (c'est lui) donne un repas de quatorze services, il y invite dix-sept personnes, il y allume quatre cents bougies. Croirait-on qu'une telle fête a occupé tout Sirap pendant six mois, et a fait écrire vingt brochures[1]? » Sans doute Paris, le Paris oisif, pouvait moins mal et moins futilement employer son temps; sans doute le Paris d'alors n'était ni plus sage ni plus sérieux que cette Athènes toute en émoi pour une extravagance d'Alcibiade; mais était-ce bien à La Reynière de s'en plaindre? et n'eût-ce pas été, tout au contraire, de la part des Sirapiens, comme il appelle les Parisiens, le plus mauvais tour qu'ils eussent pu lui jouer, que de ne pas se préoccuper de ce qui s'était passé, rue des Champs-Élysées, dans la

1. *La Lorgnette philosophique*, par un célibataire. Première partie, p. 82.

nuit du 1er février ? Dans le premier des deux dialogues qui précèdent les *Réflexions philosophiques sur le plaisir*, La Reynière, bien que d'un ton goguenard, laisse percer assez nettement le bout de l'oreille du repentir :

« L'AUTEUR. — Et que veux-tu dire par là ?

« L'ÉDITEUR. — Monsieur, c'est que je suis curieux de vous voir souper.

« L'AUTEUR. — Comment ! est-ce que tu n'as jamais eu cette petite satisfaction-là ?

« L'ÉDITEUR. — Oh ! que si, monsieur, le 1er février, en balustrade, 339, l'huile et le cochon, les...

« L'AUTEUR. — Paix ! chut !

« L'ÉDITEUR. — Comment, Monsieur ! est-ce que j'ai mal dit ?

« L'AUTEUR. — Au contraire, tu as fort bien dit ; et moi, j'ai fort mal fait. »

On prêta bien d'autres extravagances à La Reynière. Aussitôt que vous sortez de la raison, de la logique et de la convenance, de vous tout est possible, tout est croyable. Ce que vous n'aurez pas fait il y a quelques secondes, vous le ferez l'instant d'après. Nature de caméléon et de protée, vous échappez par votre mobilité et votre inconséquence à toute appréciation et à toute analyse. Vos amis les plus intimes n'en savent pas plus sur vous-même que le dernier venu. On vous accuserait d'une atrocité, qu'au lieu de crier à la calomnie ils commenceraient par trembler et iraient aux renseignements. La Reynière eut notamment à repousser une accusation d'avarice d'une invraisemblance ridicule, si elle eût pesé sur tout autre que lui.

« L'AUTEUR. — Aussi disent-ils que je suis intéressé et que je loue un carrosse à vingt-quatre sous l'heure.

« L'ÉDITEUR. — Ce ne serait pas cher. Mais, tout de bon, qui diable a pu faire naître ce bruit?

« L'AUTEUR. — Ma foi, je n'en sais rien; il y a quatre ans qu'ils disent cela à qui veut l'entendre[1]. »

Effectivement, nous lisons dans les *Mémoires secrets:* « M. de La Reynière, voulant aussi sans doute singer Rousseau, fait un petit commerce de différents objets qu'il vend lui-même à ses amis. S'il les reconduit dans son carrosse, il se fait payer le prix qu'on donneroit à un fiacre, et applique ensuite ses profits à des œuvres de charité[2]. »

Rétif prétend que les billets en forme de billets d'enterrement et le fameux souper n'étaient au fond qu'un coup de grosse caisse annonçant moins de singularité de la part de Grimod que de défiance de son propre mérite. A la bonne heure! Mais convenons que La Reynière entendait la réclame merveilleusement, et que, s'il n'en est pas l'inventeur, il est, en tous cas, le premier qui l'ait compris sur cette échelle. Notre siècle, le siècle par excellence du puff, n'a rien à mettre au-dessus d'un savoir-faire aussi gigantesque. Dix mille francs dévorés pour assurer le succès d'une brochure de soixante pages! Cette brochure a pour titre : *Réflexions philosophiques sur le plaisir,* par un célibataire. Un célibataire! Grimod ne signait pas autrement; et elle porte pour épigraphe : *Legite cen-*

---

1. *Réflexions philosophiques sur le plaisir* (3e édit., Lausanne, 1784), t. I, p. 31; dialogue entre l'auteur et l'éditeur.
2. *Mémoires secrets* (John Adamson), t. XXII, p. 93.

sores, crimen amoris abest. Elle fut épuisée en quelques jours. On voulut voir quelles pouvaient être les méditations philosophiques d'un pareil fou. L'on fut quelque peu désappointé. Grimm dit avec raison que cet opuscule sans valeur ne contient que des lieux communs de la morale la plus vague, et une critique de nos mœurs aussi frivole qu'insipide[1]. Le fait est qu'il n'y a pas le plus petit mot pour rire dans tout cela; que si les remarques sont sensées, les observations judicieuses, le lecteur a vu et pensé ce qu'on lui dit bien avant d'avoir ouvert le livre. Les *Réflexions philosophiques sur le plaisir* n'en eurent pas moins trois éditions successives.

Tout en gardant son appartement chez ses parents, La Reynière songeait alors à déplacer le centre réel de sa vie, probablement pour dépister leur surveillance et s'affranchir d'un contrôle trop direct. « On m'a dit que vous voulez loger sur le Pont-Neuf (c'est le public qui parle) pour mieux vendre votre édition, et vous rapprocher de *beaucoup d'endroits*. — Ceci mérite explication, répliquait notre avocat stagiaire. Vous savez mieux que personne, Monsieur, qu'il n'y a d'autre maison sur le Pont-Neuf que la Samaritaine, et qu'à moins d'être gouverneur de ce château, il est impossible d'en être le locataire[2]... mais il est vrai, et c'est (permettez-moi de vous le dire) une des choses

---

1. Grimm, *Correspondance littéraire*, t. XI, p. 383. — La Harpe n'est guère moins sévère dans sa *Correspondance littéraire*, t. IV, p. 88.

2. Le gouvernement de la Samaritaine rapportait de cinq à six mille livres. Rulhière en fut le dernier gouverneur. Voir notre édition du *Tableau de Paris*, de Mercier (Lecou, 1853), p. 282.

dans lesquelles vous avez le plus approché de la vérité, que le célibataire va quitter l'extrémité de la ville, pour s'établir au centre[1]. » La Reynière, effectivement, avait fait élection de domicile, non pas à la Samaritaine, mais fort près d'elle, en face de la statue d'Henri IV, dans la maison du bijoutier Clémencée, où il avait retenu un petit logement dont il comptait ne prendre possession qu'à la mi-avril. Cette vacance à courte échéance donna l'idée à un marchand naturaliste, appelé Lafaye, de lui demander deux salles pour exposer ses raretés. Grimod s'y prêta de bonne grâce. Le brocanteur qui n'avait pas trop du tout, crut pouvoir s'étendre et envahit sans plus de gêne le reste du logement. Mais c'était compter, à la lettre cette fois, sans son hôte. Survient deux jours après La Reynière, qui, le voyant établi jusque dans sa chambre, s'emporte, s'exalte devant cette interprétation par trop large de leurs conventions, et veut tout faire jeter par les fenêtres. Il met à la porte marchand et acquéreurs, s'enferme à double tour, et passe la nuit à faire bonne garde, « chantant et s'accompagnant avec des grelots qu'il faisoit sonner comme des castagnettes, » ajoute le chroniqueur anonyme auquel nous empruntons l'anecdote[2]. Cependant, le lendemain Lafaye se présentait avec deux amis de Grimod, qui arrangèrent l'affaire : notre original consentait à céder jusqu'au 15 avril son appartement au marchand de coquilles, au prix de deux cent vingt-six livres, qu'il toucha.

---

1. *Réflexions philosophiques sur le plaisir*, par un célibataire. 3ᵉ édit. (Lausanne, 1784), p. 51 ; second dialogue.
2. *Recueil* (manuscrit) *de lettres secrètes*, année 1783, p. 134, 135, 136 ; du 4 avril 1783.

Nous omettons, et pour cause, certains détails à bon droit suspects. Mais ces débats, mais cet emportement furibond, mais ce dénoûment moyennant finances sont à maintenir. Ils peignent bien l'homme, coulant ou intraitable, avare ou prodigue sans plus de raison et de logique, selon la direction du vent, qui, lorsqu'il résiliait le bail de cet appartement du Pont-Neuf, en 1784, malgré la pension de quinze mille livres que lui servait son père, avouait un chiffre de dettes de 55231 lt 13 sous[1].

C'est à cette même époque qu'il faut faire remonter ces fameuses séances nutritives sur lesquelles tant de détails aussi étranges que piquants nous sont parvenus. Elles suivirent de près le célèbre souper, si elles ne le précédèrent point; et, durant trois années, elles se succédèrent sans la moindre interruption, hors le temps des vacances de l'Université, bien que vers la fin, elles portassent en elles des causes de dissolution que des événements étrangers ne firent que précipiter. Ces déjeuners, composés presque absolument de littérateurs et d'artistes, au nombre desquels figuraient en première ligne Mercier, Palissot, Andrieux, Beaumarchais, Chénier, Fontanes, Vigée, Collin d'Harleville[2], attirèrent l'attention par leur cachet de singu-

---

1. Collection de M. L. Sapin. *État de situation de M. A. B. L. Grimod de La Reynière, avt, dressé le 12 janvier* 1784. L'auteur de l'anecdote que nous venons de citer appelle le propriétaire ou principal locataire, Zaïde.

2. Nommons encore Pons de Verdun, Duchosal, les frères Trudaine, Pelletier des Forts, Fortia de Piles, Rochon de Chabannes, Cailhava, Le Bailly, l'abbé Boizart, Imbert, Boucher, Murville, le chevalier de Castellane, le comte de Narbonne, l'abbé Soulavie, les comédiens Larive et Saint-Prix, Verniniac, préfet de Lyon sous l'Empire.

larité. Rétif de la Bretonne, reçu aux *Déjeuners philosophiques*, (comme La Reynière les désignait un peu ambitieusement), en parle avec une sympathie qui va jusqu'à l'enthousiasme :

« Un jeune homme, dit-il à l'article *Déjeuners*, plus distingué par son mérite que par sa fortune, désirant de réunir chez lui des gens de lettres et des artistes, a ouvert un déjeuner deux fois par semaine, le mercredi et le samedi. Tout homme qui a quelque talent, y est reçu, en demandant le maître la première fois, et en s'en fesant connaître : il est ensuite admis pour toujours. Le plus ordinairement on se fait présenter par un des admis[1]. Ces déjeuners sont d'abord uniquement consacrés à prendre du café, avec des tartines, du thé au lait, etc. : quelquefois on y sert des mets plus solides; on converse en déjeunant, jusque sur les trois heures : ensuite les littérateurs lisent leurs ouvrages, et chaque admis a le droit de dire son sentiment : ce qu'on fait toujours avec politesse. Mais la manière dont coule le café dans les tasses a paru

---

1. Cependant il y avait aussi des invitations, et Rétif, à la fin du t. XIX des *Contemporaines* (seconde édition) a transcrit une lettre d'invitation pour la réouverture des Déjeuners. Nous avons reproduit celle du fameux souper : il est naturel que nous fassions le même accueil à cette dernière. « Monsieur, en conséquence de la délibération prise, le 11 juillet dernier et à laquelle vous avez adhéré, vous êtes instamment prié de vous trouver, mercredi prochain, 5 novembre 1784, à midi précis, à l'ouverture de l'Académie des déjeuners, qui se fera à la manière accoutumée, rue des Champs-Élysées, paroisse de la Madeleine-de-la-Ville-l'Évêque. — P. S. Il y aura des lectures intéressantes et un discours de rentrée, que vous voudrez bien écouter avec indulgence. F. C. S. A. V. A. (?) Paris, ce 28 octobre 1784. »

extraordinaire : Deux satyres[1] placés dans la salle d'assemblée, distillent la liqueur bouillante par un robinet qui leur sort de la bouche. Le café, le thé, l'eau sont chauffés dans la pièce d'à-côté, de sorte que les convives ne voient rien de l'embarras du service. Mais le premier jour que cette nouveauté a eu lieu, les liqueurs étoient froides; le déjeuner fut servi tard; l'assemblée murmura contre les satires, et se retira mécontente. On alla plus loin, on décria les déjeuners. Il est aisé de voir que ce n'est qu'un peu d'humeur[2]. »

De son côté, La Reynière, dans sa *Lorgnette philosophique*, s'étend sur ces déjeuners avec la partialité toute bienveillante d'un auteur pour son livre :

« J'ai dit souvent, et je ne me lasserai jamais de le répéter, que les gens de lettres gagneroient infiniment à se voir davantage. Quoi de plus délicieux que ces *déjeuners philosophiques* prolongés jusqu'à la nuit, dont nous avons eu quelques exemples à Sirap (Paris), chez le pauvre *célibataire*. La communication des lumières, le rapprochement des sensations, la différence même des caractères, tout cela tourne au profit du génie. L'imagination s'échauffe, la pensée se développe, le style en acquiert plus de force et d'énergie; et l'on sort, à coup sûr, de ces assemblées

---

1. « On vient d'adresser, dit Rétif dans une note, à ces deux satyres une épître en vers qu'on trouve chez leur propriétaire. » Cette épître arriva sous enveloppe à l'amphitryon et sans être signée. Elle fut d'abord attribuée à Lantier. L'on découvrit plus tard qu'elle était du futur auteur des *Templiers*, M. Raynouard.

2. Rétif de la Bretonne, *Les Contemporaines:* Vogues contemporaines. t. XI, p. 539.

semi-nutritives, meilleur et plus disposé au travail... Les Sirapiens (les Parisiens), qui se piquent de la plus grande recherche dans tout ce qui a quelque rapport à l'ostentation et à la bonne chère, ont fait, ce me semble, bien peu de progrès dans l'art de distribuer à déjeuner à leurs convives. Un valet maladroit circulant de rang en rang, chargé d'une lourde cafetière, dérange tout le monde, ne satisfait personne et tache tous les habits. Pour des hommes qui se piquent de goût, cela me paroît bien grossier, bien mesquin. Que l'on compare à cette manœuvre celle que j'ai vue en usage chez un particulier qui ne se pique pas, il est vrai, de voir la *bonne compagnie*, et qui ne reçoit guère chez lui que des gens d'esprit. Deux superbes masques de satyres (en bronze) dont les bouches généreuses distribuent à volonté les trésors de la Chine et de l'Arabie; tout l'appareil des préparatifs relégué dans une autre pièce, en sorte qu'on jouit des effets sans connoître les causes. Nul embarras, aucun dérangement, et surtout point de domestiques. Tels sont, en trois mots, les singuliers avantages qui m'ont frappé d'abord à ces *déjeuners philosophiques*, que la haine du vin et des sots, que l'amour des lettres et du café m'ont paru caractériser principalement[1]. »

Le *célibataire*, loin de faire le moins du monde allusion au mauvais effet produit par ces deux mufles, l'un d'Apollon, l'autre de Marsyas, n'en parle qu'avec enthousiasme. Il est à croire qu'ils réparèrent, le lendemain, leur échec de la veille, et fonctionnèrent dans la suite avec toute la perfection désirable. Ces déjeu-

---

1. *Lorgnette philosophique* (Londres, 1785), deuxième partie, p. 31, 121.

ners méritent bien d'ailleurs qu'on entre à leur égard dans quelques détails. Autour d'une vaste table en acajou, sans nappe, mais cirée, mais polie comme un miroir, s'échelonnait un personnel de vingt à trente personnes, de tout âge et de tous grades, se renouvelant sans cesse, et le plus souvent étrangères les unes aux autres[1]. Ce pêle-mêle ne laissait pas d'être piquant, si l'on songe que plusieurs convives n'ont jamais été connus par leur nom. « L'amphitryon, raconte Fortia de Piles qui, comme Rétif, était de ces déjeuners, trouvait à la promenade ou au spectacle un homme que son extérieur lui faisait présumer être un auteur; il liait conversation avec lui, en tirait l'aveu qu'il était homme de lettres, quelquefois pour un bouquet à Cloris ou une chanson; il l'invitait à son déjeuner, ce que le famélique écrivain ne manquait pas d'accepter. Une fois introduit, on avait la faculté de mener quelqu'un qu'on ne connaissait pas davantage; ainsi, sur trente bouches mangeantes (il s'en est trouvé, un jour de compte fait, cinquante-sept, ce qui faisait bien *au moins* cent quatorze mâchoires), il pouvait se rencontrer quinze individus totalement inconnus; aussi aurait-on cherché vainement dans tout Paris un assemblage pareil à celui qu'on voyait là. »

Cela avait bien aussi ses petits inconvénients. Un beau jour les couverts disparurent. Il est vrai qu'on les

---

1. Fortia de Piles, *Nouveau Dictionnaire français*. — *Déjeuners*, p. 104. Nous avons dû préférer le récit d'un témoin oculaire à celui des *Mémoires secrets* (t. XXXII, p. 225, 226, 227), contre lesquels La Reynière s'est d'ailleurs inscrit en faux. Disons toutefois que, sauf quelques détails, les nouvelles à la main ne diffèrent guère de la description que Fortia de Piles a faite de ces déjeuners semi-nutritifs.

rapporta : on s'était aperçu qu'ils étaient en composition. Les couverts d'argent avaient été proscrits, en effet, comme trop luxueux, ainsi que les serviettes et les nappes ; cette suppression avait, en outre, l'avantage de simplifier le service, comme on va voir. Ces réunions, on l'a déjà dit, avaient lieu deux fois par semaine. Le repas consistait, le mercredi, en une pyramide de vingt-huit pouces de hauteur, formée par des tranches de pain de quatre livres, recouvertes de beurre et surmontées d'un anchois (n'oubliez pas l'anchois) ; et de café au lait pour toute boisson. Le samedi, l'on ajoutait au menu un aloyau de douze à treize livres, quelquefois du thé ou de l'eau de verjus, mais jamais de vin[1]. La façon dont les tartines étaient distribuées mérite bien qu'on la mentionne : « L'extrême poli de la table, ajoute le chroniqueur auquel nous empruntons ces détails, donnait la facilité de faire circuler les tartines ; et voici comment se pratiquait cette opération : un convive, éloigné de la pyramide, demandait à celui qui en était le plus à portée une tartine ; celui-ci la prenait sur le plat, la plaçait sur la table, et, après avoir averti le demandant, il la faisait partir par le moyen d'une croquignole : la tartine

---

1. Un pauvre diable, talonné par la misère, s'étant introduit à l'un de ces déjeuners sous le prétexte d'une exhibition poétique de sa Minerve, après avoir débité des sottises pendant un temps plus ou moins long, demanda un verre de vin : il suait sang et eau, il se mourait de soif. « Vous êtes bien osé, Monsieur, s'écria La Reynière furieux, de demander du vin ; jamais il n'en entre ici : si vous voulez de l'eau de verjus, c'est tout ce qu'on peut vous donner. » Cependant on finit par obtenir de Grimod qu'on irait chercher au cabaret un demi-setier de vin, à la condition que cela se ferait sans qu'il parût le savoir et que le vin se boirait dans l'antichambre.

parcourait la longueur de la table avec la rapidité d'une flèche et arrivait bientôt à sa destination. Comme on n'a pas oublié que le beurre était accompagné d'un anchois, M. G. remarquait avec raison que sa maison était la seule, à Paris, où l'on vît des anchois courir la poste [1]. » Chacun mangeait à sa convenance, peu ou beaucoup, selon que le cœur lui en disait. C'était une toute autre affaire pour le café. Nul ne pénétrait dans le sanctuaire sans s'être antérieurement engagé à absorber les dix-sept tasses obligées; l'on ne pouvait arguer de surprise : les règlements, écrits en lettres d'or sur la porte d'entrée, sautaient aux yeux des convives et rappelaient l'étendue des devoirs qu'il était temps encore de décliner. Barth, le clerc de La Reynière, « le premier clerc de Paris pour le café, » avait la mission de faire le relevé des tasses englouties; c'était lui qui les distribuait, ainsi que le sucre; car l'on ne devait pas se servir soi-même. Une seule personne avait ce privilége, un M. Bouvet, parent du maître de céans ; la cuiller lui était remise, et Grimod lui criait : « Sucrez-vous, mon cousin; » puis elle repassait aux mains de M. Barth, qui reprenait son office. La Reynière avait cédé la présidence à un M. Clavaux, qui était allé jusqu'à vingt-neuf tasses dans une séance [2], et ce dernier garda le fauteuil tant que durèrent les déjeuners. On l'appelait le président Clavaux. «Je vins à Paris peu après la fondation des déjeuners, ajoute Fortia de Piles : avant d'y paraître, M. de La R. laissa

---

1. Fortia de Piles, *Nouveau Dictionnaire français.* — *Déjeuners*, p. 102.

2. La Reynière dit trente-quatre tasses dans l'*Almanach des Gourmands* (1812). VIIIe année, p. 55, 56.

chez moi un billet de visite pour lui et M. le président Clavaux : ce nom ne me paraissait pas très-*sonore* pour un président de la capitale ; je le cherchai parmi ceux de province et ne le trouvai pas. Enfin je sus que M. Clavaux, marchand d'ustensiles de chasse et de pêche, existant en 1818, rue Coquillière, n° 33, était seulement président des déjeuners philosophiques. » Cela donne une idée de la composition de ces assemblées un peu moins formalistes et moins choisies sans doute que le beau monde qui emplissait, le soir, les salons du fermier général.

Après le déjeuner, venaient les lectures et les discussions littéraires, lectures et discussions parfois plus drôlatiques qu'académiques. C'était, un jour, l'exhibition d'une tragédie de *Charles Martel* par un tapissier, dont Fariau de Saint-Ange, que nous allons voir l'objet des plus violentes attaques, à quelque temps de là épousait la fille[1]. Ces fils d'Apollon, recrutés au hasard de la fourchette, n'étaient pas tous des Andrieux et des Fontanes, et on se fera une idée de ce bizarre amalgame, quand on saura qu'auprès de certaines individualités sorties de terre ou du ruisseau, Rétif était un classique. Nous citerons, entre mille, le poëte Fardeau, dont La Reynière nous fera plus tard un portrait quelque peu désenchanté ; mais les temps avaient marché, et les révolutions également.

« Il n'est personne qui ne connoisse ce célèbre *jurisconsulte*, auteur de quatrains et de plusieurs pièces

---

1. *Revue du Lyonnais* (avril 1855), t. X, p. 298. Lettres inédites de La Reynière à un Lyonnais de ses amis ; Béziers, 31 mai 1793.

tombées au théâtre du boulevard[1]. Cet ex-procureur au Châtelet est un personnage vraiment original. Il a peut-être composé deux ou trois mille quatrains, qu'il appelle des épigrammes, auxquels il ne manque que de l'esprit, du trait et de la mesure, et qu'il récite sans qu'on l'en prie, à tous venans; et une vingtaine de comédies tant en prose qu'en vers. Un amateur, trouvant un jour sur une cheminée le *Service récompensé*, observa à l'auteur de la pièce plusieurs vers auxquels il manquoit quelques syllabes. L'auteur étoit présent, il lui en fit la remarque : « Poursuivez, répondit M. Far-
« deau, vous en trouverez qui en ont de trop, et les uns
« compenseront les autres[2]. » Ce fait, qui est de la plus exacte vérité, ajoute l'auteur du *Censeur dramatique*, s'est passé en 1785, dans une société semi-nutritive, célèbre alors sous plus d'un rapport[3]. » Cela est plaisant, mais La Reynière, qui persifle ce bon M. Fardeau,

---

1. *Le Cabaretier jaloux*, entre autres (1780). Quérard, comme on le voit, se trompe en nous disant qu'elles n'ont jamais été représentées. *France littéraire* (Paris, 1829), t. III, p. 65, 66.

2. Ce n'étaient pas les seules licences poétiques auxquelles se fût abandonné le génie facile de notre procureur. Dans la même pièce, il faisait chanter à Colette le couplet suivant :

> Lorsqu'une flamme pure
> Nous vient du sentiment,
> Nous devons être *sure*,
> Qu'elle en est l'ornement.

« Un autre auroit été embarrassé à ces mots : *Nous devons être surs* pour les faire rimer avec *pure*. Mais M. Fardeau écrit *nous devons être sure*, et le voilà tiré d'affaire en une minute. » *Journal de Paris*, du samedi 22 novembre 1777. N° 326.

3. *Le Censeur dramatique* (10 pluviôse, an VI), t. II, p. 413. — *Omniana* ou *Extrait des archives de la Société universelle des Gobe-Mouches*, par Moucheron (Fortia de Piles). Paris, 1808, p. 319,

semble ne pas soupçonner qu'un maître de maison est toujours responsable et à tous les points de vue de ses hôtes, et que, si M. Fardeau ne pouvait pas être autre que M. Fardeau, rien ne forçait le philosophe des Champs-Élysées à le faire asseoir à sa table. Et, pour un Mercier, un Palissot, un Collin d'Harleville, un Beaumarchais, que de MM. Fardeau on était exposé à coudoyer, pauvres diables, râpés, crottés au moral comme au physique, qui n'avaient de l'homme de lettres que le nom, dont ils s'étaient affublés !

Grimod estimait les lettres au-dessus de tout, et, pour lui, un homme de talent, mal nippé, sans le sou, troué au coude comme Scarron, valait cent fois plus que M. le duc un tel qui était un sot. « Je voudrois qu'il fût d'usage d'appeler un bon auteur : Votre Excellence, et la plupart des grands : Votre Impertinence. Chaque animal ne doit-il pas avoir un nom qui le caractérise[1] ? » La Reynière ne s'en faisait pas accroire ; il était le fils d'un fermier général qui recevait dans ses salons les plus beaux noms du royaume, mais il n'en était pas moins le fils d'un parvenu. Ce prestige de la naissance et de l'illustration est pour lui sans effet ; il aimerait mieux s'appeler Voltaire, bien qu'il ne soit point de son bord, ou tout simplement Rétif de la Bretonne, qu'être un Rohan ou un Montmorency. Il passait ses journées dans la fréquentation des gens de lettres, qu'il flattait et hébergeait ; les soirs, il allait au théâtre dont il était devenu l'un des Aristarques les plus écoutés. Élevé au sein de la comédie, et il en est fier, dans le secret de ses intrigues, lié avec la plupart des habitués et des

---

1. La *Lorgnette philosophique* (Londres, 1785), première partie, p. 67.

vieilles têtes de l'ancien parterre, bien que fort jeune, il avait conquis sur son entourage une influence, une prépondérance qu'il justifiait par l'à-propos et la justesse de ses arrêts. Le parterre, alors, avait une autorité sans limites; c'était le véritable public, le public sérieux, compétent, désintéressé; il réformait le plus souvent les jugements de la cour, sifflant bel et bien ce que Versailles et Marly avaient applaudi; et la postérité a donné raison à tous ses arrêts[1]. L'homme instruit qui allait au spectacle pour le seul plaisir du spectacle choisissait de préférence le parterre, où l'on était loin pourtant d'avoir toutes ses aises, comme le prouve, du reste, cette petite aventure arrivée à Grimod, racontée par lui, mais qu'il n'avoue qu'à moitié.

« A la première représentation d'*Henriette*, drame en trois actes et en prose, de mademoiselle Raucourt, jouée avec quelque succès en 1782, un jeune homme se trouvoit au parterre, où l'on avoit alors le plaisir d'être debout, et par conséquent celui d'être *beaucoup mieux placé* qu'aujourd'hui; ce jeune homme, doué d'une grande quantité de cheveux, se plaisoit à n'en rien retrancher; il portoit alors une grecque de sept pouces de hauteur, qui, ajoutée à sa taille de cinq pieds et demi, en faisoit un voisin assez incommode au spectacle.

« Ce jour-là le parterre étoit rempli dès cinq heures. Un spectateur, de taille moyenne, se trouva malheureusement derrière notre grand toupet, et ne pouvant changer de place, désespérant de voir la pièce,

---

1. Grimod de La Reynière, *Moins Que rien*, suite de *Peu de Chose* (Lausanne, 1793,) p. 19, 20.

et sentant bien qu'il n'avoit aucun droit à changer l'ordre de cette position, il se détermina à proposer un arrangement à son incommode précurseur. « Mon-« sieur, lui dit-il, je ne vous prie pas de me laisser « passer devant vous, vu que je vous masquerois le « spectacle à mon tour, et que, étant arrivé le dernier, « c'est à moi de souffrir ; mais, comme c'est votre « toupet seul qui m'empêche de voir, ne pourroit-on « pas... — Non, monsieur, répondit le jeune homme ; « je ne souffrirai pas qu'on me raccourcisse. — Ce « n'est pas non plus ce que je prétends, répliqua l'au-« tre : permettez seulement qu'avec le bec de ma « canne je pratique dans votre toupet une espèce « d'œil-de-bœuf, un jour de souffrance au moyen du-« quel je verrai la comédie sans vous déranger ni « vous nuire. — J'y consens, monsieur, à condition « qu'à la fin du spectacle vous remettrez les choses en « bon état.. » Le marché ainsi conclu, la perforation s'exécuta, au grand contentement des voisins... Le trou pratiqué, l'homme s'en sert comme d'une lorgnette, et, au moyen de la tranquillité du patient, il ne perd rien du coup d'œil. Il rétablit ensuite les choses comme il les avoit trouvées ; et nos gens, en se séparant, se firent mille politesses. Cela ne valoit-il pas mieux que de s'injurier et de se battre, comme l'on fait aujourd'hui à la moindre rixe ? Cette singulière histoire fit alors beaucoup de bruit dans Paris. On la racontoit de mille manières plus ou moins ridicules. Voilà la véritable version, et nous avons d'excellentes raisons pour en garantir l'exactitude[1]. »

1. Le *Censeur dramatique*, t. I (30 fructidor, an V), p. 192, 193.

Madame Le Brun, qui rapporte également cette petite aventure, la fait passer à l'Opéra, et change un peu les circonstances[1]. La Reynière, singulier en tout, avait effectivement un toupet prodigieux que son valet de chambre édifiait chaque matin. Il ne posait jamais, et pour cause, son chapeau sur sa tête[2]. Cette coiffure bizarre eut les honneurs de la chanson, et voici le couplet qui lui est consacré dans un noël fameux du temps, dont le refrain était : *Changez-moi cette tête.*

> Diogène moderne,
> Un fou que chacun berne
> Croit tenir la lanterne
> Et trancher du Caton ;
> Contre la raillerie
> Sa cervelle aguerrie
> Affiche la folie

---

1. Madame Vigée Le Brun, *Souvenirs* (Paris, Charpentier, 1869), t. II, p. 284, 285. On trouve le récit de cette même aventure, que le chroniqueur fait passer, lui aussi, au parterre de l'Opéra, dans le recueil manuscrit de lettres secrètes, que nous avons cité (année 1783), p. 137. Voir deux anecdotes semblables, également au théâtre, dans *les Sottises du temps* ou *Mémoires pour servir à l'histoire générale et particulière du genre humain* (La Haye, 1754), t. I, p. 14, 15, 16. Paris, ce 10 janvier 1754. Mais alors La Reynière était encore à naître.

2. Il avait imaginé pour son usage une forme de chapeau orné de deux espèces d'anses qu'il faisait mouvoir avec ses poignets. *Magasin pittoresque*, 1851, t. XIX, p. 7. Mais il s'agirait d'une époque plus récente, celle où sa perruque n'était plus qu'une « frisure arrondie comme une tourte à la frangipane. » *Almanach des Gourmands*, VI⁰ année, p. 107. Son perruquier, à cette époque, s'appelait Mesmin. Nous trouvons une note de lui s'élevant à 264 livres pour accommodage pendant quatorze mois et fournitures de perruques de palais. *État de situation de M. A. B. L. Grimod de La Reynière dressé en 1784.*

Et prêche la raison ;
Changez-moi cette tête,
Cette *grimaude* tête,
Tête de hérisson[1].

Si La Reynière entendait la plaisanterie, il avait l'humeur vive et batailleuse. Un soir, au parterre de l'Opéra, à une représentation d'*Armide*, il se sent pressé par la foule : « Qui est-ce qui pousse donc de cette manière ? s'écrie-t-il sans se retourner ; c'est sans doute quelque garçon perruquier. » Un militaire, M. de Case, fils aussi de fermier général, prenant pour lui l'interpellation, lui répondit : « C'est moi qui pousse ; donne-moi ton adresse, j'irai demain te donner un coup de peigne. » Le lendemain, les deux adversaires se rencontrèrent aux Champs-Élysées, en plein jour et devant plus de trois mille personnes. Ils se battirent au pistolet. M. de Case tomba ; la balle lui avait crevé les yeux et labouré la tête. Il mourut quelques heures après. La leçon était rude pour une poussée à l'Opéra.

Avec le caractère emporté, fantasque, paradoxal de La Reynière, dans cet isolement complet de la famille où il s'obstine à vivre, il est bien impossible que les tentations, les excitations malsaines n'aient pas voix prépondérante au chapitre. Balthazar, dont nous avons rapporté les folies au grand jour, aura une existence souterraine, ténébreuse, qui ne sera pas à révéler et sur laquelle il répugnera à s'expliquer même avec ses plus intimes amis. « L'histoire de ce qui s'est passé

---

[1]. *Correspondance secrète, politique et littéraire* (John Adamson), t. XV, p. 14, 15. Ce vaudeville est de Collé.

dans mon âme depuis le 2 février 1783 jusqu'au 10 avril 1786 auroit de quoi vous surprendre! Quoique vous m'ayez vu souvent pendant ces trois années, il est mille choses que vous seriez étonné d'apprendre! Ma réserve, dans les affaires de cœur, a toujours été très-grande avec mes plus intimes amis, *surtout lorsque l'objet n'étoit pas de nature à me faire beaucoup d'honneur*. Vous ne sauriez croire combien cette malheureuse passion, qui m'entraînoit malgré moi, et que j'aurois donné tout au monde pour en être délivré (*sic*), me coûtoit de toute manière; j'aurois voulu briser mille fois cette indigne chaîne, et j'étois retenu par un ascendant que je ne puis expliquer et qui me maîtrisoit malgré moi, par mille considérations que je vous expliquerois bien, quoique peu honorables pour moi[1]... »

Ni Rétif, ni La Reynière ne nommeront cette dangereuse sirène qui se passait d'estime et retenait sous le joug un amant sans illusions pourtant. Ce lien honteux, et que chaque jour resserrait, loin de l'affaiblir, faisait le désespoir de madame de La Reynière, femme peu rigoriste sans doute, mais hautaine, orgueilleuse, et que des désordres si publics devaient profondément humilier. Angélique de Bessy, madame Mitoire, ayant rencontré l'auteur du *Paysan perverti* chez son cousin, en nombreuse compagnie, il est vrai, le prenait à part et avait avec lui un entretien que nous citerons, parce que, indépendamment de l'à-propos, il est toute une révélation de cette étrange et cynique physionomie.

---

1. Rétif de la Bretonne, *Le Drame de la vie*, t. V, p. 1242. — Lettre VI (25 mars 1787).

Nous avons cru ne devoir rien changer à la forme bizarre du récit emprunté au quatrième acte du *Drame de la vie.*

(Chez La Reinière fils, dans la bibliothèque, où sont, avec les livres, tous les instruments d'électricité. Anne-Augustin[1], La Reinière, madame Mitoire, madame Chardon, MM. Trudaine, Pelletier des Forts, Mercier, Fontanes, Chénier, Baïard, Aze, etc.[2].)

(A onze heures du matin). **La Reinière.** — Je vous ai rassemblés, mesdames et messieurs, et j'ai invité mon ami Anne-Augustin, que vous désiriez de connoître, pour vous donner une seconde représentacion de mon fameux souper. Nous allons commencer par la scène hebdomadaire de nos déjeuners nutritifs et philosophiqs ; ce qui pourra nous faire attendre le dîner-souper : la dose est de vingt-deux tasses de café, versé par ces deux mufles, l'un d'Apolon, l'autre de Marsyas : cependant ceux et celles que la délicatesse de leur complexion empêchera de prendre les vingt-deux tasses pourront s'en tenir à la petite dose, qui est de dix-huit... *(On sert le déjeuner, qui est en outre composé de confitures de toutes les espèces. On fait des expériences d'électricité de tous les genres. Anne-Augustin est entre madame Mitoire et madame Chardon.*

1. Anne-Augustin, c'est Rétif.
2. Comme tout le monde n'avait pu se trouver au souper, quelques personnes sollicitèrent la répétition de cette folie et l'obtinrent sans trop de peine. Ce repas eut lieu le jeudi 9 mars 1786, et non en février 1787, comme Rétif le dit par erreur. La Bretonne, en tête de la XIIIᵉ partie de ses *Nuits de Paris*, a donné une gravure représentant le souper célèbre. Il y figure avec le *dramaturge*. Il s'est complu à décrire cette solennité grotesque, non-seulement dans ses *Nuits* (t. VII, p. 2931), mais aussi dans *Monsieur Nicolas* (t. VI, 2ᵉ partie, p. 3077 à 3081).

MADAME MITOIRE. — Je désirois depuis longtemps de vous connoître : je veux vous parler de mon cousin... Il a un excellent cœur! il a de l'esprit; mais il mécontente ses parens. Vous êtes son ami, l'homme dans lequel il marque le plus de confiance : ne seroit-il pas possible de l'amener à les satisfaire, en prenant un état ?... Cette affectation de vouloir être avocat au parlement, de ne parler que d'acheter une charge de commissaire au Châtelet, a quelque chose de badin, qui ne convient plus à son âge?

ANNE-AUGUSTIN. — Madame, je sais quels ont été, quels sont encore ses sentimens pour vous. On a traité trop lestement cette passion profonde : on vous a mariée, au moment où on venoit de lui laisser concevoir des espérances... Vous, et vous seule, auriez pu le gouverner : je ne le vois que trop, à cette beauté touchante, et si douce, qu'elle n'agit que par un charme entraînant, dont on aime à sentir le pouvoir; vous commandez, comme on prie, et vous n'en êtes obéie que plus sûrement. Une beauté impérieuse, comme celle de sa mère, n'auroit fait que l'éloigner, le révolter : si on lui avoit donné une femme de grande naissance, il auroit pris à tâche, pendant toute sa vie, de la contrarier et l'humilier; et tel est, de ce côté-là, l'excès où il se fût porté, que, pour la rabaisser davantage, il auroit été capable de se faire décroteur au Pont-Neuf. Il a du caractère ; et ce caractère est principalement dirigé contre l'orgueil fondé sur le hasard, comme la noblesse, les richesses héréditaires, la faveur... Vous, et vous seule, étiez l'épouse faite pour lui. Votre père s'est cru très-prudent, par votre mariage! et il a fait une école impardonnable... Voilà le fond de mes sentimens... A présent, vous désirez de moi autre chose que de vaines paroles?

MADAME MITOIRE. — Oui : je voudrois savoir, que sont les moyens que vous croyez propres à le captiver?

ANNE-AUGUSTIN. — Il est un peu tard. Il connoît une femme de mauvaises mœurs, de méchant caractère, basse, et vile au degré le plus infime, comme vous êtes charmante et vertueuse au degré le plus sublime... Il faut tâcher de lui en donner de l'horreur, mais non en attaquant cette femme de front : c'en seroit assés pour qu'il l'adorât... il faudroit... je n'ose presque le dire... que vous lui redonnassiez de l'amour...

MADAME MITOIRE. — Songez-vous...?

ANNE-AUGUSTIN. — Je sais que vous êtes mariée... Mais vous me demandez les moyens de le gouverner, et je vous donne les véritables, les seuls... Il vous adorera si vous le voulez; car vous avez des armes irrésistibles... et ce sourire, à sa place, me rendroit fou. Si, votre père et votre mari mis dans la confidence, vous prenez ce moyen, vous le ramènerez, vous le guiderez. J'y contribuerai de la manière la plus efficace...

MADAME MITOIRE. — Hé! comment?

ANNE-AUGUSTIN. — Ho! tout simplement; en lui fesant raconter souvent l'histoire de sa passion pour vous : je me suis aperçu que ce récit l'attendrissoit, et le disposoit merveilleusement à vous adorer : car il ne faut pas qu'il vous aime seulement; il faut qu'il vous adore... en renonçant à toute espérance... Il est des gens qu'on ne peut conduire que par un mobile, noble, grand, puissant, d'accord avec la générosité du cœur. La Reinière fils est insensible aux honneurs, encore plus à l'intérêt. Comment le conduirez-vous? par l'amour, inspiré par un digne objet; par un objet qui remplisse son cœur d'amour, d'estime, d'amitié, de confiance, de tous les sentimens généreux. Et vous êtes la seule femme au monde, qui puissiez tout cela. Voyez ce que vous voulez, ou ce que vous pouvez faire?

MADAME MITOIRE. — L'amour me perdroit. Me conseilleriez-vous, pour sauver la vie d'un frénétique, de me livrer à ses transports, au mépris de tous mes devoirs?

ANNE-AUGUSTIN. — Oui, si votre mari et votre père y consentoient.

MADAME MITOIRE. — Brisons là : Vous êtes un filosofe relâché... Mon pauvre cousin! vous êtes perdu!... Je rendrai compte de notre entretien à sa mère.

ANNE-AUGUSTIN. — Je vous ai parlé avec franchise, comme un Sparciate: J'aurois pu biaiser, comme font tant d'autres; mais j'ai cru que vous me demandiez la vérité nue.

MADAME MITOIRE. — Oui, et je vous remercie de me l'avoir donnée...

MADAME CHARDON. — On ne s'est pas ennuyé, dans cette longue attente d'une répétition d'un trop fameux souper!... Il a su assortir son monde, pour l'esprit!... Voilà notre gros Mercier qui politiquise; Fontane récite des vers aux Trudaines, à Desforts; M. Mitoire les écoute. Pas un instant de vide; depuis neuf heures que dure la séance, je ne me suis pas aperçue d'un seul moment oisif.

LA REINIÈRE. — Mesdames, vous voilà dans un a-parté bien tranquile! vous devez traiter de matières importantes?

MADAME MITOIRE. — Oui, très-importantes!... mais nous n'avions pas celui qui seul peut réaliser nos chimères...

LA REINIÈRE. — Mais vous aviez celle qui peut leur donner l'existence et la vie.

ANNE-AUGUSTIN. — Hà! c'est ce que je disois[1]...

Que vous semble de l'expédient de Rétif? Madame de La Reynière, huit jours après cet entretien, disait à ce *filosofe relâché*, pour nous servir de l'expression même d'Angélique: « Monsieur, j'ai su votre conversation avec madame Mitoire,.. Mais elle est bien singulière!... S'il est ainsi, point d'espérance, et... — Madame, peut-être existe-t-il d'autres moyens: mais j'avoue que je ne les connois pas, » répondait l'auteur du *Paysan perverti*, qui eût trouvé tout simple qu'un mari prostituât sa femme pour sauver les mœurs du cousin de sa femme.

1. Le *Drame de la Vie*, de Rétif de la Bretonne, acte IV, scène XVIII, t. III, p. 1164 à 1169.

IV

FARIAU DE SAINT-ANGE. — LA REYNIÈRE A L'ABBAYE
DE DOMÈVRE. — PARODIE DU SONGE D'ATHALIE.

Les habitués des déjeuners de La Reynière appartenaient bien plus, on l'a vu, à la classe frondeuse et opposante qu'à l'aristocratie littéraire. Mercier et l'auteur des *Nuits de Paris* sont les deux physionomies typiques de cette petite coterie révolutionnaire au point de vue des lettres, dont les idées et les systèmes avaient ce cachet passablement agressif de l'obscurité impatiente de crever sa coque. Si l'on n'est pas trop étonné de rencontrer là Marie-Joseph Chénier, on sera un peu plus surpris d'y voir le classique et discret Fontanes. Il fallait bien accepter les réputations faites; celles qui n'existaient que de la veille ou étaient en train de se faire, celles-là ne trouvaient pas toujours dans le cénacle de la rue des Champs-Élysées une bienveillance extrême. Le pauvre Saint-Ange l'éprouva bien. Avouons que sa vanité, la bonne opinion excessive qu'il avait de lui, et l'ivresse de ses petits triomphes académiques, expliquent, nous ne dirons pas légitiment, la guerre assez cruelle dont il fut l'objet une grande partie de sa vie, et qui ne put rien pour sa conversion. Saint-Ange est bien le type de ces organisations délicates, incomplètes, maladives, plus vaines qu'orgueilleuses. Il a toute la fatuité juvénile de Dorat et la vanité obèse de Lemierre, sans la lourde puissance de celui-ci et la grâce de celui-là ! « Saint-Ange, a dit Chateaubriand, se tenait à quatre pour n'être pas bête, mais il ne pouvait s'en empêcher[1]. » De précoces succès, des succès cueillis sur les bancs du collège et qui eurent dans le monde un certain retentissement, grâce sans doute au personnage auguste auquel ses vers d'écolier s'adressaient, avaient, dès le début, gâté tout à fait cet esprit dont la modestie ne devait jamais être l'infirmité. Sa fatuité, son outrecuidance lui attirèrent de dures leçons. L'esprit n'implique pas la bravoure, il n'est tout au plus qu'un moyen de s'en passer; avec une gambade et une pointe, le poëte Roi échappait aux coups de canne de Moncrif, homme de lettres aussi, mais, par exception, un homme de lettres qui n'avait pas peur. Saint-Ange n'avait pas la répartie de Roi, qui était un cynique, il était un personnage : cela devient plus grave, quand on vous donne des soufflets ou que l'on vous casse le bâton sur le dos.

Le café Procope, encore alors, était le rendez-vous des gens de lettres et des beaux-esprits qui s'y réunissaient avant ou après le spectacle. On y parlait comme autrefois théâtres, livres, journaux ; la pièce nouvelle, le roman nouveau, le recueil de vers nouvellement éclos trouvaient là des aristarques et des zoïles, mais plus de zoïles que d'aristarques. Qu'allait faire Saint-Ange dans une pareille caverne? C'était la meilleure

---

1. Chateaubriand, *Mémoires d'outre-tombe* (Paris, Krabbe, 1856), t. I, p. 412.

nature ; mais éraillait-on l'épiderme trop sensible du poëte, il devenait furieux, se répandait en plaintes plus qu'amères, en invectives même, contre quiconque se permettait la moindre critique. Il avait été fort maltraité par Fréron dans l'*Année littéraire;* il eut l'imprudence, en plein café, de tenir sur le compte du journaliste les propos les plus blessants. Comme il y avait là plus d'une victime de ce rude joûteur, il espérait que ses récriminations ne seraient pas sans écho, quand un grand homme en habit bleu, qui l'écoutait très-attentivement, lui dit avec beaucoup de flegme : « Je parie que monsieur est auteur, et qu'il a été traité comme il le mérite dans l'*Année littéraire.* » La remarque de l'inconnu souleva un universel éclat de rire. Saint-Ange voulut répliquer ; mais les cris et les huées l'empêchèrent de se faire entendre. Il suffoquait de colère, il sortit, oubliant dans son trouble qu'il était en droit de demander raison à l'homme à l'habit bleu d'une observation au moins déplacée. Il fut deux jours sans aller chez Procope. Le troisième, il reparut, non sans avoir préalablement regardé à travers les vitres, s'il apercevait la mine rébarbative de son agresseur. Celui-ci ne s'y trouvait point. Ce n'était pas le cas de se déchaîner en injures et en menaces, et Saint-Ange, en déclamant contre un absent, méritait l'épigramme suivante attribuée à Masson de de Morvilliers[1], plus malveillante que spirituelle.

Petit roi des niais de Sologne,
De Bébé petit écuyer[2] ;

1. *Almanach des Muses* de 1776. Vers à un petit poëte turbulent en lui envoyant une épée de bois.
2. Il s'agit de La Harpe. Bébé était le nain du roi de Pologne.

Petit encyclopède altier ;
Petit querelleur sans vergogne ;
Petit poëte sans laurier ;
Au Parnasse petit rentier ;
Petit brave au bois de Boulogne,
Tu veux en combat singulier
Exposer ta petite trogne :
Eh bien ! nous t'armons chevalier.

Il est question d'un soufflet reçu en plein café par Saint-Ange, avec une longanimité vraiment héroïque, en présence d'une soixantaine d'amis, qui tous lui promirent le secret. Ceci se trouve consigné dans une note du *Mémoire à consulter*, et pourrait être révoqué en doute, sinon dans l'exposé matériel, du moins dans une certaine interprétation des faits[1]. Mais Saint-Ange avoue lui-même qu'il a été en butte à des outrages qu'il a cru devoir mépriser plutôt que d'en tirer vengeance. « Il est bien vrai que j'ai eu *quelquefois* à essuyer des injures grossières... il est vrai qu'*un homme qui* avoit à se louer de moi, et *qui* même aujourd'hui *n'a pas le droit de s'en plaindre*, m'a insulté au café Procope ; mais tous ceux qui fréquentent ce café en ont été indignés... On m'a appris à ne pas m'enorgueillir de certaines louanges, comme à ne pas me fâcher de *certaines injures*; je *sais* même comme on s'en console. » La Reynière pousse un éclat de rire sur la première partie de la justification de Saint-Ange ; son érudition dramatique l'amène a établir un

---

1. L'histoire de ce soufflet est également racontée fort en détail dans la *Chronique scandaleuse*, t. II, p. 139, et la *Correspondance secrète, politique et littéraire* (Londres, John Adamson), t. XVII, p. 149.

parallèle entre la situation du pauvre poëte et celle non moins plaisante de ce M. Valentin, des *Curieux de Compiègne*, qu'un attrait invincible avait entraîné au camp, et qui y avait reçu un assez joli nombre de coups de canne. « C'est une méprise, il l'a fait par mégarde, cet aide-major est un de mes amis... dès qu'il m'a reconnu, il s'est mis à rire comme un fou ; *il n'étoit point du tout fâché contre moi*[1] » Au reste, Saint-Ange corrigeait la mansuétude un peu moutonne de sa première phrase par cette péroraison passablement fanfaronne et d'un contraste par trop brusque : « Mais je veux que vous soyez persuadé que personne ne me *donnera* un soufflet sans perdre la vie *sur-le-champ.* » Cette déclaration avant l'insulte aurait eu son à-propos ; mais, après l'outrage, et l'outrage impuni, elle perdait infiniment de son autorité et de sa convenance. Et c'est sur quoi Grimod appuie avec une malice un peu persistante. Mais ce n'est pas tout, et La Reynière ne lâchera pas sa proie pour si peu : l'orgueil naïf de Saint-Ange simplifiait notablement la tâche de ses ennemis ; le citer, c'était déjà le bafouer. « En voilà sans doute plus qu'il ne faut, poursuit-il, pour laisser la moindre incertitude sur le courage de notre adversaire ; et l'on sent combien l'on doit, d'après cet avertissement, lui porter honneur et respect. C'est donc pénétré de ce double sentiment que nous continuerons d'apprendre à nos lecteurs, *et toujours d'après le sieur Fariau*[2] *lui-même :*

---

1. Les *Curieux de Compiègne*, comédie de Dancourt, scène XVII.
2. Il s'appelait Fariau.

« Qu'il est d'une famille de robe aussi ancienne que*** ;

« Qu'il n'en tire cependant pas vanité, et voudroit pour sa gloire être né d'un savetier ;

« Qu'il est *incontestable* que personne ne l'a frappé, ni le frappera *impunément*.

« Mais il avoue ensuite *volontiers*, poursuit La Reynière :

« Qu'un homme piqué lui a dit *hautement* de très-grosses injures ;

« Que, par exemple, il l'a traité d'*atome littéraire*, d'*auteur jaloux*, d'*insecte venimeux*, etc., etc. » Ajoutant comme correctif : « Je puis bien assurer que je ne suis *rien* de tout cela ; il y a plus, il ne le persuadera à personne ; il y a plus encore, il ne l'a pas cru lui-même. »

Saint-Ange nie formellement avoir été frappé. La Reynière prétend qu'il existe de Fariau un aveu circonstancié déposé chez un notaire de la rue du Four-Saint-Honoré, maître Bancal des Essarts, aveu qu'il s'est borné à copier textuellement. Mais disons ce que c'était que ce *Mémoire à consulter et consultation pour Mº Marie-Elie-Guillaume Duchosal, avocat en la cour, demandeur ; contre le sieur Ange Fariau de Saint-Ange, coopérateur subalterne du Mercure de France, défendeur*, avec cette épigraphe tirée de Phèdre : *Stulte nudabit animam suam*, et pour vignette les armes de La Reynière[1] supportées par deux chats

---

1. Voici ces armes : « D'azur, à la fasce d'argent, accompagnée en chef d'un croissant du même, accosté de deux étoiles d'or, et en pointe d'un poisson d'argent, nageant sur une ri-

et entourées de la Justice, de la Liberté, des Muses et de la Folie : *Quieti et Musis*. G. D. L. R.

Dans l'*Almanach littéraire* de 1783, on lisait les vers suivants à la louange de Saint-Ange, vers que l'on eût été tenté de lui attribuer, s'ils n'eussent été signés, tant ils formulaient merveilleusement son propre sentiment sur lui-même, mais qui, en tous cas, devaient leur insertion dans le recueil de Daquin aux démarches et aux insistances dudit Saint-Ange, fort heureux de faire savoir au monde l'estime qu'il inspirait même à ses émules.

> O toi dont la plume hardie
> De la fable à la comédie
> Passe toujours *avec succès*.
> O toi ! qu'une *mâle* harmonie
> *Et que des accords toujours vrais*
> Placent, en dépit de l'*envie*,
> *Au haut* du Parnasse françois,
> Sans vouloir *outrer* la louange
> Je puis te faire un libre aveu :
> Ovide chantoit comme un ange,
> *Saint-Ange* chante comme *un dieu*.

Le *Journal de Paris*, qui avait à rendre compte de l'*Almanach littéraire*, parla de ces vers à la très-grande louange de Saint-Ange, et remarqua, en passant, que, pour un jeune homme qui avait débuté par des satires, M. Duchosal venait un peu trop à résipiscence[1]. La remarque frappait d'autant plus juste, que les *Exilés du Parnasse*, la première satire de celui-ci, avaient

---

vière du même. » La Chesnaye-Desbois, *Dictionnaire de la Noblesse* (Schlesinger, 1866), t. IX, p. 855.

1. Le *Journal de Paris* du 8 janvier 1786.

un ton agressif qui ne dénotait pas un penchant très-accusé au madrigal et à la flatterie. C'était dans la feuille du 8 janvier qu'il était question de cela; la feuille du 10 insérait une lettre de Duchosal qui se défendait formellement d'être l'auteur de l'épître à Saint-Ange, et d'une façon plus qu'impertinente. On savait le traducteur des *Métamorphoses* d'une si prodigieuse vanité, qu'il vint à la pensée de plus d'un de supposer que les vers étaient de lui, et qu'en les faisant paraître sous le nom d'un autre, il avait voulu donner le change au public. Signés d'un nom imaginaire, passe; mais du nom d'un homme auquel un pareil endos pouvait ne pas convenir, c'eût été d'une impudence inouïe. L'on attendait avec impatience le 15; Saint-Ange, en face d'un pareil démenti, ne saurait garder le silence, et l'on était curieux de voir quelles explications il donnerait. L'attente ne fut pas trompée : le numéro du dimanche contenait une réponse dans laquelle il soutenait et confirmait son dire par deux pièces accablantes pour l'adversaire, les vers et la lettre d'envoi écrits de la main de Duchosal. Pour le coup, si ce dernier n'avait pas poussé la plaisanterie au delà de toutes limites, s'il n'avait pas calomnié Saint-Ange avec une effronterie sans égale, c'était à n'y rien comprendre. Le numéro du dimanche avait été attendu avec plus que de l'impatience, la feuille du 24 fut attendue avec fièvre. Elle contenait quelque lignes de Duchosal assez vagues et qui ne satisfirent personne. « D'après mes deux lettres, vous deviez me croire sans réplique, écrivait-il aux rédacteurs du *Journal de Paris*; mais comme un trop long silence me rendroit coupable, pour rassurer mes amis et suspendre l'opinion publique, je vous prie de me permettre d'annoncer que je ne suis point inquiet sur ma défense, et qu'elle se trouvera consignée dans un *Mémoire justificatif*, imprimé à la suite de mes *Adieux à la satire*, qui vont paraître incessamment. »

Ce n'était pas, toutefois, de cette sorte que la lumière devait se faire et La Reynière se chargera du soin d'éclairer l'opinion. Il supplie Duchosal de lui en remettre le tout. Son titre d'avocat permettait de donner à la plaisanterie un tour judiciaire; le libelle prendra donc la forme d'un mémoire à consulter. Sans doute, c'était courir sur les brisées de Beaumarchais, qui, avec plus d'esprit, une raillerie autrement incisive, avait encore pour excuse la nécessité de la défense. Quant à Grimod, il compromettait très-gratuitement son caractère, sans autre urgence que le plaisir d'occuper de soi et de chagriner le pauvre Saint-Ange. Nous nous trompons; La Reynière avait de vieux griefs contre le traducteur des *Métamorphoses*, et, en se constituant le champion de Duchosal, il ne faisait que tirer vengeance d'une offense toute personnelle. Il ne s'agit pas de moins que du vol d'un madrigal adressé par l'auteur de la *Lorgnette philosophique* à mademoiselle B..., le jour de sa fête, en 1776. Dans le numéro du *Mercure* du 23 septembre 1780, La Reynière, à sa grande surprise et à sa non moins grande indignation, lut ses propres vers revus, corrigés et augmentés d'un tiers, mais, en somme, ses vers, auxquels il tenait parce qu'il les avait faits à dix-sept ans et qu'ils étaient adressés à une jeune fille à qui son cœur avait dû ses premiers battements. Voici le madrigal de La Reynière :

A MADEMOISELLE B..., AUJOURD'HUI MADAME T..., POUR LE JOUR
DE SA FÊTE. — 1776.

Suzanne eut vos vertus, vous en avez les grâces ;
Comme elle, du vieillard vous réchauffez les glaces,
Du jeune adolescent vous hâtez les désirs ;
    Tout s'empresse à vous rendre hommage,
    Et près de vous il n'est qu'un âge,
    C'est toujours celui des plaisirs.

Voici maintenant ces vers, tels qu'ils parurent dans le *Mercure de France*, quatre ans après, dans la partie du recueil réservée aux pièces fugitives :

VERS A MADAME B..., POUR LA FÊTE DE SAINTE SUZANNE,
SA PATRONNE.

Vous portez à bon droit le beau nom de Suzanne.
Suzanne, ainsi que vous, eut l'art un peu profane
De plaire et d'inspirer l'amour et les désirs.
La vieillesse, réduite à l'honneur d'être sage,
Retrouve à vos genoux plus que des souvenirs.
L'adolescent y prend l'usage des soupirs ;
    Tout s'empresse à vous rendre hommage ;
    Et près de vous il n'est qu'un âge :
    C'est toujours celui des plaisirs.
                      (Par M. DE SAINT-ANGE.)

La Reynière a donné très au long l'historique de cette spoliation dans une lettre à Imbert que nous avons sous les yeux. « Au moins d'octobre 1776, je remis, à M. Sauterau de Marsy qui veut bien m'honorer de son amitié, de petits vers dont je n'avois pas moi-même grande opinion. Il en jugea moins sévèrement, et me pressa même de les lui laisser insérer dans l'*Almanach des Muses*, choix de poésies, qu'il rédige depuis seize ans avec autant de goût que de politesse. Charmé de ce suffrage, je cédai sans peine à ses instances, c'étoit en effet un assez joli triomphe pour une muse de dix-huit ans. Mes vers ne passèrent point dans l'Almanach de 1777 et j'en ignore la cause. Six mois après M. Sauterau m'apprend qu'on venoit de lui en remettre sur le même sujet et dont l'auteur étoit M. Fariau de Saint-Ange..... M. Sauterau ne fit pas plus d'usage des vers de M. Fariau de Saint-Ange que des miens, et sa prudence ne voulut pas que le repos de l'univers fût troublé par nos querelles. Ayant donc sacrifié ma gloire à la tranquillité publique, je m'occupai de travaux dont les fruits ne m'ont encore été enlevés par personne [1]. » Mais Fariau n'avait pas renoncé à son premier dessein, et il publiait dans le *Mercure* de septembre 1780, comme on l'a vu, ce madrigal à Suzanne qu'il supposait oublié sans doute de son auteur même. La Reynière jeta feu et flammes; mille projets violents roulaient dans sa tête en ébullition. « Ce plagiat, d'une impudence rare, dit-il ailleurs, a pensé donner matière à un grave procès. Si ce procès n'a pas eu lieu dans le temps, la vengeance, que l'on a cru devoir tirer six ans après un procédé si malhonnête, a fait naître une autre contestation, dans laquelle plusieurs gens de lettres ont figuré de diverses manières [2]. » Cette autre contestation est l'affaire même dont il est en ce moment question.

---

1. Collection de M. L. Sapin, *Lettre de M. G. D. L. R. à M. Imbert*, 17 novembre 1788. (Copie de la main de La Reynière.)

2. *Peu de chose*, hommage à l'Académie de Lyon. (Neufchâtel, 1788).

Le mémoire n'est pas fait autrement que tous les mémoires. Il débute par des considérations générales, puis il arrive au fait. Il contient une petite biographie de Duchosal[1] dont le plus beau titre était sans doute de faire partie des *Déjeuners philosophiques*. « M. Duchosal, dit La Reynière, avoit su se faire un choix d'amis éclairés et sévères; il les consultoit sans cesse avec cette modestie compagne du vrai talent, mais dont la vanité des sots ne revêt que trop souvent la livrée. Il venoit d'être admis dans une de ces assemblées littéraires et semi-nutritives formées par l'amour des arts, entretenues par la liberté et consolidées par cet attachement d'estime qui unit étroitement tous leurs membres. Là chacun lisoit avec plaisir, parce qu'il étoit sûr que les éloges ne seroient point dictés par l'adulation, ni les critiques par l'envie. Là, chacun jouissoit du privilége assez rare d'être écouté, tous se corrigeoient mutuellement, et la sévérité des uns devenoit le garant de la célébrité des autres[2]. » Maître Duchosal, « homme de talent, de probité, d'un commerce aussi agréable que sûr », avait su, par l'attrait d'un naturel charmant, mériter des protecteurs puissants et l'affection, entre autres, d'un homme de qualité qui *s'honore encore plus du titre d'auteur que du rang qu'il tient de sa naissance*. Cet homme de

---

1. Duchosal (Marie-Émilie-Guillaume), né à Paris le 18 août 1763, mort le 6 novembre 1806. Auteur des *Exilés du Parnasse* (1783) et de *Blanchard*, poëme en onze chants (1784). Rivarol, dans son *Petit Almanach des grands hommes*, lui consacre trois lignes.
2. *Mémoire à consulter et consultation*, pour Mᵉ Duchosal, avocat en la cour, contre le sieur Ange Fariau de Saint-Ange (1786), p. 5.

qualité auquel La Reynière fait allusion était l'auteur du *Séducteur* et de tant d'amphigouris et de calembours non moins fameux, le célèbre marquis de Bièvre, dont l'illustration, on le sait, ne remontait point à Pharamond.

Tout cela constituait de belles relations et devait accréditer le demandeur auprès des honnêtes gens, comme on disait alors. Au reste, Duchosal, fort de son droit, s'en reposait pleinement sur la bonté de sa cause et se contentait d'édifier la religion de ses juges par le récit exact et circonstancié de ses griefs contre Saint-Ange, car il ne se défendait pas, il attaquait. Il exigeait une réparation, une réparation éclatante : accusé d'avoir rimé des vers en l'honneur de Saint-Ange! cela criait vengeance. Mais ces vers, qui les a faits, si ce n'est Duchosal? Le coupable était un M. de Ville, président-trésorier de France au bureau des finances de la généralité d'Amiens, qui avait une petite revanche à prendre. Ce M. de Ville faisait des vers aussi à ses moments perdus, des vers qu'il eût bien voulu voir figurer dans le *Mercure*. Être publié dans le *Mercure* à une époque où Hoffmann se faisait un nom rien qu'en insérant des épigrammes dans les *Petites-Affiches*, c'était là le rêve de bien des ambitions poétiques. Notre président-trésorier pria Duchosal de s'entremettre auprès de Saint-Ange par l'influence duquel il espérait arriver au *Mercure*. Saint-Ange demanda à voir. Les vers lui parurent mauvais; probablement l'étaient-ils. M. de Ville, plus vexé qu'il ne voulait le paraître, dit à Duchosal, qui lui rendait compte de l'insuccès de sa démarche, que M. de Saint-Ange aurait trouvé certainement ses vers excellents s'ils eussent été à sa louange ou s'ils eussent fait l'éloge de sa traduction des *Métamorphoses*. En définitive, c'était une chose dont on pouvait s'assurer. De Ville rime tout aussitôt le madrigal que nous avons vu plus haut ; Duchosal le recopie de sa main, griffonne une lettre d'envoi qu'il signe, et fait parvenir le tout au collaborateur du *Mercure*, qui se montre plus accommodant. Tout cela est raconté fort au long dans une lettre de M. de Ville à Duchosal, et qui finit ainsi : « Je sens combien vous êtes intéressé à détromper le public et à l'instruire des vrais motifs auxquels ce plaisant impromptu doit la naissance; en vous laissant le maître de faire de ma lettre l'usage que vous voudrez, c'est remplir à votre égard un acte de justice... »

Et l'on comprend qu'aussitôt que Duchosal n'est pas l'auteur de ces vers d'une hyperbole si outrée, aussitôt qu'il a été accusé faussement d'une aussi étrange énormité, Saint-Ange s'est rendu coupable envers lui d'un tort des plus graves, il l'a calomnié de la façon la plus odieuse, et la réparation la plus éclatante est la seule acceptable après une pareille injure. Telles étaient du moins les conclusions de maître Grimod :

« Le conseil soussigné, qui a lu les vers insérés page 129 de l'*Almanach littéraire* de cette année : ensemble le désaveu de Mᵉ Duchosal, inséré dans le *Journal de Paris* du 15 janvier 1786 : la lettre missive de M. de Ville, en date du 21 du même mois, etc., etc.;

« Estime que Mᵉ Duchosal est bien fondé à demander une déclaration du sieur de Saint-Ange, par laquelle il reconnaîtra qu'il n'est point l'auteur des vers qui sont le sujet de la consultation; qu'il a droit de répéter contre lui des dommages-intérêts (applicables à œuvres pies) pour l'avoir faussement accusé d'une chose dont il n'avoit qu'une certitude éventuelle, et pour avoir fait imprimer lesdits vers sans aveu de l'auteur, ou dudit Me Duchosal; enfin que, si la cour ne sévit pas contre le sieur de Saint-Ange, et ceux qui abusent à son exemple de la facilité des journalistes à louer indistinctement tout le monde, il est à craindre que non-seulement la louange ne perde de son prix, étant ainsi prostituée, mais encore que la justice ne soit souvent importunée de contestations semblables à celle-ci, qui, détournant son attention d'objets plus graves, nuisent aux intérêts du public, qui, en général, prise peu les querelles littéraires, et finit par se moquer des deux contendans, avant même que les tribunaux aient prononcé quel est celui qu'on doit flétrir du sceau du ridicule.

« Délibéré à Paris, le 28 février 1786. — GRIMOD DE LA REYNIÈRE. »

Saint-Ange avait une vanité trop offensive pour que de pareilles attaques ne fissent pas fortune. Le Mémoire de La Reynière eut un succès qui témoignait du peu de sympathies que le pauvre Fariau avait su s'attirer avec le cœur le plus honnête, le caractère le plus honorable; il en fut fait deux éditions en cinq jours[1]. Mais le bruit que cela fit émut l'ordre des avocats

1. Grimod de La Reynière, *Lettre d'un voyageur à son ami ou Réflexions philosophiques sur la ville de Marseille* (seconde édition, Genève, 1792). Avis du libraire. — *Moins que rien*, suite de *Peu de chose* (Lausanne 1793). Courte notice des ouvrages publiés par M. Grimod de La Reynière.

dont la dignité s'offensa, non sans raison, de voir l'un de ses membres, sous le titre de mémoire, mettre au jour un vrai libelle. Il ne fut point question de moins, dès l'abord, que de le rayer du tableau. Le traducteur des *Métamorphoses*, de son côté, jetait feu et flamme, très-décidé qu'il était à intenter un procès criminel. Il n'y eut pas jusqu'au marquis de la Salle, fort maltraité dans le *Mémoire à consulter*, qui ne menaçât de tirer une vengeance éclatante du téméraire[1]. Bref, La Reynière n'échappait à Charybde que pour tomber dans Scylla.

» Les amis de M. de La Reynière, et surtout Mercier, racontent les *Mémoires secrets*, l'ont fort chapitré sur son mémoire, dont il auroit pu faire une brochure polémique seulement ; ce qui lui auroit évité l'humiliation d'être rayé. Il a senti son tort ; il en a gémi et fait aujourd'hui des avances pour tâcher de sortir du mauvais pas où il s'est jeté. On a déjà offert douze mille livres d'indemnité à M. de Saint-Ange, qui les a refusées.

1. Il s'agit du marquis de la Salle auteur de l'*Oncle et les deux Tantes*. Grimod avait dit dans son Mémoire que Saint-Ange était le premier auteur tombé aux Variétés-Amusantes ; il se rétracte ainsi dans une note : « Cet honneur appartient au sieur de la S..., qui se qualifie de marquis chez les auteurs, et d'auteur chez les marquis, dont on vient de jouer à la Comédie-Françoise une rapsodie en trois actes, moitié vers et moitié prose, formée de deux chutes et de sept plagiats : qui, en 1781, soutint à la juridiction des auditeurs une contestation dont le principal était de 9 livres, et qui lui coûta 91 liv..14 sous de frais, qui... qui... qui..., etc., etc., (car les anecdotes ridicules se présentent en foule au nom de ce rare et crotté marquis). Il est auteur de la *Foire de Beaucaire*, pièce conspuée outrageusement aux Variétés vers les tems de sa chute au Châtelet ; et c'est avec un plaisir extrême que nous rendons hommage à cette incontestable primauté. »

« Le cas de M. de La Reynière est d'autant plus grave, que le sieur Duchosal, pour lequel il plaide, n'a point signé le mémoire, ne lui a donné aucun pouvoir *ad hoc*, et qu'il le désavoue même aujourd'hui[1].

« Le *mezzo termine* proposé par les avocats amis de la paix et respectant M. de Malesherbes qui se trouve par sa défunte femme l'oncle de M. de La Reynière, c'est que celui-ci se désiste de son titre d'avocat, déclare qu'il quitte la profession et y renonce ; mais la justice ne sévira pas moins contre le mémoire et son auteur[2]. »

« Le bruit court, ajoutent les mêmes *Mémoires*, à la date du 19 avril, que M. de La Reynière a été enlevé jeudi dernier par lettres de cachet et conduit dans une maison de moines. Double injustice : en ce que d'abord cette punition n'est pas légale ; ensuite, en ce qu'elle le soustrait aux réparations qu'a droit d'en exiger M. de Saint-Ange. » Ce que les *Mémoires secrets* donnaient comme un *on dit* était un fait très-positif, qu'ils confirment, du reste, quelques jours après (27 avril) : « M. de La Reynière fils est décidément enfermé dans une maison de moines à Mérinville, auprès de Nancy. C'est le Lundi Saint qu'il est parti. On est fâché

---

1. Duchosal en usa assez mal, en effet, avec Grimod de La Reynière, qui, du reste, se plaint de lui fort amèrement : « M. Duchosal est un petit gueux, pour lequel j'ai un parfait mépris, et qui a payé de la plus noire ingratitude les sacrifices que j'ai faits pour lui, de ma fortune, de mon état et de ma liberté. Croiriez-vous que, depuis mon trop fameux Mémoire, ouvrage qui l'a tiré de la poussière et l'a fait connoître de toute l'Europe, il en est encore à m'écrire un billet de remerciement ? » *Drame de la vie*, t. V, p. 1321, (Marseille, 7 juillet 1791).

2. *Mémoires secrets*, t. XXXI, p. 220, 221 ; 31 mars 1786.

de ce coup d'autorité, qui n'a pu se frapper sans la participation de M. de Malesherbes, oncle par sa femme du jeune homme, et qui, dans les principes de justice et de liberté, auroit dû s'y opposer. » C'était en parler bien à son aise. La famille n'avait que ce moyen de soustraire cet écervelé à la censure de ses confrères, aux poursuites du Châtelet, aux violences du marquis de la Salle ; elle eut recours en définitive à des mesures fort en usage à cette époque. Loin de blâmer, M. de Malesherbes, si ces mesures de rigueur eussent été effectivement son ouvrage, nous estimons qu'il aurait agi sagement en épargnant aux siens le scandale d'un procès ridicule par le fonds mais dont l'issue ne laissait pas d'avoir une certaine gravité. Toutefois, M. de Malesherbes paraît s'être abstenu, et son neveu fait retomber la pleine responsabilité de ce coup d'autorité sur le « ci-devant baron M. Le Tonnelier de Breteuil, ministre à cheval, qui, comme l'on sait, n'aimoit pas plus la littérature que la liberté[1]. » Le ton de ces paroles amères indique assez leur date. Mais Grimod n'avait pas plus pardonné en 1792 qu'au moment de son arrestation, et il n'articulera jamais ce nom de Breteuil, sans emportement, ni colère[2].

Nous avons les détails les plus circonstanciés et les plus curieux adressés par le captif lui-même au seul

1. *Lettre d'un voyageur à son ami ou Réflexions philosophiques sur la ville de Marseille* (seconde édition, Genève, 1782). Avis du libraire.
2. « Cet exil fut une vengeance personnelle du ministre, auquel l'auteur, il est vrai, n'avoit jamais pris la peine de dissimuler son profond mépris. » *Moins que rien*, suite de *Peu de chose* (Lausanne, 1793). Courte notice des ouvrages publiés par M. Grimod de La Reynière.

ami auquel il croit pouvoir se confier, qui prendra sa défense auprès de ses parents et tentera de les fléchir, sans grand succès, il est vrai. Les réponses de l'auteur du *Paysan perverti* nous manquent, et, bien que les longues et virulentes épitres de La Reynière fassent deviner leur contenu, nous en regrettons la perte. Les *Mémoires secrets* parlent de Mérinville ou plutôt Maréville, qui était une maison de force près de Nancy, ils se trompent, et ce fut à Domèvre que fut renfermé Grimod ; mais cette erreur fort concevable faillit devenir une vérité, comme on verra plus loin.

La Reynière resta près de cinq mois sans donner signe de vie, comprenant sans doute que ce qui pouvait lui arriver de plus heureux était d'être oublié de ceux qu'il n'avait que trop occupés jusque-là de ses frasques. Sa première lettre à Rétif de la Bretonne, est du 20 septembre, et se ressent du désordre de ses idées, de l'état de son âme, de l'existence nouvelle qui lui était faite. Peu respectueux, et peu tendre envers les auteurs de ses jours, il s'expliquera sur leur compte avec une aigreur mêlée de mépris qui vous glace. « Mon père qui me hait peut-être un peu moins que les autres, dit-il, est un homme nul, absolument incapable d'agir par lui-même, qui n'a jamais eu un sentiment ni une volonté à lui, qui me jalouse, me craint, et sera toujours le jouet et la dupe du premier intriguant qui voudra se servir de sa faiblesse pour me nuire... aussi l'excellente conduite que je tiens ici depuis 6 mois n'a-t-elle absolument servi de rien pour m'en tirer. Il semble au contraire, qu'elle ait dérangé leur projet, qui étoit de me pousser à bout, et de me faire faire une fausse démarche, qui portât mon père à m'exhéréder : car c'est là à quoi on travaille plus fortement que jamais, et sa faiblesse me fait croire qu'on ne tardera pas à en venir à bout¹... » Il sera plus dure encore pour sa mère, à laquelle il reproche son peu d'affection. « Quant à ma mère, il est une vérité bien cruelle et qui fait une malheureuse excepcion à la règle que vous posez ; c'est qu'elle ne m'a jamais aimé, mon infirmité naturelle (dont elle seule est l'auteur) en est la première cause. J'ai là-dessus des anecdotes qui vous surprendroient bien ! mais que je ne puis confier au papier ; la seconde est le mépris que j'ai peut-être affiché un peu trop haut de toutes les idoles qu'elle encense... D'après cela vous voyez qu'il sera difficile de les ramener l'un et l'autre. »

Grimod comprend un peu tard que son attitude dans la maison paternelle a dû établir contre lui un préjugé sur lequel on aura de la peine à revenir. Bien qu'on le trouvât à merveille où il était, son pardon et son retour furent agités. On lui fit entendre qu'il ne pouvait songer à rentrer en grâce sans conditions, et les clauses capitales du traité lui furent signifiées. « Je consentirai à prendre une charge, et c'est presque une affaire arrangée avec M. le Général, mais, je le répète, je ne veux pas être contrarié. Quant au mariage, nos idées sur ce point se rapprochent peut-être encore plus que vous ne pensez ; et quoique votre exemple ne doive pas

---

1. Rétif de la Bretonne, *Les Contemporaines* (Leipzick, 1788), t. XXVII. Ces lettres de Grimod forment des espèces de cartons encastrés dans les tomes XXVII, XXVIII, XXIX et XXX de cette édition, car elles manquent dans la précédente. Les trois premières se trouvent entre les pages 280 et 281. Celle-ci est datée de Domèvre, par Blamont, 20 septembre 1786.

m'encourager à me soumettre à cette chaine... si mes parens veulent me laisser carte blanche sur le choix, en supposant comme de juste, une personne honnête et bien née, je pourrai me résoudre à leur donner cette satisfaccion, quoique j'aie juré de ne le pas faire de leur vivant. A cela vous alez penser peut-être que mon choix est déjà fait, cela pourroit être ; je ne dis ni oui ni non... Reste la singularité ; je conviens que vous me flattez singulièrement en me disant que vous l'approuvez en bien des parties. Il y en a de blamables sans doute, et j'en ferai volontiers le sacrifice; quant aux autres, je les garderai pour mes amis et pour moi, et je ne me montrerai au public que sous cette enveloppe uniforme qui lui plait tant, et dont il faut se revêtir pour qu'il vous pardonne vos bonnes qualités[1]. » On voit ce que cela signifie : de l'aimable fou on aspire à faire un bourgeois éteint, bon mari, bon père de famille, un bon magistrat dont le premier devoir sera d'oublier un passé orageux et trop peu édifiant. Plus de dîners scandaleux, même de ces déjeuners semi-nutritifs, qui cependant lui tiennent tant à cœur? Et il dira, à ce propos, avec un soupir: « Je suis totalement de votre avis, sur les déjeuners : cet établissement bon dans son principe, étoit dégénéré vers la fin. Il seroit aisé de le ramener à son institution primitive; mais s'il faut en faire le sacrifice, ce n'est pas que d'aujourd'hui que j'en sais faire, et votre amitié m'adoucira celui-ci, puisqu'il sera le fruit de vos conseils (20 septembre 1786). »

---

1. Rétif de la Bretonne, *Les Contemporaines*, t. XXIX; 20 novembre 1786. Suite de la troisième lettre.

L'exilé n'avait eu, tout d'abord, qu'à se féliciter des bons chanoines qui lui avaient été donnés comme gardiens. Leur douceur, leur bienveillance éclairée ont apaisé comme par enchantement les tempêtes qui s'amoncelaient dans son sein. « Toute la maison est aux petits soins avec moi, ce sont des égards, des attentions, des témoignages d'intérêt continuel; ce qui semble s'accroître, loin de se ralentir. Hélas! le temps que je passe ici sera peut-être le plus heureux de ma vie[1]. » Près de dix mois se sont écoulés dans cette réclusion, que les religieux ont su transformer en un séjour de calme et même de félicité. Cette paix intérieure ne l'abandonne que devant l'appréhension des intrigues dont il se croit être l'objet. Ceux qu'il pensait lui être le plus attachés s'étaient tournés contre lui, à commencer par M. de Beaumarchais, l'homme qu'il avait le plus aimé et admiré. Et quarante ans plus tard, il se rappelait encore, avec délices, la longue attente qu'il avait dû s'imposer, sans boire ni manger, sur ses jambes, le jour de la première représentation du *Mariage de Figaro*, de dix heures et demie du matin à quatre heures que le guichet fut ouvert[2]. Son chagrin, son indignation ne furent que plus grands en apprenant, que, loin d'excuser ses torts, ce perfide ami poussait ses parents aux mesures les plus extrêmes; et toutes ses lettres sont remplies des plus acerbes récriminations. A l'entendre, Beaumarchais aurait persuadé à sa famille de le retirer d'une maison où il ne

---

1. Rétif de la Bretonne, *Les Contemporaines*, t. XXX, 23 janvier 1787. Quatrième lettre.
2. *Lettres autographes de La Reynière au marquis de Cussy*; Villiers-sur-Orge, 23 janvier 1824.

reviendrait jamais à résipiscence, et de le tranférer à Maréville « où l'on enferme les fous et les scélérats soustraits à la justice. » Si le ministre, avant de lâcher l'ordre, n'eût pris l'avis du maréchal de Stainville, alors à Nancy, qui lui-même en référait au Général, La Reynière serait déjà dans cette épouvantable prison n'attendant plus la fin de ses maux que de l'excès de son désespoir. « Voilà ce qu'a fait M. Beaumarchais; et vous voulez que je le regarde comme mon ami¹!]»

Cette fois, Grimod n'est que trop bien renseigné², et Beaumarchais, cédant aux supplications de la famille qui comptait peu sur une conversion, avait en effet sollicité du ministre de la maison du roi le maintien de la lettre de cachet³. Restait à savoir si ce qu'on envisageait à Domèvre comme une trahison n'était pas, dans la pensée de Beaumarchais, l'ami du père comme du fils, un acte des plus nécessaires et que les circonstances avaient rendu obligatoire. Encore un coup, Grimod ne se dit pas que tout un passé terrible se dresse contre lui et parle plus haut que les rapports bienveillants des bons chanoines, et que l'on est pardonnable de ne point partager leur opticisme dans l'hôtel des Champs-Élysées. Soit facilité, soit appréciation

---

1. Rétif de la Bretonne, *Les Contemporaines*, t. XXVIII, troisième lettre, 20 novembre 1787. — *Le Drame de la vie*, t. V, les lettres des 25 mars, 27 avril, 7 mai, 28 juin et 11 décembre 1787.

2. Dazincourt, comme Rétif, doutait de la culpabilité de Beaumarchais. Voir sa lettre à Grimod, à la date du 22 mai 1787. Charavey, *Catalogue de lettres autographes, du lundi 15 février* 1864, p. 7, n° 59.

3. Loménie, *Beaumarchais et son temps* (Paris, Lévy, 1873), t. II, p. 252.

plus judicieuse, La Reynière en reviendra plus tard à de meilleurs sentiments à l'égard de Beaumarchais, dont il proclamera l'excellence du caractère et la solidité des relations. Il dira, dans un recueil où il avait à rendre compte des ouvrages de celui-ci : « L'auteur de cet extrait, qui a connu très-particulièrement Beaumarchais, surtout depuis 1784, et qui même dans la circonstance la plus importante de sa vie a eu avec lui des relations intimes et graves, peut attester que la bonté de l'homme l'emportoit chez lui sur la malice de l'écrivain, ce qui n'est pas peu dire, en parlant de Beaumarchais[1]. » Qu'alléguer de mieux et de plus fort dans le sens de l'innocence de cet homme que l'on avait déclaré si coupable et sur le compte duquel on s'était exprimé avec tant d'emportement et d'excès ?

Quoi qu'il en soit, sans avoir à se plaindre de personne, le prisonnier finira par sentir un vide que ne remplissaient qu'insuffisamment, on le conçoit, les distractions de la vie de province, et il tombera dans une sorte d'accablement que révèle notamment sa lettre du 27 mars à La Bretonne. Mais, devant cette perpétuité de rigueurs, il fit comme le voyageur auquel échoit un mauvais gîte, et qui, faute de mieux, s'accommode de ce qu'il trouve. Il lui était permis d'aller à Nancy, et au spectacle, ce dont se fussent bien passés les comédiens, dont il se mit à éplucher le talent dans le journal de la ville avec son inflexibilité

---

1. *L'Alambic littéraire* (Paris, Maradan, 1803), t. II, p. 372, Il dira également dans une lettre à M. de Cussy, du 25 janvier 1821 : « Il a passé sa vie à obliger, c'est-à-dire à faire des ingrats, et dans la Révolution sa conduite a été sans reproche, car il n'a voulu y jouer aucun rôle. »

ordinaire en pareille matière. Les *Mémoires secrets* prétendent qu'il avait été rayé du tableau des avocats et que vivement impressionné de cette sorte de flétrissure, il avait écrit à Gerbier, le bâtonnier, pour faire restituer son nom sur la liste de l'ordre, promettant pour l'avenir une conduite plus réservée. Avant de répondre, Gerbier (toujours d'après les nouvelles à la main) avait cru devoir communiquer la supplique à M. de Malesherbes, qui aurait renvoyé la lettre sans un seul mot de sa main. Le bâtonnier se le serait tenu pour dit, et Grimod en eût été pour ses protestations de repentir[1]. La Reynière ne parle de rien de semblable dans ses lettres. Une fois seulement, il est question de sa profession d'avocat, et pas la moindre allusion à des sévérités qui l'eussent mis au désespoir. « Toutes mes mes relations, écrit-il au contraire, toutes mes affaires, toutes mes correspondances, tous mes clients m'ont suivi à Domèvre : j'ai depuis le matin jusqu'au soir, la plume à la main, et je n'y puis suffire. »

Les distractions, de charmantes distractions lui vinrent en aide. Des dames, attendues depuis longtemps, tombent à Domèvre et envahissent la solitude et le cœur du misanthrope. Si les secrets de l'amitié étaient respectés à la porte, il serait moins réservé et plus prolixe. « Songez, s'écrie-t-il, qu'on acheteroit

1. *Mémoires secrets*, t. XXXV, p. 350, 352, 360; des 23, 24 et 29 juillet 1787. En tous cas, il n'eut qu'à se louer de Gerbier, dont il ne parle, du reste, qu'avec une sorte de vénération. « Ce grand homme avoit, j'ose le dire, de l'amitié pour moi; il savoit combien mon admiration pour lui étoit sincère. » *Revue du Lyonnais* (mars 1856), t. XII, p. 258, 259. Lettres inédites de La Reynière à un Lyonnais de ses amis; Béziers, 25 auguste 1793.

une telle semaine par dix années de souffrances, et qu'on ne les payeroit pas encore trop cher[1] » Au reste, Barth, l'homme de confiance de La Reynière, qui se trouvait près de lui durant ces huit jours de délices, était là pour édifier l'auteur du *Paysan perverti*, sur les mérites et les qualités de celle qui était l'objet d'un tel enthousiasme, et compléter ce que ces quelques lignes avaient de sibyllin. Balthazar, le 20 septembre de la même année, fera encore allusion aux sentiments qu'il éprouve, et sur la nature desquels on semble se méprendre; il insistera sur le mérite « de la personne, » mais sans se préoccuper de soulever pour nous le voile mystérieux de ses naissantes amours.

Quoique La Reynière n'eût qu'à se louer de ses gardiens, sa retraite devait lui peser, au moins comme une humiliation, et il mit tout en œuvre pour obtenir la levée de la lettre de cachet. Mais on ne voulut pas croire à la sincérité ou à la solidité de son repentir; on craignait sa plume, on craignait qu'il ne songeât à se venger de ceux qui s'étaient déclarés contre lui; en un mot, on ne voyait pas de grands avantages, et l'on entrevoyait plus d'un écueil à son retour. « Vous savez que, depuis longtemps, je consens de prendre une charge, que l'on me désire au Parlement de Metz, et que ce sont maintenant mes parens qui ne le veulent plus. Il ne dépend donc pas de moi de remplir les devoirs de citoyen, auxquels vous m'exhortiez, il y a six mois, avec tant d'éloquence : ce n'est

---

1. Rétif de la Bretonne, *Le Drame de la vie*, t. V, p. 1254, 1256. Lettre IX. Domèvre, 20 juin 1787.

plus moi aujourd'hui qui refuse¹. » On a vu plus haut (20 novembre 1786) qu'il avait été fortement question de changer cette captivité qui semblait insuffisante en une prison autrement sérieuse, et La Reynière croit savoir qu'il est à la veille, cette fois, de voir réaliser cette menace terrible. « Tel va peut-être bientôt être l'asile de votre infortuné ami. C'est ainsi qu'on récompense dix-neuf mois d'une conduite sans reproches². »

Il finissait cette lettre éplorée par une remarque assez curieuse. Il avait eu à se plaindre, on s'en souvient, de l'indiscrétion de Rétif de la Bretonne; mais on aime mieux entendre dire de soi des vérités imprudentes que de cesser d'occuper le public de sa personne. « Il n'est question de moi nominativement dans aucun des ouvrages que vous avez donnés depuis mon exil, et cela me fait peine; car j'aime à voir mon nom voler avec vos écrits à la postérité. » Grimod était d'ailleurs une de ces figures comme Rétif aimait à en charbonner, et ce dernier apprenait à son ami qu'il songeait à le faire le héros d'un de ses prochains ouvrages. « J'approuve fort l'idée du *Compère La Reynière*, lui répond Balthazar, tout jubilant, ou plutôt du *Compère Grimod*, titre plus national et plus piquant : mais je voudrois savoir votre plan ; c'est un livre que vous ne pouvez faire sans moi, et j'ai seul la clef des matériaux³. »

Ou les appréhensions de La Reynière étaient peu

1. Rétif de la Bretonne, *Le Drame de ma vie*. t. V, p. 1257 Domèvre, 11 auguste 1787.
2. *Ibid.*, t. V, p. 1262. Domèvre 23 novembre 1787.
3. *Ibid.*, Béziers, 27 auguste 1790.

fondées, où l'on renonça à sévir contre un écervelé dont on pouvait redouter le retour, mais qui n'était guère dangereux à cette distance de Paris. Ce qui paraît plus positif, c'est qu'on ne songeait nullement à lui rendre la liberté, et qu'à moins de circonstances malaisées à prévoir, il ne devait espérer de sitôt un changement quelconque dans sa situation. Cette conviction accablante le plonge dans un morne abattement. « Je ne manque de courage ni de prudence, écrit-il à son correspondant habituel; de ce côté-là j'ai fait mes preuves : mais je manquerai bientôt de forces et de santé. La mienne s'altère de plus en plus, et, sous l'apparence d'un embonpoint trompeur, je suis en proie à une destruction lente qui m'achemine vers la tombe. Le moral est, chez les hommes, trop étroitement lié au physique pour que l'un ne se ressente pas des maux de l'autre. De plus, la vie monotone, triste et sédentaire que je mène, altère mon tempérament, accoutumé à des sensations vives et à un exercice violent et diurne. Je sais que mes plaintes ne remédient à rien, et qu'on a pris le parti d'être sourd à tout ce que je pourrois dire pour la conservation de mon existence. Aussi, en les déposant dans votre sein, je ne prétends autre chose que vous prouver qu'il ne dépend plus de moi de renouveler ma dose de patience et de courage [1]. »

A tous ces ennuis vinrent se joindre des ennuis d'une autre sorte, une mystification littéraire, dont cette fois La Reynière se trouvait être la victime. Tandis qu'il

---

1. Rétif de la Bretonne, *Le Drame de la vie*, t. V, p. 1265, lettre XIII (Domèvre, 11 décembre 1787).

expiait ses fredaines à Domèvre, il paraissait, à la date du 28 mai 1787, une facétie, le *Songe d'Athalie, par Grimod de La Reynière, avocat au Parlement*, précédée d'une épître dédicatoire au marquis Ducrest, chancelier du duc d'Orléans et l'objet de cette satire, dont les vrais auteurs étaient Rivarol et Champcenetz. C'est la parodie des vers de Racine; seulement, madame de Genlis remplace Athalie, et l'abbé Gauchet et M. Gaillard sont ses deux interlocuteurs. L'abbé Gauchet passait pour avoir aidé la comtesse dans la composition de son livre sur la religion[1], ce qu'elle avait su reconnaître en vantant à tout propos l'immense savoir et l'autorité théologique dudit abbé. Quant à M. Gaillard, il l'avait prôné dans le *Journal des Savants*. On n'a pas oublié que madame de Genlis, dans l'un de ses romans, *Adèle et Théodore*, faisait le portrait assez peu charitable d'une madame d'Olzy, que, d'une commune voix, chacun reconnut pour madame de La Reynière. Rien de plus simple que Grimod, qui d'ailleurs aimait tant à mordre, s'évertuât, pour passer le temps, à venger sa mère des traits lancés contre elle; et ce fut cette considération et aussi l'éloignement du pauvre La Reynière, qui donnèrent l'idée à ces deux mauvais plaisants de lui faire endosser une satire où, soit dans le texte, soit dans les notes, la Harpe, Garat, Condorcet et Buffon sont fort maltraités[2]. Comme madame de Genlis occupait beaucoup d'elle et par sa place et par le succès de

---

1. *La Religion considérée comme l'unique base du bonheur et de la véritable philosophie.*
2. La Harpe, *Correspondance littéraire* (Paris, Migneret, 1807), t. V, p. 157, 158.

ses livres, cette facétie fit fortune et courut de salon en salon, colportée par les auteurs eux-mêmes, qui, un mois après, en lançaient une seconde, ayant pour titre : *Désaveu du sieur Grimod de La Reynière, touchant la parodie d'Athalie*. Ce désaveu n'est qu'une antiphrase, un persifflage perpétuel, une occasion nouvelle de déchirer la gouvernante des enfants du duc d'Orléans. Au reste, bien que cela parût sous le nom de La Reynière, les vrais coupables se laissèrent deviner assez complaisamment, surtout Champcenetz, qui ne demandait pas mieux que d'endosser, par unique besoin de faire du bruit, les folies les plus compromettantes.

« Cette petite noirceur, dit La Reynière, que de véritables gens de lettres ne se seroient peut-être pas permise, qui étoit un faux bien caractérisé et, sous ce rapport, justiciable des tribunaux criminels, n'en imposa cependant point à personne. Le fils d'un maître d'école de Bagnols, qui s'annonçoit impudemment pour descendre des Rivaroli d'Italie, avoit depuis longtemps perdu le privilége d'être cru sur parole[1]. Pour Champcenetz, plus bête que méchant, plus méchant qu'aimable, c'étoit au fond un assez bon diable. Renfermé pendant deux ans dans une citadelle, pour une épigramme qu'il n'avoit point faite, mais qu'il s'étoit appropriée[2], il a péri depuis sur l'échafaud ré-

---

1. Cela ne l'empêchait pas de reconnaitre, le cas échéant, la pureté de goût et la bonté des principes de Rivarol en matière littéraire. *Le Censeur dramatique*, t. IV, p. 204 (10 messidor, an VI).

2. Une épigramme contre le prince d'Hennin (le nain des princes), qui était en réalité du marquis de Louvois, le fit enfermer au château du Ham. Sa captivité fut moins longue que

volutionnaire, victime de faits qui lui étoient tout à fait étrangers. On sait qu'il est mort avec un courage et même une gaieté peu communs dans ce moment fatal[1]. » La Reynière, auquel il était permis d'en vouloir à madame de Genlis, ayant à rendre compte de l'un de ses livres, les *Mères rivales*, se défend, avec trop de désintéressement peut-être pour un fils, d'avoir figuré parmi les détracteurs acharnés de la comtesse. « Nous avons saisi, écrit-il, avec d'autant plus d'empressement, cette occasion de rendre à madame de Genlis une justice éclatante et méritée, que, d'une part, elle nous est personnellement très-étrangère, et que, de l'autre, la méchanceté n'avoit rien négligé autrefois pour chercher à lui persuader que nous étions au nombre de ses plus cruels ennemis. »

La parodie du *Songe d'Athalie* ne méritait pas le succès qu'elle obtint, grâce à quelques traits méchants et à la multitude d'ennemis que la gouvernante s'était attirés par sa place et par sa plume. Dans le *Désaveu* qui le suivit de près, Rivarol fait faire à La Reynière un portrait de lui-même qui est toute une satire.

« Né dans la finance, de parents honnêtes, je n'abusai point d'un si rare avantage en suivant la même carrière. Je regardai même d'abord les richesses de mon père comme celles de la nation; et je crus établir la balance entre elle et lui en dissipant le premier argent

---

ne le dit La Reynière; au bout de deux mois il était relâché et gracié. *Mémoires secrets*, t. XIV, p. 188, 302; 26 septembre et 9 décembre 1779.

1. *L'Alambic littéraire* (Maradan, 1803), t. I, p. 200. Après avoir entendu son arrêt, il demanda à Fouquier-Tinville si c'était comme à la section et « s'il y avoit des remplaçants. »

que je possédai. La fortune se déclarant pour ma famille, je me rangeai du parti le plus faible : je pris des manières populaires ; je fis dans la maison même de mon père un trafic qui étoit au-dessous de lui depuis longtems ; je cultivai la petite littérature ; enfin, je fus reçu avocat et, peu de tems après, associé libre des Musées de Paris.... Ma mère est issue d'une grande maison, si bien qu'en prenant le nom de son mari elle n'a songé qu'à pleurer le sien ; mais de peur qu'on ne l'oubliât, elle n'a jamais admis dans sa société que des personnages de sa trempe, et qui, l'aidant à écraser mon père, lui rendoient tout l'éclat de son origine. J'admirai d'abord tant d'élévation dans ses sentimens ; mais, soit simplicité naturelle, soit respect pour mes bons aïeux, je renonçai à mon illustration maternelle, et je me déclarai bourgeois de Paris. Je fus secondé dans ma franchise par une foule de parens que les arts et métiers me fournirent. J'accueillis les uns, je secourus les autres ; et si je fus bafoué dans le grand monde, je fus estimé dans le commerce...

« Madame la comtesse de Genlis, après avoir fait, il y a quelques années, les délices des enfans par son *Théâtre d'éducation* voulut un peu désoler leurs mères, et donna son fameux roman d'*Adèle et Théodore*. Elle y désigna la mienne sous le nom de madame d'*Olzy*, et y traça avec malignité son penchant naturel à n'estimer que la haute noblesse. Cette satire, quoique indirecte, fut un peu blâmée par les gens qui ne sont que raisonnables ; ils dirent que madame la comtesse avoit sacrifié l'honnêteté de son cœur à la moralité de son livre, et que, même auprès d'une femme, les bienfaits doivent l'emporter sur les ridicules. Pour moi, je fus d'abord partagé entre la vengeance filiale et l'estime due aux grands talens; mais cette dernière l'emporta bientôt, et je gardai un silence respectueux. Je ne vis plus dans madame de Genlis qu'un écrivain plus au-dessus de son siècle que de son sexe et qu'un mauvais procédé ne devoit pas plus arrêter qu'un sophisme...

« .... Que ne puis-je démasquer en ce moment l'être cruel qui m'a chargé de tout le poids de son iniquité ! Je lui dirois que, si mon personnel invite à la plaisanterie, la perfidie invite bien plus à la vengeance ; que je puis aisément mettre sous son nom des pamphlets qui ennuieront toute la France; que, s'il me prête des écrits méchans, je veux lui prêter de méchans écrits, et que j'alarmerai plus sa vanité qu'il ne troublera mon repos... Je finis donc en protestant à toute la nation que, quoique je sois encore un de ses écrivains les plus féconds, je m'intéresse toujours à son bonheur et à sa gloire. J'ai fait de mon exil une longue méditation sur le bien public, et j'y travaille avec tout l'acharnement d'un bon patriote. Si un jour ma famille, fatiguée de tant de caresses étrangères, veut essayer des miennes et me rendre l'entrée de son palais, je sortirai de ma solitude à la tête de vingt volumes *in-folio*. Vous tremblerez à votre tour, lecteurs timides et injustes, et vous direz, en me rendant une justice tardive : « Voilà donc l'homme que nous « avons cru l'auteur d'une misérable brochure de quinze « pages ! » Vous n'aurez pas le courage de lire mes immenses productions, mais je continuerai de vous instruire. »

Un second désaveu suivit le premier, qu'il déclarait une nouvelle perfidie. Ce désaveu est une troisième trahison. La chose la plus plaisante de ce dernier pamphlet, c'est le *nota bene* qui le termine : « Je crois qu'on ne peut plus douter, sans compromettre son jugement, que je ne sois pas l'auteur du *Désaveu* qui précède le mien, et moins encore de la parodie du *Songe d'Athalie*, signée *Grimaud*. Il est singulier qu'on ait voulu ajouter au ridicule de ma personne celui de prétendre que j'ai dû m'injurier en ne me disant cependant pas autrement que mon nom, et comme s'il n'y avoit aucune différence de *Grimod* à *Grimaud* !... J'en fais juge ceux qui m'écoutent ou ceux qui me lisent. » Cette persistante moquerie affecta La Reynière, qui sentait d'ailleurs que le bruit qu'on faisait en son nom ne pouvait que prolonger un exil insupportable. « Je suis fort aise que le public, écrit-il à Rétif, commence à être un peu détrompé sur ce libelle; et il est inouï que M. de Rivarol, à qui je n'ai jamais fait de mal, et qui est l'ami de plusieurs des miens, se soit permis cette gaieté sur mon compte. J'ai été obligé de répondre, d'écrire; tout cela m'a fatigué, tracassé. On dit que je suis méchant, et l'on se permet contre moi des noirceurs qui ne me tomberoient pas seulement dans l'idée[1]. »

---

1. Rétif de la Bretonne, *Le Drame de la vie*, t. V, p. 1266. Lettre XIV; 27 décembre 1787. Son désaveu à lui, qu'il ne faut pas confondre avec les désaveux perfides de Rivarol, parut dans le n° 52 *bis* de la *Correspondance littéraire et secrète*.

V

GRIMOD ET COMPAGNIE. — RUPTURE AVEC RÉTIF. —
MARIAGE DE LA REYNIÈRE. — RETOUR A PARIS.

Quoique l'on ne s'entendît guère, les négociations étaient permanentes entre La Reynière et ses parents. Ceux-ci, peu rassurés sans doute, malgré les belles promesses de leur fils, ne semblaient pas disposés à lui faire les conditions douces. D'abord, il ne fallait plus songer à ces déjeuners, à ces agapes qui avaient eu une si étrange réputation. Bien plus, dans l'hypothèse du retour à Paris, la maison paternelle lui était fermée, et il devait habiter un autre quartier. Passe pour le sacrifice des déjeuners, qu'entre parenthèse Grimod se sent peu résigné à faire; mais il y avait plus que de la dureté à refuser de recevoir sous le même toit le fils repentant et pardonné. A ces conditions humiliantes, il s'exalte, il pousse un cri de révolte contre ce manque d'entrailles, et des rigueurs qui ont dépassé le but. « Ce n'est que par l'éclat, qu'en portant ma cause au tribunal du public, qu'on pourra espérer de la gagner. Les esprits sont assez aigris pour qu'il soit inutile de craindre de les aigrir davantage. Mais l'injustice ne peut cesser qu'autant que le public la fera cesser lui-même[1]. » Trois mois s'écoulèrent

1. Rétif de la Bretonne, *Le Drame de la vie*, t. V, p. 1268. Lettre XIV; 27 décembre 1787.

ainsi dans cette incertitude anxieuse et à laquelle venaient se joindre des infirmités assez graves. Il luttait corps à corps avec un ennemi implacable dont il s'était cru un instant débarrassé. « Je suis presque sûr d'avoir en ce moment le *tœnia* (le ver solitaire), maladie dont j'ai été tourmenté et guéri en 1779, mais qui n'avoit point reparu depuis. J'éprouve, depuis six mois, des tiraillemens d'entrailles et des accès d'hypocondrie que j'attribue à cette cause et avec grand fondement. Dès que je serai tout à fait sûr de la présence de cet animal, je m'occuperai de le chasser, parce que c'est un hôte incommode, et que je ne crois pas nécessaire de donner encore à mes amis et à mes ennemis le spectacle de mon enterrement[1]. »

Cette lettre est du 6 mars 1788; la suivante, datée de Lausanne, est du 11 juillet. On ne voulait positivement pas de La Reynière à Paris. On lui avait laissé entrevoir qu'il obtiendrait plus aisément d'échanger sa captivité contre un bannissement. Mais il s'était refusé à cette sorte d'accommodement, estimant qu'il y avait trop d'inconvénients à voyager sous l'égide d'une lettre de cachet. Les ennuis d'un hiver triste et maussade modifièrent apparemment sa façon de voir. Quoi qu'il en soit du motif qui le décida à donner un démenti à ses résolutions, nous le trouvons parcourant la Suisse, se passionnant pour ces républicains chez lesquels il se sent toutefois profondément humilié de sa servitude, et se frottant le plus qu'il peut aux hommes célèbres qu'il rencontre sur sa route.

---

1. Rétif de la Bretonne, *Le Drame de la Vie*, t. V, p. 1272. Lettre XVI; 6 mars 1788.

Le cœur lui bat en arrivant à Lausanne. « Vous savez, mon illustre ami, que j'ai passé, en 1776, près d'une année à Lausanne, et que cette année est la plus heureuse de ma vie. Douze ans ont apporté bien du changement dans cette ville; mais j'ai vu, avec une satisfaction que je ne puis vous rendre, qu'elles ne m'avoient point effacé du souvenir de ses habitans[1]. »

Lausanne, on ne l'a pas oublié, avait été le théâtre de ses premières amours. L'objet de ce premier rêve, qui s'était envolé comme tous les rêves, cette Suzanne, qu'était-elle devenue? La retrouverait-il, et comment la retrouverait-il? Ce n'était pas l'amoureux qui tremblait, il ne l'était plus, mais le poëte : le temps est une terrible divinité, dont il ne faut attendre que des ravages; et il n'espérait guère que les deux derniers vers de son madrigal à Suzanne se vérifieraient :

> Et près de vous il n'est qu'un âge,
> C'est toujours celui des plaisirs.

Ces deux vers avaient été une prophétie : La Reynière redoutait une déception; ce fut le contraire qui arriva. Loin de rien perdre de sa beauté, madame B*** avait gagné encore en grâces, en esprit, en séduction. Sa taille était plus dégagée, son œil plus expressif, son sourire plus enchanteur. Elle l'accueillit en vieil ami dont on est heureux de retrouver l'affection, et lui fit le récit de son existence et de ses chagrins. La Reynière eut peine à déguiser son trouble, l'émotion extrême qu'il éprouvait à la vue de cette femme qui eût

---

[1]. Rétif de la Bretonne, *Le Drame de la vie*, t. V, p. 1274. Lettre XVII; Lausanne, 17 juillet 1778.

peut-être imprimé à ses idées une direction meilleure et inévitablement empêché toutes les extravagances de sa jeunesse.

« O vous, s'écrie-t-il, qui fîtes naître dans mon âme les premiers sentimens de l'amour; vous qu'une absence de douze années n'a pu effacer de mon cœur ni de mon souvenir; vous qu'il faut aimer toute sa vie lorsqu'on vous a aimée une fois, daignerez-vous recevoir avec bonté l'hommage de ma vive reconnaissance? Combien j'ai été touché de l'obligeant accueil dont vous avez honoré mon timide embarras! Ma joie de vous revoir étoit si grande, que toutes mes facultés étoient employées à la sentir, il ne m'en restoit aucune pour vous l'exprimer. Mais si vous avez lu au fond de ce cœur dans lequel vous régnez depuis si longtems, vous y avez vu votre image gravée en caractères ineffaçables des mains de l'amour le plus tendre et le plus fidèle... *On n'aime bien qu'une fois, et c'est la première*, a dit un auteur célèbre. Hélas! je ne l'ai que trop appris à mes dépens. Je jouissois plus de vos refus que je n'eusse fait des faveurs d'une autre. Mon cœur, bouleversé par l'orage des passions, n'a jamais cessé de penser à vous, et mes vœux pour votre bonheur pouvoient seuls me consoler de ce qu'il n'étoit pas mon ouvrage. Jugez combien j'ai gémi en apprenant que ces années perdues pour ma félicité n'avoient point été employées à la vôtre[1]!...

Après l'inqualifiable passage d'une lettre à son ami Rodier, que l'on n'a point oublié, a-t-il encore le droit

---

1. *Peu de choses* (Neuchâtel, 1788). *Les Anciennes Amours.* A madame B..., p. 27, 28, 29.

de parler ainsi à cette Suzanne qu'il a reniée? a-t-il le droit davantage de protester qu'elle n'a jamais cessé d'occuper sa pensée, quand nous avons été les témoins de sa passion violente pour madame Mitoire, qu'un intervalle de neuf années, comme il l'écrivait à Rétif au commencement de 1787[1], n'avait pu guérir? Il avait été également sincère dans ces deux attachements; mais ce n'était pas le lieu, en tous cas, de dire que l'on n'aime bien qu'une fois dans la vie, lorsqu'on a déjà fait l'aveu de nouveaux entraînements et d'un nouvel amour.

Madame B*** n'était pas heureuse; au moins était-elle entourée d'affections. La Reynière, lui, était persécuté, exilé de la maison paternelle et du cœur de ses proches, mécontent de son passé, le corps et l'esprit également malades, et n'entrevoyant pas dans l'avenir d'horizons bien brillants. La mélancolie n'était pas encore de mode, et, l'eût-elle été, La Reynière n'était pas de l'étoffe dans laquelle, plus tard, on devait tailler les *René* et les *Obermann*. Mais quelque pourceau d'Épicure que l'on soit, l'on ne saurait complétement échapper à l'influence des souvenirs. « C'est ici que j'ai imprimé mes premiers vers, que j'ai fait mon premier ouvrage[2], que j'ai formé ma première inclination : ainsi jugez à combien de titres Lausanne m'est cher. »

---

1. Rétif de la Bretonne, *Le Drame de la vie*, t. V, p. 1240. Lettre V.
2. L'*Éloge de Fréron*. Il a échappé à toutes nos recherches, et doit être de l'assez grand nombre des ouvrages de Grimod qui sont restés inédits, et qu'il faisait annoncer, souvent même sans avoir le projet sérieux de les écrire.

Cependant il ne pouvait demeurer éternellement à Lausanne. Il se rendit à Genève, qu'il ne fit guère que traverser, et passa à Lyon, qu'il ne comptait que visiter. Mais là l'idée lui vint de faire imprimer un petit ouvrage, et il était naturel qu'il en surveillât l'impression. Cela le retint six semaines. La correction des épreuves ne l'assujettit pas au point de l'empêcher de se créer dans la ville des relations agréables et de plus d'une sorte. Toute sa vie, Grimod éprouvera un irrésistible attrait pour le théâtre. A peine arrivé, il se lie avec le directeur du théâtre de Lyon : « Le directeur, écrit-il à l'auteur du *Tableau de Paris*, est votre ami : ce mot renferme son éloge et me dispense de vous répéter combien il est fait pour être celui de tous les gens de lettres par les qualités de *son cœur* et de *son esprit*[1]. » Et maintenant, est-on curieux de savoir le nom de l'excellent directeur? C'est un nom, aussi bien, qui a sa place dans l'histoire, et quelle place!... Collot-d'Herbois!

Neuf ans plus tard, ayant à parler des théâtres de province, et spécialement de Lyon, Grimod écrivait : « On pense bien que les arts, amis de la paix, de la justice et de la tranquillité, que l'art dramatique surtout y a souffert dans la même proportion. D'abord, les deux théâtres, des Terreaux et des Célestins, ont offert à la vengeance du feu citoyen Collot-d'Herbois de nombreuses victimes. Cet homme féroce, ancien régisseur et acteur du premier de ces théâtres, s'est vengé sur les Lyonnois des nombreuses huées qu'il en avoit reçus, et sur la plupart de ses camarades du

---

[1]. *Peu de chose* (Neufchatel, 1788), p. 54. Lettre à Mercier.

juste mépris qu'ils avoient pour son insolence et pour ses vices [1]. »

La Reynière apprit à Lyon un événement fort intéressant pour lui, le renvoi du baron de Breteuil, « nom que ma plume ne trace jamais sans horreur, » écrit-il. M. de Breteuil était l'instrument des rigueurs de sa famille ; mais La Reynière avait d'autres raisons, tout aussi légitimes, et sur lesquelles nous passerons, d'avoir ce nom en exécration. La retraite du ministre[2] ne devait pas être sans effet pour l'exilé qui attendait à chaque instant la révocation de la lettre de cachet ; mais M. Laurent de Villedeuil lui fit dire qu'elle ne pourrait être levée avant les États Généraux, ce qui n'empêchait point qu'il fût complétement libre d'aller où bon lui semblerait. Grimod en profita pour voyager. Il visita la Provence, revint en Suisse, puis alla surprendre ses amis les chanoines réguliers de Domêvre. A Zurich, il s'était arrêté quinze jours chez Lavater, avec lequel il avait fait connaissance en juillet 1788. « Vous ne sauriez croire combien la conversation de cet homme célèbre est animée, belle et

---

1. Le *Censeur dramatique*, t. I, p. 338, 339, 30 vendémiaire, an VI (1797).
2. Le bailli de Breteuil ne figure plus à cette date comme ambassadeur de la Religion. Un troisième frère, qui avait été grand-vicaire de Soissons, grand'croix de l'ordre de Malte, était mort à la fin de juillet 1785. Grimod semble ne l'avoir pas englobé dans sa haine pour ses aînés, et nous donne sur lui un détail qui indique qu'il était loin d'être à l'aumône : « L'abbé de Breteuil est peut-être, dit-il, le seul particulier qui ait eu à Paris une batterie de cuisine entièrement en argent. » Duc de Luynes, *Mémoires*, t. XV, p. 172. — *Journal de Paris*, du mercredi 25 juillet 1781, n° 206, p. 832. — *L'Almanach des Gourmands* (Paris, Maradan, 1807), V° année, p. 33.

intéressante! Comme il s'exprime en françois avec un peu de difficulté, il crée souvent des mots pour rendre ses idées, et ce fréquent néologisme, loin de gâter son style, y jette singulièrement d'énergie. Sa conversation est aussi animée que celle de Diderot, et son âme est bien plus belle. J'ai eu le bonheur de lui inspirer un vif attachement et je m'en félicite[1]. »

La Reynière passa huit jours chez les bons chanoines. Il vit dans les mains du général la levée de sa lettre de cachet, levée qu'on vouloit qu'il apprît le plus tard possible, dans la crainte persistante qu'on avait sans doute qu'il n'abusât de sa liberté. Toutefois, sa réconciliation n'était plus à faire avec sa famille. « Je suis le mieux du monde, écrit-il à Rétif, avec mes parens, et j'en reçois souvent des lettres fort tendres : cependant, comme je sais qu'ils m'aiment mieux de loin que de près, je ne retourne pas à Paris, dont le séjour actuel n'a rien d'attrayant, et qui, dans ma façon de penser politique, me deviendroit peut-être funeste[2]. »

La façon de penser de la Reynière! Dans cette rénovation si fiévreuse de la société, on se demande de quel côté il se rangera; ou plutôt on n'est pas en peine de savoir pour qui seront ses sympathies, pour qui ses colères. Grimod ne peut être autre chose qu'un républicain; ne l'était-il pas à une époque où personne ne l'était encore, ni Condorcet, ni Chamfort; où, si l'on excepte Mercier et Rétif de la Bretonne, ces natures insoumises et indisciplinées, chacun s'accom-

---

1. Rétif de la Bretonne, *Le Drame de la vie*, t. V, p. 1277. Lettre XVIII; Lyon, 5 mai 1790.
2. *Idem*. T. V, p. 1279.

modait assez du privilége, tout en criant à la réforme, qu'on n'appelait que comme le bûcheron appelait la mort, parce qu'on ne la croyait pas si prochaine? Eh bien ! le vraisemblable ne sera pas le vrai. Grimod prendra en exécration cette révolution qui renversait tout et s'était montrée si violente et si terrible. « ..... Vous voyez, mon illustre ami, écrivait-il toujours à Rétif, que j'use de tous les droits de l'amitié et que je vous parle avec une bien grande franchise. J'y ajouterai encore en vous disant que j'ai vu avec une vive douleur que vous étiez chaud partisan de notre exécrable révolution, d'une révolution qui anéantit la religion et les propriétés, la gloire de cet empire des lettres, des sciences, des arts, qui nous reporte au quatorzième siècle, et même au tems des Goths et des Vandales. Vous connaissez mon opinion sur les grands et sur les riches; ainsi vous ne me soupçonnerez pas, en pensant ainsi, de chercher à défendre leur cause; mais je plaide celle de l'honneur, de la probité, du savoir et de la vertu, également outragés dans le nouvel ordre de choses... Est-ce que cet enragé de Mercier vous auroit fait partager ses fureurs? ou que vous traitez les nouvelles municipalités comme vous traitiez l'ancienne police, avec crainte et respect, quoique la méprisant au fond? Si c'est ce motif, à la bonne heure. Quoi de plus atroce, de plus redoutable, que cet odieux Comité des recherches, qui suppose des crimes pour se rendre nécessaire! La Bastille et les lettres de cachet n'étoient rien auprès de ces nouveaux inquisiteurs [1]. »

1. Rétif de la Bretonne, *Le Drame de la vie*, t. V, p. 1180-81. Lettre XIX; Béziers, 27 auguste 1890.

Après un rapide séjour à Domèvre, La Reynière avait fait une petite excursion en Allemagne, et était revenu, par Metz, Nancy et Dijon, à Lyon où il était installé depuis un peu moins de deux années[1]. Qu'y faisait-il et qui le retenait plus particulièrement dans cette ville populeuse où, dans l'origine, il comptait demeurer à peine quelques jours? Grimod est l'homme des surprises par excellence, et, avec lui, le plus court est de s'attendre à tout. « J'en suis parti (de Lyon), écrit-il, le 10 juillet, pour les affaires de mon commerce, et j'ai été tenir la foire de Beaucaire que je ne connoissois pas et où j'ai fait d'assez bonnes affaires[2]. » La Reynière avait bien véritablement fondé une maison de commerce, « Grimod et Compagnie, *aux Magasins de Montpellier*, rue Mercière, » sorte de bazar où le chaland pouvait, ou peu s'en fallait, s'approvisionner de toutes les choses nécessaires à la vie. Au commerce d'épicerie, de droguerie et de parfumerie en gros, l'aventureux industriel avait joint une fabrique de broderies dans tous les genres : habits, vestes, gilets, et articles pour femmes, dans les goûts les plus nouveaux et « à des prix très-modérés.[3] » La marque de commerce est une énigme qu'on a essayé à expliquer sans y trop réussir. Tout cela était fort sérieux et pas aussi étrange qu'on pourrait le croire, en un temps où il fallait bien jeter de la boue

1. 6 janvier 1790. Grimod était établi à Lyon depuis le 22 juillet 1788.

2. Rétif de la Bretonne, *Le Drame de la Vie*, t. V, p. 1281 Lettre XIX; Béziers, 27 auguste 1790.

3. *Revue du Lyonnais* (novembre 1857), t. XV, p. 438 (*bis*). Annonce de commerce de la maison Grimod de La Reynière. 1792.

aux aïeux, flagorner la populace, et où le comte de Mirabeau cachait son écusson sous un écriteau portant ces mots qui en disaient long : « Mirabeau, marchand de drap[1] ! » Mais Grimod ne songeait pas à faire sa cour au Tiers, il n'avait alors d'autres visées que la prospérité d'une entreprise qui avait des ramifications dans nos principaux ports et dans les villes les plus importantes du royaume. Toutefois, La Reynière le marchand n'avait pas tellement fait peau neuve qu'il ne restât encore du vieil homme, de ce lettré, de ce voluptueux excentrique que nous avons vu à l'œuvre. Il essaya de renouveler, à Lyon, ces agapes parisiennes, dont la privation avait été le plus dur châtiment de l'exil. Bien que trop succinctement, il est fait allusion aux soupers de l'hôtel de Milan et de la Croix-de-Saint-Louis, dans une lettre à un Lyonnais de ses amis. « Vous pouvez vous rappeler, lui dit-il, celui du samedi 27 aoust 1788, qui ne fut pas le moins divertissant. Heureux tems où nous ne prévoyions pas encore tous nos malheurs... Vous vous retiriez de bonne heure, mais nous prolongions nos orgies de l'hôtel de Milan souvent jusqu'au jour, et nous trouvions moyen sans vin, sans scandales, sans femmes, de passer des nuits fort agréables. Cet abbé Barthélemy étoit charmant à mystifier. Quant au chevalier Aude, il était vraiment aimable en plus d'un genre : doué d'une mémoire admirable, d'une sensibilité exagérée, d'une vaste littérature et d'un goût assez délicat. Il faisoit le charme de nos conversa-

---

1. Villemain, *Tableau de la littérature au XVIIIe siècle* (Didier, 1852), t. IV, p. 145.

tions par sa gaieté, son sçavoir, son imagination vive et poétique, sa mémoire intarissable et la variété de ses connaissances. Quel dommage qu'avec tant de moyens de plaire et de se rendre célèbre, le goût de la crapule ait tout étouffé dans son âme et le réduise à végéter. La crapule (ajoute ingénuement La Reynière), a des charmes sans doute, je le conçois, et surtout à Paris, mais il ne faut pas s'y enfoncer tout à fait, ni renoncer pour elle à la société des honnêtes gens. »

Il s'agit de ce chevalier Aude, l'ancien secrétaire de Buffon, l'auteur des *Cadet-Roussel* et des *Madame Angot*, esprit original, plaisant, d'un commerce charmant, en effet, mais qui, pour le reste, ne méritait que trop les réserves de l'indulgent Grimod. C'est cet étrange chevalier qui, rencontrant un jour au cabaret un homme querellant et battant sa femme, lui offre de la lui vendre, conclut le marché, emmène avec lui son emplète, avec laquelle il vécut trente ans d'un bonheur sans mélange et qui ne finit, en 1839, que par la mort de cette épouse de rencontre[1].

Quant à l'abbé Barthélemy, « ce petit gueux d'abbé Barthélemy de Grenoble, » c'était un original d'une autre farine, l'auteur de la *Grammaire des dames*, de la *Cantatrice grammairienne*, et de dix autres rapsodies sans grande valeur ; mais amusant et à sa place dans ces soupers moins attiques que divertissants. La

---

1. *Annales de la Société littéraire d'Apt*, V^e année (1871), p. 173, 174. *Notice sur le chevalier Aude*, par A. Dureau. Voir, pour leurs rapports amicaux, *Lettre du chevalier Aude à Grimod*, et réponse de celui-ci, dans *Peu de Chose* (Neufchâtel, 1788), p. 58 à 63.

Reynière cite encore, mais c'est là tout, un comte de L***, homme de beaucoup d'esprit, élevé comme lui sur les genoux de la Comédie-Française et qu'il avait retrouvé à Lyon. Voilà pour les réunions de l'*hôtel de Milan*. Les soupers de *la Croix de Saint-Louis* avaient un tout autre caractère. « Le petit abbé y étoit encore. Mais N. et le chevalier Aude n'y étoient plus. M. Pitt les avoit remplacés[1]. Les dames y étoient admises, les ris immodérés en étoient bannis, le ton étoit moins brusque, plus décent et en cela plus conforme sans doute à votre esprit. Mais on pouvoit s'y amuser encore ; aujourd'hui cela seroit plus difficile[2]. »

La Reynière avait une tante établie en province, qui lui avait toujours témoigné beaucoup d'affection et qu'il n'avait pas embrassée depuis 1773. A cette époque ses affaires l'ayant appelée à Paris, elle était allée s'établir à Saint-Joseph, dans l'appartement de madame du Deffand, qui nous fait d'elle un croquis bienveillant. « Mon petit logement est actuellement occupé par une comtesse de Beausset (Jarente est son nom, sœur de madame de La Reynière), haute de cinq pieds sept pouces, belle, bien faite, très-pauvre, très-raisonnable, parlant de tout facilement et bien[3]... »
La Reynière, qui était fier de sa tante, nous a laissé

---

1. Jacques Pitt, docteur-médecin, né à Montbrison vers 1746, mort à Lyon le 2 janvier 1803 ; de l'académie de Lyon.
2. *Revue du Lyonnais* (1er mars 1856), t. XII, p. 250, 251. Lettres inédites de Grimod de La Reynière à un Lyonnais de ses amis. Deuxième lettre ; Béziers, 26 août 1793.
3. Madame du Deffand, *Correspondance générale* (Plon, 1865), t. II, p. 339. Lettres de la marquise à Walpole, des 13 juin et 8 août 1773.

d'elle également un portrait qu'un La Bruyère eût sans doute fait autrement. « C'est une femme comme il y en a peu, et peut-être comme il n'y en a point : c'est l'âme de Fénelon, l'esprit de Racine, le cœur de Sévigné et les grâces de Ninon ; sa conversation est vraiment un fleuve d'or. Elle sait beaucoup et bien ; elle n'a aucune prétention : c'est la raison la plus profonde, assaisonnée de l'esprit le plus aimable[1]. » Madame du Deffand la fait plus pauvre qu'elle ne devait être, à en juger par un train de maison très-large et très-libéral. La Reynière fut caressé par sa tante comme il ne l'avait jamais été par sa mère. Toute la société de Béziers lui fit fête, à commencer par son évêque, M. de Nicolaï, frère du premier président de la Cour des comptes, dont la table était aussi délicate que savante et recherchée[2]. « Il faut marcher d'indigestions en indigestions, c'est la seule maladie que l'on connaisse à Béziers[3]. »

Grâce à La Reynière, Rétif de la Bretonne était considéré à Béziers comme l'écrivain le plus remarquable de la nation ; on dévorait ses livres. Madame de Beausset, d'une bienveillance naturelle, influencée d'ailleurs par l'engouement de son cher neveu, admirait sincèrement l'étrange philosophe que Grimod invitait, en son nom, à venir oublier près d'eux les orages d'une existence tourmentée. Mais la Bretonne

---

1. Rétif de la Bretonne, *le Drame de la Vie*, t. V, p. 1281. Lettre XIX ; Béziers, 27 auguste 1790.
2. *L'Almanach des Gourmands* (Maradan, 1807), V⁵ année, p. 309. Note.
3. Rétif de la Bretonne, *le Drame de la Vie*, t. V, p. 1283. Lettre XX ; Béziers, 18 septembre 1790.

quitter Paris! c'eût été déserter le champ de bataille. Aussi bien, les circonstances ne devaient point tarder à apporter quelque froid dans les relations du philosophe et de son disciple. Si Grimod était républicain à une époque où personne ne songeait à l'être, la Révolution, on l'a dit déjà, au lieu de l'enrôler dans ses rangs, ce qui eût semblé naturel, rencontra en lui un adversaire acharné et implacable. « Je n'aime pas votre sentiment sur la Révolution, écrit-il à Rétif, et vous auriez soulagé mon cœur d'un grand poids en pensant autrement. Ah! mon ami! les beaux jours de notre littérature sont passés et ne reviendront plus! Les brigands nous ont reportés au douzième siècle, et le fruit de notre exécrable et illusoire liberté sera la ruine de tout, l'ignorance, la barbarie et les atrocités. Ah! j'en mourrois de chagrin sans le bon appétit qui me sauve [1]. »

Grimod n'est pas le seul qui mette son salut dans une digestion alerte et un infatigable appétit. Son ami Mercier, sous la Terreur, dans une prison d'où il ne devait vraisemblablement sortir que pour porter sa tête sur l'échafaud, déclare qu'il ne fut redevable de son énergie et de son imperturbable tranquillité d'âme qu'au soin qu'il donnait aux choses de la bouche. Et en cela il ne procédait pas autrement que ses compagnons de captivité[2]. Mais, pour La Reynière,

---

1. Rétif de la Bretonne, *le Drame de la Vie*, t. V, p. 1286. Lettre XX; 18 septembre 1790.

2. L'on était préoccupé avant tout de bien vivre; il restait si peu de jours, si peu d'heures! L'on faisait apporter les viandes les plus exquises, les vins les meilleurs, les pâtisseries les plus fines, soit par le traiteur grassement rétribué, soit par un pa-

ce goût était nouveau. Jusqu'ici, probablement pour se séparer, même en cela, d'un monde qu'il exécrait, il avait paru repousser ces raffinements culinaires. Les déjeuners semi-nutritifs, tant regrettés par lui, étaient, en somme, de tristes exhibitions, et ses convives sortaient de ces étranges séances, le ventre peu rebondi, s'ils s'étaient noyés de café. La devise était la haine du vin et des sots, et nous n'avons pas oublié la fureur de Balthazar à la demande d'un verre de vin hasardée par un pauvre diable dont une lecture plus ou moins longue avait desséché le gosier. Chose curieuse, cette conversion s'opéra en un lieu fait, ce semble, pour d'autres conversions, à Domèvre « dont il soutenoit le chœur tout en festoyant sa cuisine[1]. »

C'était là, en effet, qu'il en était revenu à de meilleurs sentiments sur ce grand art qu'il était destiné à sauver du naufrage universel. Les bons chanoines, (cela n'a rien qui étonne), avaient la table la plus recherchée, et, sans doute, n'imaginèrent-ils de traitement plus effectif et plus souverain pour ce malade moral qu'une chère exquise arrosée de vins délicieux. C'est de Domèvre que date cette transformation radicale dans ses idées et son hygiène. Mais si Grimod devint un gourmand consommé, le premier théoricien de son temps, il ne sera jamais un pourceau d'Épicure.

rent ou un ami. « Jamais, raconte Mercier dans le *Nouveau Paris*, l'on ne vit plus de propension à la gourmandise que dans ces jours de calamité et d'horreur. J'en atteste les six prisons où j'ai été plongé... C'est avec ce régime que j'ai dompté l'ennui, le mauvais air, la solitude, et que je me suis mis en état d'attendre le grand jour de la justice nationale... » Voir notre notice sur Mercier, en tête de son *Tableau de Paris* (Lecou, 1853), p. XXXVI.

1. L'*Almanach des Gourmands* (1810), VIIe année, p. 116.

Malgré les traditions de famille, il savourera, mais ne se gorgera pas; et, tout en exaltant le glorieux trépas du docteur Gastaldy, il ne songera aucunement à l'imiter. « La plume à la main, dira-t-il au marquis de Cussy, à une époque où l'on ne se corrige plus, je me laisse aller à tous les écarts de la gourmandise la plus dévoratrice, au point que bien des gens me croient un Milon de Crotone. Mais quand la fourchette succède à la plume c'est tout autre chose[1]. » Cela n'était pas inutile à dire, car on se figure un La Reynière plus emporté, plus le diable au corps (le diable de la gourmandise, s'entend), et ne se ménageant pas plus que son aïeul sur la brèche d'un pâté.

Grimod était parti de Béziers le 27 septembre et s'était rendu à Cette, dans l'intention de s'embarquer pour Marseille où l'appelaient ses affaires. C'était compter sans une fièvre putride qui le tint, douze jours, entre la vie et la mort; et il était à peine remis quand il arrivait dans l'antique Phocée, le 6 novembre, à dix heures du matin. Madame de Beausset avait fait promettre à son neveu de venir la voir le carême suivant, et c'est de chez elle que ce dernier écrit encore à Rétif de la Bretonne. On lit toujours Rétif à Béziers; toutefois, ses opinions effrayent; on voudrait s'illusionner; mais, à moins de supposer qu'il n'est pas libre et qu'il cède à des influences que la prudence l'empêche de braver ouvertement (excuse que La Reynière voudrait bien faire accepter), La Bretonne s'est rangé du parti des démocrates. La comtesse est

---

1. *Lettres autographes de La Reynière au marquis de Cussy;* Villiers-sur-Orge, 30 juin 1826.

la plus brave femme de la terre, mais elle ne transige point en pareille matière ; elle eût renié son neveu : aussitôt que Rétif sera atteint et convaincu de jacobinisme, il sera perdu aux yeux de madame de Beausset. « Avec cela, ajoute La Reynière, elle est bien plus modérée que moi, dont le sang bouillonne en lisant les journaux, et qui donneroit deux membres et vingt années de ma vie pour être comme nous étions seulement en 1786, tems où je vivois cependant dans l'exil et sous l'abus du pouvoir[1]..... »

Grimod a raison de se dire moins modéré que sa tante. Il n'admet ni transactions ni concessions. « J'avoue que je ne saurois détacher, comme vous, mes sentimens de l'opinion, ni aimer ni estimer un homme qui penseroit différemment que moi en morale, en politique et en matière de religion... Périssent à jamais les exécrables philosophes dont les écrits ont amené à ces excès et qui s'en applaudissent aujourd'hui ! Ils payeront bien cher cet infâme triomphe : leur sang sera versé le premier en expiation, et j'y tremperois moi-même mes mains avec joie... et j'allumerois de bon cœur le bûcher qui doit les consumer, ceux que j'ai le plus aimé dussent-ils être au nombre des victimes. Oui, je suis altéré du sang de tous ceux qui nous ont amenés au point où nous en sommes..... » Cependant, après cet élan, il soupçonne qu'il s'est emporté et semble craindre que son illustre ami ne se formalise des termes passablement énergiques de son épître. « J'espère bien, lui dit-il en finissant, que

---

1. Rétif de la Bretonne, *Le Drame de la Vie*, t. V, p. 1307, 308. Lettre XII ; Béziers, 4 avril 1791.

vous ne prendrez pas en mauvaise part les réflexions, peut-être un peu vives, que renferme cette lettre[1]. »

Rétif, pour cette fois, se contentera de ces excuses. La Reynière l'en remercie avec effusion, et recommence tout aussitôt ses diatribes contre la Révolution et ses trop nombreux adeptes, qu'il verrait, « avec délices écarteler et brûler en place de Grève[2]. » La Bretonne, las de se voir morigéner de la sorte, prit le parti du silence. Grimod, en dépit des griefs d'opinion, l'aimait autant qu'il l'admirait, et répugnait à l'idée d'une rupture. Après avoir attendu en vain plus d'une année, il se décide à lui adresser une dernière lettre de Béziers, à la date du 28 septembre 1792. Il ne l'appelle plus « mon illustre ami, » mais bien « Monsieur », en homme qui a plus d'une raison de croire qu'on lui tient rigueur. Ce qui ne l'empêche point de revenir sur ce chapitre brûlant de la Révolution, avec le même déchainement. Rétif ne répondra plus. Ce ne sera que plus tard, lorsqu'il joindra au *Drame de la Vie*, à titre de pièces justificatives, la correspondance de son ancien ami, qu'il jugera indispensable de dégager sa responsabilité par ces quelques lignes qui ont leur éloquence :

« Je vais, dit-il, rapporter un trait de La Reynière démocrate, qui prouve combien nous devions compter sur lui : Il y avoit des gens de la cour à dîner chez son père; un ci-devant duc s'étoit permis un trait piquant contre les financiers. La Reynière fils lui répondit : « Monsieur le duc, je divise les gens de la

---

1. Rétif de la Bretonne, *Le Drame de la Vie*, t. V, p. 1313. Lettre XXIII, non datée.
2. *Ibid.*, t. V, p. 1321 ; Marseille, 7 juillet 1791.

« cour en trois classes : la première, bien peu nom-
« breuse, est celle des honnêtes gens; la deuxième est
« celle des êtres nuls, qui ne font ni bien ni mal; la
« troisième est celle de ces scélérats oppresseurs de la
« nation, dont la scandaleuse faveur exprime les reve-
« nus de l'État; et vous savez bien, monsieur le duc,
« que vous n'êtes pas des deux premières[1]. » Certainement tout bon jacobin doit regretter. le jeune homme
qui a su déployer, à vingt-trois ans, une pareille énergie. Mais il a été capté par les moines de Domèvre et
par les nobles qu'il a fréquentés. Espérons de son
bon esprit qu'il nous reviendra; il n'est qu'égaré, et
l'on revient toujours aux idées primitives. »

La Bretonne ne jette pas sans attendrissement un
regard en arrière dans sa lettre du 12 octobre, bien
qu'elle soit une rupture éclatante.

« Je vous avoue, dans la vérité de mon cœur, que
je vous suis attaché. Les premiers tems de notre
liaison furent tout plaisir, tout agrément; il y en
avoit infiniment chez vous, même à vos déjeuners que
j'en suis revenu à approuver; ensuite ce fut tout douleur pour votre exil, ouvrage de la morgue et de
l'égoïsme. Aujourd'hui que les beaux jours devroient
revenir, vos amis ont le crève-cœur d'apprendre que

---

1. Tout cela n'a rien d'outré, et Grimod convient lui-même du peu de mesure, de l'impudence et de l'insolence de ses propos avec ces oisons bridés et bardés de rubans de toutes les couleurs, comme il les appelle. « Je pourrois, dira-t-il bien plus tard, vers ses soixante-trois ans, citer là-dessus une foule d'anecdotes assez piquantes, dont les gens titrés, des ducs, des pairs, même des maréchaux de France étoient souvent les héros et les victimes; car je ne connoissois aucun frein dans l'indépendance de ma satire. » *Lettres autographes de La Reynière au marquis de Cussy;* Villiers-sur-Orge, ce 21 juin 1823.

vous avez abjuré vos sentimens philosophiques, et pour qui? pour des moines, vos anciens geôliers... pour des parens qui vous ont persécuté...

« Devenu républicain, j'en ai le courage; je marche sous la pique aux revues; je monte la garde quand mes infirmités me le permettent; je m'assieds à ma section à côté du manœuvre poudreux, et je discute avec lui les intérêts communs; j'ai le pauvre habit bleu fait en 1773, tout rapiécé; mais qu'il va bien là et sous la pique! Je sais ce que vous auriez été ravi de faire avant votre séjour chez les moines... Ah! périssent les exécrables moines!... ils vous ont vicié l'esprit, l'âme peut-être !... ô cher La Reynière, toi, né patriote; toi, démocrate quand personne ne l'étoit que les grands hommes, reviens à nous!... souviens-toi que la croix de Saint-Louis seule était exclue de tes déjeuners, tandis que tu y attendois le crasseux garson de ton chandelier[1] !... »

Ce même homme qui avait pris pour épigraphe d'un de ses livres : *Legite, censores, crimen amoris abest*, ce célibataire endurci, ce haineux ennemi du mariage enfin, se mariera comme les autres, par amour et sans dot, sans ce seul palliatif d'une sottise ridicule et tout aussi ruineuse, à l'entendre. Cela est déjà parachevé à l'heure qu'il est, le suicide est consommé. Mais encore quelle est la sirène qui a fait broncher ce fier courage, cette vertu si sûre d'elle? La Reynière, aux dates des 20 juin et 11 août 1787, on ne l'a pas oublié, parlait à mots couverts de momens

---

1. Rétif de la Bretonne, *Le Drame de la Vie*, t. V, p. 1331 à 1333; ce 12 octobre 1792.

délicieux passés avec des dames « depuis longtems attendues », reparties ce dernier jour, après une halte d'une semaine[1]. Bien qu'il n'en dise pas davantage, grâce à certains rapprochements, il nous est évident qu'il ne saurait être question que de madame Feuchère et de l'une de ses filles, jeune et jolie actrice, élève de Molé, qui l'avait fait débuter en 1783, à peine âgée de quinze ans, au Théâtre-Français. Adélaïde-Thérèse Feuchère y parut successivement dans Julie des *Dehors Trompeurs*; dans Zénéide de la pièce de ce nom, Betty de la *Jeune Indienne*, et le rôle de Lucinde de l'*Oracle*[2]. « Les amateurs s'en souviennent, et n'ont jamais vu jouer ce rôle difficile (celui de Lucile) avec plus de noblesse, d'intelligence, de grâce et de véritable sensibilité[3] » nous dira l'auteur du *Censeur*, qui ne put d'ailleurs en juger par lui-même.

Il est juste d'ajouter que le *Journal de Paris*, sauf de légères réserves, se montre également favorable à la débutante. « La jeune actrice, qui a débuté hier par les rôles de Lucile et de Zénéide, a été favorablement accueillie. Elle a reçu des applaudissemens dans les deux personnages et en a véritablement mérité dans celui de Zénéide par le naturel et la vivacité

---

1. Déjà, à la date du 20 novembre 1786 (voir plus haut, page 137), à propos de l'obligation qu'on lui fait du mariage, Grimod déclare qu'il n'est pas éloigné de s'y prêter, et indique même que, dans ce cas, son choix n'était plus à faire. Serait-il question de mademoiselle Feuchère ? Cela nous paraît plus que vraisemblable, bien que nous retrouvions plus difficilement alors ces quatre années de l'engagement de Stockholm.

2. Archives de la Comédie, Registre des recettes, pour l'année 1783; vendredi 17, samedi 18, dimanche 20 janvier. Recettes de trois jours : 1,131 13; 2,346 11; 3,232 5.

3. *Le Censeur dramatique*, t. IV, p. 98 (20 prairial, VI).

dont elle a rendu plusieurs traits. Sa voix est foible, mais assez agréable; et elle rachète par un accent qui intéresse quelques légers défauts de prononciation. On a remarqué que cette actrice étoit plus à la scène que n'y sont d'ordinaire les débutans et que sa gesticulation n'avoit rien d'embarrassé[1]. » Mais ces qualités parurent insuffisantes à la Comédie, et mademoiselle Feuchère accepta les offres qui lui furent faites aussitôt par la cour de Stockholm dont elle fit pendant quatre ans « les délices. » A ce compte, en 1787, époque de son retour et lorsque La Reynière eut occasion de la voir, elle n'avait pas loin de ses dix-neuf ans[2].

A en juger par l'effet qu'elle produisit sur l'inflammable Grimod et la passion qu'elle lui inspira, elle devait être fort séduisante. Nous ignorons quel hasard poussa ces dames vers Domèvre, et nous supposons même que ces huit jours enchantés s'écoulèrent plutôt à Nancy, où peut-être les avait appelées l'éventualité d'un engagement pour cette ville. S'il en fut ainsi, leurs projets n'aboutirent point, puisque le Grand-Théâtre s'attachait la jeune actrice, au moment où La Reynière reparaissait à Lyon, en 1788. Lié avec le directeur et la plupart des artistes[3], ce dernier ne quittera plus les coulisses. Il prônera

---

1. *Journal de Paris*, du 18 janvier 1783, p. 73.
2. Grimod, plus désintéressé, nous dira, en 1822, que sa femme a cinquante-huit ans. Alors ce n'eût pas été quinze, mais dix-neuf ans qu'elle aurait eu à l'époque de ses débuts; lorsqu'il la connut à Domèvre, elle n'eût pas eu moins de vingt-trois ans et, à l'époque de son mariage, vingt-six ans.
3. *Épître à madame d'Ocquerre*, première actrice du théâtre de Lyon, par Grimod de La Reynière, 1788. Feuille volante sans indication de lieu et d'impression.

le jeu, l'esprit, la beauté de sa maîtresse dans les journaux où il avait accès, mais sans faire partager complétement son engouement, malgré tout le mal qu'il se donnera dans ce louable but. Quelque éphémères que soient de pareilles pauvretés, l'on nous a signalé deux lardons à leur commune adresse, qui indiquent que, s'il avait des amis, cette prétention à l'aristarque de théâtre n'avait pas été du goût de tout le monde et lui avait valu de nombreux adversaires[1]. Ses parents lui avaient fait du mariage une condition obligatoire; mais ce n'était pas là l'alliance à laquelle ils eussent songé, et une lettre de Domèvre, datée du 27 mars 1788, édifie sur la résistance qu'il rencontra, quand il s'ouvrit à eux sur cette union malsonnante[2]. Il fallut attendre trois années. « Il y aura demain sept ans, dira-t-il en fructidor de l'an V, que les nœuds de l'estime, de l'amour et de l'hyménée m'ont unis à une femme dont le talent m'avoit séduit, et dont le caractère fait mon bonheur[3]. » Donc leur mariage eut lieu le samedi, 4 septembre 1790.

Pour se faire une idée de cette passion toute de flamme, il faudrait connaître (la citer ne serait pas possible) certaine lettre datée de Béziers, trois grandes pages in-quarto, inspirées par l'anniversaire de leur jeune union. C'est d'abord un ressouvenir plus qu'ar-

1. *Avis d'un Bonhomme à M. Grimod*, satire de vingt-huit vers. — *Consolation à mademoiselle Feuchère*, pour la consoler de ce que, depuis qu'elle est à Lyon, elle n'a pas encore réuni sur son talent, comme elle l'a fait sur sa personne, l'universalité des suffrages. In-8, une demi-page.
2. Catalogue Le Ber. Supplément, p. 128.
3. Collection de M. L. Sapin, *Dossier de mademoiselle Mezeray*, Lettre de La Reynière à M. Feuillant; Paris, 17 fructidor, an V (3 septembre 1797).

dent de leurs premiers élans. Grimod estime son amie, il l'exhorte à être toujours tendre, douce, réservée, à n'être point coquette, car il est d'une nature violente et jalouse. C'est de chez madame de Beausset qu'il lui écrit. Mais à ces transports se mêle, non sans stupéfaction pour le lecteur, une sensualité gourmande des plus étranges; et dans ce billet tout érotique, l'extraordinaire amoureux trouve le moyen, sur un mode tout à fait dithyrambique, d'évoquer des perdrix rouges qui font là une singulière figure [1]. Mais le temps, qui vient à bout de tout, calmera cette exaltation; les nécessités de la vie contribueront de leur côté à contenir et modérer cet emportement que l'obstacle ne surexcitera plus.

Si l'instinct seul avait prévenu La Reynière contre une révolution si remplie de promesses, les événements donneront vite raison à ses défiances. Beaumarchais écrivait à sa femme, qui prenait les eaux de Saint-Amand, le 22 juin 1790 : « Qu'allons-nous devenir, ma chère ? voilà que nous perdons toutes nos dignités. Réduits à nos noms de famille, sans armoiries et sans livrées! Juste ciel! quel délabrement! Je dinais avant-hier chez madame de La Reynière, et nous l'appellions à son nez madame Grimod, court et sans queue. Mgr l'évêque de Rhodez et Mgr l'évêque d'Agen [2] n'eurent de nous que du *monsieur*, chacun s'appelait par

---

1. Laverdet, *Catalogue d'autographes* du samedi 23 novembre 1861, p. 56, n° 268. Lettre signée des initiales G. D. L. R. à mademoiselle Feuchère, à Lyon. Béziers, 4 septembre 1790. Ce millésime est erroné, puisque Grimod se mariait précisément ce jour-là. C'est sans doute 1791 qu'il faut lire.
2. Seignelay Colbert de Gast Le Hill et Dusson de Bonnac. *Almanach Royal*, année 1790, p. 62.

son nom, nous avions l'air de la sortie d'un bal de l'Opéra d'hier, où tout le monde est démasqué[1]... » S'il ne se fût agi que de s'appeler Grimod ou Caron tout court! mais le moment deviendra sinistre, particulièrement pour ces fermiers de l'État, quelle que fût l'honorabilité de leur passé : leurs fortunes colossales devaient être leur arrêt de mort. Que de victimes, en effet, n'eurent aux yeux de leurs juges d'autre crime que leur opulence et leurs richesses! D'une seule fournée, vingt-huit fermiers généraux, parmi lesquels Lavoisier, portaient, le 10 floréal, leur tête sur l'échafaud[2]. La Reynière ne vécut pas assez pour grossir le chiffre de ce groupe de victimes. Le chagrin, la peur du présent, l'effroi de l'avenir lui avaient porté un coup fatal; il expirait le 6 nivôse de l'an II (26 décembre 1793), dans la soixantième année de son âge[3], non sans avoir connu l'arrestation de son beau-frère qui, d'abord conduit aux Madelonnettes, avait été réuni, dans les prisons de Port-Royal, à sa famille vouée au même sort que son chef.

M. de Malesherbes, quelle que fût la gravité de sa propre situation, se fit un devoir d'écrire à ce neveu, dont les fredaines les avaient tous si longtemps attristés. Les caractères les plus inconsistants se retrempent au milieu d'événements aussi terriblement significatifs,

---

1. Loménie, *Beaumarchais et son temps* (3ᵉ édit.), t. II, p. 445, 446.

2. André Joubert, *les Fermiers-généraux sous la Terreur* (Paris, Douniol, 1869), p. 17, 18.

3. *Notice des principaux articles de la bibliothèque de feu M. Grimod de La Reynière* (Paris, Prault et Beaudouin), avertissement, p. IV. La vente se fit le 13 thermidor de l'an V (lundi 31 juillet 1797).

et ses conseils pouvaient n'être point perdus pour celui auquel il les adressait. Voici sa lettre qui, comme celle que nous avons citée déjà, est demeurée jusqu'à ce moment inédite.

« Paris, 25 pluviôse, l'an 2.

« Je ne savois, mon cher neveu, où vous adresser ma lettre pour vous faire compliment sur la perte que vous venez de faire, parce que je pensois bien que vous étiez en route pour venir.

« Je viens d'apprendre que vous arriverez aujourd'hui ou demain, ainsi que je peux vous l'envoyer dans votre maison. Vous allez avoir des affaires à discuter avec votre mère, je compte assez sur votre façon de penser, pour être bien sûr que vous n'aurez avec elle que des procédés dignes de vous et vous n'avez pas besoin d'y être exhorté.

« C'est un grand chagrin pour moi que ma détention ne me permette pas de traiter entre vous deux toutes ces affaires. Mais il me seroit bien doux de savoir, lorsque ma liberté me sera rendue, que tout se sera passé comme je le désire.

« C'est dans cette espérance que je suis avec beaucoup de tendresse, mon cher neveu,

« Votre oncle et concitoyen,

« LAMOIGNON DE MALESHERBES[1]. »

Malesherbes parle de sa liberté. Il est à croire qu'il ne se faisait nulle illusion à cet égard ; et son attitude

---

1. Étienne Charavay, *Catalogue d'autographes*, provenant du cabinet du capitaine d'Hervilly, du jeudi 11 avril 1872, p. 33, n° 286. Grimod a mis en marge : R (reçu) le 3 ventôse.

devant le tribunal révolutionnaire auquel il dédaigna de répondre, dénote assez qu'il avait fait l'abandon de sa vie. Son pied butte contre une pierre, dans la cour du palais. « Voilà ce qui s'appelle un mauvais présage, dit-il à son voisin avec un sourire; un Romain à ma place seroit rentré. » La Reynière arrivait à Paris le 25 pluviôse. Ses amis ne lui avaient pas caché l'état alarmant de son père et il avait dû prévoir la nécessité d'un voyage qui lui répugnait à tous égards[1]. Grimod avait gardé rancune à la grande ville; nous voudrions ne pas ajouter à ses parents, auxquels il avait peine à pardonner le passé. Peut-être redoutait-il, entre sa mère et lui, les tiraillements et les orages des liquidations embrouillées. Mais des difficultés d'une bien autre nature allaient éviter aux deux parties le scandale possible de discussions domestiques que M. de Malesherbes avait essayé de conjurer, en en appelant aux sentiments filiaux de son neveu.

Dans la matinée du 2 ventôse, l'hôtel de la rue des Champs-Élysées était envahi par des commissaires qui, introduits auprès de la maîtresse de maison, lui signifiaient un arrêté du Comité de Sûreté générale, par lequel il leur était enjoint de faire examen des papiers et extraction de ceux qui leur paraîtraient suspects, de poser les scellés, et, le procès-verbal dressé, d'arrêter la veuve La Reynière, ainsi que la ci-devant comtesse d'Ourches, alors demeurant chez elle. Madame de La Reynière répliqua qu'elle était prête, malgré sa faible santé, à obéir aux dispositions contenues dans

---

1. *Revue du Lyonnais* (1ᵉʳ mai 1855), t. X, p. 384, 385. Lettres inédites de La Reynière à un Lyonnais de ses amis; Béziers, 31 mai 1793.

l'ordre qui lui était signifié. Au même instant comparaissait madame d'Ourches. Interrogée sur son identité, celle-ci répondit qu'elle s'appelait Beaudot, femme divorcée du citoyen Charles d'Ourches, en foi de quoi elle produisait un extrait du registre des mariages et divorces de la municipalité de Paris, à la date du 24 du deuxième mois de l'an second de la République. M. Gay, le secrétaire du financier défunt, et Grimod, informés de ce qui se passait, accouraient aussitôt. Interrogé lui-même, Grimod répartit, qu'appelé par le décès et les affaires de la succession de son père, il était arrivé de Béziers, où il se trouvait depuis le 25 du mois précédent; ce qu'il justifiait d'ailleurs par un passeport de la municipalité de Montpellier. L'on procéda devant eux à la recherche de tous les papiers de l'appartement du rez-de-chaussée occupé par madame de La Reynière. Puis on passa à l'appartement de la nièce, situé au premier et ayant vue sur la cour, où, après un examen non moins vétilleux, les scellés furent apposés à toutes les issues, comme cela venait d'être fait chez la tante.

Il ne restait plus, dès lors, qu'à se conformer aux dernières clauses de l'ordre. Les deux femmes étaient arrêtées et conduites à la prison de la rue Neuve-des-Capucines. Pourquoi ces perquisitions, cette visite des papiers, cette translation dans une maison de force; et quelle pouvait être la cause de telles mesures de la part du Comité de Sûreté générale? La jeune comtesse était femme, fille et belle-fille d'émigrés, et il n'en fallait pas davantage pour la rendre suspecte. Quant à la veuve du financier, si les faits justifiaient la prévention, en accueillant la comtesse elle s'était faite sa complice, et méritait d'encourir sa fortune[1]. Elles furent mises l'une et l'autre dans la chambre d'arrêt de la maison des Piques. Madame d'Ourches était transférée, le 26 vendémiaire an III, au Luxembourg, et relaxée le 24 brumaire suivant. Quant à madame de La Reynière, il semble qu'elle ne quitta point la maison de la rue Neuve-des-Capucines[2]. Fort probablement sa captivité cessa avec celle de sa nièce; et elle put rentrer dans son hôtel, où elle n'eut pas à essuyer d'autre alerte. C'était bien pour sa sûreté; mais la situation était restée aussi précaire, quant à la fortune, et les gouvernements quelconques qui se succéderont ne se presseront point de sortir les familles atteintes d'une incertitude aussi anxieuse qu'elle était inique.

Si Grimod s'était conquis de nombreux amis, il ne comptait pas, et il s'en fallait, autant de partisans que d'habitants dans la cité lyonnaise. Lyon était le berceau de sa famille, et il y était arrivé avec la bonne envie de tout admirer et de tout louer. Dès 1786, à son premier passage, il adressait sous forme de lettre, à Mercier le dramaturge, le tableau le plus flatteur de la grande ville. « Le Lyonnois a naturellement de l'esprit, il conçoit facilement, il s'exprime avec grâce; il

---

1. Archives de la Police, section des Champs-Élysées. Procès-verbal du 2 ventôse, an II de la République.
2. Archives de la police. *Registre de l'entrée des détenus dans la maison d'arrêt, rue Neuve-des-Capucines :* « Du 2 ventôse, est entrée la citoyenne Suzanne-Élisabeth-Françoise Jarente de La Reynière, âgée de cinquante-huit ans... », sortie (en marge). — « Du 2 ventôse, est entrée la citoyenne Maximilienne Baudot de Sainneville, femme divorcée de Charles d'Ourches, âgée de vingt-cinq ans. » *Mandats*, C. 19, n°s 75-76; C. 27, n° 34. » Nous avons eu communication de ces documents en 1867. Ils ont été anéantis, cela va sans dire, dans l'incendie de 1871.

a pour les étrangers cette affabilité qui naît d'un cœur confiant et facile, et qu'il faut distinguer de cette politesse étudiée, masque d'une âme stérile, qu'on donne et qu'on prend si souvent à Paris... Mais l'éclat de la garde-robe ne nuit point ici à la solidité de la cuisine. Les tables y sont servies avec abondance et délicatesse : les maîtres en font les honneurs avec plaisir, les femmes avec grâce ; l'on voit à la gaieté qui y règne que ce plaisir n'est point factice, et que cette grâce n'est pas étudiée[1]... »

Mais en 1792, et même avant, les choses avaient bien changé de face. Toutes ces qualités se sont évanouies, et c'est Marseille qui bénéficie de cette sympathie que l'on retire à une ville dont on croit avoir à se plaindre. « Lyon, dira-t-on, est à beaucoup d'égards au rang des plus petites villes de province : on y dîne à une heure ; on y médit sans cesse ; on n'y donne jamais à manger... Rien de plus ignorant, de plus sale, et en général de plus fripon que le fabricant de Lyon. Tirez-le de sa soie, c'est un véritable topinambou[2]. »
Il ne manque au portrait que de la bienveillance ; mais sans doute La Reynière n'était pas payé pour être bienveillant. Ces dernières lignes à l'adresse des fabricants nous rappellent que, pour l'heure, Grimod a affaire à ces « fripons ; » et son amertume laisserait

---

1. *Peu de Chose*, hommage à l'Académie de Lyon (Neufchâtel, 1788), p. 9, 10.
2. Grimod de La Reynière, *Lettre d'un voyageur à son ami, ou Réflexions philosophiques sur la ville de Marseille* (seconde édition, 1792), p. 15, 16. L'éditeur ajoute malignement : « La rapidité avec laquelle les Lyonnois ont fait disparaître la première édition de cette lettre, prouve qu'ils sont dignes d'entendre la vérité ; puissent-ils de même en profiter ! »

à supposer qu'il a été plus ou moins leur victime[1]. Il avait eu à lutter; et ç'avait été, de toutes parts, à qui jetterait des bâtons dans ses roues. « On sait, fait-il dire à son libraire, que M. Grimod a embrassé la profession du commerce, et l'on n'ignore pas combien il a eu d'obstacles à vaincre pour s'y maintenir. Non-seulement sa famille n'a cru devoir l'aider ni de ses fonds ni de son crédit, mais elle n'a rien négligé pour traverser sous main toutes ses entreprises, et pour ruiner le crédit d'une maison naissante, qui voloit de ses propres ailes, soutenue par la seule estime publique... Il a lutté contre tous ses ennemis, et sa persévérance auroit dû lasser leur animosité... On sait dans quelle passe est aujourd'hui la maison Grimod, et quelle considération personnelle elle a su mériter dans le commerce par son exactitude, son zèle et sa probité... »

Ces lignes sont extraites d'une note jointe à certaine lettre à l'adresse de madame Desroys, ancienne sous-gouvernante des enfants d'Orléans, l'intime amie de madame de La Reynière, et que Balthazar savait lui être hostile, malgré ses belles protestations d'affection. Aussi la traite-t-il, ici même, avec une insolence voisine de la grossièreté[2]. Le banquier Schérer

---

1. Il existe, à la date du 2 juin 1792, une sentence imprimée du tribunal de commerce de Lyon, et *rendue dans la cause pour les sieurs Grimod et compagnie, fabricans de broderie et négocians de Lyon, contre le sieur Villard, marchand parfumeur*. Revue du Lyonnais (octobre 1857), t. XV, p. 316.

2. Elle avait été gouvernante de MM. de Chartres et de Montpensier, depuis leur naissance jusqu'à leur cinquième année. Madame de Genlis, qui a eu personnellement à se plaindre d'elle, l'accuse également, de fausseté et d'ingratitude. *Mémoires* (Ladvocat), t. III, p. 283, 285, 286; t. IV, p. 29.

et sa femme, à Chatou, dans une maison où cette dame se trouvait également, avaient dû dire, sans penser que le propos pût lui être rapporté, que La Reynière faisait à Lyon un commerce ruineux. « Le commérage d'une femme comme la dame Schérer, s'écrie le négociant diffamé, ne prouve rien ; mais son mari, quoique banquier, devroit savoir que l'honneur d'un marchand consiste dans la bonne opinion qu'on a de son crédit. Vouloir altérer cette opinion, c'est une noirceur, c'est une infamie ; le faire par un mensonge, c'est une lâcheté. *M. Schérer est donc un lâche* ou un méchant, qu'il choisisse. Ses grandes richesses et son protestantisme ne le sauveront pas du mépris des honnêtes gens. » Et il faisait aussitôt imprimer cette lettre gonflée de fiel, où il déclare qu'il va « travailler ladite dame en bonne justice[1]. » Mais, avec Grimod, la menace n'était pas toujours suivie de l'effet, et nous avons lieu de croire qu'en cette circonstance les époux Schérer en furent quittes pour la peur, ainsi que madame Desroys, à laquelle on annonçait une rude guerre. « Je garde copie de tout ce que j'écris ; je conserve tout ce que je reçois, et j'ai trois imprimeurs et deux afficheurs à mes ordres. »

Quoiqu'il dise encore, à propos des même Schérer : « J'ai gagné depuis six mois plus d'argent qu'ils ne valent, » nous avons peine à croire que cet établisse-

---

1. *Copie d'une lettre de M. Grimod de La Reynière, négociant à Lyon, etc., à madame Desroys, ancienne sous-gouvernante des ci-devant princes de la maison d'Orléans*; Lyon, le 7 décembre 1791, p. 5, 6. Pièce introuvable, annoncée, du reste, dans l'avis au lecteur des *Réflexions philosophiques sur la ville de Marseille*.

ment commercial fût aussi florissant qu'il le déclare : l'aurait-il abandonné si l'entreprise eût été en pleine prospérité? Nous savons bien que les malheurs de Lyon, la ruine de la ville, la préoccupation d'un patrimoine sous le scellé, qu'il fallait défendre et qui ne pouvait être défendu que sur place, sont plus que suffisants à expliquer le parti que prit Grimod qui, s'il ne retira rien de sa tentative, ne fit perdre personne. Le gouvernement ajournait indéfiniment, et sous mille prétextes, de se prononcer en dernier ressort. En avril 1795, la Convention semblait résolue à rendre tous leurs biens aux familles des condamnés, et, à plus forte raison, aux parents de ceux qui n'avaient point été jugés, et dont la fortune, quoique sous les scellés, n'avait pas été sequestrée. La situation de La Reynière était particulièrement nette, puisque son père, retiré d'ailleurs de la ferme depuis 1780, était mort six mois avant la condamnation des fermiers généraux. Mais, sur une motion de Rewbel, le décret avait été rapporté dans la même séance, et ajourné au 28 germinal suivant, sans qu'à cette date les intéressés fussent plus avancés que devant[1].

Le moment était mauvais pour les petites bourses, la cherté excessive : pain, viandes, comestible, bois, toilette s'élevaient à des prix fabuleux, moins fabubuleux, il est vrai, qu'on se l'imagine, si l'on se reporte au discrédit dans lequel était tombé le papier-monnaie. Madame de la Reynière, soit qu'elle n'eût

---

[1]. *Revue du Lyonnais* (octobre 1857), t. XV, p. 321. Lettre de La Reynière à un Lyonnais de ses amis; IIIe lettre. Paris, 18 avril 1795.

pas encore pris son parti sur le mariage de son fils, soit que, de son côté, Grimod eût décliné une communauté qui n'aurait peut-être pas été sans orage, vivait seule, dans un petit appartement qu'elle s'était taillé dans son vaste logis; et les deux époux, quoique habitant le même hôtel, en étaient réduits à leurs propres ressources[1]. Mais Balthazar savait s'accommoder au temps, et, grâce à son activité, grâce à une économie qui allait jusqu'à ne faire qu'un feu, la voie de bois coûtant de cinq à six mille livres, il fera face à tout. Voici le taux de chaque chose, au commencement de 1796. L'énumération est piquante et instructive, comme on en va juger.

« ... Je vous ai dit plus haut le prix du bœuf. Le mouton et le veau de 60 à 100 livres, selon la qualité; avant-hier, 22 pluviôse, à la halle, le cochon valoit 120 livres, le beurre 160 livres, 170 livres (fin de Gournay), une carpe un peu honnête 550 livres, une paire de soles moyennes 600 livres, un merlan passable 70 à 80 livres, une botte de navets 32 livres, un boisseau de pommes de terre 250 livres, un hareng 8 livres, une belle tête de choufleur 80 livres. Par ce petit échantillon, vous pouvez juger qu'il faut bien de l'ordre et de l'économie pour ne dépenser que 2,000 livres par semaines et faire cependant une chère pas-

---

1. Collection de M. M. de V., *Lettres autographes de La Reynière à M. Morel de Rombiou;* du 23 janvier 1776. M. Morel de Rombiou est cet ami de Grimod, dont la Revue du Lyonnais n'a reproduit qu'une partie de la correspondance. Ce qui restait inédit de ce piquant commerce épistolaire nous a été communiqué, avec la plus aimable courtoisie, par son spirituel éditeur, auquel nous ne saurions trop témoigner notre gratitude, tout en respectant sa volonté de n'être pas nommé.

sable¹. » Et tout était à l'avenant. Du 22 juin 1795 au 30 août de l'année suivante, on paya les places, à l'Opéra, en assignats : la recette du 6 juin, notamment, fut d'un million onze mille trois cent cinquante francs. Enfin, le 31 août 1796, on laissait là le papier pour le numéraire ; et l'administration s'estimait fort heureuse de réaliser une recette de quatre mille quatre cent cinquante francs ². Ce n'était point le cas d'augmenter ses charges, et c'est ce que Grimod fera sentir à son correspondant lyonnais en réponse à des reproches philanthropiques adressés par ce dernier à la citoyenne La Reynière. « Madame Grimod prétend que ce que vous appelez ses imprudences est une grande prudence dans le moment actuel où la venue d'un enfant peut ruiner un ménage. Je suis assez de son goût et remercie le ciel de cet accident, les nourrices ne voulant point d'assignats, et prenant 12 francs par mois en écus. Ainsi jugez où cela va, puisque voilà déjà 36,000 livres par an, rien que pour le lait. »

1. *Revue du Lyonnais* (mars 1856), t. XXIX, p. 496. Lettres inédites de La Reynière à un Lyonnais de ses amis; Paris, 15 février 1796. Grimod ajoutait, quelques lignes plus bas : « Non-seulement un million par an n'est pas trop pour bien vivre, mais aujourd'hui ce n'est même pas assez ; la plus petite course de fiacre à Paris coûte 800 livres; vous ne pouvez pas faire faire une commission à moins de 80 ou 100 livres; une voie d'eau coûte 5 livres, le blanchissage d'une chemise 25 livres, le ramonage d'une cheminée 100 livres. Ainsi vous voyez que quelqu'un qui ne voudroit pas se refuser les commodités de la vie dépenseroit plus de cent mille livres par mois. »
2. Alphonse Royer, *Histoire universelle du Théâtre* (Paris, Franck), t. IV, p. 243.

VI

LE CENSEUR DRAMATIQUE. — TALMA ET MADAME PETIT.
MADEMOISELLE MÉZERAY. — LARIVE.

Grimod, éloigné depuis huit ou neuf ans de la grande cité, la retrouvait bien changée dans ses mœurs, dans l'aspect et la physionomie de sa population si éprouvée. Une profonde terreur avait succédé à la gaieté, à la parfaite insouciance de ce Paris si peu fait pour de telles épreuves ; et l'on sent, dans sa correspondance, une contrainte trop explicable et trop légitime. Bien des amis faisaient défaut. Pelletier Saint-Fargeau avait été assassiné; Hérault de Séchelles, Sartines fils, guillotinés; Talon était mort fou[1]. Quelques-uns de ceux qui avaient survécu, comptaient parmi les vainqueurs ; les autres avaient appris à leurs dépens le péril qu'il y a à jouer avec le feu, à saper, par pur passe-temps, les fondements d'une société sans s'être assurés du lendemain. Grimod ne pardonnait pas à ces derniers une œuvre qui avait été un peu la sienne. Il exécrait la Révolution et les ruines qu'elle avait

1. *Lettres autographes de La Reynière au marquis de Cussy;* Villiers-sur-Orge, ce 15 mai 1823. « Tous, à l'exception de M. Talon, étoient plus jeunes que moi, tous appelés, par leur naissance et leur mérite, à jouer un très-grand rôle, et tous sont morts d'une mort funeste à la fleur de leur âge. »

faites. Cependant ce n'était pas sans quelque regret qu'il détournait la tête de certains concertistes d'autrefois dont le prestige existait encore à ses yeux.

Il manquait trop souvent de mesure dans ses gaîetés ou ses semonces, et tout le monde n'était pas d'humeur à les subir. Il avait un peu plaisanté « sur son républicanisme » Cailhava, qui s'était contenté de laisser l'attaque sans réponse. « Je crois qu'il faut encore mettre cet ami au nombre de ceux que la Révolution m'a fait perdre, et l'envoyer avec MM. Palissot, Rétif, Mercier, Pons de Verdun, Beaumarchais[1]. » Il en dira autant de l'auteur de Charles IX, Joseph Chénier. Sa rupture avec l'auteur du *Paysan perverti* lui avait plus coûté, l'affection survivait aux griefs : il pensait à lui, il se préoccupait de ce qu'il faisait, et n'eût pas été fâché de le voir à une tournée de rue. « C'est très-décidément, écrivait-il à M. de Rombiou, en février, que je me suis éloigné de M. Rétif après le tour qu'il m'a joué et dont je vous ai dans le tems rendu compte. Cela doit peu vous surprendre. Je ne le rencontre même jamais dans les rues, ce qui m'étonne, car je cours beaucoup, surtout dans son quartier. » De quel tour est-il question? C'est ce que nous ne saurions dire. Dans une note de *Monsieur Nicolas*, relative aux lettres de La Reynière, après quelques détails sur le caractère singulier de son ami, La Bretonne finissait par ces deux lignes énigmatiques dont l'amertume était sensible : « Je n'en dirai pas davantage sur ce jeune homme, que j'ai beaucoup loué : ce qui est

---

1. *Revue du Lyonnais* (mars 1856), t. XII, p. 253. Lettres inédites de La Reynière à un Lyonnais de ses amis; Béziers, 26 auguste 1793.

vrai dans un tems, souvent est faux dans un autre. »

En revanche, Mercier, que l'on n'avait pas ménagé, avait repris faveur, ils s'étaient revus, et Grimod ne semble même pas se souvenir que ses sentiments eussent un instant faibli à son égard. Comme La Bretonne, l'auteur du *Tableau de Paris* avait tenté de s'entremettre entre l'exilé et sa famille, avec plus de zèle que d'adresse, paraîtrait-il. Il était même allé relancer celui-ci à Domèvre et avait passé quinze jours avec son ami malheureux (novembre 1787). Persuadé de l'efficacité des voyages comme moralisation, il s'était offert à accompagner Grimod dans ses pérégrinations; mais la proposition n'avait été du goût de personne. Des propos, des commérages de Barth, dont le rôle durant ces années troublées ne fut pas net, finirent par brouiller le dramaturge et son disciple déjà plus que refroidi par les opinions révolutionnaires du maître. Mercier n'était pas un forcené. Il avait hurlé avec les loups, un peu par peur, et ce fut avec un vrai soulagement qu'il rentra dans l'ombre jusqu'à la fin de la tourmente qui avait failli l'emporter, ainsi que bien d'autres.

« Nous sommes liés depuis dix-huit ans, dit La Reynière, et c'est l'homme de lettres avec lequel j'ai eu les relations les plus intimes et presque le seul avec qui j'en aie continué. Cela ne m'empêchera point de convenir avec vous de sa nullité comme législateur, quoique rempli de bonnes intentions et dirigé par des vues très-loyales. Comme vous dites fort bien, la littérature le revendique exclusivement, et quoiqu'il n'occupe pas les premiers degrés de la renommée, il faut convenir que l'homme qui a fait *l'An* 2440, *le Tableau de Paris, l'Indigent, Jenneval, le Déserteur, la Maison de Molière,* et *l'Habitant de la Guadeloupe,* n'est point un écrivain médiocre. Les comédiens vont remettre l'avant-dernière de ces pièces, et c'est moi qui les y ai déterminés. Je ne l'ai jamais vue jouer à Paris, quoique j'en sois, comme vous savez, le parrain, et qu'elle ait été jouée sous mon nom à la Comédie-Française, en 1787[1]. »

M. Aze ne dut pas être celui qu'il alla visiter le dernier. Le grand législateur avait été atteint, lui aussi, par la Révolution, comme tant d'autres qui avaient claqué des mains ; et La Reynière était vraiment alarmé sur le compte du « premier adjudent » de ses déjeuners philosophiques[2], privé de son fief, de ses pigeons, sans ressources, car la profession de doreur était plus que languissante depuis longtemps à Paris, où l'étain avait remplacé l'argenterie. « M. Aze n'a donné que

---

1. Nous lisons dans les *Mémoires secrets :* « On présume que cet auteur étant brouillé avec ceux-ci (les comédiens), qui avoient fait serment de n'avoir désormais rien de commun avec lui, aura fait présenter par quelqu'un son ouvrage qui, quoique imprimé depuis onze ans, ne leur aura pas été assez présent pour qu'ils se soient doutés du tour. » T. XXXVI, p. 144 ; 29 octobre 1787. Ce quelqu'un qu'on semble ignorer était donc La Reynière. Ce n'était pas, du reste, la première fois qu'il se substituait à Mercier, à titre gracieux. Il existe trois lettres de Camerani relatives au *Déserteur* du Dramaturge, en répétition alors à la Comédie Italienne, et auquel le ministre, M. de Ségur, demandait des changements dans la tirade du Déserteur, acte I, sc. IV : il ne fallait pas que la cause de la désertion fût le colonel. Collection de M. L. Sapin, Lettres de Camerani à La Reynière, des 17, 19, 24 juin 1782.

2. *Revue du Lyonnais* (mars 1855), t. X, p. 298. *Lettres inédites de La Reynière à un Lyonnais de ses amis;* Béziers, 31 mai 1793.

médiocrement dans la Révolution. Il était, il est vrai, un des vainqueurs de la Bastille, mais il n'a tué personne ; et il n'a même usé du crédit dont il jouit dans son quartier que pour faire monter d'autres personnes aux places que sa modestie a dédaignées. Il peut dire aussi : J'ai fait des souverains et n'ai pas voulu l'être[1]. » Mais M. Aze avait le pied trop marin pour ne pas échapper à la tourmente, d'une façon ou d'autre, et mourir autrement que de vieillesse et dans son lit, où il expira, en 1808, à l'âge, nous dit-on, de quatre-vingt-treize ans.

Une autre des relations de Grimod, d'un genre bien différent, et de haut goût, c'était le fameux baron de Clootz, qu'il avait connu dans la maison de Sainte-Croix de la Bretonnerie, rue des Billettes, une pension pour la jeunesse que tenaient les chanoines de ce nom. « Le baron de Clootz, nous dit La Reynière, étoit alors ce qu'il est encore aujourd'hui, une espèce de fou, mais de fou assez spirituel et fort vif. Il avoit dès lors toutes les idées irréligieuses, et j'avoue qu'il m'a souvent révolté par son athéisme et que je ne le lui ai point dissimulé. » Au moment où il écrivait ces lignes, l'orateur du genre humain, *Anacharsis* Clootz, était debout et fatiguait la Convention de ses discours d'une exaltation qui allait jusqu'au délire. Mais, à sa rentrée à Paris, Grimod n'avait pas à se préoccuper de son attitude à l'égard de cet ami de sa jeunesse. Robespierre, qui avait fait exclure le baron du club des Jacobins comme noble et trop riche, l'engloba

---

1. *Revue du Lyonnais* (mars 1856), t. XII, p. 256, 257. *Lettres inédites de La Reynière à un Lyonnais de ses amis;* Béziers, 26 auguste 1793.

dans le procès des Hubertistes, et le « féroce avocat du côté gauche de la Convention» les accompagnait, le 23 mars 1794, sur l'échafaud, où il leur prêchait encore le matérialisme, expirant au moins avec insouciance et courage, en stoïcien, s'il avait vécu en fou.

Il avait fallu se tenir à l'écart, faire le mort durant les sinistres jours de 1793 et 1794. La sécurité revenue, les nouvelles classes enrichies crurent pouvoir jouir de leur récente grandeur; et ce fut bientôt comme une ivresse, un insatiable besoin de luxe, d'ostentation dans cet étrange Paris, où tout s'oublie. Une aristocratie innomable était sortie de terre, du jour au lendemain, sans élégance, triviale, grossière, mais tout aussitôt impudente, insolente, comme les capitaux qui étaient sa seule raison et sa seule force. Dans l'impossibilité d'imiter, d'approcher même de bien loin les élégances disparues, on les nia, on les ridiculisa. On insulta, on hua jusqu'aux moindres vestiges de modes, de costumes, d'ajustements surannés sans doute et qu'on était intéressé à faire oublier. La Reynière, dans une note du *Censeur dramatique*, stygmatise, avec une véhémence qui tient de la furie, ces effrontés qui, loin de se faire pardonner une fortune pour laquelle ils étaient si peu faits, se constituent les insulteurs de gens qui valent mieux qu'eux, ce qui n'est pas beaucoup dire. Mais il faut ajouter qu'il a été outragé lui aussi, et que c'est sa propre querelle qui l'anime et l'exalte.

« C'est une chose intolérable, s'écrie-t-il, pour un homme à qui il reste encore un peu d'honneur dans l'âme et de sang dans les veines, que de voir des êtres couverts de crimes, ou du moins de forfaits; des êtres nuls, il y a huit ans, sous tous les rapports, aujourd'hui gorgés d'or et de places, insulter tranquillement à la modération de ceux qu'ils ont ruinés, dépouillés, remplacés; faire passer cette modération, si méritoire, pour une coupable aristocratie; leur faire un crime des dénominations les plus indifférentes; de ce qu'ils ont de la poudre aux cheveux, le chapeau hors de leurs têtes, etc.; nous pourrions citer, sans de grandes recherches, plus d'un impudent de cette espèce, et qui ont osé nous faire, parlant à nous-même, de semblables complimens. Le plus profond mépris est encore trop pour une telle engeance. Elle est cuirassée contre ses atteintes; et c'est le cas, seul cas peut-être où, se livrant à toute l'énergie d'une *indignation démonstrative*, il soit permis à un honnête homme d'écraser de toute sa force physique ces lâches scorpions révolutionnaires[1]. »

Toute cette exhibition de masques grotesques, d'incroyables faisant les Richelieu et les conquérants de ruelles, de dames Angot, succédant aux duchesses et aux marquises du dernier règne, à la distance de trois quarts de siècle, a perdu ce qu'elle pouvait avoir d'agressif. Ce n'est plus qu'une scène de comédie plaisante et désopilante. Mais alors, ces ridicules n'étaient pas faits pour désarmer les survivants de cette société élégante dont le souvenir ne devait pas s'éteindre de sitôt. Ces parvenus d'hier se crurent tout permis. Au théâtre, dans les promenades, ils faisaient la loi; ils tenaient le haut du pavé, arrogants, haineux, enragés contre tout ce qui appelait de près ou de loin

---

1. *Le Censeur dramatique*, t. I, p. 338 (30 vendémiaire, an VI).

un régime dont le retour eût été leur ruine. La sortie de Grimod, à la perruque duquel ces freluquets osent bien s'en prendre, est tout une révélation, et peint d'un trait cette vermine du Directoire, qui s'évanouira moins vite que lui. Cependant, l'apparition magique de ce général imberbe qui ne s'attardera pas au Consulat, allait être le point de départ d'une autre France, d'un autre monde. Si la discipline devait être dure et inflexible, ce n'était plus l'anarchie, ce n'était plus le gâchis; et les gens d'ordre applaudirent avec un enthousiasme plein d'illusions à l'avénement de ce gouvernement fondé par la gloire. Grimod, lui, n'applaudit pas. Le régime du sabre n'était pas le sien.

Le premier souci de Balthasar, en posant le pied dans Paris, ce sont les théâtres : leur passé, leur avenir, leur personnel, les divisions de ce monde à part, ce qui a survécu de l'ancienne comédie, telles sont les questions qui l'intéressent par-dessus tout; il préparait même une petite brochure dont il avait groupé tous les matériaux et qui devait s'appeler : *Réflexions sur les principaux théâtres de Paris*, en 1776. Cette publication demeura à l'état de projet, mais il est probable qu'il ne laissa pas d'en utiliser les passages les plus saillants, l'année suivante, dans son *Censeur dramatique*[1]. On pense bien que les théâtres subirent le contre-coup des agitations de la rue. L'ancienne comédie se partagea en deux camps : Le passé eut ses représentants héroïques, le présent ses coryphées furibonds ; de là, des haines, des ressentiments

---

1. Nous trouvons annoncées, en 1793, *Considérations sur l'art dramatique*, 4 vol. in-8, qui ne paraîtront jamais, et ont dû trouver place fragmentairement dans *le Censeur*.

profonds qui devaient finir par une séparation scandaleuse. Après thermidor, le véritable public reprit le chemin du théâtre, et les chefs-d'œuvre des maîtres reparurent sur l'affiche. L'amour de l'art, la soif du succès, le besoin que l'on avait les uns des autres, amenèrent à la longue un rapprochement qui n'était pas encore l'oubli et le pardon des injures, il est vrai. Mais le temps fera le reste. Il faut dire que Grimod, pour sa part, n'y aida guère, dans son *Censeur*, curieux recueil, où se rencontrent, à côté des questions du moment, des observations judicieuses, des renseignements précieux, qui ont leur intérêt même aujourd'hui, et que l'on peut encore interroger avec fruit. Il s'était opéré une telle perturbation dans les idées, les mœurs, les modes, les manières, qu'il était urgent d'assurer cette chaîne, si aisée à rompre, de la tradition ; et c'est le service que La Reynière rendra. Il a son franc-parler sur tout et sur tous, et malheur à qui n'a pas trouvé grâce devant lui ! S'il respecte l'artiste, il veut que l'artiste tout le premier se respecte, et il le rappellera au sentiment de ses devoirs avec une sévérité qui parfois dépassera la mesure. Dans son rôle de redresseur de torts et de justicier, La Reynière débute par mademoiselle Contat, qui abusait plus que pas une de sa qualité de grande comédienne et de jolie femme ; et la leçon sera verte [1]. Mademoi-

1. Grimod lui adressait le premier numéro de son *Censeur* avec une lettre bien singulière, où il l'avertissait qu'elle y est traitée sans ménagement, et que c'est précisément pour cela qu'il ose le lui envoyer. « S'il vous parvenoit par une autre voie, vous seriez peut-être en droit de vous plaindre ; mais c'est moi-même qui vous l'offre, et j'ai assez d'orgueil pour croire que vous m'en remercierez. » Lettre de La Reynière à mademoiselle

selle Raucourt n'est pas plus épargnée, ni sa tyrannie moins fustigée. Fleury, Dugazon, Talma, auront à compter avec lui, à endurer ses semonces et les dures vérités qu'il n'hésite pas à leur jeter à la face. S'ils regimbent, tant pis pour eux : les rieurs ne sont pas de leur côté. Ayant à juger Deligny, alors nouveau débarqué à la Comédie-Française, La Reynière remarque, en passant, que Fleury l'avait fait arriver tout exprès de Marseille pour faire pièce à Naudet[1]. Fleury, hors de lui, envoie à l'écrivain un démenti furieux qui avait le tort de manquer de correction, ce qui était pire que de manquer de politesse : « Monsieur de La Reynière, vous en *n'avez* menti. Signé, *Fleury*, artiste. » La Reynière, on le pense de reste, ne laissera pas échapper une pareille occasion et s'empressera de publier le curieux autographe. « Nous attachons trop de prix à tout ce qui émane de M. Fleury pour avoir voulu même retrancher cet *n*, que bien des gens assurent être de trop. On peut écrire N'AVEZ pour *avez*, dire RISQUE pour *rixe*, ANCRE pour *encre*, FAIGNANT pour *fainéant*, etc., etc., etc., et cependant avoir été professeur de l'école de déclamation, et jouer fort agréablement la comédie. Mais il ne faut pas insulter gratuitement un homme de lettres : ces marauds-là savent prendre leur revanche[2]. »

Contat; Paris, 8 fructidor, an V (25 août 1797). Cette lettre est imprimée au verso d'une simple feuille de papier, sur la première page de laquelle se trouve un envoi du *Censeur* au citoyen Barthélemy, membre du Directoire exécutif et neveu de l'auteur du *Voyage du jeune Anacharsis*. Même date.

1. *Le Censeur dramatique*, t. I, p. 108 (20 fructidor, an V).
2. *Ibid.*; t. I, p. 241, 242 (10 vendémiaire, an V).

Trop pénétré de sa supériorité, Talma, dans l'âge où l'on se grise de ses succès, après son triomphe dans *Charles IX* de Chénier, prit avec ses camarades des airs despotiques qu'ils n'étaient pas d'humeur à subir. Il y eut bientôt scission entre lui et une partie de la Comédie (car il avait aussi ses partisans et ses amis), scission fatale dont le moindre inconvénient était de diviser cet ensemble si parfait[1]. « Sans ce jeune présomptueux, s'écrie La Reynière, qui ne pardonnait pas à Talma son exaltation républicaine, la Tragédie françoise existeroit encore dans tout son éclat; et, sans cette rupture et les événemens qui en ont été la conséquence, les comédiens françois n'auroient point perdu leur existence, leur bonheur, leur fortune, et leur liberté, et n'auroient point été, pendant trois ans sous le poignard des assassins, et pendant onze mois sous la hache révolutionnaire[2]. » Il y avait assez de vrai dans l'accusation pour blesser profondément l'artiste. Toutefois, Talma eût gardé le silence, s'il n'eût eu que lui à défendre. Mais La Reynière avait attaqué un objet qui lui était cher, une actrice qui, du vivant de sa première femme, de cette intéressante et spirituelle Julie, devait échanger son nom contre celui de madame Talma, et ce qu'il n'eût pas fait pour lui, il le fera pour elle. Il en appellera à l'équité, à la générosité de son juge. Il ne pouvait pas ne point relever les duretés contenues dans le numéro du 20 floréal; mais il a été calomnié, non en connaissance de cause, il en

---

1. Les amis de Talma formèrent alors une troupe qui s'appela la troupe du Palais-Royal.
2. *Le Censeur dramatique*, t. III, p. 473 (20 floréal, an VI).

est convaincu : Grimod aura été le premier abusé. Après quelques lignes de défense personnelle où, en réalité, Talma ne se défend pas, il arrive au sujet capital de sa lettre. L'honnête homme incriminé a fait place à l'amoureux, qui tient à démontrer toute la rigueur du jugement porté sur son amie. Cette longue épître, d'une amertume qui déborde vers la fin, est reproduite par La Reynière dans le *Censeur*, avec une intention qu'on devine. Sa réplique est, en effet, bien plus un réquisitoire qu'autre chose. Il spécifie là où le comédien s'était contenté de termes vagues, et par trop vagues. Il n'est pas son ennemi pour avoir stigmatisé cette partie de sa vie publique à laquelle on avait reproché « la destruction du temple de Melpomène et de Thalie; » il n'a fait que remplir un indispensable devoir.

« Vous vous plaisez à croire, dites-vous, que *j'ai été trompé par des rapports infidèles, et que je suis peu au fait des véritables causes des malheurs et de la désunion de la Comédie-Françoise*. Prenez garde, monsieur, vous parlez à un homme à qui tout Naples est connu, à un homme qui a consacré sa vie à l'art du théâtre, et surtout à l'histoire de la Comédie-Françoise. Vous parlez à un vieil ami de Lekain, de Bellecour, de Brizard, de Feulie, de Préville, qui, dès sa plus tendre enfance a su constamment le secret de la comédie, et qui n'en a jamais abusé. Vous parlez à un écrivain qui, depuis trente-deux ans, tient une note fidèle, écrite jour par jour, de tout ce qui s'est passé dans cette société célèbre. Vous parlez enfin à un être dont l'activité sans bornes et sans frein sait tout approfondir, tout dévoiler, tout apprendre, et pour lequel les replis les plus cachés du cœur des comédiens sont depuis trente ans un livre ouvert.

« Moi, trompé par des rapports infidèles ! moi, peu au fait des causes de la scission de la Comédie-Françoise ! Imprudent jeune homme, quelle corde osez-vous toucher ? Ah ! ne me forcez pas à en imprimer plus que je n'ai voulu dire ; ne provoquez pas ma *robuste* franchise ; ne m'arrachez point des révélations dont la moindre vous enseveliroit à jamais sous le poids des remords, ou vous plongeroit sans retour dans une mer de honte et de confusion...

« Je suis, dites-vous, *tombé dans l'erreur sans le vouloir*. Non, monsieur, si j'y suis tombé en effet, ce n'est point par ignorance. Vous demandez *qui peut être exempt de l'influence de ces tems où l'on voit tou à travers l'esprit de parti*. J'oserai vous répondre que c'est moi, moi qui étois républicain dans un tems où il y avoit quelque gloire, quelque courage, surtout quelque danger à l'être, c'est-à-dire, quinze ans avant que la France fût en république. Moi, qui depuis le commencement de la Révolution, ai constamment suivi le droit chemin de l'honneur, du vrai patriotisme, et de la véritable liberté. Moi qui ai constamment fui tous les honneurs, refusé toutes les places, méprisé tous les biens de la fortune, tant sous l'ancien régime que sous celui-ci. Moi, à qui la révolution enlève bien notoirement deux cent mille livres de rente acquises par mes ancêtres ; qu'elle a réduit à la triste nécessité de dire trois fois par mois la vérité aux comédiens pour manger un pain arrosé de sueurs ; dont elle a immolé les amis, les parens, surtout un oncle à jamais respectable, dont la mort est peut-être le plus terrible des crimes commis au nom du peuple françois[1]. »

Cette réplique n'est pas tendre, comme on le voit. Il y avait, il faut bien le dire, un dessous de cartes dans tout cela. Talma se plaint de la sévérité, de l'injustice de la critique à l'endroit d'une artiste que le public avait d'ailleurs favorablement accueillie, et il n'y avait pas là, ce nous semble, de quoi irriter si fort La Reynière et surtout provoquer des vérités aussi vertes. Mais, piqué au vif comme il l'était, l'acteur, assez imprudemment, n'avait pu résister à la tentation de lancer dans le camp ennemi un javelot qui devait porter et qui porta. Grimod arrive à madame Petit et débute par une phrase jésuitique de nature à plaire médiocrement à Talma et à sa maîtresse, bien que depuis longtemps le public fût dans le secret de leurs amours : « Je sens, monsieur, combien les rapports intimes qui vous lient à cette actrice estimable rendent cette corde difficile à toucher[2]. » On l'accusait d'avoir été à son égard d'une extrême injustice, d'avoir employé une recherche ingénieuse à lui trouver des défauts, à transformer ses qualités en ridicules imperfections : il ne croit pas avoir mérité un tel reproche; il croit, tout au contraire, s'être attaché à louer en elle ce qu'il y avait à louer. « Mais il y a trop de différence, ajoute-t-il hypocritement, entre les yeux d'un *ami* et ceux d'un censeur, pour que nous puissions être ici d'accord. » Grimod, lui aussi, avait à se défendre : non-seulement il est accusé d'être trop rigoureux,

---

1. *Le Censeur dramatique*, t. IV, p. 215 et suiv.
2. Elle épousa Talma, huit ans après, le 26 juin 1802.

mais encore d'être, à d'autres heures, trop indulgent.

« Vous ajoutez, poursuit-il, qu'il est dans *l'honorable emploi de censeur public, du devoir de l'honnête homme de se prémunir contre toutes les* SÉDUCTIONS *qui l'environnent ; qu'il-ne faut immoler personne* à ses FOIBLESSES, et que je me suis rendu coupable d'un *assassinat... moral.* Ah ! monsieur, que de choses j'aurois à répondre à ces imputations! Hélas! vous me faites bien plus d'honneur que je ne mérite, vous me croyez bien plus heureux que je ne le suis en parlant de mes *foiblesses* et en me supposant environné de *séductions*. Je ne fouillerai point ici dans votre arrière-pensée, quoique je la devine à merveille, cette discussion m'entraineroit trop loin, et ce seroit abuser de la patience du public et de la vôtre, que de l'entretenir de ces particularités. Quand vous connoîtrez mieux l'austérité de mon genre de vie, la force et la rudesse de mon caractère, et la profonde et chaste retraite dans laquelle mes heures s'écoulent, vous ne me parlerez plus de foiblesses ni de séductions, ni même d'assassinat; et vous saurez que celui qui, dès sa plus tendre jeunesse, a constamment immolé les plus doux, les plus vifs sentimens de son cœur, au devoir, à l'amitié et à la vertu, n'est guère susceptible de se laisser séduire à son âge et de manquer par foiblesse à la loi d'une impartialité, seul garant de ses succès et de sa réputation[1]. »

A entendre La Reynière, ne le dirait-on pas un cé-

---

1. *Le Censeur dramatique*, t. IV, p. 251, 252; 10 messidor, an VI (28 juin 1798).

nobile et un anachorète, à l'abri de tous les orages du cœur, du trouble des sens, des assauts des passions? Il parle de la vertu comme on en parlait au dix-huitième siècle, sans trop y aller voir, avec cette emphase sonore qui se trouve aussi bien dans les petits vers du temps que dans l'alexandrin philosophique des tragédies de Voltaire. En définitive, à quelles faiblesses Talma veut-il faire allusion, et à quelles séductions? Grimod avoue qu'il devine à merveille son arrière-pensée : donc, si peu que ce soit, il y a quelque chose de réel dans tout cela. Ce quelque chose était une charmante actrice que La Reynière trouvait fort de son goût, en dépit de son austérité et de sa rudesse.

Joséphine Mézeray (car c'est d'elle qu'il s'agit) était une jeune personne de vingt-cinq ans[1], d'une très-jolie figure, pleine d'agrément, d'esprit même[2], et qui, à ses débuts, avait révélé d'incontestables qualités qu'elle ne prit pas assez soin de développer par l'étude. Mais Grimod, si dur, si inflexible jusque-là dans l'exercice de son sacerdoce, tout en assurant à l'enchanteresse qu'il sera sans faiblesse et sans pitié pour ses défauts, ne verra, en somme, que ce trop

---

1. La *Biographie Michaud* la fait naître en 1772. Ailleurs, la date de sa naissance serait postérieure de trois années. En se donnant vingt ans en 1797, elle se rajeunirait, en tous cas, d'une couple d'ans, ce qui est plus que pardonnable au théâtre.

2. On a pourtant prétendu qu'elle était loin de briller du côté de l'esprit, et on cite à l'appui un mot de Baptiste cadet qui prouverait tout au moins qu'on ne se ménage guère entre camarades. Elle lui disait, un jour, assez malignement « qu'il jouait bien les bêtes. » — « Oui, mademoiselle, lui répondit-il, et votre suffrage est bien flatteur pour moi; vous devez vous y connaître, votre père en faisait. » *Revue française* (1858), t. XII, p. 435. *Souvenirs dramatiques*, par Jouslin de Lasalle.

séduisant visage; et ses articles seront un long chapelet d'éloges qui embarrasseront même celle qui en sera l'objet. Dans une lettre où elle le remercie de sa bienveillance, elle le supplie de se montrer plus rigoureux et plus sévère : « A vingt ans il est permis de s'égarer; mais, aidée des conseils d'un ami sage et surtout impartial, je pourrai peut-être parvenir à ce degré de perfection si difficile à atteindre, mais que vos bontés me promettent. Ne me ménagez donc pas... je me trouve heureuse d'avoir pu vous inspirer quelque intérêt. Puissé-je l'être assez pour vous convaincre de ma reconnaissance et de l'estime que j'ai pour vous [1]. »

La Reynière n'était que trop disposé à prendre le change, et ce billet de simple politesse lui fit perdre terre. A l'entendre, il n'a en vue que l'éclat d'un art qui a fait les charmes de sa vie, et le vif intérêt que lui inspire la jeune étoile de la Comédie, elle le doit pleinement aux flatteuses promesses d'un talent qu'il serait fier de diriger et de perfectionner. Tout cela aurait été au mieux, si mademoiselle Mézeray eût été libre; mais elle avait un attachement sérieux auquel elle reconnaissait un droit absolu de contrôle sur ses moindres démarches; et, si on ne le lui fit pas sentir, il comprit de lui-même qu'il ne forcerait la porte de la jeune artiste qu'avec l'agrément de l'homme auquel elle avait confié le bonheur de sa vie [2]. Il s'était ha-

---

1. Collection de M. L. Sapin, *Dossier de mademoiselle Mézeray*; lettre de mademoiselle Mézeray à La Reynière; 10 fructidor, an V (27 août 1797).

2. Mademoiselle Mézeray avait eu des rapports tendres, en

sardé jusqu'à proposer « une petite correspondance philosophique et littéraire, » qui ne serait peut-être pas sans profit pour elle; il s'adressera à l'ami lui-même : c'était de lui qu'il voulait obtenir la faveur d'une intimité qui n'était pas faite pour l'inquiéter.

« Elle a daigné, dans son obligeante réponse, me donner le titre d'ami. Elle ne s'est point trompée. Je saurai le remplir dans toute son étendue en lui disant toujours la vérité, au risque même de lui déplaire. Si, comme je n'en doute pas, vous prenez, Monsieur, un vif intérêt à ses succès, j'espère que vous ne me désapprouverez point, et que vous verrez sans ombrage un attachement qui ne sauroit vous alarmer, puisqu'il n'a pour objet que le bien de l'art et la perfection de l'artiste.

« S'il en étoit autrement, si vous étiez en proie à cette passion terrible d'autant plus cruelle qu'elle ne raisonne point, et qu'elle aveugle les gens d'esprit tout comme les autres, dites-le-moi avec la franchise que je crois mériter en la provoquant, et telle douceur que je goûte dans cette correspondance, je saurai l'immoler à votre tranquillité personnelle et au bonheur de votre charmante amie[1]. »

Il envoyait en même temps à la jolie actrice un cachet avec son chiffre, accompagné d'un madrigal dont l'intention est transparente, et qui se terminait par ces huit vers :

1790, avec le sculpteur Antoine. L'on a des billets d'elle au statutaire, datés du 27 octobre 1789 au 16 avril 1790.

1. Collection de M. L. Sapin, *Dossier de mademoiselle Mézeray*. Lettre de La Reynière à M. Feuillant ; Paris, fructidor, an V (3 septembre 1797).

> Loin d'exciter la jalousie
> Du mortel fortuné qui captive ton cœur,
> Dis-lui bien que la courtoisie
> De ce misanthrope *censeur*
> Ne doit jamais lui faire ombrage,
> Même aux bosquets de Tivoli :
> Un sentiment dont l'estime est le gage,
> Sans alarmer l'amant, peut rendre heureux l'ami[1].

Plusieurs lettres manquent, et la troisième de notre Recueil est cotée la septième, de la main de La Reynière. Cela est fâcheux, et jette quelque obscurité sur ces premières démarches. Nous n'avons pas de réponse de M. Feuillant qui, c'est à croire, laissa la parole à son amie. Grimod avait trop de fougue pour demeurer dans les limites prudentes d'une amitié naissante et sans droits, et il donnait, dès le début, prise sur lui à la jeune femme qui ne lui cacha point qu'elle avait lu dans son jeu et pénétré le vrai caractère de cette affection si désintéressée.

Mais Grimod de se récrier : amoureux, lui! a-t-on bien pu le penser? Pour être amoureux il faut de l'espoir; et peut-il en avoir, édifié comme il l'est sur les sentiments de celle dont il ne prétend être que l'ami? « Depuis près de trente-neuf ans que j'existe, je n'ai sollicité ni obtenu la plus légère faveur d'une femme dont le cœur, la main ou l'existence étoient ailleurs engagés. J'aurois regardé comme un crime d'être

---

1. A mademoiselle Joséphine Mézeray, première actrice du Théâtre-François, en lui envoyant un cachet de bureau avec son chiffre (Paris, septembre 1797), par M. Grimod de La Reynière, rédacteur en chef du *Censeur dramatique*. Imprimé d'une page avec son estampille : de la part de l'auteur.

heureux à un pareil prix. » Non, s'il se sent attiré vers elle, ce n'est que par un penchant tout paternel, sans alliage, qui, parfois, il en convient, n'a pas eu tout le calme, toute la placidité qu'elle souhaite. Mais il promet à l'avenir d'être sage, et de prendre dans ses lettres un ton plus assorti à son caractère et à la pureté de ses sentiments. Et maintenant qu'il ne saurait lui rester aucun doute, puisqu'il n'a pu être assez heureux pour se faire agréer de son estimable ami, au moins n'a-t-elle plus de raisons de lui refuser ce commerce de lettres innocentes et qui leur ferait passer à l'un et à l'autre quelques instants heureux. « Les plaisirs de l'esprit ont toujours été pour moi les premiers de tous. Je les cherchois depuis longtems auprès d'une femme aimable, et que le ton de Paris, la flatterie et la coquetterie n'eussent point gâtée. Je les trouve chez vous. Je saurai, par ma conduite et mes écrits, vous prouver que je suis digne de les goûter[1]. »

Toute cette rhétorique ne devait rien changer à des déterminations raisonnées et raisonnables, et une réponse catégorique de mademoiselle Mézeray, peut-être son silence, mettaient fin à des importunités désormais sans objet comme sans espérances. Près de huit mois s'écoulaient de la sorte. Grimod ne s'était pas résigné, et, imperturbablement à son poste, il épiait un regard, un signe amical. Un soir (le 21 mai 1798), à la Comédie, une femme semble fixer les yeux sur lui et à plusieurs reprises lui sourire. Mais est-ce bien lui qu'on a en vue? est-ce à lui que ces politesses

---

1. Collection de M. L. Sapin, *Dossier de mademoiselle Mézeray*. Lettre de La Reynière du 21 fructidor, an V (7 septembre 1797.

s'adressent? Il crut à une méprise, et il n'y songeait plus, quand, un instant après, une dame âgée, sa voisine, nomma mademoiselle Mézeray. Grimod, qui avait aperçu antérieurement la jolie actrice avec ses deux camarades, mesdemoiselles Turbot et La Chassagne, la supposait aux premières loges grillées; mais, dans un entracte, Mézeray s'étant montrée sur le devant de la loge, le doute ne fut plus possible. Ainsi, il avait accueilli avec la dernière grossièreté, en apparence du moins, ces avances aimables qu'il n'aurait pas estimé payer trop cher de vingt ans de sa vie! Il veut réparer son impolitesse; mais non-seulement ce regard si ardemment désiré ne se porta plus sur lui, mais il se figure y lire l'expression d'un trop légitime ressentiment. « J'allois entrer dans votre loge, mais j'y crus apercevoir madame Petit, et je jugeois bien que ma présence lui seroit peu agréable, et deviendroit peut-être embarrassante pour vous-même. Ce dernier motif, je l'avoue, eut sur moi plus d'empire et m'arrêta. » Pressé de se disculper, La Reynière, après être entré dans tous les détails propres à mettre en relief sa parfaite innocence, terminait sa lettre par des offres de services qui avaient leur opportunité. «Je sais, mademoiselle, qu'en ce moment vous avez vous-même plus d'un sujet de chagrin, et que des peines d'esprit dont aucune ne m'est inconnue, altèrent votre aimable enjouement et votre santé brillante. On dit que deux afflictions mises ensemble font une consolation. Mais ce qu'il y a de plus sûr, c'est que l'instant du malheur est ordinairement celui de la confiance[1]. »

1. Collection de M. L. Sapin, *Dossier de mademoiselle Mé-*

La Reynière demeura cinq jours dans l'agitation, l'anxiété la plus grande. Ses explications avaient-elles paru plausibles? avait-on bien voulu croire à son innocence? était-il pardonné? Le 27, à six heures du soir, il était encore « le plus malheureux des hommes. » Mais celle qui avait fait le mal, celle qui tenait son existence en suspens devait le prendre en pitié et le rassurer par le plus ravissant sourire. « Combien j'ai eu besoin, s'écrie-t-il, de tout l'empire que l'âge m'a donné sur moi-même pour n'avoir rien laissé paraître de la violence de mes transports. Ces lèvres de rose, plus vermeilles et plus fraîches que celles d'Hébé, ont daigné s'entr'ouvrir pour laisser échapper mon pardon... » Nous glissons dans le lyrisme, pis que cela, dans le désordre de la passion la plus extrême. Ce n'est plus le moment de feindre, de s'abuser sur des sentiments, qu'on ne saurait contenir d'ailleurs. Mademoiselle Mézeray n'avait que trop raison, quand elle démêlait l'amour le plus violent dans cette amitié qui lui était offerte. « Il n'est que trop vrai, mademoiselle, ce sentiment est plus que de l'estime, plus que du respect, plus que l'attraction, plus que de l'amitié même. Donnez-lui le nom que vous voudrez. Je ne m'en défends plus, et je chercherois vainement à vous le dissimuler. Depuis un an, il consume mon âme, il dévore mon cœur, il absorbe tout mon être. Je n'existe plus que pour vous. Vous êtes l'objet de toutes mes pensées, le seul but de mes affections; vous êtes tout pour moi. Je ne vois plus que vous dans l'univers. »

---

zerny. Lettre de La Reynière; Paris, 3 prairial, an VI (22 mai 1798).

Il s'est dit tout ce que l'on peut se dire, que la flamme qui le dévore ne saurait être partagée. Qu'a-t-il pour plaire, pour toucher, pour attacher, pour séduire? Il a combattu cette funeste passion avec toutes les armes de la philosophie; mais que peut la philosophie contre un amour comme le sien, aussi respectueux, d'ailleurs, qu'il est timide? Que ce soit ce qui la rassure, il mourrait mille fois plutôt que d'oser la moindre démarche qui pût la compromettre ou seulement lui déplaire. Il ne sera pas exigeant : qu'un regard, sinon tendre, du moins aimable et doux, vienne quelquefois relever son courage abattu, qu'une parole affectueuse, si le hasard le fait trouver sur ses pas, échappée de la plus jolie bouche, soit pour son âme transportée *la plus touchante des harmonies.* « Ah! si j'avois vingt ans de moins; si l'aveugle déesse qui m'a souri pendant trente ans ne m'avoit pas tout ravi, et si la nature m'avoit comblé de quelques dons, je ne vous promettrois pas d'être aussi modeste; j'oserois alors tout mettre à vos pieds, et je ne me releverois qu'après vous avoir vu accepter ma main, mon cœur et ma fortune[1]. »

Est-ce bien Grimod qui parle? Ne semble-t-il pas entendre Saint-Preux dans tout le délire et le transport d'une passion indomptable? Mais avons-nous bien lu? et si nous avons bien lu, cette dernière phrase n'est-elle pas le comble de l'égarement et de la folie? Il offre son cœur et sa fortune dont il ne saurait disposer sans félonie; soit : un entraî-

---

1. Collection de M. L. Sapin, *Dossier de mademoiselle Mézeray*. Lettre de La Reynière; Paris, 9 prairial, an VI (28 mai 1798).

nement aveugle fait litière de toutes considérations de devoir et d'honnêteté. Mais a-t-il donc oublié qu'il est marié? Est-il devenu à ce point insensé qu'il ait perdu toute notion de sa position présente? Cette femme trop séduisante est désormais sa préoccupation unique : il épie ses pas, ses moindres actions. Il a découvert qu'elle avait aussi ses chagrins; qu'elle n'est heureuse ni par le cœur ni du côté de la fortune, qu'on la laisse dans une gêne voisine du besoin, tandis que l'on dissipe autour d'un tapis vert des trésors dont l'unique emploi devrait avoir pour but la réalisation de ses moindres caprices. Les créanciers assiégent sa demeure, et des serviteurs infidèles abusent de son insouciance pour la piller : c'est la détresse pour le présent, un abîme sans fond dans un avenir plus ou moins prochain. Que ne se livre-t-elle à lui avec l'abandon auquel a droit un frère, un ami éprouvé? Un ami! un frère! Grimod articule à tout instant ces deux mots, et la minute d'après, l'ami et le frère sont bien loin. Nous en sommes au paroxysme de la fièvre et du délire, il se grise en écrivant, il s'exalte, il a bien réellement perdu la tête. « Oui, mon adorable amie, dit-il dans sa lettre du 14 prairial, j'ose me sentir capable de vous rendre la plus heureuse des femmes. Si je connois bien votre caractère, ce n'est ni la fatuité, ni l'extrême jeunesse, ni l'extrême opulence qui pourroient vous séduire et vous fixer. Un cœur bon, sensible, où vous régnerez en souveraine, un esprit cultivé par l'étude et mûri par l'expérience, qui ne s'occuperoit que de faire briller de plus en plus vos talens; enfin une petite fortune dont vous disposeriez sans réserve, voilà ce que mon amitié pourroit vous présenter, et si l'offre de ma main pouvoit être à vos yeux de quelque prix, il me seroit facile de vous prouver que je puis en disposer, pour consolider ce bonheur, et vous convaincre de la pureté d'une passion qui n'a pour base que la vertu. »

Ce dernier mot vient à propos et est on ne peut mieux placé. Nous savons que le divorce florissait, qu'il était en grand usage, et venait le plus souvent accorder deux conjoints également las l'un de l'autre. C'était donc un divorce que complotait la Reynière? Mais s'en était-il ouvert à sa femme, s'était-il assuré de son plein acquiescement? Les obstacles, il n'en imagine point. Que mademoiselle Mézeray accepte, et c'est l'aurore d'une nouvelle destinée pour un malheureux qui ne saurait vivre sans elle.

« Ah! quel avenir heureux pour moi! continue-t-il, avec la même exaltation, si dans cette actrice adorable, la gloire et l'espérance du théâtre françois, je voyois une amie sensible et généreuse, une épouse complaisante et chérie. Vos talens ajouteroient à mon bonheur, et loin d'en arrêter l'exercice, je trouverois sans cesse un nouvel aliment à ma félicité. Une femme qui prend chaque soir dans son esprit et dans son amour des formes nouvelles pour intéresser et pour plaire, est bien sûre de fixer à jamais le cœur de l'époux qu'elle a choisi [1]. »

Nous ne doutons pas de l'enchantement durable d'un mari avec une pareille femme. Mais, dans son enivrement, La Reynière oublie qu'il n'est plus de

---

1. Collection de M. L. Sapin, *Dossier de mademoiselle Mézeray*. Lettre de La Reynière du 13 prairial, an VI (2 juin 1798).

première jeunesse, que s'il a de la gaieté, un esprit orné, des connaissances variées, cela ne peut suffire à un cœur de vingt-quatre ans et qu'il n'est pas mal de réunir d'autres avantages pour fixer à son tour et mériter une telle félicité. Mais tout homme vraiment épris a cette sorte de candeur, adolescent ou barbon, et il ne faut rien de moins que la foudre pour le rejeter en pleine et accablante réalité. Pour cette fois et devant un tel débordement de tendresse, mademoiselle Mézeray croira devoir rompre le silence et essayera de réparer le mal qu'ont fait ses yeux, ses doux yeux, bien terribles dans leurs effets, si la Reynière ne s'est point abusé, si ces regards d'une expression provocante s'adressaient véritablement à lui, ce dont, pour notre part, nous serions quelque peu tenté de douter. « Rappelez votre raison, lui écrira-t-elle, réprimez une passion funeste qui ne peut vous rendre que très-malheureux, puisque je ne la partagerai jamais. » C'était la douche d'eau glacée qui devait opérer la guérison, tout au moins refroidir cette imagination malade s'exaltant dans la solitude et que l'incertitude n'avait fait qu'irriter. Sa réponse à ce billet se ressent de l'agitation de son âme. Le pauvre homme, qui ne voudrait rompre à aucun prix, qui espère encore sauver quelques épaves du naufrage, se fait humble, il ne prétend à rien ; ce qu'il demandait était si peu de chose, et il aurait reconnu les bontés de l'enchanteresse par un tel dévouement !

« Ah ! mademoiselle, pouvez-vous croire que j'aie jamais cru que vous dussiez la partager (sa passion). rendez-moi plus de justice... je ne demandois en retour qu'un peu d'amitié, et l'espoir d'une tendre reconnaissance, que chaque jour de ma vie j'aurois cherché à mériter. Moi vous demander de l'amour. Oh! non, je m'apprécie trop bien, disgracié par la nature, atteint par l'âge, abruti par le malheur, privé enfin de tous les dons de plaire qui seuls peuvent rendre aimable, j'irois demander de l'amour? et à qui, à la plus jolie, à la plus spirituelle, à la plus idolâtrée des femmes...

« Ah! qu'il m'eût été doux de vous voir entrer dans ma famille, faire le bonheur et la joie de tout ce qui m'entoure, de lier mon nom à votre gloire, à vos succès... depuis un an, je mettois dans ce projet mon suprême bonheur! depuis huit mois je le méditois sous toutes ses faces, je travaillois à réaliser ce doux château. Ah! je lui ai dû des instants bien heureux. »

Le début de cette lettre était d'un effet terrible et dut faire frissonner celle à laquelle elle était adressée. « Encore un mot, mademoiselle, c'est le dernier que vous recevrez de votre malheureux amant. Lorsque vous lirez cette lettre, il ne sera plus, vous seule l'attachiez à la vie, et il vaut mieux qu'il meure de regret de ne pouvoir vous toucher que de vivre éternellement haï de vous. » N'aperçoit-on pas déjà le pistolet dirigé vers sa poitrine et faisant son office? peut-être tout était-il déjà consommé! Mais, fort heureusement, tout cela n'était qu'au figuré. L'amant était bien mort, tué par le désespoir, tué par les refus impitoyables de sa maîtresse, et l'ami lui succédait, non pour s'efforcer de vaincre une inflexible rigueur, mais pour remplir, dans toute leur austérité, les nouveaux devoirs que ce titre auguste et sacré lui impose. Avec Grimod, quand l'amant est battu, l'ami vient à la rescousse, et il n'est pas aisé à mettre à la porte : il se contentera du moins, puisqu'on ne veut pas lui accorder le plus; mais ce moins, il le lui faut, et vraiment l'on aurait bien mauvaise grâce à le lui refuser.

« J'irai vous demander des conseils, vous confier mes peines, chercher auprès de vous des consolations ; vous guiderez ma raison, elle en a besoin.; vous calmerez ma tête, elle est souvent ardente ; enfin vous éclairerez mon cœur. Celle qui, après vous, y occupe la première place, et qui par devoir devroit y régner seule, vous devra le retour d'un sentiment qu'elle n'avoit point mérité de perdre. Elle voyoit mon amour pour vous sans jalousie (parce qu'elle vous connoissoit trop bien), elle verra votre amitié pour moi avec reconnaissance. »

La femme légitime à la veille d'être spoliée et répudiée nous apparaît ici sous un aspect de mansuétude peu commune. Sans doute elle dut se dire que le pauvre Grimod n'était, par sa figure ni son âge, de force à déloger un amant aimé malgré tous ses torts; et cela sans doute, était de nature à la tranquilliser sur les suites de cette folie. Habituée aux excentricités de La Reynière, quelque peu refroidie elle-même, madame Grimod avait pris son parti sur bien des petits écarts qu'elle ne voulait pas voir. En somme, et il le reconnaîtra, c'était une bonne femme, qui aura ses idées, ses manies auxquelles il faudra bien se plier, mais qui sera facile à vivre et montrera, à l'occasion, une indulgence, une longanimité qui ne se rencontrent guère ; toutefois cette facilité, n'allait pas apparemment, jusqu'à se laisser dépouiller, et elle eût été autre, c'est à croire, si elle avait pu soupçonner les projets souterrains de son coupable mari.

Revenons à Grimod et à ses prétentions, car il prétend que son sacrifice lui soit compté. Il sait les services qu'il peut rendre, et il entend qu'on ne s'y soustraye point.

« Dès que je cesse de vous aimer d'amour, nous ne sommes plus dangereux l'un pour l'autre. Je rentre à votre égard dans la classe de tous les hommes ; mais l'ami, le censeur, doit être tiré par vous de celle des indifférens. Ma discrétion vous mettra à l'abri de mes importunités. Mais j'entends, et c'est la seule récompense que l'on demande du plus douloureux des sacrifices, que vous répondiez avec bonté, indulgence, à mes lettres, à mes conseils, à mes discours ; que vous me permettiez de vous parler quelquefois au théâtre... que vous ne trouviez pas étrange si dans quelques occasions j'ose me présenter même à votre domicile[1]... »

Mademoiselle Mézeray ne répondit pas. Mais ce qu'il y a de curieux, c'est la conséquence « naturelle » que La Reynière tire de son silence : on adhère à une transformation qui n'est pas sans mérite, car elle est le renoncement à de bien douces chimères, et l'on accepte un dévouement qui ne sera pas stérile, dont on est impatient de donner des marques.

« Je sais que, grâces à l'impuissance ou à la mauvaise volonté du caissier de la Comédie, il vous est dû onze mois de vos appointemens ; et qu'on a poussé la malhonnêteté jusqu'à laisser protester un mandat de

---

1. Collection M. L. Sapin, *Dossier de mademoiselle Mézeray*. Lettre de La Reynière du 19 prairial, an VI (7 juin 1798).

cent pistoles, donné par vous à l'un de vos joailliers, tandis qu'il vous est dû plus de cent louis par l'administration... Je sais enfin que, soit impuissance aussi, soit noble fierté de votre part, M. M*** ne vient point à votre secours dans cette occasion. Vous voyez que je suis assez bien informé de ce qui vous regarde.

« Allons au fait. Voulez-vous consentir à m'avoir obligation de cette modique somme? marquez-le-moi. Dites-moi dans quel tems vous pourriez me la rendre, afin que je règle mon engagement sur le terme du vôtre; et j'espère d'ici à quatre ou cinq jours être assez heureux pour aller vous les porter[1]... »

La Reynière s'y était pris du mieux qu'il avait pu pour faire accepter ses offres; il ne s'agissait point de dons qui, de sa part, eussent paru offensants, mais d'un prêt à courte échéance; et dans de telles conditions, la délicatesse la plus chatouilleuse pouvait accepter un service de quelques jours, et auquel faisaient face les seuls appointements du théâtre. Mademoiselle Mézeray ne le jugea pas ainsi. Sa réponse ne figure pas dans le dossier soigneusement conservé par La Reynière. Mais nous croyons l'avoir retrouvée ailleurs. Pressée d'en finir une bonne fois avec ces importunités, ces obsessions que rien ne décourageait, humiliée peut-être par des offres généreuses mais indiscrètes, mais blessantes pour celui auquel on se substituait, elle décochait cette dernière épître où se révèlent l'agacement, le besoin de se débarrasser à tout jamais de cet obstiné :

---

1. Collection de M. L. Sapin, *Dossier de mademoiselle Mézeray*. Lettre de La Reynière, du 23 prairial, an VI (11 juin 1798).

« Quand je vous ai prié, Monsieur, lui écrit-elle, de ne plus me parler d'un amour que je ne partagerai jamais et de renfermer vos sentimens pour moi dans les bornes de l'amitié, j'étois bien loin de supposer que vous chercheriez dans ce mot l'espérance ou le prétexte d'une liaison intime et d'une affection mutuelle. Quelque pure que puisse être votre *amitié*, il seroit trop aisé de s'y méprendre... Je ne veux, dans mes amis, qu'un mouvement de bienveillance qui les porte à m'éclairer sur mes défauts, qui les engage à me pardonner mes erreurs, mais qui cède toujours aux affections de mon âme et aux convenances générales de ma situation...

« Vous me demandez de me parler au théâtre et de me voir quelquefois chez moi... Je ne reçois chez moi comme amis que ceux d'un homme que j'aime et qui m'a consacré sa vie. Si je ne me devois cette conduite à moi-même, je la devrois à son caractère, à ses procédés et à son extrême attachement. Je suis fâchée que, n'ayant pas l'honneur de vous connoître, il ne puisse pas me procurer le plaisir de vous recevoir... Voilà, monsieur, ce que la raison, la délicatesse et l'honnêteté m'ordonnent de vous écrire [1]. »

On s'étonne peut-être qu'il ne soit fait aucune allusion aux offres de Grimod; mais ce n'est, disons-le, qu'un fragment que nous citons, et il est à penser que mademoiselle Mézeray, avant tout autre soin, les aura déclinées avec politesse, mais de façon à ce qu'elles ne se représentassent plus. L'amant évincé, qui comp-

---

1. *La Presse*, 11 mars 1854. Lettre de mademoiselle Mézeray à La Reynière. 1798.

tait sur plus de reconnaissance, fut vivement froissé. Son chagrin s'exhalait, toutefois, avec un laconisme auquel il ne nous a pas habitué. Pour toute réponse, le lendemain, 25 prairial (13 juin), il lui dépêchait dans un billet le distique bien connu de la *Coquette corrigée*, de La Noue :

> Le bruit est pour le fat, la plainte est pour le sot;
> L'honnête homme trompé s'éloigne et ne dit mot.

A la bonne heure. Mais La Reynière n'était « trompé » que dans son attente, et n'avait d'autres reproches à adresser à l'inhumaine que sa dureté de cœur à son égard. Il comprenait, après tout, qu'il ne lui restait plus qu'à se résigner et à oublier. Et c'est ce qu'il fera, consacrant cette détermination héroïque par des stances adressées à « une célèbre actrice, » sous le titre de *Mon Abjuration*. Nous citerons les trois dernières :

> De vrais amis, un doux asile,
> Des dîners fins et délicats :
> Voilà, pour mon âme tranquille,
> Qui vaut mieux que des *hélas!*

> Trop séduisante enchanteresse,
> Qui maîtrisâtes ma raison,
> Pour vous je n'ai plus de tendresse,
> Je ne crains plus votre poison.

> Vous avez perdu votre empire,
> Même en dédaignant d'en user;
> Car, dans le pays du délire,
> Ne point user, c'est abuser [1].

---

1. *Le Censeur dramatique*, t. IV, p. 185. 30 prairial an VI (18 juin 1798).

Grimod qui, tout à l'heure, faisait si bon marché de lui-même et se taxait presque de vieillard, mettait au bas de ces vers où il célébrait avec une gaieté affectée son affranchissement : « par un jeune homme de trente-neuf ans. » C'était de bon augure; et il était présumable que la blessure ne tarderait pas à se cicatriser, puisqu'on se vantait d'être déjà guéri.

C'est après cette rupture que La Reynière jetait, en réponse à l'allusion de Talma (28 juin), cette fière réplique qu'on a lue plus haut : « Quand vous connaîtrez mieux l'austérité de mon genre de vie, la force et la rudesse de mon caractère, et la profonde et chaste retraite dans laquelle mes heures s'écoulent, vous ne parlerez plus de foiblesses... » Tout cela, sans doute, était à l'adresse du commun des lecteurs. Son amour pour mademoiselle Mézeray était le secret de la Comédie, et le grand acteur n'avait pas eu besoin de pénétrer dans l'intimité de sa camarade pour savoir de quelles importunités celle-ci était l'objet.

La suppression du *Censeur*, à ce numéro même, venait faire diversion à ses peines de cœur. Depuis longtemps le pouvoir, auquel l'écrivain ne ménageait pas les vérités, n'attendait qu'une occasion pour frapper une feuille qui se permettait de tout dire sans regarder à la taille de l'adversaire. Nous ne pourrions préciser, toutefois, ce qui détermina cette mesure de rigueur contre une publication dont il n'y avait à contester ni la valeur ni la compétence; mais c'est cette compétence, mais c'est cette valeur même qui n'étaient pas du goût de tout le monde, et nous pensons que la victime de ce coup d'autorité dût s'en prendre autant et plus à des influences théâtrales qu'aux ombrages de gouvernants d'ailleurs peu disposés à l'indulgence à l'égard des moindres licences de la presse. Grimod crut un instant que la suppression n'était que temporaire, et il pensait qu'il pourrait, dans un avenir prochain, satisfaire à ses premiers engagements envers le public, en achevant ce quatrième volume arrêté à son trente et unième numéro. Quant à la continuation de la seconde année, il se faisait moins d'illusions. L'onéreux impôt du timbre qui venait s'adjoindre à l'arbitraire d'une censure « plus rigoureuse que sous l'ancien régime, » était à lui seul un obstacle presque insurmontable pour des publications de ce genre[1]. Tout cela, en effet, demeurait à l'état d'espérance ; et le *Censeur*, bien et dûment enterré, ne devait point renaître de ses cendres.

Cette lutte peu courtoise entre Talma et son Aristarque, que venait clore le silence forcé du *Censeur*, aurait un dénoûment bien inattendu, si Grimod ne nous avait pas habitué à toutes les surprises. Homme de prévention, emporté, colère, La Reynière, avec le temps et la réflexion, revenait quelquefois sur ses premiers arrêts ; on le verra, non sans quelque étonnement, être des mieux avec les mêmes gens dont il aura le plus amèrement stigmatisé la conduite, Mercier et Beaumarchais entre autres. Qui ne croirait, après ces lettres aigres échangées entre l'Aristarque théâtral et le Roscius moderne, à l'impossibilité d'un rapprochement ? Et s'il devait avoir lieu, qui ne supposerait que les avances vinssent de celui des deux qui avait

---

1. Collection de M. M. de V., *Lettres autographes de La Reynière à M. Morel de Rombiou*; 12 vendémiaire an IX, Paris (4 octobre 1801).

le plus de motifs de désirer la paix? car la suppression de sa feuille ne désarmait pas à tout jamais le terrible journaliste. Mais, contrairement à la vraisemblance, ce fut Grimod qui fit les premiers pas. C'était déjà beaucoup de s'y être résolu. Il ira jusqu'à s'humilier, jusqu'à reconnaître ses torts et à demander l'oubli du passé en coupable qui n'a à compter que sur la clémence du juge. Voici le curieux billet qu'il écrivait à Talma un mois après, en thermidor :

« Madame Armand, votre aimable et gracieuse gouvernante, a pu vous dire, mon très-cher maître, que, prenant enfin courage dans la sincérité de votre oubli, je me suis transporté hier chez vous, à l'effet de vous renouveller les assurances de mon estime et de mon dévouement. Je voulois aussi vous engager à venir demain, 23 thermidor, à quatre heures et demie, manger sans façon la soupe avec nous. Votre silence sera pris pour acceptation, et notre bourgeoise sera charmée de faire connoissance avec vous. J'ai besoin de cette preuve de votre amitié pour croire que vous m'avez pardonné des torts que je n'aurois point eu si je vous avois mieux connu[1], ce que je ne me pardonnerai à moi-même que lorsque vous m'aurez fourni l'occasion de les réparer[2]. »

Nous ignorons si le grand comédien vint manger

---

1. Grimod et Talma se connaissaient et correspondaient même, avant la rupture des deux troupes et les torts du second envers ses camarades. A la date du 31 mai 1793, La Reynière parle d'une dernière lettre de Talma, reçue par lui dix-huit ou vingt mois auparavant. *Revue du Lyonnais* (mai 1855), t. X, p. 377. Lettres de La Reynière à un Lyonnais de ses amis.

2. Lettre autographe de Grimod à La Reynière. Paris, 22 thermidor an VI (9 août 1798).

la soupe de son critique ; mais la réconciliation s'était effectuée, et, sans se voir beaucoup, l'on n'avait point à s'éviter dans une même assemblée. Quoique réconcilié, Grimod demeura sévère à l'égard de ce rare génie d'acteur, et il lui opposa constamment et durement son illustre devancier Le Kain. Le fragment qui suit est des plus curieux, comme on en va juger ; c'est, à cet égard, toute une scène des plus intéressantes et des plus vivantes.

« ... Pour en revenir à Talma, écrivait-il à vingt-cinq ans de là au marquis de Cussy, il est bien fâcheux pour vous que, n'ayant pas douze ans[1] lors de la mort de Le Kain (8 février 1778), vous n'ayez pu voir ce tragédien sublime, dont le cœur était une fournaise si ardente, et asseoir un jugement comparatif entre ces deux acteurs, dont le premier est aujourd'hui si vanté par ceux qui n'ont pas vu l'autre, et dont le dernier vivra aussi longtems dans la mémoire des hommes que Roscius, Ésopus et Baron[2] dont j'ai connu dans ma jeunesse plus d'un ancien spectateur. Je puis vous raconter à cet égard ce qui m'arriva, il y a quelques années, dans une maison où je dînois avec Talma, mademoiselle Contat, Le Mercier, Désaugiers et beaucoup d'autres personnes, qui presque toutes vivent encore. Après le dîner, la société se répandit dans plusieurs salons. Des jeunes gens entouroient Talma, et lui prodiguoient mille louanges fades qu'il paroissoit écouter avec assez d'ennuis. Tout à coup il s'approche de moi, et me

---

1. M. de Cussy avait huit ans de moins que son ami.
2. Mort à Paris en décembre 1729.

dit : « Mais vous, Monsieur de La Roynière, qui avez
« vu Le Kain et toute l'ancienne tragédie françoise,
« que pensez-vous de mon talent?—Vous connoissez,
« Monsieur, ma robuste franchise, elle pourroit vous
« déplaire[1].—C'est égal, je veux savoir votre opinion,
« et je ne vous saurai aucun mauvais gré de me l'a-
« voir dite. — Eh bien! Monsieur, puisque vous m'y
« forcez, je vous prédis que vous ne ferez oublier Le
« Kain dans aucun de ses rôles, et pas même La Rive.»
A ce nom, Talma se révolta. « Je vous passe Le Kain,
« dit-il, mais La Rive!— Oui, Monsieur, La Rive, et en
« voici la preuve. Est-ce dans Bayard, Ladislas, Za-
« more, Pygmalion, Montalban, le prince Noir, Pi-
« zarre, etc., etc., que vous prétendez pouvoir le rem-
« placer? » Talma ne sut que répondre et parut tout
interdit. Les jeunes gens gardèrent le silence, et mademoiselle Contat lui dit ces propres paroles : «Écou-
« tez, il a raison, et il s'y connoît. » Cependant, pour
consoler son amour-propre, je lui dis que dans les
rôles qu'il avoit créés et qui étoient à sa taille, comme
Othello, etc., etc., on pourroit peut-être dire un jour
de lui ce que je disois de Le Kain et de La Rive, mais
que les talens de ces deux tragédiens étoient très-va-
riés, au lieu que le sien sembloit n'avoir adopté qu'un
genre, le genre terrible; en un mot, qu'il disoit comme
personne *je vous hais!* mais je doutois fort qu'il pût
jamais dire *je vous aime!* Ce mot termina la discus-

---

1. Grimod n'exagère pas en parlant de sa « robuste franchise.»
Nous avons sous les yeux une lettre de lui, à la date du 16 mai
1816, adressée à un M. Mitran tourmenté de l'envie d'être imprimé tout vif, qui dépasse toutes les bornes permises, et sans
autre motif que la pensée de lui éviter de cruels déboires.

sion; et Talma m'a prouvé depuis qu'il ne m'en avoit pas voulu de ma franchise[1]. »

Tout en reconnaissant les belles qualités de La Rive, l'on comprend l'exclamation de Talma. La Rive, qui s'était posé en rival de Le Kain dont la mort lui livrait l'emploi, était un comédien de talent. Il était bien de sa personne, ce qui n'est pas un mince avantage au théâtre; mais c'était là, en effet, sa seule supériorité sur les deux grands artistes auxquels on l'opposa. Grimod n'est pas équitable pour Talma; il savait bien que Talma n'avait pas un talent monocorde, et, dans *le Censeur*, dès 1798, au sujet de l'*Agamemnon* de Népomucène Lemercier, il en faisait de la meilleure grâce le plus complet aveu. « Il a prouvé, disait Grimod, par la manière dont il a saisi l'ensemble de son rôle (le rôle d'Égisthe) et dont il l'a rendu, que son talent pouvoit se plier à plus d'un genre, vérité dont nous avions douté jusqu'alors[2]. » Et les occasions de se réfuter devaient encore moins lui manquer dans la suite.

---

1. *Lettres autographes de La Reynière au marquis de Cussy*; Villiers-sur-Orge, 23 avril 1823.
2. *Le Censeur dramatique*, t. II, p. 270; 20 nivôse an VI (9 janvier 1798).

VII

LE JURY DÉGUSTATEUR ET L'ALMANACH DES GOURMANDS.
VILLIERS-SUR-ORGE. — FOLIES APOCRYPHES.

Les vers de La Reynière que nous avons cités et où il déclare rentrer en possession de lui-même, s'ils ne témoignent pas d'un grand souffle poétique, sont, en somme, des plus anodins; mais que dire de l'étrange note qui les accompagnait et qu'il faut de toute nécessité reproduire ici, car elle est une déclaration de guerre à tout le sexe, et comme le point de départ, comme la date pour Grimod de l'entrée dans la carrière qu'il allait fournir, avec tant d'éclat et de gloire?

« L'auteur de cette sincère abjuration, qui se propose de publier quelque jour un éloge de la gourmandise, dans laquelle il donnera une topographie manducatoire de la France, a toujours regardé les plaisirs que procure la bonne chère comme les premiers plaisirs de l'esprit et des sens. On conviendra d'abord que c'est la jouissance qu'on goûte le plus tôt et qu'on peut multiplier le plus souvent. Qui pourroit en dire autant des autres? Est-il une femme, tant jolie qu'on la suppose, qui puisse valoir ces admirables perdrix rouges du Languedoc et des Cévennes; ces pâtés de foie d'oie et de canard qui illustreront à jamais les villes de Toulouse, d'Auch et de Strasbourg; ces langues fourrées de Troyes, ces mortadelles de Lyon, ce fromage d'Italie, de Paris, ces saucissons d'Arles qui rendent la personne du cochon si estimable et si précieuse? Peut-on mettre un petit minois bien grimacier et bien fardé à côté de ces admirables moutons de Gauges et des Ardennes, qui fondent sous la dent?... Qui osera préférer une beauté maigre et chétive à ces aloyaux énormes et succulens qui inondent celui qui les dépèce et qui ravissent ceux qui les mangent?... Quelle comparaison peut-on faire entre une figure piquante et chiffonnée et ces poulardes de Bresse, ces chapons du Mans? » etc., etc. « Que de choses délicieuses! s'écrie Grimod (après une interminable énumération, dans laquelle il se complait et que nous nous garderons bien de reproduire intégralement) et qui osera mettre en opposition avec elles les caprices d'une femme, ses humeurs, ses bouderies, ses grimaces, ses refus et même ses faveurs[1]?... »

Voilà qui s'appelle brûler ses vaisseaux. En fait d'énormités, en connaît-on beaucoup de cette force? Et notez que ce n'est pas une boutade misanthropique d'amant évincé, qu'on regrettera le lendemain. Grimod tient fort à ce parallèle nutritif, comme il l'appelle, et il ne manquera pas de le reproduire dans son *Almanach des Gourmands*, avec une addition qui dut infiniment flatter les deux femmes qu'il choisissait, pour la circonstance, comme les types les plus parfaits et les plus séduisants qu'on pût opposer à ses arguments. « Est-il une femme, tant jolie que vous la

---

1. *Le Censeur dramatique*, t. IV, p. 185, 186, 187.

supposiez, fût-elle une demoiselle Weymer[1], ou une dame Récamier, qui puissent valoir ces admirables perdrix de Cahors? etc., etc. » Il n'est plus question ici de mademoiselle Mézeray, à laquelle on avait si bien pardonné d'ailleurs que nous allons la retrouver faisant partie du jury dégustateur. Mais, si ses échecs amoureux décidèrent La Reynière à sacrifier dès lors à d'autres divinités, ce ne fut que cinq ans plus tard qu'il songea à rédiger une publication théorique destinée à hâter la restauration de ce grand art à moitié naufragé, lui aussi, comme toutes les délicatesses et les élégances de l'ancienne société.

Il existait une Société dite du Mercredi fondée vers 1781 ou 1782, par La Reynière et ses amis, Dazincourt entre autres, et invariablement composée de dix-sept convives, le chiffre même des élus du fameux souper. Elle avait pris naissance chez Villain, rue Croix-des-Petits-Champs. Elle avait donc précédé d'au moins une année l'existence des *Déjeuners philosophiques*. La Reynière, qui revient fréquemment sur cette association, en parle comme d'une création entièrement distincte, ce qui nous paraît d'autant plus étrange que le mercredi était un des jours où le *célibataire* ouvrait son salon au monde bizarre que nous savons. Elle devait, en tous cas, survivre de près d'un quart de siècle aux Déjeuners de l'hôtel des Champs-Élysées, dont la clôture avait eu lieu le 8 avril 1786. A l'époque où nous sommes les réunions du mercredi se tenaient chez Le Gacque, au *Rocher de Cancale*, et elles subsistaient encore en 1810, bien qu'elles ne

---

1. Mademoiselle Georges.

fussent plus que l'ombre d'elles-mêmes[1]. Là, entre la poire et le fromage, on médisait de l'âge présent, on regrettait les splendeurs évanouies, cette existence d'or et de soie du voluptueux et du gourmand désormais impossible. Qu'était-il devenu, ce temps où « la fumée des cheminées du faubourg Saint-Honoré parfumoit si délicieusement l'atmosphère de la capitale[2] ? »

La Reynière avait conçu, de vieille date, l'idée d'un *Jury dégustateur* appelé à contrôler le débit des comestibles et les denrées du marché parisien. Jamais institution ne fut peut-être appelée à rendre plus de services et ne mérita davantage la reconnaissance des honnêtes gens, des estomacs délicats. « Un jury composé de machoires respectables, qui ont vieilli sous le harnais de la gourmandise, et dont le palais exercé dans toutes les branches de l'art dégustateur, sait apprécier dans toutes leurs parties les objets qui sont soumis à son jugement, est sans doute un tribunal aussi parfait que peut l'être une institution humaine. Il mange, il boit tout ce qu'il est chargé de déguster, sans connoître le nom des auteurs ; en sorte que c'est le mérite seul des productions qui le décide, et qu'il ne peut être influencé par l'éclat d'un nom illustre, ou rendu sévère par l'obscurité d'un autre qui n'est point encore connu[3]. »

Il ne fallait pas moins, on le conçoit, pour inspirer confiance, pour courber sous l'autorité de son verdict le plus grand comme le plus petit, et stimuler par la

---

1. L'*Almanach des Gourmands* (1812), VIIIe année, p. 233, 234.
2. Le *Manuel des Amphitryons*, p. 12. Préface.
3. L'*Almanach des Gourmands* (1808), VIe année, p. 223, 224.

perspective de la louange ou du blâme ceux qui eussent paru le plus au-dessus d'un tel contrôle. Les séances eurent lieu chez La Reynière chaque mardi, invariablement. Rien de plus naturel que le fondateur du jury s'en fût réservé la présidence; mais Grimod ne voulut accepter que les fonctions de secrétaire perpétuel, fonctions qui exigeaient autant de loisirs et d'activité que de conscience. Si le chiffre des juges n'était pas déterminé d'une façon absolue, ceux-ci ne se réunissaient jamais au delà de douze, et ils ne devaient être jamais moins que cinq. Naturellement, c'était à table qu'avaient lieu ces assises[1]; le président recueillait les voix et le secrétaire tenait note des décisions qu'il lui remettait à signer, le mardi le plus prochain.

Ces arrêts avaient un nom qui leur était propre, ils étaient appelés *Légitimations*. La Reynière nous a donné, avec sa même autorité magistrale, la définition d'un terme qui n'avait point de passé, au moins en ce sens. « Ce mot, dit-il, qui, grâces à *l'Almanach des Gourmands*, vient de recevoir en françois une acception nouvelle, n'étoit admis autrefois que dans l'idiome diplomatique, il vient de s'introduire dans l'idiome de la gourmandise, et signifie l'action d'un artiste en bonne chère, qui soumet les échantillons de son savoir-faire ou de son commerce à la dégustation

---

1. Le menu, tiré à petit nombre, était distribué à chaque convive; il fut une curiosité qu'on rechercha, dont on fit collection et qui devint rarissime. Il sortait des presses de Porthmann et était envoyé, la veille de chaque assemblée, au domicile des membres convoqués. Dinaux, *Histoire des Sociétés badines* (Paris, 1867), t. I, p. 430, 431.

d'un professeur dans l'art de la gourmandise ; et par extension il a été donné à l'échantillon lui-même[1]. » On a cherché à inspirer des doutes sur la régularité et la loyauté de ces expertises culinaires ; tout se faisait, au contraire, avec une ponctualité vraiment solennelle, car le secrétaire perpétuel était comme Bridoison et M. Aze, un implacable partisan de la forme, de la forme sans concessions, et il nous est resté à cet égard des témoignages aussi curieux qu'irréfragables[2].

Le jury était composé des compétences les plus avérées, quelle que fût d'ailleurs la condition sociale de chacun : c'étaient MM. Chagot du Creusot, Baleine, le marquis de Cussy (de la réception duquel il va être question), Dazincourt, Camérani, le Semainier de l'Opéra-Comique. Loin d'en être exclues, les femmes y étaient admises ; et elles y étaient plus que brillamment représentées par mesdames Émilie Contat, Mézeray, Des Brosses, Ferrière, Belmont, Hopkins, Desbordes, Minette Ménestrier et sa sœur Augusta. La difficulté était d'obtenir de ce jury en jupes une ponctualité si peu dans sa nature. En cas d'empêchement, l'excuse devait avoir lieu dans les vingt-quatre heures ; passé ce temps il n'en était plus de valable. C'était

---

1. L'*Almanach des Gourmands* (1804), IIe année; p. 15.
2. Nous regrettons de ne pouvoir insérer ici dans leur curieuse teneur, les extraits des registres des procès-verbaux du jury dégustateur, et l'expédition non moins piquante des mêmes procès-verbaux, qui n'était délivrée au légitimateur qu'à la charge de payer les droits de chancellerie à raison de un franc cinquante centimes le premier rôle, et un franc vingt-cinq les rôles suivants, y compris le coût du papier, les droits de greffe, de scel et d'expédition.

là encore un article des immortels règlements de M. Aze, qui édictait même une amende de 500 fr., si après avoir accepté une invitation à dîner, on négligeait de s'y rendre, la réduisant toutefois à 300 livres dans l'hypothèse où l'on aurait prévenu son hôte quarante-huit heures à l'avance[1].

Mademoiselle Mézeray, (cette demoiselle Mézeray qui nous avait été si près du cœur, quelques années auparavant, et qu'on avait fait nommer *chancelière*), s'avisait, le jour même d'une séance, de se faire excuser pour cause d'indisposition ; sa maladie était, en réalité, l'Opéra, où elle eut la male chance d'être rencontrée par quelque confrère en dégustation. Le cas était pendable ou fut estimé tel. L'inculpée, après enquête, fut jugée en toute rigueur et déclarée inhabile à assister aux séances durant trois années. Elle fit son temps, et ne reparut qu'après l'entière expiation, à la séance du 62 mai 1812, qui devait être la dernière. Le châtiment parut excessif. Ordinairement le délinquant en était quitte pour payer les cinq cents francs de M. Aze. Seulement, ce qu'à coup sûr le grand législateur n'avait pas prévu et ce qu'il eût encore moins sanctionné, toute monnaie avait cours, et l'on pouvait s'acquitter en papier : Ainsi M. Jourgniac de Saint-Méard, le général en chef des Gobe-Mouches[2],

---

1. L'*Almanach des Gourmands* (1803), Ire année, p. 218, 219.
2. « Fondateur, président et général en chef de la Société universelle des Gobe-Mouches : qui a le bonheur de faire à soixante et un ans (1808) quatre repas par jour, ou plutôt qui n'en fait qu'un seul, qui commence le matin et qui finit le soir, pour recommencer quelquefois dans la nuit. *Gaudeant bene nati.* L'*Almanach des Gourmands* (1808), VIe année, p. 166.

et M. Guys de Saint-Charles, se libéraient le premier en billets de Law, le second en assignats.

Ces séances du jury dégustateur eussent pu sembler rudes à un profane ; leur durée inéxorable était de cinq heures. Chaque convive avait sa place désignée à l'avance et trouvait le menu imprimé dans ses détails les plus minutieux. Le grand rêve de La Reynière fut, toute sa vie, de s'isoler et de s'affranchir de toute domesticité. Trouver une machine qui tînt lieu de ces machines qui n'ont que trop d'yeux et d'oreilles, et rendent toute expansion impossible ou imprudente, voilà ce qu'un voluptueux digne de ce nom n'aurait pu payer trop cher. Si Grimod ne réalisa pas complétement cet idéal, du moins était-il arrivé, par des procédés bizarres, à simplifier singulièrement le service. Une femme, toujours la même, avait l'emploi de changer les assiettes. Quant au plat consommé, il disparaissait par où il était venu, par un trou carré communiquant à la cuisine : l'invention, du reste, ne lui appartenait point. La margrave de Bayreuth parle dans ses curieux Mémoires d'une *table de confiance* qui fonctionnait au moyen de poulies. « On n'a pas besoin de domestiques, dit-elle ; des espèces de tambours, placés à côté des conviés, en tiennent lieu, on écrit ce dont on a besoin, et l'on fait descendre ces tambours, qui, en remontant, rapportent ce qu'on a demandé[1]. »

Cela se passait, en 1728. Quarante ans plus tard, un habile homme, Loriot, qui avait trouvé le moyen

---

1. *Mémoires de la margrave de Bareith* (Paris, Buisson, 1811), t. I, p. 129, 130.

de fixer le pastel, fabriquait pour Trianon une table volante de nature à laisser bien loin derrière elle tout ce qui avait été fait jusque-là, s'élevant du parquet, couverte d'un service, avec quatre autres petites tables appelées *servantes* pour fournir aux convives les ustensiles obligatoires et se passer des officiers de bouche[1]. Ce que Grimod avait inventé, c'était un grand tuyau de fer, placé à sa droite et aboutissant par son pôle adverse à l'oreille du chef. De cette façon, les ordres volaient et se transmettaient avec la rapidité de la pensée. « Quelquefois on lui répondait, et il s'entamait une conversation entre lui et les gens de service : alors il appliquait alternativement la bouche ou l'oreille à l'orifice du tuyau, selon qu'il parlait ou qu'il écoutait; mais les plus proches voisins n'entendaient rien. Ce tuyau devait être surmonté d'une tête de femme coiffée en cuisinière, de manière qu'on lui aurait parlé à l'oreille, ce qui aurait rendu la scène plus naturelle encore et surtout plus neuve; mais cette curieuse invention n'a pas été mise à exécution par la suspension des séances[2]. » A l'heure qu'il est, l'usage de ces conduits acoustiques est devenu général, et il n'est pas de si petite maison industrielle, où l'on n'emploie ces tuyaux en caoutchouc transférant les renseignements et les ordres d'un étage à l'autre.

---

1. *Mémoires secrets* (John Adamson), t. IV, p. 241. 242; 31 mai 1769.
2. Fortia de Piles, *Nouveau Dictionnaire français*, p. 285. *Jury dégustateur*. Le frontispice de la huitième année de l'*Almanach* représente le Gourmand, à table, déjeunant, aux prises avec une provision d'huîtres : un porte-voix, placé à sa droite et qui répond à sa cuisine, lui sert à transmettre ses ordres sans intermédiaires.

Mais, en 1812, le procédé était nouveau et fit ouvrir de grands yeux aux témoins de pareilles merveilles.

Comme les plats se succédaient de manière à ce que l'attention consciencieuse qui leur était due ne fût pas divisée, il y avait une sorte de répit entre chacun, et c'est pendant ces haltes fréquentes qu'on prenait *le coup du milieu,* qui était obligatoire. A la moindre hésitation, La Reynière vous priait de ne point perdre de vue que vous n'étiez pas là *pour votre plaisir,* mais que vous étiez en séance. L'on n'était reçu membre qu'après les épreuves les plus décisives. Il fallait manger de tous les mets, boire de tous les vins, ne laisser enfin aucun doute sur sa valeur et sa capacité gastronomiques.

On se montrait un peu plus coulant pour le sexe, mais sans que l'indulgence dépassât jamais certaines bornes. Convenons qu'une fois pourtant, Grimod, l'inflexible Grimod, dérogeait à cette rigidité antique qui ne transigeait en aucun cas avec ses devoirs. Quatre jours avant sa réception (12 janvier), mademoiselle Minette Ménestrier mandait au secrétaire perpétuel : « La franchise étant la première qualité requise d'un gourmand, je crois devoir vous ouvrir mon cœur. Comment oserai-je avouer un crime de lèse-gourmandise? Vous le dirai-je? Je *hais* les truffes, je *hais* les pâtés de foie d'oie, je *hais,* grands dieux! donnez-moi la force d'achever, je *hais* les pâtés de canard de Toulouse, et même les *terrines de Nérac!...* » Que de cas rédhibitoires en quelques mots aux yeux de cet expert en la matière, de cet appréciateur enthousiaste de la truffe, qui écrivait un jour au marquis de Cussy : « Je regarde ce tubercule comme un échantillon du paradis[1]!... » Mais, en dépit de ces blâmables exclusions, Minette n'en était pas moins, à table, un brillant concertiste, et cette considération fit passer par-dessus le peu d'orthodoxie d'une telle déclaration.

Ce fut à la 352ᵉ séance du jury dégustateur (le mardi 16 janvier 1810), qu'eut lieu la réception des deux sœurs Ménestrier, et de M. de Cussy, leur protecteur. Ce n'était pas une mince recrue que celle du marquis, qui joignait à un commerce charmant des connaissances gastronomiques de premier ordre. Nous ferons plus loin le portrait de l'homme aimable, du gentilhomme accompli. Il ne doit être question ici que du gourmand émérite, de celui que La Reynière appellera « le grand dégustateur par excellence, le plus illustre gastronome de l'Europe gourmande[2], » et dont il a fait, en quelques lignes, un crayon auquel il n'y aura rien à ajouter. « M. Louis de C...y est encore, nous dit-il, l'homme de son rang le plus initié dans tous les secrets de l'art alimentaire. Il joint la plus vaste théorie au goût le plus exercé, le plus délicat et le plus fin dans la pratique; son opinion fait loi, et plus d'un grand artiste lui doit sa réputation[3]. »

Nous n'entrerons pas dans les détails d'une solennité qui laissa des traces durables dans les mémoires. Le fameux pâtissier Rouget, chancelier et garde des sceaux du jury, avait fabriqué pour la circonstance des gâteaux auxquels fut donné le nom de gâteaux à

---

1. *Lettres autographes de La Reynière au marquis de Cussy;*
2. *Ibid.;* Villiers-sur-Orge, 7 mars 1822.
Villiers-sur-Orge, ce 23 janvier 1821.
3. *L'Almanach des Gourmands* (1810), VIIᵉ année, p. 189.

la minette[1], comme, précédemment, le nom de *fanchonnettes* avait été attribué à une autre création du maître, en l'honneur de madame Belmont, qui avait fait courir tout Paris dans le rôle de Fanchon. Mais, en flattant l'aînée, le galant chancelier n'eût pas voulu contrister sa cadette, et il produisait d'autres savoureux anonymes qui s'appellèrent *augustinettes*, du nom de leur aimable patronne. Et Grimod dira galamment à ce propos, deux ans après : « Ces petits gâteaux ont toujours une grande vogue; et dans tous les desserts un peu marquans, on ne sépare jamais les deux sœurs; elles occupent chacune une assiette[2]. »

Il fallait à ce jury, qui s'était d'ailleurs constitué de son propre mouvement et ne devait relever que de lui-même, une autorité morale que la publicité pouvait uniquement lui donner. La perspective d'un blâme, ou d'une appréciation favorable éloignant ou appelant la clientelle, était seule capable de relever les courages et de rendre une nouvelle vie au grand art de la table. Aussi, le projet du jury et la création d'un organe qui le représenterait et serait comme son moniteur, sont-ils de même date. Ce fut à un déjeuner du Mercredi, le 28 brumaire de l'an XI (14 novembre 1802), que l'idée de l'*Almanach des Gourmands* vint à Grimod et à son libraire. Les assistants y applaudirent avec chaleur; et l'Avertissement en tête de la première année révèle l'importance aux yeux de tous d'une pareille publication.

« Le bouleversement opéré dans les fortunes, di-

---

1. Voir la description de ces gâteaux, dans l'*Almanach*, même année, p. 158.
2. L'*Almanach des Gourmands* (1812), VIIIe année, p. 158, 159.

sait-il, par une suite nécessaire de la Révolution, les ayant mises dans de nouvelles mains, et l'esprit de la plupart de ces riches d'un jour se tournant surtout vers les jouissances purement animales, on a cru leur rendre service en leur offrant un guide sûr dans la partie la plus solide de leurs affections les plus chères. Le cœur de la plupart des Parisiens opulens s'est tout à coup métamorphosé en gésier; leurs sentimens ne sont plus que des sensations, et leurs désirs que des appétits : c'est donc les servir convenablement que de leur donner en quelques pages les moyens de tirer, sous le rapport de la bonne chère, le meilleur parti possible et de leurs penchans et de leurs écus[1]. »

Les gourmands sont gens accommodants et faciles; ils ne s'arrêtèrent pas aux détails impertinents, ils ne virent que le côté profitable de la conception; et, dès la première heure, le moniteur gastronomique acquit une suprématie, une souveraineté absolue, que nul ne songea à contester : on ne nie pas le soleil[2]. Un roi, le roi de Suède, s'empressa de témoigner sa satisfaction aux éditeurs. Le prince archichancelier, de son côté, honora de son haut patronage ces tentatives de conservation et de restauration. « Le vif intérêt qu'il daigne prendre à cet ouvrage depuis sa naissance, et les assurances qu'il n'a cessé de nous transmettre de sa satisfaction, ont été le plus puissant véhicule de nos efforts, comme la plus douce récompense de nos travaux[3]. »

1. L'*Almanach des Gourmands* (1803), Ire année. Avertissement.
2. La première année, bien que rédigée et imprimée à la hâte, car on tenait à ce qu'elle parût en janvier, eut jusqu'à trois éditions.
3. L'*Almanach des Gourmands* (1807), V^e année. Avertissement.

Si La Reynière faisait des réputations, si quelques lignes de lui, du jour au lendemain, consacraient un talent ignoré, il pouvait tout aussi aisément frapper des coups mortels. En tous cas, ses arrêts étaient redoutables, ils étaient redoutés des maisons les mieux assises. Un jour (le 3 février 1808), il commandait à la Râpée un pique-nique chez madame Guichard, une renommée éteinte depuis bien des années, mais qui eut son heure de vogue et de fortune; et l'idée ne fût venue alors à personne de manger une matelotte autre part. Donc la matelotte ne fut pas oubliée dans le menu de Grimod, menu savant, que le chef n'avait qu'à suivre en toute rigueur. Mais, contre toute prévision, le repas fut détestable. Madame Guichard est mandée : elle n'a garde d'affronter l'orage, et envoie à sa place une voisine de ses amies, qui, plus hardie parce qu'elle se croyait désintéressée dans le débat, consentit à essuyer l'amertume des reproches; mais La Reynière qui, entre parenthèse, était vêtu d'un spencer noir sur habit gris, décochait, en guise d'exorde, deux soufflets à la commère. « Remerciez, ajouta-t-il avec assez peu d'à-propos, on en conviendra, remerciez ces dames (il y en avait trois); c'est à leur présence seule que vous devez les ménagemens que j'ai pour vous[1]. » Madame Guichard ne tarda pas à se repentir de sa félonie. Le sixième volume de l'*Almanach des Gourmands* contenait un article foudroyant et qui lui porta un coup dont elle ne se releva point.

C'était la mission de l'écrivain, d'ailleurs, de stig-

---

1. *Souvenirs de deux anciens Militaires*, par MM. de Fortia et G. D. S. C. (2ᵉ édit., 1817), p. 242 à 250.

matiser inexorablement tout fournisseur négligent ou déloyal. « Nous devons au maintien de la police gourmande, dit-il quelque part, de signaler M. Grec, marchand de comestibles, passage des Panoramas, comme un homme de très-mauvaise foi. Il y a peu de jours qu'après avoir vendu à M. Francis, auteur dramatique, un pâté gâté, il a non-seulement refusé de le reprendre, mais même de le reconnaître, et son insolente épouse a injurié en termes grossiers M. Francis, qui la menaçoit de déférer sa friponnerie à la Société épicurienne séante au Rocher de Cancale... » Prenant à partie, une autre fois, une des premières marchandes d'oranges de la Halle, il dira avec la même violence, et ajoutons la même insolence : « Ce n'est pas parce que madame veuve Fontaine, ci-devant Marie-Livernois, est une méchante femme, dont le premier mari est mort de chagrin, et dont le second s'est pendu de désespoir, que nous la signalons ici comme un écueil, mais bien parce que l'astuce et le dol paroissent être son élément. Au reste, son fils et sa bru marchent en tous points sur ses traces. Il est fâcheux que leurs boutiques, qui sont, pendant six mois, le jardin des Hespérides, soient, pendant l'année, un véritable *spelunca latronum, experto crede Roberto*[1]. » Ces gentillesses semblaient des plus licites au Rhadamante culinaire qu'aucune considération humaine n'eût arrêté.

On aurait cru que cette législation draconienne devait se restreindre à ceux qu'elle visait par leur profession, et ne point s'étendre au delà du commerce

---

1. L'*Almanach des Gourmands* (1807), V^e année, p. 293.

alimentaire. Mais il est une police à laquelle personne ne saurait se soustraire et sans laquelle on rétrograderait inévitablement à l'état sauvage. Nous n'entendons pas ici la police officielle, mais cette police qu'une société, digne de ce nom, exerce de son chef et dont l'urbanité, le savoir-vivre, la politesse sont la base. La Reynière aborde une question délicate entre toutes, mais pratique, celle des *amphytrions ruraux* et des *dîners par cœur*. Vous allez, par devoir de convenance ou pour toute autre raison que ce soit, relancer un châtelain dans son domaine. L'heure du dîner n'est pas loin, elle va sonner, elle sonne. Vous êtes venu à pied; les chemins vicinaux et les voies ferrées sont encore à naître, les meilleures routes exécrables : aux yeux de l'auteur de l'*Almanach des Gourmands*, vous êtes invité à dîner *de droit*.

« Il y a cependant des maisons aux environs de Paris, nous dit-il, encore sous le coup d'un affront de ce genre, où l'on dîne par cœur, même quand les maîtres y sont et vous reçoivent, parce qu'ils vous congédient le plus poliment du monde, lorsqu'on vient dire qu'on a servi. Ils ont soin même alors de vous faire passer par une porte de derrière, afin de vous faire éviter la salle à manger. Par exemple à Achères, village situé au milieu de la forêt de Saint-Germain, où il n'y a qu'une seule maison bourgeoise et point d'auberges, on paroît avoir adopté cet usage. Il est bon d'en prévenir les gourmands, et nous les invitons, quand même ils auroient été les camarades d'étude de cet amphitryon négatif, de ne le visiter jamais à jeun. »

Grimod ne nomme personne; toutefois, comme il a

le soin de prévenir qu'il n'y a pas deux maisons bourgeoises dans le village, il était aisé d'arriver jusqu'à ce châtelain inhospitalier, qui vous reconduisait par les portes de dégagement. Mais ce serait être bien peu au fait de ce caractère rancunier que de penser qu'il en demeurerait là; dans le même volume, cent cinquante pages plus loin, il ajoutera inexorablement : « Nous ne connoissons guère que le village d'Achères où l'on suive d'autres maximes, et où l'on mette ses amis à la porte, lorsqu'ils arrivent à l'heure du dîner. Tous les gourmands seroient bien malheureux, si tous les amphitryons ruraux étoient des Alexandre [1]. » Ce qu'il y a de plus piquant, c'est que, s'il fallait en croire les châtelains d'Achères, La Reynière n'était rien moins que fondé à les accuser d'inhospitalité. Ceux-ci furent informés des plaintes amères du secrétaire perpétuel du jury dégustateur. Madame de Colbert pria son parent Guys de Saint-Charles, l'ami de l'offensé et le collaborateur de Fortia de Piles, de faire sa paix et celle de M. Alexandre avec ce visiteur trop susceptible. « Ma cousine m'a positivement dit, lui écrivait ce dernier... qu'elle vous avoit invité à dîner, et que vous lui aviez répondu par un refus motivé sur ce que vous étiez obligé d'aller dîner à Saint-Germain chez madame de Senneville, votre tante... M. Alexandre m'a confirmé, de son côté, le récit de madame de Colbert, en ajoutant qu'au moment où vous avez quitté le salon, et encore à la petite porte, en se séparant de vous avec une cordialité qui n'étoit pas suspecte, il a renouvelé son invitation, et que vous avez

---

1. L'*Almanach des Gourmands* (1807), V° année, p. 12, 160.

persisté ou au moins paru persister dans votre refus[1]... »

L'épître de Guys n'a pas moins de quatre grandes pages où, après avoir démontré victorieusement, à ce qu'il pense, l'innocence de sa parente et de M. Alexandre, il s'efforce de faire sentir que tout cela était bien peu sérieux et bien peu digne de survivre à l'impression du moment. Mais La Reynière ne se laissa point convaincre, il répondit sèchement à ce camarade d'enfance, auquel cependant il rappelait en finissant l'ancienneté de leur liaison (elle datait de 1769), sans même faire allusion à l'objet de sa démarche. Cette affectation était de mauvais augure. En effet, La Reynière, considérant ces excuses comme non avenues, insérait dans sa cinquième année (1807), le terrible réquisitoire que nous venons de reproduire, sans même soupçonner qu'il dépassât, et de beaucoup, les plus extrêmes limites de la liberté d'écrire[2]. Cette rigidité, cette inflexibilité, Grimod, qui n'avait pas besoin d'ailleurs d'être stimulé, en trouvait la prescription dans les célèbres Règlements, et c'est de M. Aze qu'il s'inspire en toute occasion. Nous avons cité plus haut la pénalité édictée par le grand législateur contre des convives qui, sans s'être excusés en temps convenable, ne se faisaient nul scrupule de manquer au rendez-vous. Mais ce n'était pas le tout de s'exécuter ; encore fallait-il être ponctuel, et ne point

---

1. Collection de M. L. Sapin, Lettre de M. Guys de Saint-Charles ; Acqueville, par Poissy, ce jeudi 25 septembre 1806 (reçue le 28).

2. *Ibid.;* Copie d'une lettre de Grimod à M. Guys ; Paris, 28 septembre 1803.

dépasser « le quart d'heure de grâce, » cet interminable quart d'heure que certains conviés changent en des heures d'anxiété pour le maître de la maison. « La sagesse du grand M. Aze, disait La Reynière à M. de Cussy, avait prévu ce cas, et un article de ses immortels règlemens deffend d'entrer dans une maison, (même où l'on est intime) dès que les convives sont à table. J'ai observé moi-même si strictement cette loi qu'à Lyon, où l'on dîne à une heure, il m'est arrivé fort souvent de faire un dîner par cœur (avec une bavaroise et un petit pain) plutôt que d'y manquer. J'ai connu un amphitryon dont la porte étoit rigoureusement fermée quand les convives étoient à table; et vous savez que c'étoit une des lois du jury, qui n'a pas toujours été observée à mon grand désespoir[1]. » Cette inexorabilité envers soi-même donne le droit de tout exiger des autres, et l'on pardonne à l'auteur de l'*Almanach des Gourmands* d'impérieuses sévérités, si elles semblent vexatoires à ceux qui se les sont attirées.

Finissons avec M. Aze par la citation de l'un de ses règlements les plus philosophiques, le respect de l'amphitryon. Il était défendu de médire de l'homme chez lequel on avait dîné, et cela pendant un temps proportionné à l'importance du festin; pour un dîner ordinaire, c'était huit jours, une sorte de trêve de Dieu condamnant la langue la plus maligne à ce repos momentané. Le Lycurge de la paroisse Saint-Jacques-la-Boucherie avait compris que ce répit ne pouvait être illimité, et il en avait fixé à six mois le délai le plus éloigné, après

---

1. *Lettres autographes de La Reynière au marquis de Cussy*; Villiers-sur-Orge, 1er juin 1823.

lesquels la langue reconquérait tous ses droits. « Mais il dépend toujours de l'amphitryon, ajoute La Reynière, de l'enchaîner de nouveau par une invitation faite en temps utile. On conviendra que de toutes les manières d'empêcher de mal parler de soi, celle-ci n'est pas la moins aimable[1]. »

L'*Almanach des Gourmands* forme huit volumes qui courent de 1803 à 1812, chaque année dédiée à une célébrité gastronomique. Le nom d'Aigrefeuille, le ci-devant procureur-général de la Cour des aydes de Montpellier, figure en tête de la première; les patrons des deuxième et troisième années sont le Semainier perpétuel de l'Opéra-Comique, Camerani, et le dernier Arlequin de la comédie italienne, Carlin Bertinozzi, mort en 1783. Le quatrième volume était dédié à la Société du Mercredi, ce qui était de toute justice. Les suivants aux mânes du docteur Gastaldy, mort au champ d'honneur[2], à celles de Grimod de Verneuil[3] et du comédien Dazincourt; le huitième à l'ombre de Vatel. Ces petits volumes, déjà rares, sont précédés, chacun, d'un frontispice très-soigné, dont La Reynière était l'invariable inspirateur, ce qu'il ne manque pas

---

[1]. L'*Almanach des Gourmands* (1803), I`re` année, p. 223.
[2]. Mort d'indigestion à un dîner chez l'archevêque de Paris, le cardinal de Belloy, après être retourné jusqu'à trois reprises à un excellent saumon dont le hasard l'avait fait le voisin, malgré les paternelles représentations du prélat, qui se vit forcé de faire enlever le funeste objet de ses convoitises, mais trop tard, car le docteur expirait deux jours après. L'*Almanach des Gourmands* (1806), IV`e` année, p. 293-304.
[3]. Né en 1731, ce parent de Grimod entra, le mardi 16 décembre 1807, en fonctions de président du jury dégustateur, et garda le fauteuil jusqu'au 20 avril 1811, époque de sa mort. *Ibid.*; V`e` année, p. vij; — VIII`e` année, p. 38, 345.

d'indiquer, au bas de l'estampe : « A. B. L. Grimod de La Reynière, inv. » Le dessinateur le plus habituel est son ami et commensal Dunant[1]. Ces sujets, cela va de source, se rapportent tous au grand art de la cuisine ; ce sont : *Bibliothèque d'un Gourmand au XIXe siècle, les Audiences d'un Gourmand, Séance du Jury dégustateur, les Méditations d'un Gourmand, le Premier devoir d'un Amphitryon, les Rêves d'un Gourmand, Le plus mortel ennemi du dîner*. La composition de ces frontispices, toujours ingénieuse mais complexe, courait risque de ne pas être comprise de tout le monde, au moins dans tous ses détails ; et comme, en définitive, la réclame y avait sa bonne part, une page de petit texte était consacrée à en éclaircir les points obscurs. Cette minutieuse description n'était pas, du reste, la curiosité la moins piquante de ces petits livrets. Nous signalerons particulièrement l'estampe de la quatrième année, *les Méditations d'un Gourmand*, lequel n'est autre que Grimod lui-même, assis à son bureau, en robe de chambre, entouré des « différents sujets de ses pensées », mais les yeux fixés sur une tête de veau « qui paraît occuper profondément la sienne. » Comme son ami Rétif, La Reynière attache une grande importance à ces estampes ; et s'il y a relâchement, manque de soin ou de conscience de la part de l'artiste, ce dernier n'a point à compter sur son indulgence : M. Mariage auquel on

---

[1]. Citons encore de Dunant : *Tableau allégorique du jury dégustateur en exercice auprès de l'Almanach des Gourmands*, très-finement fait : 24 centimètres de hauteur sur 20 de largeur ; et une carte de visite de Grimod où son nom se détache sur la nappe blanche d'une table splendidement servie.

avait confié déjà la gravure de trois sujets, en fera la dure expérience. L'argument du frontispice de la huitième année se terminait en effet par les lignes qui suivent : « ... Tous ces objets, qui, dans le dessin de M. Ch. F., sont rendus avec autant d'esprit que de grâces, méritoient sans doute d'être mieux gravés. Il est fâcheux que M. Mariage n'ait mis à cette planche que son nom, et qu'il en ait abandonné le travail au moins digne de ses élèves. »

Le titre et le rang ne sauvegardaient pas les plus haut placés de ces exécutions dont la forme ne sauvait ni n'adoucissait le fond. Mais ces écarts de plume devaient, tôt ou tard, avoir leurs inévitables conséquences. L'*Almanach des Gourmands* s'arrêtait à son huitième volume, en pleine popularité, en plein succès. Nous avons recherché longtemps la cause réelle d'une interruption inexplicable ; c'est La Reynière lui-même qui nous l'apprendra dans une lettre demeurée inédite au marquis de Cussy, le confident presque unique de sa fantasque vieillesse : « Cette dernière année, lui disait-il, m'a attiré un procès d'abord au criminel, puis civil, et qui n'a pas laissé de me coûter plus d'argent qu'elle ne m'en avoit rapporté[1]. » Comme alors les feuilles judiciaires étaient encore à naître, nous n'avons rien pu ajouter à ces renseignements, d'ailleurs trop concluants. Cette suspension, qui n'alla pas, nous le verrons, jusqu'à la suppression, aura été

---

1. Lettre autographe de La Reynière au marquis de Cussy ; 21 et 23 août 1824. Elle ne fait pas partie de notre collection de lettres au marquis ; nous sommes redevable de cette pièce à la parfaite obligeance de M. le vicomte A. de Caix de Saint-Aymour.

motivée, comme pour le *Censeur dramatique*, par des personnalités dont les victimes auront provoqué le châtiment. Il n'est pas de petites blessures pour l'amour-propre offensé; et Grimod, si l'on eût écouté ceux qu'il avait pris à partie, aurait été bon à jeter dans un cul de basse fosse[1]. Les tribunaux, plus calmes, limitèrent sans doute l'expiation à une amende et des dommages et intérêts, dont la bourse de l'intempérant écrivain dut se trouver allégée. C'eût été peu de choses, que cette saignée, sans une interruption qui frappait en même temps et le monde gourmand auquel elle enlevait son bréviaire, et cette branche considérable du commerce parisien dont La Reynière avait décuplé les affaires, en développant à tous les étages sociaux le goût effréné de la table et d'une chère exquise.

Tout en faisant ménage à part, Grimod demeurait sous le même toit que sa mère; ce voisinage, la dureté des temps, le besoin d'un soutien, le regret peut-être d'avoir trop absolument sacrifié à la vanité les sentiments de la nature et de la famille, agirent favorablement sur ce cœur de femme qui, d'ailleurs, n'était plus jeune, et avait vu, en quelques semaines, s'effondrer tout un monde. Elle n'avait désormais qu'à se résigner sur cet effroyable changement de décor,

---

1. Nous avons lu avec une grande attention cette huitième année, soulignant, à mesure, les hardiesses qui avaient pu donner lieu à des poursuites judiciaires. Nous signalons, à tout hasard : *Des Conséquences d'un mensonge en Pâtisserie*, p. 34 à 37; *la Petite Escroquerie friande*, p. 136, 137, 138; *le Restaurateur Nicolle du Salon des Princes et la Tête de veau à la tortue*, comme des morceaux suffisamment « salés » sans oser un pas de plus dans cette voie des conjectures et des probabilités plus ou moins fondées.

sur les ruines d'une fortune dont elle devrait encore s'estimer heureuse de sauver quelques débris. Le mariage de son fils, quelque dix ans plus tôt, eût mis le comble à son humiliation ; elle l'acceptait sans trop de peine, et sa belle-fille, à force de soumissions et d'égards, finissait par trouver grâce auprès d'elle et faire oublier son origine. Balthazar, de son côté, prenait à cœur de mériter et de conquérir un retour de tendresse par sa conduite, les procédés les plus respectueux et les meilleurs. « Madame Grimod et moi, écrit-il à M. Morel de Rombiou, vivons en parfaite union avec ma mère, qui nous comble de bontés. Ces jouissances privées sont aujourd'hui les seules qu'il faille chercher. On ne peut trouver le bonheur qu'en le concentrant autour de soi[1]. » Les Révolutions ont donc par fois du bon, puisqu'elles opèrent, quoique insciemment, de tels miracles ? Dans l'été de 1796, il donnera à deux reprises la comédie, à l'hôtel des Champs-Élysées, pour divertir sa mère si éprise de théâtre, devant une brillante société, et avec le concours des premiers sujets de la Comédie française, qui n'eussent pas osé refuser cette gracieuseté à leur censeur. « Cela n'est-il pas bien joli ? » dira-t-il ; « et bien édifiant, » ajouterons-nous. La Reynière, en effet, se découvrira pour sa mère des sentiments bien inattendus de tendresse filiale auxquels celle-ci sera sensible, et répondra sans contrainte et en toute sincérité.

---

1. Collection de M. M. de V., *Lettres autographes de La Reynière à M. Morel de Rombiou*; Paris, 10 germinal an III (30 mars 1795).

Ce bonheur intime les indemnisait de la gêne et des souffrances présentes; car l'on ne se hâtait pas de mettre un terme à une situation qui frappait iniquement tant de familles mourant de faim en présence de fortunes souvent considérables. Grimod nous donne, à la date du 15 août 1801 (27 thermidor an IX), de curieux détails sur l'état de ses affaires, sur ses ressources bornées et ses tentatives pour les accroître. « J'ai été obligé d'abandonner à ma mère la direction et la jouissance de ce qui était relatif à la succession, afin d'avoir un morceau de pain dont je ne mange encore que la croûte... 350 francs par mois pour tenir et défrayer un ménage de quatre personnes, sont sans doute bien peu de chose à Paris; mais avec beaucoup d'ordre, de privations et de la diète, on s'en tire... » Dans de telles conditions, il n'y a pas à faire l'amphitryon, et, si l'occasion se présente de recevoir des amis, le régime sera médiocre, la table toute lacédémonienne. Nous avons sous les yeux une lettre du commencement de mai de l'année précédente (prairial an VIII), écrite par deux habitants de Lyon alors à Paris, et que La Reynière ne crut pas pouvoir se dispenser de recevoir. L'épître est curieuse, et ne fait pas positivement l'éloge de la somptuosité culinaire du prochain auteur de l'*Almanach des Gourmands*[1].

Mais le ciel allait s'éclaircir, la fortune publique s'améliorer. Une prospérité croissante passait l'éponge

---

1. *Revue du Lyonnais* (octobre 1857), t. XV, p. 318. Lettres inédites de La Reynière à un de ses amis de Lyon. Premiers jours de prairial, an VIII (mai 1800).

sur les désastres et les excès d'une révolution qu'escamotait à son profit un jeune ambitieux de génie dans les bras duquel le pays entier était heureux de se jeter. C'est durant ces années triomphantes que La Reynière publiait son *Almanach*, et se constituait le conservateur et le restaurateur des anciennes traditions. Quelques lenteurs qu'on eût apportées à rendre aux ayants droit leurs biens séquestrés, chacun était rentré dans sa chose, et Grimod comme les autres. L'acquisition de Villiers-sur-Orge, qui date du 13 juin 1812, coïncide avec l'interruption forcée de l'*Almanach des Gourmands*, et nous ne serions pas éloigné de croire que ce petit dégoût le détermina à se créer une retraite où il pourrait au besoin cuver sa mauvaise humeur et faire de la misanthropie tout à son aise. Il ne comptait, d'ailleurs, comme il nous l'apprend lui-même, y passer que deux jours chaque semaine, dans la belle saison; car il n'avait pas rompu, il s'en fallait, toutes attaches avec le journalisme. Son *Censeur* lui ayant été enlevé, il s'était laissé enrôler dans un nouveau journal, *le Parisien*, où il avait accepté la critique des grands théâtres. Les appointements étaient avantageux, et à cette époque (20 juin 1801), cela n'était point indifférent à ce fils de millionnaire réduit à la portion congrue. Mais la feuille comptait à peine six jours d'existence, que le ministre de la Police la supprimait, pour s'être avisée de publier un éloge de l'abbé Maury.

Les *Petites Affiches* lui offraient une hospitalité « sans appointemens, » qu'il acceptait, toutefois : pour « me tenir en haleine, dit-il, vis-à-vis du public, me procurer les nouveautés des libraires et m'acquitter de mes entrées avec les comédiens[1]. » Et ce sont les articles insérés dans la feuille de Ducray-Duminil qu'il recueillait plus tard en deux volumes in-8°, sous le titre de *l'Alambic littéraire*[2]. Mais une sorte de fatalité s'attachera aux publications qui voudront se l'adjoindre; et, en 1814, le *Journal des Débats* lui échappera comme *le Parisien*, treize ans auparavant. Dans une lettre au marquis de Cussy, à la date du 8 mars 1823, Grimod racontait, entre autres choses (mais sans regret et s'en félicitant même), que le retour du roi l'avait allégé d'un revenu de dix à douze mille francs, en lui enlevant la rédaction de la partie des spectacles. Nous ignorions qu'il eût été attaché aux *Débats*, à quelque titre que ce fût, et nous eussions souhaité qu'il entrât à cet égard dans plus de détails; mais, ce qu'il ne dit point ici s'est rencontré ailleurs, et surabondamment même.

« Au mois de mars 1814, je fus choisi, nous dit-il, par les propriétaires du journal de l'Empire, non pour remplacer M. Geoffroy, mais pour lui succéder en partie; car sa succession fut partagée comme celle d'Alexandre. On en fit trois lots. L'Opéra et le théâtre Feydeau furent donnés à M. Hoffmann; le Vaudeville,

---

1. Collection de M. M. de V., *Lettres autographes de La Reynière à M. Morel de Rombiou*. Paris, 15 auguste 1801 (27 thermidor, an IX).
2. Deux seuls volumes parurent. Il comptait en publier un plus grand nombre, et, en floréal, an XIII, il avait déjà la matière des tomes III et IV. Mais l'édition des premiers s'étant médiocrement vendue, il ne trouva pas de libraire pour les autres. Lettre autographe de La Reynière à M. A. H. de Dampmartin, homme de lettres, membre de plusieurs académies, etc.; Paris, 28 avril 1805. Communiquée par M. E. Charavay.

les Variétés et tous les petits spectacles, à M. l'abbé de Feletz, et j'eus en partage la Comédie françoise et l'Odéon ; c'est ce que je pouvois désirer de plus à ma convenance... Le ministre de la Police, un des principaux actionnaires à qui je fus présenté, me dit en propres termes : Vous sentez bien, M. Grimod, que nous autres, ministres, portons très-peu d'intérêt aux comédiens; ainsi, à cet égard, liberté tout entière ; et puisque vous ne parlez point politique, laissez aller votre plume, et ne songez, dans l'intérêt du journal, qu'à rendre vos articles piquans. — Me voilà donc installé dans mes fonctions de rédacteur, en dépit de M. Étienne, qui en protégeoit un autre, Charles Nodier[1]; et je ne songeai qu'à répondre à la confiance des actionnaires et qu'à justifier le mot de Geoffroy : Après moi, je ne vois que vous, mon cher ami, qui puissiez être chargé de cette galère... Encouragé par ces paroles et par le choix non brigué qu'on avoit fait de moi, je pris la plume, et mon premier article a prouvé que je ne faisois pas un journal à l'eau de rose... Mais hélas! j'avois compté sans mon hôte, ou plutôt sans mes chers amis les alliés, Russes, Anglois, Prussiens, Allemands, etc., qui vinrent fondre sur Paris, et s'en emparer le 31 mars... Dès le 1er avril, on nomma un gouvernement provisoire, dont M. de Talleyrand fut déclaré chef. Or, il avoit pour âme damnée un certain Roux La Borie, moine défroqué, et marié, comme son patron, qu'il nomma secrétaire de ce gouvernement; et ce Roux La Borie étoit un des action-

---

1. Charles Nodier était déjà attaché à la rédaction pour la critique littéraire, et, à cette époque, sa collaboration était même l'une des plus actives.

naires de l'ancien Journal de l'Empire dépossédés par Buonaparte, qui distribua les actions à ses favoris. Le premier acte de ce gouvernement provisoire, cela est à noter, fut de renvoyer les actionnaires impériaux et de remettre les anciens en possession du journal. En sorte que tous les rédacteurs se trouvoient éliminés, et que je n'ai pu seulement parvenir encore à me faire payer de ce qui m'étoit dû pour mon travail[1]. »

La brève allocution du ministre de la police est plaisante et caractéristique. Politique à part, l'on ne demandait pas mieux que de se divertir de ces querelles entre comédiens et gens de lettres; et les derniers, en frappant fort, doublaient l'amusement de leurs seigneuries : mais il ne fallait point « parler politique. » Une fois déjà, Grimod avait été appelé dans le cabinet du ministre, qui l'entreprenait sur un tout autre mode; il s'agissait de nous ne savons quel propos tenu sur le demi-dieu impérial. « Monseigneur, répondit-il à Fouché, on vous a fait un faux rapport, personne plus que moi n'admire notre grand empereur; mais peut-être me sera-t-il permis de déplorer l'emploi que Sa Majesté fait de son immense génie. — Comment! que voulez-vous dire? — Oui, Monsei-

---

1. Collection de M. M. de V. *Lettres autographes de La Reynière à M. Morel de Rombiou*; au château de Villiers-sur-Orge, ce 10 décembre 1825. Nous avons dépouillé attentivement le *Journal de l'Empire* à cette date, et nous avons constaté que non-seulement il ne s'y trouve aucun article signé de Grimod, mais que, depuis la mort de l'abbé Geoffroi jusqu'au moment où la nouvelle rédaction expulsa l'ancienne, il ne parut aucun feuilleton de théâtre. La Reynière fait indubitablement confusion; ce sont d'autres travaux dont il s'agit ici.

gneur, s'il s'étoit appliqué aux progrès de la cuisine, qui sait à quel degré de perfection elle se seroit arrêtée ? »

L'avénement de la Restauration, qu'il saluait de tout cœur, n'enrichissait donc pas La Reynière, qui se décidait même à se retirer à la campagne, où il passait les hivers de 1814 et 1815. La mort de sa mère, survenue le 19 mai de cette dernière année, le mettait dans une position de fortune toute différente, « surtout agréable, en ce qu'elle ne lui donnait aucun souci pour en toucher les revenus[1], » mais qu'il ne réalisait complétement qu'en novembre 1819, par la vente de l'hôtel des Champs-Élysées à M. de La Bonchère[2]. « Par ce moyen, dit-il, je me suis constitué de vingt à vingt-deux mille francs de rentes, ce qui ne seroit que peu de chose à Paris, surtout pour quelqu'un qui, sans la Révolution, devoit avoir deux cent mille francs de rentes, mais ce qui est un état très-honorable à la campagne, surtout lorsqu'on y reste toute l'année et que l'on n'a qu'un ménage[3]. » A l'époque où il écrivait cette lettre, Grimod, en effet, ne quittait plus son donjon ; mais jusqu'au décès de sa mère et la vente de l'hôtel, il fera de notables séjours à Paris, voyant, recevant ses amis, passant ses journées

---

1. *Lettres autographes de La Reynière au marquis de Cussy* ; Villiers-sur-Orge, 12 juin 1823.

2. 5 et 11 novembre, par actes passés devant M⁰ Chodron, notaire à Paris. Documents particuliers.

3. Collection de M. M. de V., *Lettres autographes de La Reynière à M. Morel de Rombiou* ; Villiers-sur-Orge, ce 10 décembre 1825. Dans une autre lettre écrite du Creuzot au même correspondant, cinq semaines auparavant, il se félicite également de cette existence aussi heureuse que pouvait la désirer un homme né sans ambition.

à lire, à travailler, et ses soirées à la Comédie-Française dont il était un des piliers. Force avait bien été de loger tout ce monde de souverains, de ministres, de généraux, de diplomates qui comptaient bien n'être point à la portion congrue. L'hôtel de La Reynière fut loué par la Ville pour le vainqueur de Waterloo, le duc de Wellington, qui se contentait, au départ, de faire remettre au concierge l'assez sèche gratification de cent francs[1]. Madame de La Reynière avait retenu pour elle un logement aux étages supérieurs; et son fils, dans l'acte de vente, se réservait également un « très-bel appartement » à vie (sans doute le même), que madame Grimod occupera six mois sur douze, au grand agacement de son mari.

Tout en conservant un fond notable de singularité, Balthazar n'a pu complétement se soustraire à l'inexorable atteinte du temps et de l'âge. Il est, il sera toujours lui, un être essentiellement original, fantasque, ne ressemblant à rien, incapable d'assouplir sa nature toute d'une pièce, si divertissante à distance, si cassante, si entière, si violente en présence de la moindre contradiction, de l'obstacle le plus léger; mais le farceur, mais le pasquin, mais l'amphitryon du fameux souper de 1783, nous semblait avoir fait place à un autre La Reynière. Nous trouvons pourtant, racontée et précisée avec l'aplomb que comporte le fait le plus avéré, l'anecdote qui suit, dont le tort est peut-être de ne point arriver à son heure. Les amis, les commensaux de l'auteur de l'*Almanach des Gourmands* recevaient cette funèbre circulaire : « Madame Grimod de

---

1. Fortia de Piles, *Nouveau Dictionnaire français*, p. 503.

La Reynière a l'honneur de vous faire part de la perte douloureuse qu'elle vient de faire dans la personne de son mari. Les obsèques auront lieu aujourd'hui mardi 7 juillet [1]. Le convoi partira de la maison mortuaire, rue des Champs-Élysées, n° 8, à quatre heures précises. » Personne ne put se plaindre d'avoir été oublié, malgré le trouble et le désordre inévitable d'un pareil événement, et les amis qui manquèrent n'eurent pas à arguer d'ignorance. L'heure du convoi était quelque peu étrange, et n'eût pas été celle que Grimod aurait choisi de son vivant : c'était l'heure où l'on dîne, et il se serait fait scrupule de condamner ses amis aux conséquences d'un dîner réchauffé. Ce fut aussi ce que se dirent sans doute la plupart de ceux-ci. Le nombre de ceux qui consentirent à ce dur sacrifice fut assez restreint, eu égard au chiffre des convocations, et se borna à quelques fidèles.

La bière attendait lugubrement, entre deux rangées de flambeaux; le corbillard stationnait un peu plus loin, escorté de plusieurs voitures de deuil. Les survenants sont introduits dans une salle tendue de noir, où, faute de mieux et pour tuer le temps, l'on se mit à vanter les mérites et les vertus du défunt. Tout à coup, un bruit inattendu vient interrompre ces bourdonnements lugubres : les deux battants d'une porte latérale s'écartent et laissent voir, éclairée par mille bougies, une table splendide, au haut bout de laquelle La Reynière était assis, dans cette attitude grave et im-

---

[1]. L'on ne donne pas l'année. Dans les trente premières du siècle, les années 1801, 1807, 1812, 1818 et 1829 sont les seules dont le 7 juillet tombe un mardi. Mais il n'y aurait à hésiter sérieusement qu'entre 1812 et 1818.

perturbable d'un amphitryon qui comprend ses devoirs, mais a assisté trop souvent à pareille mêlée pour perdre un peu de son sang-froid. Un domestique avait proféré d'une voix sonore la phrase traditionnelle : « Messieurs, vous êtes servis; » ce qui était vrai de tout point, car il y avait autant de couverts que de gens présents. Après le premier étonnement, on entoura le trépassé, on se félicita d'en être quitte pour la peur, et de le retrouver bon vivant, quand on croyait n'être venu que pour le conduire à son dernier gîte. Mais La Reynière, sans presque changer de posture, coupa court à tous ces compliments : « Messieurs, le dîner est servi, il pourroit refroidir, prenez donc votre place. » Chacun se mit à l'œuvre, et le repas se poursuivit fort avant dans la nuit. Après quoi, l'auteur de l'*Almanach des Gourmands* (et c'est là une réflexion du chroniqueur) put dire en se couchant : « Je suis sûr d'avoir dîné avec des amis[1]. »

L'on a raconté quelque chose de plus fort encore,

---

1. *L'Europe monarchique*, 20 janvier 1838. Le gérant du journal recevait, trois jours après la publication de l'article consacré par l'un de ses rédacteurs au défunt, un billet de la veuve, que son laconisme nous permet de reproduire. « Monsieur, j'ai lu la biographie qui a été faite sur M. Grimod de La Reynière, et insérée dans votre journal du 20 de ce mois. M. M. de V. qui a rédigé cette biographie n'avait aucun renseignement sur M. Grimod de La Reynière ni sur sa famille; et je m'étonne que lorsque l'on écrit, on le fasse aussi légèrement et avec autant d'inexactitude. Veuillez insérer ma réclamation dans votre plus prochain numéro. Agréez, Monsieur, etc. Ve Grimod de La Reynière. Villiers-sur-Orge, le 23 janvier 1838. » Mais nous avons vainement cherché la lettre de madame Grimod dans l'*Europe* qui ne s'est pas crue obligée, sans doute, à insérer dans ses colonnes cette épître peu tendre, dont nous devons la communication à l'obligeance de M. Delaunay, de Corbeil.

dans ce goût sombre. Un jour, il invite à souper les personnages les plus distingués : la salle du festin est tendue de noir, et chaque convive avait un cercueil derrière lui. Des cochers les attendaient à la sortie, et avaient le mot pour ne les descendre qu'après une promenade interminable, qui devait inévitablement impressionner les imaginations déjà ébranlées par ce lugubre appareil[1]. Il est vrai que cette folie a été démentie de la façon la plus catégorique par Fortia de Piles : « Sottise dénuée de tout fondement, dit-il ; j'étais du souper[2]. » On ne se lassait pas, on ne se lassera point jusqu'à la fin de répéter les fables les plus ridicules, qui trouvaient pleine créance et sont demeurées légendaires. « Devenu, par la mort de son père, maître d'une fortune immense, nous dira M. Durozoir, auquel nous devons déjà l'anecdote qui précède, il changea l'ameublement et les tentures de son appartement, et partout il fit placer les attributs de la charcuterie. Dans de riches panneaux tendus en étoffes d'or, on voyait des assiettes de boudin brodées en relief, des trophées de saucisses, des hures peintes et des pieds de cochon en sautoir ; l'extrémité des manches de couteaux présentait en ivoire une tête de porc ; tout enfin rappelait la même origine. C'est dans cet appartement ainsi décoré qu'il se plaisait à faire des festins à la Lucullus, dans lesquels il se mon-

---

1. C'eût été en raccourci, et plus anodine, la lugubre fête donnée aux sénateurs et aux chevaliers romains par l'empereur Domitien, d'abominable mémoire. Charles Magnin, *les Origines du Théâtre antique et du Théâtre moderne* (Paris, Eudes, 1868), p. 509, 510, 511. Xiphil., lib. LXVII.

2. Fortia de Piles, *Nouveau Dictionnaire français*, p. 52, au mot *Biographie*.

trait convive aussi vaillant qu'amphitryon attentif... »

Ainsi, la mort du ci-devant fermier général transformait, du jour au lendemain, son étrange fils en un des Crésus de la France. Grimod nous l'a dit, sans la Révolution, il était héritier d'une fortune de deux cent mille livres de rentes. Mais nous savons combien de temps et même d'années il lui fallut attendre et se morfondre pour recueillir quelques débris d'une fortune dont sa mère dut prendre sa bonne part. Et, après la perte de celle-ci, lorsqu'il eut réalisé ces richesses sans nombre, il se trouvait à la tête de vingt à vingt-deux mille livres de revenu, ce qui, alors, était l'*aurea mediocritas*, mais ce qui était loin d'être « une fortune immense. » M. Durozoir semble oublier que Grimod n'habitait qu'un appartement, d'une certaine étendue, il est vrai, puisqu'il y donnait parfois la comédie et qu'il recevait (mais toujours en petit nombre), ses illustres confrères dans l'art de bien vivre. Lord Wellington habita l'hôtel durant trois ans et demi, c'est-à-dire approximativement jusqu'à la moitié de 1818, et La Reynière vendait la splendide résidence en novembre 1819, comme on l'a vu plus haut. Il ne put avoir ni le caprice ni le loisir d'extravagances ruineuses qui, d'ailleurs, ne cadraient point avec ses habitudes de lésine. Grimod n'aimait point le luxe même à table. Tout ce qui pouvait distraire un convive était soigneusement écarté : il n'eût pas souffert de glaces dans sa salle à manger; et cette nature d'inconvénient est sans doute la cause ignorée et inexpliquée de l'absence de cet indispensable meuble que l'œil de la femme se dépite de ne pas rencontrer là comme ailleurs. Mais, à cet égard, M. de Cussy pensait absolument comme La Reynière. Brillat-Savarin, qui eût voulu que tous les sens fussent satisfaits à la fois, sans trop songer aux inconvénients d'une telle diffusion, se plaignait de cette exclusion. « Ce n'est qu'à jeun, avait réparti le marquis, qu'il faut s'étudier dans son miroir [1]. »

Mais si les folies sur cette échelle grandiose sont inadmissibles, héritier et quasi seigneur féodal, il prendra sa revanche dans son castel de Villiers-sur-Orge. Enfermé dans ce vieux donjon de sinistre mémoire, il y passera des mois sans donner signe de vie, pas même à ses gens, qui lui servaient à manger par un tour. Puis, brusquement, l'idée lui prenait de lancer des invitations, auxquelles l'on n'avait garde de manquer; car l'on était sûr de trouver une table aussi savante que somptueuse. Il est vrai que les convives achetaient assez cher quelquefois le privilége de poser le pied dans cette résidence à la Radcliffe. Grimod avait trouvé, il avait conservé, à la porte de son château, un ancien carcan, dernier reste de la justice seigneuriale; et l'une de ses espiégleries eût été d'y faire attacher, pour un temps plus ou moins long, le visiteur inoffensif. Il n'y avait point à se fâcher. Dans vingt endroits, sur les murailles, sur les arbres, on lisait ces mots : « Malheur à ceux qui n'entendent pas la plaisanterie, ils sont indignes de se griser à la table du jury dégustateur et de sa succursale champêtre [2]. »

On devait s'attendre à tout, aussitôt que l'on franchissait le seuil de cette fantastique demeure : encore

---

1. *Les Classiques de la table* (Paris, 1841), p. XI, XII.
2. *Biographie des frères Michaud.* Article de Durozoir.

était-il heureux de la franchir. Les invités, le plus souvent, trouvaient porte close. Ils avaient beau frapper, sonner, Grimod avait donné des ordres, l'on n'ouvrait point. Retourner à Paris, il ne fallait pas y songer; l'on venait pour dîner, l'appétit était éveillé, l'on était prêt à tout plutôt qu'à battre en retraite, l'estomac vide. La Reynière, qui, d'ailleurs, ne voulait pas la mort du pécheur, laissait à entendre aux conviés qu'ils avaient un moyen d'arriver jusqu'à lui; ce moyen c'était de sauter par-dessus les murs ou de faire des brèches pour pénétrer dans l'intérieur. En un mot, le dîner était au prix d'une escalade et d'un assaut, ce à quoi l'on se résignait gaiement.

Ce n'est pas tout. On comptait dîner à six heures et demie, l'on avait pris en conséquence des arrangements avec son estomac; et ce n'était qu'à neuf heures que l'amphitryon permettait qu'on servît. Le repas se prolongeait fort avant dans la nuit. Enfin l'on se levait de table, et ceux des convives qui avaient leurs voitures faisaient atteler, et prenaient congé de la compagnie. Pour les autres, ils devaient accepter le gîte comme ils avaient accepté le dîner, aux risques de plus d'une tribulation. La Reynière avait fait de sa maison une caverne. Les moindres pièces cachaient dans leurs lambris des ouvertures secrètes, des trappes sous les parquets. Les lits reposaient sur une roue que mettaient en branle une vis et un chevalet. Vous vous déshabilliez, vous posiez vos vêtements sur un fauteuil, et vous vous plongiez en toute sécurité dans les draps. Le bruit du dehors vous réveillait de bonne heure; après vous être frotté les yeux, vous cherchiez vos habits, et, en leur lieu et place, vous ne rencontriez que la défroque la plus étrange. Ainsi, un capitaine de dragons avait, sans s'en douter, échangé son uniforme contre des jupes et des falbalas, et son ajustement à lui était allé se glisser dans la chambre à coucher d'une pauvre dame qui, à moins de demeurer indéfiniment au lit, était bien forcée, de guerre lasse et l'appétit commandant, de se résigner, comme Jeanne d'Arc dans sa prison, à endosser ces habits d'un autre sexe. Chacun avait été transporté d'un appartement dans un autre, au beau milieu de son sommeil, et avait le droit, au réveil, de se croire victime de quelque malin enchanteur. On laisse à penser, le matin, quel coup de théâtre et quels éclats de rire, quand tout le monde descendait au salon, affublé, celui-ci d'un costume trop ample, cet autre d'un costume trop étroit. Et toute cette comédie, le gouailleur châtelain la suivait de la première heure à la dernière, sans qu'aucun incident lui échappât. Il avait fait pratiquer des couloirs secrets communiquant dans toutes les pièces, et il n'eût tenu qu'à lui d'égorger ses hôtes le plus commodément du monde. Une parole, un soupir, le moindre bruit ne pouvaient lui échapper, grâce à des porte-voix serpentant occultement à travers les murailles, et aboutissant tous dans sa chambre comme en un commun déversoir. Autre plaisanterie à la Grimod : La maison, le jardin, étaient traversés de conduits invisibles remplis d'eau. En passant, sans y paraître, La Reynière pressait un bouton : une aspersion subite, une douche glacée de vous assaillir, et vous étiez pénétré jusqu'aux os avant d'avoir eu le temps de vous reconnaître. Cela sortait de terre, du plafond, des massifs, des arbres, tantôt perpendiculairement, tantôt en jets obliques : l'on n'eût échappé à l'un que pour donner dans un autre. Et si nous voulions entrer dans le détail de tous ces récits, que d'horribles, que d'abominables guet-apens, dont la seule pensée fait dresser les cheveux sur la tête!

On a vu Grimod faire un peu tous les métiers : avocat, puis écrivain humoristique, puis marchand, puis censeur dramatique et législateur culinaire, apportant dans chacun une individualité baroque qui frisait la folie. Il avait été épicier en gros; à Villiers-sur-Orge, il le sera au détail. Songez que Villiers est un petit village, et que le même homme doit se servir de l'aune comme des balances. Donc, La Reynière vendait du calicot, qu'il mesurait « personnellement » avec cette exactitude méticuleuse du marchand qui croit se ruiner en donnant trop bonne mesure. En d'autres cas, il eût jeté l'argent par les fenêtres avec la même logique : ne dotait-il pas de deux mille francs d'argenterie l'église de sa paroisse? Avait-il un caprice, il fallait qu'il se le passât à tout prix; et il lui arriva, assure-t-on, d'acheter un petit enclos qu'il paya deux ou trois fois sa valeur, pour devenir maître d'une tabatière de carton qui lui avait donné dans l'œil, et dont le possesseur avait refusé de se dessaisir [1].

Faut-il le dire? nous ne pouvons croire un mot de toutes ces folies qui sont divertissantes, nous en convenons, et que l'on ne nous saura pas grand gré (si même on nous le pardonne) de supprimer de cette biographie fantasque à laquelle chacun aura voulu

---

1. *La France littéraire,* deuxième série. VIIe année, t. V, p. 327, 328, 329.

joindre son apport. La Reynière, les deux premières années de son acquisition, séjourna peu à Villiers-sur-Orge; et il ne prit la détermination de s'y retirer complétement qu'en 1814, après son expulsion du *Journal de l'Empire.* Toute l'Europe s'était ruée sur la France, elle couvrait le sol; des bandes de cosaques ravageaient la campagne de Paris vingt lieues à la ronde. Le pauvre petit hameau de Villiers, composé de trente et un feux[1], ne fut pas le plus épargné. Il eut à supporter pour quatre mille neuf cents francs en pillages, vols, réquisitions de toute nature; Grimod à lui tout seul en était pour « six cent cinquante francs, » qu'il avait sur le cœur. C'était peu, et bien peu sans doute pour un millionnaire tel qu'on nous le représente, tel qu'il ne fut jamais, nous le savons, et qu'il était encore moins alors, car sa mère n'était pas morte, et l'hôtel des Champs-Élysées, il faut bien le répéter, ne se vendra que plus tard. De son aveu, l'acquisition lui avait peu coûté. Mais tout était à faire: les couvertures à renouveler, les murs à récrépir, les treillages à rétablir; puis, à l'intérieur, de nouveaux papiers, des chambres dénudées à meubler, les boiseries, les portes, les persiennes à repeindre. « Tout cela, remarquait le soucieux châtelain, ne se fait point avec rien; ce n'est jamais qu'un mémoire à la main que les vignerons, jardiniers, ouvriers de toute espèce, fournisseurs, abordent un propriétaire qui vient visiter son

1. En 1726, Villiers-sur-Orge avait vingt-cinq feux et quatre-vingt-douze habitants, suivant le dénombrement de l'élection de Paris; mais il n'y avait que la moitié de la population sur la paroisse de Longpont, l'autre appartenant à celle d'Épinay. L'abbé Le Bœuf, *Histoire du Diocèse de Paris* (Paris, Prault, 1757), t. X, p. 139.

domaine[1]. » Ces détails, il les donne à M. de Haller, qui tenait de lui, à loyer, un petit hôtel, rue Hauteville, et auquel, dans cette même lettre, il s'annonçait la quittance à la main. « Or, pour acquitter tout cela, ajoutait-il, il faut de l'argent; je ne puis en demander qu'à ceux qui m'en doivent; bien heureux encore si tous mes débiteurs étoient aussi honnêtes et aussi exacts que M. de Haller. Ne vous offensez donc pas, monsieur, si, allant demain à Paris pour trente-six heures, je me présente, samedi 4, chez vous, avec une quittance de 300 francs pour le trimestre échu le 1er juin[1]. »

Il était aisé, ce semble, d'annoncer le but de sa visite sans la souligner aussi lourdement. Mais ces raffinements qu'aura au plus haut degré son ami, M. de Cussy, sont antipathiques à sa nature d'allobroge, et, toute sa jeunesse, il avait protesté contre eux dans le salon de son père. A cette époque, les ports de lettres étaient une vraie dépense. De peur de méprise à cet égard, et pour n'avoir point à en supporter le double fardeau, il avait eu soin de glisser dans ses invitations à dîner, en *post-scriptum*, cette phrase imprimée comme le reste du billet : « Réponse, s'il vous plaît, dans les vingt-quatre heures, et franc de port[2]. » Nous retrouvons encore là l'esprit du grand M. Aze.

1. Lettre autographe de La Reynière à M. de Haller, en son hôtel, rue Hauteville, n° 26 ; au château de Villiers-sur-Orge, ce 2 juin 1814. M. de Haller (le fils du grand Haller), nous est signalé comme l'un des amphitryons « où l'on fait en ce moment la meilleure cuisine. » L'*Almanach des Gourmands*, (1806) IVe année, p. 38.
2. *Lettres autographes de La Reynière au marquis de Cussy;* Paris, 10 avril (1812).

Nous n'en sommes encore qu'aux gros travaux, aux réparations indispensables, et il ne peut être question à cette date de transformer ce château délabré en maison de Barbe-Bleue. Mais Villiers-sur-Orge est-il bien un château? et, même les millions venant à la rescousse, est-il bien de nature à se prêter aux machiavéliques enchantements dont nous n'avons donné qu'un bien incomplet aperçu? Il est fort à penser que les auteurs de ces ébouriffants récits n'auront pas pris la peine de se transporter sur place, et de s'assurer par eux-mêmes, nous ne disons pas de la vraisemblance, mais seulement de la possibilité de pareilles conceptions. Le château de Villiers-sur-Orge, appelé *la Seigneurie*, qui ne se recommande point par un aspect imposant et encore moins par ses airs féodaux, pourrait cependant avoir été le théâtre d'espiègleries plus sinistres que celles que l'on prête au fantasque auteur de l'*Almanach des Gourmands*. Au dix-septième siècle, il appartenait au lieutenant civil Aubray; et, après lui, à sa fille, la trop fameuse marquise de Brinvilliers. « On ajoute même, dit l'abbé Le Bœuf, que c'étoit là qu'elle composoit ses poisons. » En réalité, la Seigneurie est une simple habitation, vieille de construction, mais sans caractère architectural, entourée d'un terrain clos de murs d'environ un hectare. Le corps de bâtiment, qui a cinquante mètres de long sur six à sept mètres de largeur, n'a qu'un étage mansardé, composé de quatre chambres à feu et de quatre pièces froides de moindre importance. Au rez-de-chaussée, dont la distribution a été modifiée : le salon, la salle à manger, les cuisines, la salle de bain et le reste. Il ne faut que jeter un coup d'œil dans les chambres pour se convaincre de l'enfantillage de tous ces contes à dormir debout. Nulle trace aussi, aucuns vestiges de ces fontaines cachées dans les charmilles se révélant au moment où l'on y songeait le moins. La moitié de ces féeries eût coûté des fortunes, et l'on aurait au moins retrouvé, ici et là, quelques débris épars de ce gigantesque traquenard. Il y a bien plusieurs conduites d'eau dans la cour et le jardin pour les réservoirs, mais qui n'ont jamais eu d'autre prétention que de recueillir et de conserver les eaux pluviales. A cet égard, et nous le regrettons, la méprise est impossible.

La Seigneurie était sur la hauteur. La Reynière avait fait élever sur la maison un belvédère, d'où l'on apercevait la tour de Montlhéry et un paysage de plus de six lieues à la ronde. Il parle souvent de ce belvédère dans ses lettres [1], et l'on ne saurait douter de son existence, quoique cette superfétation pittoresque ait si bien disparu, que le propriétaire actuel ne sache point trop quoi en penser. Grimod appuie beaucoup sur les dépenses nécessitées par sa nouvelle acquisition, et qui le ruinent. Il exagère quelque peu, et l'on sera de cet avis quand nous aurons dit qu'à l'heure qu'il est, même, il n'y a point un parquet dans toute la maison; que les pièces principales du rez-de-chaussée sont pavées de carreaux octogones, et que l'on s'est contenté, pour l'étage, d'un carrelage encore plus primitif. Si La Reynière était capable d'acheter un enclos trois fois sa valeur pour obtenir une tabatière de car-

---

1. Collection de M. M. de V., *Lettres autographes de La Reynière à M. Morel de Rombiou*; Villiers-sur-Orge, ce 10 décembre 1825. — *Lettres autographes au marquis de Cussy*; des 9 novembre 1821 et 24 juillet 1822.

ton, ces folies ne devaient point se répéter tous les jours. Mais on ne s'attend pas à nous trouver plus accommodant sur cette historiette que sur les autres. Même, en fait de caprices, notre Grimod ne se les passait qu'à bon escient. Nous le voyons, en effet, acheter un morceau de terre, mais nullement dans les conditions désastreuses dont il est question, si la fameuse tabatière ne figure pas comme pot-de-vin au contrat. « Vous saurez, écrivait-il, mais plus tard, au marquis de Cussy, que, profitant de l'opportunité des circonstances, j'ai accru de près de sept arpens (dont cinq des meilleurs des rives de l'Orge...), mon petit domaine... Et ce n'est pas une petite affaire que d'acquérir, solder et régler des emplettes de cette nature, acquises à grand prix, il est vrai; mais cependant d'une telle valeur, que depuis la signature du contrat il n'a tenu qu'à moi de rentrer dans mes fonds... Tout le monde s'accorde à dire que j'ai fait une bonne opération[1]. » Et voilà le vrai Grimod, en dehors des dépenses culinaires (plus savamment que coûteusement organisées, elles aussi), économe, rangé, méthodique, ayant tous les instincts conservateurs, et n'envisageant point de plus beau titre, après celui « d'homme de lettres, » que le titre de « propriétaire, » que l'on retrouve invariablement imprimé en gros caractères en tête de toutes ses lettres, depuis 1814.

---

1. *Lettres autographes de La Reynière au marquis de Cussy;* Villiers-sur-Orge, 30 juin 1826.

VIII

VICTORINE. — SAUVAGERIE DE GRIMOD. — LE DOCTEUR
ROQUES. — M. DE CUSSY. — MINETTE ET AUGUSTA.

La Reynière avait sur le cœur les désagréments judiciaires qu'il s'était attirés par une interprétation sans doute trop large de ses droits et de ses devoirs. C'était donc là la récompense d'un zèle infatigable, d'incessants efforts pour restaurer le premier, le plus indispensables des arts, celui qui marque le plus la distance infinie qui existe entre l'homme et la brute ! l'on deviendrait misanthrope à moins. Mais c'était une leçon qui ne serait pas perdue; il était bien résolu de ne plus poser le pied dans ce Paris fangeux et odieux, de se renfermer dans sa tanière, d'y vivre pour lui, loin des méchants et des sots, ne laissant sa porte entr'ouverte que pour de rares amis, qu'il recevait rarement. Il appelait naguère encore son château de Villiers-sur-Orge « la succursale champêtre du jury dégustateur. » C'était bon lorsqu'il y avait un jury; désormais il ne sera plus que la Chartreuse d'un solitaire que la vie sédentaire et murée n'effraye point, mais qui, toutefois, se nourrira, comme par le passé, d'autres choses que de légumes et d'herbes. Il aura un domestique restreint, mais suffisant : cuisinière avec aide et sous-aide, femme de chambre pour « la bourgeoise, » cocher, jardinier, tous fort dociles, et qui reconnaitront d'autant plus volontiers son autorité qu'elle n'aura pour eux rien de dur ni de despotique[1]. Mais ces arrangements convenaient un peu moins à madame Grimod. Celle-ci, qui n'avait pourtant qu'un vieux visage à produire, avait une passion plus que modérée pour la campagne, où l'on eût cherché vainement à la retenir à l'approche des premiers froids; et son mari la laissait sans trop de peine établir ses quartiers d'hiver dans l'appartement qu'il s'était réservé à vie, lui servant une maigre pension mensuelle de cent cinquante francs. Mais s'il passe condamnation sur un abandon, dont il s'accommode, ce n'est pas sans quelque paterne remontrance, le cas échéant, sur sa turbulence et son peu de stabilité. « Paris n'est bon à notre âge, lui écrivait-il, que lorsqu'on a un bon équipage et qu'on peut tenir une excellente maison. Autrement il me semble qu'il vaut mieux habiter un joli ermitage où l'on ne dépend de personne, où l'on vit dans une honnête aisance, et où l'on n'est pas obligé de courir sans cesse pour donner l'amusement à la société... Mais je perds mon tems à vous prêcher cette morale; et quelque regret que j'éprouve à vivre loin de vous pendant sept à huit mois de l'année, vous ne renoncerez pas au genre de vie que vous avez adopté; ainsi trêve de discours sur ce chapitre[2]. »

A-t-on remarqué ce rappel à la vie tranquille, cet

1. *Lettres autographes de La Reynière au marquis de Cussy;* Villiers-sur-Orge, 12 juin 1827.
2. Lettre autographe de La Reynière à sa femme; Villiers-sur-Orge, ce 15 novembre 1819.

éloge du joli ermitage où l'on n'est pas obligé de suer sang et eau pour « donner l'amusement à la société? » Cette lettre est de 1819, à l'époque même où La Reynière n'eût que trop pris ce soin au désespoir de ses piteux visiteurs. Mais toute sa correspondance sera un démenti (d'autant plus concluant qu'il est inconscient) aux sottises qu'on lui fait si gratuitement endosser, et dont le récit l'aurait fort étonné à ce moment d'apaisement et de concentration où il n'a soif que d'être seul avec ses plumes et ses livres.

Leur union n'avait pas été féconde; mais, dans sa vie de hasard, et, même au plus fort de son affection pour celle qui était déjà ou devait être sa femme, Grimod, il faut bien en convenir, avait eu d'autres amours qui n'avaient pas été frappés de stérilité. Dans une lettre à Augusta Ménestrier, que nous aurons à citer encore, à la date du 20 septembre 1817, il disait en post-scriptum : « Ma chère petite sœur, je pense que vous aurez pris part au bonheur de ma fille Victorine, qui est aussi le mien à un point que je ne puis exprimer. Vous avez dû recevoir hier son billet de mariage; elle aimoit éperduement l'homme que nous lui avons donné, qui est un excellent parti sous tous les rapports, et ils ont promis de ne jamais abandonner leur vieux père. Jugez de ma joie[1]! » Supposons vingt ans à Victorine, supposons-lui en vingt-cinq, elle n'avait pu naître que depuis le mariage de mademoiselle Feuchère, qui non-seulement avait envisagé sans trop de colère cet oubli de son mari, mais s'était en-

---

1. Lettre autographe de La Reynière à mademoiselle Augusta Ménestrier; ce 20 septembre 1817.

core prêtée de la meilleure grâce à ce que cette enfant d'une autre mère prît place au foyer conjugal. Nous ne savons que bien peu de choses sur cet incident de la vie de La Reynière, et nos renseignements se borneraient à cet aveu d'ailleurs formel de paternité, si un éclat irréparable, deux ans après, n'était venu mettre fin à cette communauté qui n'avait pas tardé à tourner à l'aigre. A entendre ce père indigné, tous les torts sont du côté de Victorine et de son mari. Mais il est à croire qu'il ne faisait pas à ceux-ci l'existence aussi douce qu'il le prétend, puisque le jeune ménage, bien que ce fût brûler ses vaisseaux, se détermina à déserter cet intérieur peu réjouissant d'un vieillard bizarre, maniaque et mal endurant. Cela se passait en novembre, et madame Grimod était déjà établie dan son appartement des Champs-Élysées.

« Je ne sais encore, lui écrivait son mari, quelle opinion l'on aura dans ce pays de cette fugue, qui pourra paroître à bien des gens, surtout en cette saison, une grande marque d'ingratitude. Au reste, la femme, qui ne m'avoit pas dit un mot de son départ, ni adressé une parole d'adieu, m'a fait remettre en partant une lettre de trois pages, qui pour être moins impertinente que celle de son mari ne laisse pas d'être assez désobligeante... Elle m'apprend qu'elle se trouvoit ici comme la *dernière de mes servantes*, ce sont ses termes. J'avoue que je ne l'aurois pas cru, vu qu'elle, son mari, son enfant, ses domestiques avoient tout à discrétion, et usoient sans ménagement de toutes les provisions... Mais c'est un moyen de se dispenser de la reconnoissance que de commencer par se plaindre... Elle n'a seulement pas daigné dire une parole à Hélène (la cuisinière)... Au reste, je ne suis pas surpris qu'elle ait pris ce parti (que je n'ai provoqué en rien), car elle grilloit d'aller à Paris rejoindre sa *vertueuse* mère et sa *chaste* sœur, et étaler sa belle garderobe. Mais lui, dont ce séjour va gêner les actions et tripler la dépense, je suis surpris qu'il y ait consenti... Au surplus elle a manqué d'adresse et de combinaison dans cette circonstance, car se conduire si mal avec moi et me mettre le pistolet sur la gorge pour me forcer à l'adoption, c'est faire preuve de bien peu de prudence et de calcul. Elle a pensé sans doute que la crainte de la perdre me feroit passer par-dessus toutes les considérations, et que le baptême et l'adoption seroient la suite de cette crainte. Mais elle doit voir maintenant qu'elle s'est trompée, et je pense que l'un et l'autre ne tarderont pas à s'en repentir. Au reste, je n'ai point répondu à leurs lettres, et peut-être n'y répondrai-je pas[1]. »

Tout en convenant que le séjour de Villiers-sur-Orge, en plein novembre, ne fût rien moins que souriant pour cette jeune femme frivole et vaine, en admettant encore que son fantasque père devait les soumettre l'un et l'autre à une étrange discipline, il faut reconnaître avec La Reynière que ce coup de tête était bien mal avisé en un moment où l'on rêvait une adoption qui eût assuré leur avenir. Par cette équipée, cet avenir, on faisait plus que le compromettre, on le perdait sans rémission, car nous ne voyons pas que Grimod ait pardonné. Il ne sera nullement question,

---

1. Lettre autographe de La Reynière à sa femme; Villiers-sur-Orge, ce 15 novembre 1819. Citée trois pages plus haut.

par la suite, ni de la femme ni du mari, et cette fortune qui leur était acquise, avec plus d'adresse, retournera, en fin de compte, à la multiple famille du dernier des La Reynière.

La vie de La Reynière était inexorablement réglée. De huit heures à midi, il dépouillait dans son lit sa correspondance, lisait les journaux, de la première à la dernière ligne. Une indisposition, des dérangements imprévus et inévitables ne faisaient que reculer et amonceler ces lectures : ainsi, tel jour, il aura à absorber et à digérer soixante colonnes arriérées du *Moniteur*, en petit romain[1]. Il donne lui-même à son ami la distribution de sa journée, et ne lui cache pas quel grave embarras c'est pour lui que la moindre interruption à ce train de vie.

« ... Vous m'objectez les visites du voisinage. A cela je réponds que mes voisins ayant leurs occupations habituelles et connoissant mon goût pour la solitude, me font très-rarement des visites, et que, si j'en excepte M. Le Barrois[2], je n'en reçois pas quatre par an lorsque je suis seul. Et j'avoue que je leur tiens bon compte de leur discrétion, et qu'en retour, ce que je possède est toujours à leur service. Lorsque madame est ici, c'est différent; on sait qu'elle aime la compagnie, et pendant qu'elle la reçoit, je puis rester à mon travail, à mes habitudes, et même me dispenser de paroitre, ce que je fais fort souvent. La seule heure à laquelle on soit certain de ne point me contrarier, c'est celle du dîner. Alors je me fais un vrai plaisir d'ac-

---

1. *Lettres autographes de La Reynière au marquis de Cussy*; Villiers-sur-Orge, ce 18 mai 1826.
2. Le général Le Barrois.

cueillir les survenans et de partager avec eux mon frugal repas... Pour moi, qui touche à l'entrée de mon quatorzième lustre, qui ai depuis six ans renoncé au monde, à ses pompes et à ses œuvres, qui n'ai jamais eu le plus petit grain d'ambition, qui vis retiré sept à huit mois de l'année dans la solitude la plus absolue... j'ai dû, pour brider l'isolement et l'ennui, me faire un système, un genre de vie qui diffèrent totalement des vôtres. Je suis devenu une bête farouche et sauvage qu'un rien épouvante, et qui vit dans sa tanière avec les morts beaucoup plus qu'avec les vivans[1]. »

Ces aveux sont piquants et d'une candeur comique. Qu'on le sache bien, ce qu'il demande c'est le repos, la solitude la plus complète; et ce qu'il appréhende plus que tout, c'est un visiteur, qui est toujours un fâcheux. Le hasard lui en dépêchait parfois, et, dans cette lettre même, il raconte le cruel supplice d'une journée passée avec un importun auquel il est forcé de donner la couchée et qui dérange tous ses projets avec une barbarie inconsciente, il est vrai. Ces sortes de mésaventures étaient rares l'hiver, et l'infatigable Grimod pouvait se livrer en pleine sécurité à sa rage de lecture et de correspondance. « Dans les temps ordinaires, dit-il, je lis régulièrement un volume et même plus d'un par jour[2]. » C'est sa ration. S'il y a eu interruption, cet arriéré devra être comblé au détriment de sa nuit. Il a été souffrant, la lumière blafarde et parcimonieuse des journées d'hiver ont fait obstacle à ces consommations effrayantes, il se

---

1. *Lettres autographes de La Reynière au marquis de Cussy*; Villiers-sur-Orge, ce 30 avril 1822.
2. *Ibid.*; Villiers-sur-Orge, ce 24 juillet 1822.

trouve un beau jour en retard de cent quatre-vingts volumes. Mais il prendra ses mesures pour rattraper le courant; quatre mois suffiront à cette tâche. Nous avons nombre de demandes de livres adressées à Maradan, son libraire, chacune ne désignant pas moins de trois cents volumes. Mais la mauvaise saison faisait place aux beaux jours, le printemps rappelait aux champs, et madame de La Reynière quittait son cher Paris pour reprendre sa place au foyer domestique. Elle n'y revenait qu'escortée et embâtée d'une demi-douzaine de commères qui s'implantaient gaillardement chez le solitaire, à son grand déplaisir.

« Quand nous serons à dix nous ferons une croix, »

s'écriera-t-il en faisant allusion à toutes les « trompettes » que madame Grimod avait amenées avec elle[1]. C'était lui qui tenait la maison : la part que s'était réservée cette dernière se bornait à peupler la succursale champêtre du jury dégustateur; ce qu'elle faisait libéralement, sans prendre même le soin de prévenir son mari sur cet accroissement inattendu de convives.

« Pendant ces vingt-deux jours, la maison n'a pas désempli. Elle est encore raisonnablement garnie d'hôtes, sans compter ceux que nous attendons demain de Paris et des environs de Villiers. Le seul M. de Saint-Martin vient toujours maintenant accompagné de cinq ou six personnes, qui, quand elles

---

1. *Lettres autographes de La Reynière au marquis de Cussy*; Villiers-sur-Orge, ce 9 novembre 1821.

connaissent le chemin, viennent ensuite sans guide, mais accompagnées de leurs parens et amis. C'est une procession continuelle, des visites sans fin, des diners de dix à douze convives, des nains jaunes de huit à neuf joueurs, enfin un tourbillon perpétuel au milieu duquel j'ai maigri de moitié. Il est vrai que sur ce point j'ai beaucoup à perdre, mais si ce train continue, je deviendrai un vrai squelette à l'automne[1]. »

Ce n'était pas assez que ce concours d'importuns, auxquels il se voyait forcé de donner pâture, il fallait encore s'asseoir à une table de jeu et prendre part aux divertissements de ses hôtes. « Il est dur, redira-t-il à huit jours de date, de ne pouvoir se livrer à ses goûts et à ses occupations les plus chères, et de se voir condamné, par exemple, au nain jaune, ou même aux dames polonoises[2]... » Mais il n'était pas toujours de si facile composition. On envahissait son castel, on se carrait dans ses fauteuils, mais on ne le tenait pas pour cela. Il s'enfermait chez lui et déclarait qu'il ne se montrerait qu'à telle heure, et tous les efforts pour le fléchir étaient inutiles. « En dépit du tems affreux qu'il fait (l'on était en octobre), la présence de madame Grimod (que Dieu confonde !) a attiré et retient ici six mâchoires qui depuis midi s'y sont établies et me harcèlent par écrit pour descendre. Mais je tiendrai bon jusqu'à cinq heures (et il en est quatre), c'est bien assez de les alimenter, dé-

---

1. *Lettres autographes de La Reynière au marquis de Cussy*; Villiers-sur-Orge, ce 21 juin 1823.
2. *Ibid.*; Villiers-sur-Orge, ce 29 juin 1823.

saltérer, et peut-être héberger ou faire traîner par le cheval, sans les porter encore sur mes épaules. Que madame Grimod s'en accommode puisque c'est elle qui nous les procure[1]. » Mais qu'y faire? sa femme avait horreur de la campagne, et, même dans la plus belle saison, n'y pouvait demeurer au delà de vingt-cinq jours de suite[2]; ce qui s'explique quand la journée se résume en une perpétuelle flânerie. « Il lui faut quelqu'un à poste fixe qui vienne lui raccourcir la matinée très-longue, en effet, pour quelqu'un qui depuis neuf heures jusqu'à cinq ne sait ou ne veut point s'occuper[3]. »

On n'en finirait pas, si l'on relevait ces gémissements incessants, qui ne varient guère de forme, et que l'implacable moitié ne se lassait pas de motiver en appelant à Villiers tout un monde. En somme, il ne se refuse pas à recevoir d'aimables et spirituels gens, comme il en connaît, et qu'il nomme; mais, en tout état de cause, il fera ses conditions. Il ne faut pas lui parler de sa journée, qu'il consacre, en hiver, à la lecture, depuis huit heures du matin jusqu'à dix ou onze heures du soir, sans autre interruption que son dîner : il fera le sacrifice de ses soirées, de six heures à dix, enchanté de passer ce temps dans une conversation aussi agréable qu'instructive. « Vous voyez donc, mon très-cher et honoré maître, que je ne suis pas aussi misanthrope que vous le supposez. Mais outre que je n'ai jamais aimé le grand monde,

1. *Lettres autographes de La Reynière au marquis de Cussy;* Villiers-sur-Orge, ce 9 octobre 1823.
2. *Ibid.*; Villiers-sur-Orge, ce 24 juillet 1822.
3. *Ibid.*; Villiers-sur-Orge, ce 29 juillet 1826.

il me reste si peu d'années à vivre ici-bas, que je suis bien aise de les employer à ma manière et selon mon goût, au moins pendant six mois de l'année[1]. »

Ainsi, il n'aura qu'à se louer de la discrétion de Dunant, le dessinateur de la plupart des frontispices de l'*Almanach des Gourmands*, qui, respectant ces manies, sachant se suffire, n'essayera pas de forcer la consigne; et, chaque jour, ils ne se verront pour la première fois qu'à six heures. « Vivent de semblables hôtes! s'écrie La Reynière. Avec eux on jouit tout à la fois du bonheur de la solitude et des plaisirs de la société[2]. »

Le docteur Roques, lui aussi, a trouvé grâce auprès du châtelain de Villiers-sur-Orge. Mais c'était, avec le marquis de Cussy, son ami, l'une des colonnes du temple, l'un des pères de l'église gourmande, écrivain élégant, disert, auquel l'on est redevable de pages remarquables sur le grand art des La Reynière et des Brillat-Savarin. Né à Valence (Tarn) le 9 février 1772, le chevalier Roques, l'un des praticiens dont s'honore la Faculté de Montpellier, joignait à un grand savoir un esprit aimable, orné, sans pédantisme, l'esprit d'un homme du monde, dans l'acception la plus étendue du mot. Mais, hors du cabinet, il était bien un homme du monde jusqu'au bout des ongles, et, ce qui est mieux ou pis, un homme à bonnes fortunes. A un certain moment, malgré ses cinquante ans, nous le voyons assez fâcheusement se

---

1. *Lettres autographes de La Reynière au marquis de Cussy*; Villiers-sur-Orge, le 29 septembre 1822.
2. *Ibid.;* Villiers-sur-Orge, ce 16 septembre 1822.

débattre contre une accusation d'adultère portée par un mari qui nous semble disposé à tirer le meilleur parti de la situation. Les tribunaux étaient saisis, et l'affaire assez grave pour le déterminer à s'éloigner[1]. La Reynière lui offrira généreusement un asile, se déclarant l'obligé du fugitif, qu'il aurait désiré retenir au delà de quelques jours. « Quel mérite peut-il y avoir, mandait-il au marquis, à ouvrir sa retraite au meilleur des hommes, d'un commerce facile et sûr, et de plus, innocent, malheureux, persécuté? Tout mon regret est qu'il n'ait pas voulu profiter plus longtems de cet azile, et que son impatience l'en ait arraché dès le 18 (juillet). Mais il a cru accélérer son affaire par sa présence à Paris, et je vois par la lettre aimable qu'il m'a écrite le 23 qu'il n'en est pas plus avancé de n/ avoir quitté[2]. » Nous ne savons rien de son affaire, sa partie s'appelait Barbeau, « ce coquin de Barbeau, » comme l'appelle La Reynière; et le procès dut être jugé en cour royale, ce qui indiquerait un premier arrêt dans la seconde moitié de l'année précédente[3]. Le docteur Roques est l'auteur de l'*Histoire des champignons* et d'un *Traité des plantes usuelles*, un code complet de médecine domestique. Les éditeurs des *Classiques de la table* n'ont été qu'équitables en reproduisant dans leur recueil les parties les plus saillantes de ce remarquable ouvrage, où l'anecdote se mêle dans une harmonieuse proportion à l'érudition la plus autorisée.

---

1. *Lettres autographes de La Reynière au marquis de Cussy;* Villiers-sur-Orge, le 15 juin 1822.
2. *Ibid.;* Villiers-sur-Orge, le 24 juillet 1822.
3. *Ibid.;* Villiers-sur-Orge, ce 18 janvier 1823.

La Reynière avait pour voisin de campagne l'un des plus illustres membres du jury dégustateur, homme d'esprit, de mœurs aimables, et qui venait passer une partie de l'été à son château de Villebouzin[1]. Mais ce voisinage ne devait avoir qu'un temps. Le Creuzot absorbera M. Chagot, et ce sera à Grimod, s'il veut pour un peu reprendre avec un vieil ami du poil de la bête, à s'arracher à ses habitudes, à cet intérieur selon son cœur et auquel il est inféodé. Il s'y résignera, par exception grande, disons unique, et durant l'automne de 1825, il ira faire auprès de l'habile industriel une étape de quelques jours, dans ce pays également intéressant par les efforts de l'homme et les aspects d'une nature pittoresque et romantique[2].

Mais, si Grimod oubliait sa sauvagerie, s'il se sentait repris d'un regain de sociabilité et d'amabilité, c'est lorsqu'il devait recevoir dans sa champêtre demeure le marquis de Cussy, sa jeune et jolie compagne et les rejetons de cette union si douce, si abritée, si sereine. Le nom du marquis, à tout instant mêlé à ce récit, nous fait l'obligation d'entrer dans plus de détails sur ce personnage sympathique, si aimé, si estimé de ceux qui l'approchaient. Le moment est venu de crayonner ce type du gentilhomme accompli, du véritable voluptueux, du gourmand de

---

1. Collection de M. M. de V., *Lettres autographes de La Reynière à M. Morel de Rombiou;* Villiers-sur-Orge, ce 10 décembre 1825. Villebouzin se trouve à une lieue de Lonjumeau. L'*Almanach des Gourmands,* v° année, p. 26 ; VI°, p. 97 274.
2. *Ibid.;* au Creuzot, ce 29 octobre 1825.

bonne façon et de bonne maison, qui déjà devenait de plus en plus rare, et qui, à l'heure où nous sommes, a complétement disparu.

Le marquis Louis de Cussy était un gentilhomme de bonne race normande, que la Révolution trouva officier au régiment du Roi-Infanterie. Durant la tourmente, il n'eut qu'à se faire oublier, et il ne nous semble pas avoir été inquiété. L'aménité de ses mœurs lui avait fait de nombreux amis, il n'avait point d'ennemis, et put échapper aux proscriptions qui durant trois années bouleversèrent le sol. Lorsque le nouveau César songea à se faire une cour, ce ne fut pas un petit embarras de recruter, à tous les degrés, des gens bien élevés, qui y apportassent leur élégance et leur savoir-vivre. Ses généraux, de simples soldats devenus du jour au lendemain des héros, s'étaient plus lentement transformés à d'autres égards, et il fallait bien convenir qu'ils avaient moins bon air dans les salons de la Malmaison et des Tuileries que sur les champs de manœuvre. Il n'y a pas à ressusciter ici toutes les histoires et tous les contes qu'on se répétait alors, à mi-voix, sur les maréchaux des premières fournées et mesdames leurs « épouses. » Napoléon avait trop le sentiment du ridicule pour ne pas comprendre ce qui manquait à son entourage et ne pas se préoccuper de l'amélioration du ton, en y mêlant tout ce qui était recrutable de l'ancien régime.

Après avoir nourri huit ou neuf ans, durant l'émigration, des illusions dont chaque jour emportait quelqu'une, les plus avisés, ceux qui n'avaient aucune attache de domesticité auprès des princes, voyant le peu d'espoir, pour ne pas dire la complète impossibilité d'une restauration, considérant la solidité de ce règne affermi par des triomphes sans exemple, ne boudèrent pas davantage, et, la France ouverte, ne se sentirent pas le courage de s'éterniser dans un exil volontaire et stérile. Cette patrie, pourquoi ne l'eût-on pas servie? Pourquoi, lorsque chacun donnait sa vie, eût-on hésité à se rencontrer avec ses plus glorieux enfants sur les champs de bataille? Des motifs moins quintessenciés devaient aussi contribuer à un rapprochement désiré surtout par l'Empereur : l'on était rayé de la liste des émigrés, l'on pouvait rentrer même dans ceux de ses biens que la « Nation » ne s'était point appropriés; mais les biens vendus (et c'étaient les plus nombreux), l'étaient irrémissiblement; et cette aristocratie, si riche naguère, rentrait pauvre, presque dans le plus absolu dénûment. Cette situation ne contribua pas peu à faciliter les secrets desseins du nouveau souverain, qui ne marchanda pas ses bienfaits. Dans les premiers temps particulièrement, ce fut presque de la reconnaissance pour ceux qui se rallièrent; et les emplois, les dotations récompensèrent plus que généreusement ces ouvriers de la dernière heure.

M. de Cussy, dont les manières étaient parfaites et qui relevait ces qualités de race et d'éducation par un mérite réel, après avoir rendu dans sa province des services qui furent appréciés et lui valurent le cordon de la Légion d'honneur, alors distribué avec moins de profusion, était élevé, en mai 1812, au grade de préfet du palais, choix qui obtint l'assentiment et l'applaudissement universel. Ces hautes fonctions semblaient faites pour cet homme aimable, de formes irréprochables, d'une politesse sans hauteur. Napoléon séduit tout le premier, le traitait avec considération ; il voulut que le marquis de l'ancien régime fût baron du nouveau, et celui-ci, qui pouvait se contenter de son premier titre, fut sensible à cette distinction d'un souverain pour lequel, du reste (différant en cela de bien d'autres), il conserva une gratitude respectueuse et un souvenir attendri. Après l'abdication, Marie-Louise dont il avait conquis les bonnes grâces, le nomma son premier chambellan, et il la suivit à ce titre à Vienne. Dévoué absolument à l'empereur, le marquis, ne rencontrant point dans l'attitude de l'impératrice ce qu'il aurait voulu y voir, se détermina à regagner la France ; il obtenait, à Parme, son congé de la princesse, et posait le pied dans Paris le 20 mars, le jour même où Napoléon rentrait aux Tuileries. Mais la lutte inégale qui allait se livrer entre l'Europe et un victorieux qui avait lassé la fortune, ne devait pas s'éterniser et n'eut d'autres conséquences que de décupler la détresse de la France. L'on nous dit que Cussy était, en 1816, à Londres, chargé d'une mission pour l'ordre de Malte[1] ; en tout cas, il dut y rester peu, et nous le retrouvons à Paris, en 1817, sans emploi, sa fortune déjà ébréchée, mais exempt d'amertume, acceptant philosophiquement un malheur qui le rendait à ses amis et lui permettait de vivre à sa guise, en épicurien doublé de l'homme de cour, car s'il se montra d'une courtoisie parfaite avec ses coreligionnaires en gourmandise, qui tous n'avaient pas sa distinction, il

---

1. *Biographie des Hommes vivants* (Paris, Michaud, 1816-19), t. II, p. 271.

garda ses manières exquises, chez lui si naturelles qu'il n'eut pas à se les faire pardonner.

M. de Cussy, qui appartenait au passé par tant de côtés, lui appartenait essentiellement par ce goût de la table, dont il avait fait une science. La Reynière le déclare « le premier gastronome de notre âge, » aussi bien sous le rapport pratique qu'au point de vue de la théorie, et lui dira (ce qui résume tous les éloges), qu'il n'aurait pas moins de confiance en sa cuisine qu'en sa science, s'il voulait troquer sa plume contre un tablier[1]. Cette parole flatteuse d'un bourru qui ne flattait guère, n'exagère rien. M. de Cussy était une autorité considérable, et peut-être l'autorité la plus imposante comme la moins contestée.

Avant la publication de l'*Almanach des Gourmands*, auquel il apporta sa notable part de rédaction, les marchands venaient prendre ses conseils, en référaient à ses avis, toujours écoutés, et suivis comme le dernier mot en telle matière. Insouciant, trop imprévoyant même, à l'égard d'une fortune qui lui glissa dans les doigts sans qu'il s'en doutât ou s'en inquiétât, l'amphitryon en lui ne déchoiera point. Sa table sera toujours irréprochable, du goût le plus parfait, mais sans cette profusion idiote de l'enrichi de fraîche date.

Comme tout vrai gourmand, il n'admettait pas de nombreux convives : sept, huit et neuf personnes, tel était le chiffre habituel des élus. « Oui, sans doute, nous dit le docteur Roques, il aimait le plaisir de la

---

1. *Lettres autographes de La Reynière au marquis de Cussy*; Paris, 2 mars 1817.

table, mais en gastronome de bonne maison, et non pas à la manière de ces polyphages dont toutes les affections, tous les sentiments résident au fond de l'estomac. Nous l'avons vu éprouver autant et plus de plaisir à manger un merlan sur le plat, ou une omelette à l'estragon qu'à savourer un ortolan ou une aile de bartavelle. En quittant notre modeste foyer, il nous disait un jour : « Je n'ai jamais fait de meilleur « repas en ma vie. » Il avait mangé des champignons des bois et bu du vin de Champagne. Il est vrai qu'il se montrait sévère pour tous ces parvenus qui croyaient le séduire en couvrant leur table de toutes sortes de mets, vrai chaos culinaire digne des temps barbares[1]. » La réduction de ses ressources ne lui permettait pas de proportionner les appointements au talent de son cuisinier, l'un des premiers de son art. Mais ce dernier, durant sept ans, ferma obstinément l'oreille aux propositions les plus séduisantes, et il fallut que son maître lui cherchât une place et exigeât lui-même qu'il quittât son service. « Celui de M. de Cussy, disait cet honnête homme est pour moi une leçon continuelle[2]. » Nous avons parlé des apports du marquis à la rédaction de l'*Almanach des Gourmands*, ils ne sont pas signés et n'ont rien qui les désigne. Mais l'on a recueilli quelques pages sur l'art culinaire, les gourmands célèbres et les cuisiniers, écrites avec agrément et atticisme, avec cette conviction sereine de ce que vaut cette science de bien vivre, qui doit avoir son influence

---

1. Joseph Roques, *Nouveau Traité des plantes usuelles* (Paris, Dufort, 1837), t. III, p. 271.
2. *Les Classiques de la table* (Paris, 1844), p. x.

sur le moral de l'espèce : « Dis-moi quoi tu manges, je te dirai qui tu es. » Et nous y renvoyons[1].

Il faut bien parler des sœurs Ménestrier, l'une et l'autre intimement liées au souvenir de M. de Cussy, qui, d'ailleurs, furent assez mêlées à la société du temps pour mériter de nous arrêter un moment. L'aînée (la plus connue, mais celle qui pourtant nous occupera le moins), *Minette*[2] Ménestrier était une charmante et piquante soubrette du Vaudeville, à laquelle on aurait souhaité sans doute deux ou trois pouces de plus; et ç'avait été la seule chose, à ce qu'assure La Reynière, qui l'avait empêchée d'entrer de plein pied à la Comédie-Française. Mais, quoique lauréat du Conservatoire où elle avait remporté le premier prix de Comédie, elle avait eu le bon esprit de rester fidèle au public dont elle était aimée et appréciée. Son éducation avait été soignée, elle parlait avec une aisance égale l'italien et l'anglais, et apportait beaucoup de verve et de belle humeur dans ce commerce pétillant des coulisses. Elle n'était pas jolie, mais ses traits fins, sa grâce naturelle en faisaient une personne charmante ; et, si elle réussissait par son entrain sur la scène, ailleurs elle n'était pas moins goûtée pour l'agrément de son caractère et les saillies d'une imperturbable gaieté[3].

Plus jeune de quatre années (elle était née en 1793),

1. *Les Classiques de la table* (Paris, 1844), p. 219 à 288.
2. Née le 6 février 1789 à Besançon. Elle s'appelait de ses vrais noms, Jeanne-Marie-Françoise Ménestrier. *Extrait des registres de l'église Sainte-Madeleine de Besançon*, du 7 février 1789.
3. De Manne et Ménétrier, *Galerie historique des comédiens de la troupe de Nicolet* (Lyon, 1869), p. 371, 372.

la cadette n'avait alors que dix-sept ans. Jolie, également spirituelle, elle avait moins de vivacité que Minette. Son caractère, plus sérieux, était fait pour les douceurs de la vie d'intérieur et de famille, et son existence devait, en somme, se partager entre les exigences de son état et un attachement aussi profond que respectable, que les années ne feront que resserrer. Attachée à l'Opéra, et, par suite, à la chapelle du roi, mademoiselle Augusta n'était pas une étoile [1], c'était une artiste intelligente, sans ces dons exceptionnels qui jettent d'incomparables éclats et transportent les foules. Mais cet enivrement trop peu durable du public, toute cette gloire qui mènent à la fortune, écartent du bonheur plus qu'ils n'en rapprochent; et, fort probablement, n'aurait-elle que perdu à échanger son existence tranquille et honorée contre ces tourbillonnements de la vie de l'artiste acclamé. La position de M. de Cussy, sa fortune, peu après ses hautes fonctions (car leurs relations existaient depuis deux ans déjà, lorsque le marquis fut nommé préfet du palais), lui avaient acquis une considération qu'elle ne pouvait avoir par elle-même et qu'on accorde rarement à des liens de ce genre [2]. Mais elle s'en montra digne par une conduite irréprochable et un dévouement à toute épreuve.

La Reynière, introduit dans cet aimable intérieur,

---

1. Son engagement à l'Académie impériale de musique est de 1816, comme coryphée. *Annuaire dramatique* (Paris, Rosa), p. 67. Ce fut en 1823 qu'elle fit partie de la Chapelle. Grimod parle de « sa superbe voix. » *Lettres autographes de La Reynière au marquis de Cussy;* Villiers-sur-Orge, ce 18 janvier 1843.

2. Mesdemoiselles Ménestrier étaient filles d'un maître tailleur de Besançon qui tint plus tard un café dans la même ville.

devant ce joli visage et ces doux yeux, oublia ses serments de ne plus aimer, cette solennelle *abjuration*, formulée pourtant en des termes si nets et si décisifs. Bien des années s'étaient écoulées depuis lors, et, abstraction faite de toute considération de loyauté et d'honnêteté, était-il présumable que l'auteur de l'*Almanach des Gourmands*, à cinquante ans sonnés, serait plus favorisé que l'auteur du *Censeur* avec dix années de moins ; que mademoiselle Augusta fût enfin d'un autre sentiment que mademoiselle Mézeray à l'endroit de cet amoureux grisonnant et suranné qui n'avait pu que vieillir et enlaidir? La Reynière, selon son habitude, se posera en ami dévoué, sans prétentions, sans exigences, serviable, n'implorant qu'un peu d'amitié en retour d'une affection à toute épreuve, « proposition romanesque peut-être, mais pure, sincère, généreuse et désintéressée. » Ces offres, cette fois encore, ne furent pas agréées ; elles furent même accueillies d'une « manière vraiment insolite et ingrate, » qui fut ressentie vivement par ce caractère impétueux. Non-seulement on reprocha « outrageusement » ses torts au coupable, mais la porte de l'inhumaine lui fut fermée, ce dont il ne se douta point tout d'abord : il est vrai qu'il ne demeura pas longtemps sans savoir à quoi s'en tenir à cet égard.

« Jeudi 23 avril, votre salon étoit éclairé, il étoit dix heures et demie ; je sonne, votre maman, tenant une tasse de tisane à la main, vient elle-même ouvrir. Je lui demande des nouvelles de mes sœurs, si l'on peut avoir l'honneur de les saluer, etc. ; elle me répond, avec embarras, que vous avez chez vous *compagnie*. Je ne pense pas, lui dis-je, être de trop ni devoir m'en aller lorsque mes sœurs ont chez elles d'*autres* personnes; mais puisqu'on me fait cet insolite affront, je ne m'y exposerai pas une troisième fois, madame, et j'ai l'honneur de vous souhaiter le bonsoir... J'étois au bas de l'escalier, lorsqu'une voix que je crus être celle de M. de Cussy (je n'en suis cependant pas bien sûr) me demande : *Est-ce vous, monsieur Grimod ?...* Je ne répondis rien, et je cours encore. ».

Cela est comique, mais on passera à La Reynière de l'envisager à un point de vue tout autre. L'affront était manifeste, il était sanglant, et de ceux auxquels la pensée ne se reporte point sans indignation ni révolte. En somme, dans son for intérieur, il eût dû convenir qu'il s'était attiré cette dure leçon; mais il est plus selon la logique de la colère de récriminer et de se soulager par d'aigres paroles. Bien que sans mandat et sans mission, il reprochera à Augusta des légèretés sur lesquelles il ne s'explique point, une dissimulation dont il avoue avoir été la dupe, comme si, à tout prendre, il eût été en droit de se plaindre « de petites frasques » qui n'avaient offensé ni ému le principal intéressé. Dans cette même lettre, qui est tout un manifeste, la sœur aînée, dont l'intervention moins nécessaire n'avait pas été bienveillante, aura son coup de patte et son coup de dent. « J'en veux plus à mademoiselle Minette qu'à vous, dit-il en post-scriptum; parce qu'elle est plus âgée, qu'elle connoît mieux la portée des traits qu'elle lance; et qu'elle a mis dans ses reproches, si peu fondés, un ton d'aigreur, de sécheresse et de désobligeance que je ne méritois assurément pas, surtout de sa part[1]. » Bien que madame

1. Lettre autographe de La Reynière à mademoiselle Augusta;

Grimod fût liée avec les deux sœurs, « les sœurs gourmandinettes, » (comme les appelait son trop ardent mari,) et qu'elle se trouvât en dehors de la querelle, bien qu'aussi M. de Cussy feignît d'ignorer les torts du secrétaire perpétuel du jury dégustateur, s'il n'y eut point de rupture officielle, si les rapports ne cessèrent même pas complétement, au moins se vit-on plus rarement. Dans le dossier formidable des lettres de La Reynière au marquis, la correspondance s'arrête brusquement pour ne reprendre qu'en 1817. Mais la glace était rompue dès juin 1814, comme cela résulte d'un billet de Minette à son ancien ami, « ancien avocat, ancien négociant, ancien pêcheur... ancien tout ce qu'on voudra[1], » billet d'une allure vive, un peu gaillarde, mais des plus cordiaux. Toutefois, une certaine gêne qu'on essayait de dissimuler, persistait, en dépit des mutuels témoignages de bonne amitié; et Grimod, plus susceptible en raison même de ses torts, n'était pas homme à faire bon marché de ses propres griefs. Il en avait, lui aussi.

A sa première grossesse, Augusta avait prié La Reynière de tenir le nouveau-né sur les fonts baptismaux. Il avait accepté avec joie, s'était mis en quête d'une marraine, et ne supposait pas que ces arrangements pussent subir quelque modification, quand l'heure venue, soit caprice, soit (ce qui est plus probable) que les poursuites amoureuses du futur parrain eussent déjà indisposé, l'on sembla avoir com-

---

Paris, ce 25 avril 1812. Elle demeurait alors rue Saint-Thomas-du-Louvre.

1. Lettre autographe de Minette Ménestrier à La Reynière; Paris, 6 juin 1814.

plétement perdu de vue ces engagements, et l'on choisit « ailleurs » et parrain et marraine. Le procédé était leste, nous en convenons. Que faire dès lors de cette marraine, et comment envisagerait-elle un contre-ordre qu'il n'y avait pas à expliquer honnêtement? Par bonheur, la cuisinière de Grimod était dans un état intéressant, elle aussi, et il put faire agréer à sa commère cette substitution de personne. « Je tins avec elle l'enfant d'Hélène, qui est vraiment une fort jolie filleule. » C'est à la coupable même qu'il rappelle ses griefs. Celle-ci, se trouvant de nouveau enceinte, toute rancune cessante, (peut-être à défaut d'un autre parrain,) n'avait jugé rien de plus simple que de faire valoir une vieille promesse qu'il n'avait pas tenu à Grimod d'acquitter. Mais c'était compter sans l'humeur formaliste et rancunière du secrétaire perpétuel du jury dégustateur, qui, après avoir inexorablement précisé les faits tels qu'ils étaient, ajoutait de son ton le plus pédantesque :

« .... Vous voyez que je pourrois me regarder comme quitte d'un engagement que vous avez rompu la première, car personne n'est plus sensible que moi à l'oubli des convenances, surtout de la part des personnes que j'aime.

« Aujourd'hui, quoique depuis plus d'un an vous ne m'ayez donné aucune marque de souvenir et que j'ignorasse même que vous fussiez enceinte, vous me sommez de (tenir) ma parole, c'est fort bien. Mais d'abord, si, comme j'aime à le croire, l'enfant est de M. de Cussy, comment se fait-il qu'il n'ait pas daigné m'en écrire un mot? Il me semble que la chose en valoit bien la peine, et que dans cette circonstance, c'est toujours au père à faire les premières démarches. Second oubli des convenances dont il ne dépendoit encore qu'à moi de me formaliser.

« Vous voyez, ma très-chère sœur, que votre étourderie (car je veux bien ne qualifier que de ce nom votre conduite envers un ancien et véritable ami, qui, au rebours de tous les autres, vous a toujours aimée bien moins pour lui que pour vous-même) me donneroit beau jeu pour décliner l'honneur que vous voulez bien me faire aujourd'hui, en qualité de *pis-aller;* car vous m'avez autorisé à croire que si vous aviez trouvé un parrain plus à votre convenance, vous lui auriez donné la préférence.

« Je n'abuserai cependant pas par un refus formel des avantages que vous m'avez donnés sur vous. Je me contenterai de vous prier d'ajourner à votre troisième enfant, que vous annoncez être très-prochain, la faveur que vous voulez bien me faire, et cela par des raisons qui me sont absolument personnelles, et que je vous dirai très-volontiers, si vous avez quelque désir de les sçavoir[1]. »

Il ne faut pas manquer de procédés avec Grimod. Il finira par pardonner; mais son premier moment est plein d'emportement et de violence, et se traduit par des paroles amères, plus amères souvent que la chose ne le comporte. Même avec M. de Cussy, qu'il aime, et pour lequel il a une considération mêlée de respect, il ne sait se contenir; et, si ce dernier n'eût pas eu

---

1. Lettre autographe de La Reynière à mademoiselle Augusta; Villiers-sur-Orge, ce 20 septembre 1817. Il faut que ce troisième enfant n'ait pas vécu. Il n'en sera dans la suite nullement question.

l'humeur aussi longanime, leur liaison aurait été à tout instant compromise par des récriminations dont la légitimité ne pouvait innocenter la rudesse. Nous le voyons reprocher à mademoiselle Ménestrier de ne lui avoir point, depuis un an, donné la moindre marque de souvenir ; mais il avait quitté Paris, et cet éloignement rendait plus excusable un tel oubli. Cependant, avec le temps, les dernières traces d'aigreur disparaîtront, et mesdemoiselles Ménestrier, aînée et cadette, ne seront plus que les très-chères sœurs gourmandinettes, auxquelles on fera les avances les plus cordiales comme les plus tendres. La santé d'Augusta n'est pas toujours bonne, le grand air lui sera conseillé, et La Reynière, tout aussitôt, de mettre lui et son castel, à la disposition de sa chère sœur, sans oublier les goujons de l'Orge. L'on acceptera quelquefois, mais jamais assez fréquemment au gré de l'auteur de l'*Almanach des Gourmands*. Et ce sont ces invitations qui seront pour Grimod autant d'occasions de grandissimes colères, toujours endurées par le marquis avec sérénité et patience ; il est vrai que ce dernier, n'est que trop souvent dans son tort, et que ce qu'il a de mieux à faire, c'est de subir l'algarade, de courber le front et d'attendre que la tempête se soit calmée. Notre solitaire aura parfois la main un peu lourde, et M. de Cussy, sans se départir de son calme et de sa politesse, devra le faire entendre à ce paysan du Danube qu'il étonnera fort. « ... Je ne relèverai pas l'épithète de *grosses* que vous donnez à ce qu'il vous plaît d'appeler mes *injures*. Je ne croyois vous avoir adressé que des reproches, sortes de plaintes que l'amitié autorise, et dont le motif auroit dû vous faire excuser la vivacité. Mais dans le grand monde on ne pardonne rien, et cela me prouve qu'un pauvre ermite comme moi n'est plus fait pour y vivre, puisqu'il en a oublié jusqu'aux lois et aux usages[1]. »

Nous avons assisté, en 1812, à la suspension de l'*Almanach des Gourmands*, pour les graves raisons auxquelles Grimod lui-même nous a initié. Cependant, au bout de huit années de silence, cédant aux insistances de « quelques vénérables gourmands, » il se décidait à reprendre la plume, une plume rouillée peut-être par une trop longue interruption. Une affiche monstre avait été composée, et devait tapisser les murs de la capitale, le mardi-gras, un jour bien choisi pour l'annonce d'une telle entreprise, quand l'horrible catastrophe du 13 février vint tout glacer, tout suspendre. L'assassinat du duc de Berri, qui, du reste, fut une cause d'épouvante et de deuil général, allait avoir pour effet de paralyser la verve du royaliste Grimod, dont les esprits n'étaient pas encore revenus de ce coup terrible six mois après[2]. Peut-être à cette prostration patriotique faut-il joindre une considération d'un tout autre ordre. La Reynière hésitait, il était un peu effrayé de faire la guerre à ses dépens ; mais Maradan, l'éditeur des huit premières années, le venait tirer de peine en déclarant qu'il se chargerait de l'opération. A la lecture de l'affiche gourmande, M. de Cussy avait écrit à l'auteur une lettre de félici-

---

1. *Lettres autographes de La Reynière au marquis de Cussy ;* Villiers-sur-Orge, ce 9 novembre 1821.
2. *Catalogue de lettres autographes* de M. de Rochefort-Labouisse, du 10 mai 1854, n° 435. Lettre de Grimod à Maradan, le 6 août 1820.

tation qui lui alla au cœur et à laquelle il s'empressait de répondre dans les termes les plus chaleureux.

« Si quelque chose pouvoit rallumer une imagination presque éteinte, ce seroit, monsieur, les trop flatteurs encouragemens que votre indulgente amitié me prodigue... Les facultés de mon esprit sont tellement rouillées que si je n'avois pas pris d'engagement avec le public et avec le libraire, je crois que je fermerois mon encrier dont je ne puis plus désormais tirer rien d'agréable.

« Ce qui ajoute à mon déplaisir, c'est la nécessité où je serai (ainsi que vous l'avez trop bien prévu) de me transporter à Paris (ville que j'ai prise en horreur aussi bien qu'en dégoût), pour prendre des documens indispensables à mon travail, et me mettre un peu au courant des changemens opérés depuis huit ans dans l'empire de la cuisine. Heureusement je n'en ai besoin que pour *l'Itinéraire nutritif*, qui forme le dernier article de mon volume, le plus insipide à écrire et le plus difficile à rédiger. Ainsi je reculerai ce voyage le plus qu'il me sera possible, malgré la charmante consolation que voulez bien m'offrir, afin de me le rendre, non-seulement moins pénible, mais infiniment agréable[1]. »

Le marquis s'était mis, de la meilleure grâce, aux ordres de son ami, et il n'avait pas tardé à dépêcher à Villiers des notes dont Grimod espérait bien tirer un excellent parti. Mais l'état de santé du solitaire empêchait de donner suite à tous ces projets, et il fallut

---

1. *Lettres autographes de La Reynière au marquis de Cussy;* Villiers-sur-Orge, 20 septembre 1820.

ajourner ce malheureux neuvième volume à des temps plus propices[1]. Une année s'écoula ainsi sans avancer d'un pas. Enfin, il s'était remis à l'ouvrage, et il écrivait à M. de Cussy, à la date du 1er novembre 1821 :

« Il faut donc vous arranger pour me donner, du 15 au 20 novembre, ces six jours, soit seul, soit avec la très-chère sœur, qui nous troublera bien moins qu'elle nous inspirera, sauf à l'envoyer promener avec M. l'officier[2] sur les bords de l'Orge, si elle vouloit faire le contraire.

« Vous avez sous les yeux l'itinéraire de la huitième année, il peut vous servir de gouverne pour les additions, corrections, etc., etc. Usez-en, taillez, rognez, composez, je n'aurai plus qu'à y mettre la sauce, quoique moins bon cuisinier que vous. Mais il faut, puisque le livre porte mon nom, que mon cachet s'y trouve. »

Ne dirait-on pas le volume à la veille de paraître ? Il n'en est rien pourtant. Le marquis promet de venir passer de bons moments avec le seigneur de Villiers; mais ces bons moments sont d'ennuyeux moments pour ce Parisien dans l'âme et jusqu'au bout des ongles, qui a bien l'intention de tenir parole et n'en trouve jamais le courage.

« J'ai depuis quinze jours le bec dans l'eau, la plume en l'air, et mon Almanach pour la confection duquel j'ai eu la sottise de compter sur M. le grand dégustateur du jury, ne se fait point *et ne se fera*

---

1. *Lettres autographes de La Reynière au marquis de Cussy;* Villiers-sur-Orge, 26 octobre 1820.
2. M. Charles, le fils d'Augusta.

pas; car, dégoûté par toutes ces contrariétés qui sont autant de coups d'épingle, *j'y ai renoncé au moins pour cette année,* et je viens d'écrire à M. Maradan qu'il ne doit plus y compter.

« Ainsi, Monsieur le marquis, ne vous gênez en rien pour moi... oubliez tout ce qui tient à la neuvième année de l'*Almanach des Gourmands,* que je n'avois entreprise que pour céder à vos instances; pour laquelle vous m'aviez promis le concours de vos savantes investigations, et pour la composition de laquelle, si, en 1822, il me prend fantaisie de m'en occuper, je ne m'en reposerois que sur moi-même. Grâce au ciel j'ai encore des jambes, et quand au lieu de la clef des champs, j'aurai repris la clef des rues, je saurai encore, comme en 1812, rédiger mon *itinéraire nutritif,* peut-être plus impartial que celui que je devrois à une plume étrangère, toute savante, tout éloquente qu'elle soit[1]. »

Grimod est hors de lui, et tout ce que nous venons de citer est à l'eau de rose en comparaison des gentillesses que nous avons omises. Toujours sans se fâcher, sans se trouver blessé de ces vivacités qui dépassent la mesure, M. de Cussy fera sentir qu'on le traite un peu bien durement. Cette modération rappellera à lui-même le seigneur de Villiers. Il comprendra qu'il s'est emporté, tout en se défendant d'aucune intention injurieuse. Il alléguera, à sa décharge, les torts très-réels du marquis : on l'a trompé à deux reprises, dans l'intervalle de six jours, sous des

---

1. *Lettres autographes de La Reynière au marquis de Cussy;* Villiers-sur-Orge, 21 novembre 1821.

prétextes d'indispositions qui ne se conciliaient guère avec de continuelles sorties et un « teint de lis et de rose ; » n'est-il pas excusable, avec un amour inné de l'ordre, de l'exactitude, de la ponctualité jusqu'à la minutie, d'avoir perdu patience et un peu aussi de vue les égards dus au plus honorable et au plus civil des hommes?

« ... Sans votre secours, je ne saurois entreprendre, ajoutait-il avec plus de calme, mon itinéraire nutritif, qui est la partie la plus intéressante *pour le public* de l'*Almanach des Gourmands*. Grâce à vos délais et quel qu'en ait-été le motif, il est trop tard pour terminer ce 25 novembre... C'est un très-petit malheur, sans doute. Maradan y perdra plus que moi; car du train dont alloient les légitimations, à l'exception des friandises de M. Achard [1], et des pâtisseries de 1820, de M. Le Baigne, je n'aurai pas reçu une aile de perdrix pour cette neuvième année. Restons donc sur la bonne bouche de la huitième année, qui est une des moins mauvaises depuis la première, et ne tentons pas de nouveau la faveur d'un public qui s'occupe beaucoup plus des bavardages de la triste tribune de nos tristes députés que de tout ce qui se boit et se mange à Paris... Vers le carnaval peut-être [2]... »

Après tout, on laissait un petit coin à l'espérance. Il n'avait rien moins que renoncé à achever son œuvre, en dépit de l'ingratitude des marchands de comestibles qui avaient négligé, sauf deux, de se ran-

---

1. Grimod l'appelle « le prince du petit four » *Lettres autographes de La Reynière au marquis de Cussy;* Villiers-sur-Orge, 7 mars 1822.
2. *Ibid.;* Villiers-sur-Orge, ce 25 novembre 1821.

ger à leur devoir. Cette insouciance et cet oubli des spécialistes ne seraient pas à leur éloge et contrasteraient défavorablement pour eux avec les procédés des anciens du commerce culinaire. « Je vous dirai, écrivait La Reynière à M. de Cussy en décembre, que j'ai reçu, le 13, une bourriche renfermant un demi-chevreuil. C'est une rente annuelle que me paye l'amitié de M. Balaine[1], qui a survécu à l'Almanach, à mes sept années d'absence, et même à sa retraite des affaires ; ce qui prouve que, dans ces dons annuels, il n'y a aucune arrière-pensée intéressée...[2] » Ajoutons que Grimod s'était un peu hâté de crier famine. Il accusait avec attendrissement, un mois plus tard, les témoignages de gratitude du négoce parisien.

« Je suis désolé d'apprendre que M. Achard et M. Billet se préparent à de nouveaux sacrifices. Ils en en ont déjà trop fait, et en 1820 et en 1821, et je n'ai pu encore en reconnoître aucun. Si, par quelque aventure, car il faut tout prévoir, l'Almanach ne paroissoit point en 1822, j'aurois vraiment l'air d'un escroc, et vous, mon très-cher maître, de Bertrand qui tire au profit de Raton les marrons du feu. Je vous prie donc bien sérieusement, s'il en est encore tems, de faire décommander le dinde et le pâté de Strasbourg, parce qu'en vérité ces cadeaux me feroient beaucoup plus de peine que de plaisir ; et je me verrois forcé de les payer *in ære* ne pouvant le faire *in calamo*. Je reçois des marques de souvenir de M. Balaine et de

---

1. Restaurateur du Rocher de Cancale, successeur de Le Gacqe.
2. *Lettres autographes de La Reynière au marquis de Cussy* ; Villiers-sur-Orge, 16 décembre 1821.

M. Debauve[1], de M. Chevet, de M. Labour[2], parce que j'ai essentiellement contribué à leur fortune, et que ce sont de leur part des témoignages de reconnoissance qui survivent au service, ce qui est rare; mais je n'ai jamais parlé de M. Billet, je n'ai dit qu'un mot de M. Achard; et, je le répète, si par un cas fortuit, l'Almanach ne pouvoit paroître, je me trouverois excessivement contrarié par ces envois [3]. »

Ce passage était bon à relever. N'est-on pas allé jusqu'à dire que le jury dégustateur était une duperie, ses séances et ses légitimations un leurre, auxquels se laissaient prendre les marchands assez naïfs pour donner dans de tels piéges. A entendre les médisants, il n'y aurait eu de réel, dans cette comédie impudente, que l'absorption par ce gourmand formidable des produits de toute nature dépêchés à son tribunal imaginaire; en un mot, le jury dégustateur n'aurait été composé que « d'une seule bouche et d'un seul estomac[4]. » Bien que La Reynière ait à se reprocher en sa vie plus d'un malin tour, il se respectait trop pour pratiquer un chantage de cette force, qui n'aurait eu rien de bien différent de l'escroquerie.

Du fond de cette solitude dont il ne veut plus sortir,

---

1. Fabricant de chocolat.
2. L'Hôtel des Américains, rue Saint-Honoré.
3. *Lettres autographes de La Reynière au marquis de Cussy*; Villiers-sur-Orge, 24 décembre 1821.
4. Notre savant ami, le bibliophile Jacob, ne doit pas avoir la conscience tranquille. Il aura accordé créance à de faux rapports, à des récits malveillants, qu'il a accueillis pour ce qu'ils avaient de plaisant; et nous en sommes d'autant plus désolé que son livre est, comme tout ce qui vient de lui, des plus intéressants et des mieux racontés. *Mystificateurs et Mystifiés* (Paris, 1875), p. 134.

Grimod jette parfois un regard en arrière; sequestré du monde, du monde de la « gueule, » il se rappellera, avec bonheur et regret, l'époque où il en était l'un des dilettantes les plus distingués. Aux gloires du jour qu'on lui révèle, il se complait à opposer les étoiles de l'autre siècle. « Je vous remercie, très-honoré maître, écrivait-il au marquis qui lui envoyait des mémoires pour son Almanach, des détails que vous voulez bien me donner sur les reines actuelles de la marée, et j'ai pris bonne note de mad. Bernard et de la grande Reinette que vous me signalez comme tenant le sceptre du poisson de mer. Mais entre quelles mains est maintenant celui du poisson d'eau douce? De mon tems, c'était une mad. des Nœuds[1], qui brilloit d'un tel éclat qu'elle s'est élevée jusqu'aux honneurs de la faillite, chose assez rare chez les dames de la Halle, et qui ne l'a pas empêchée de continuer son commerce avec le même éclat... Et les tripiers ! Et les rôtisseurs ! Hélas ! il fut un tems où je savois tout cela mieux que mon catéchisme, et où je pouvois, sans vanité, m'intituler le *toutou* de la Halle. Ce tems est passé et ne reviendra plus[2]. » N'est-ce pas admirable : « le *toutou* de la Halle ! » On sent l'attendrissement. La Reynière devait avoir la larme à l'œil en écrivant cela.

[1]. Madame des Nœuds vendait quelquefois pour douze ou quinze cents francs de poisson par jour. L'*Almanach des Gourmands*, (1806) IVe année, p. 174, 175.
[2]. *Lettres autographes de La Reynière au marquis de Cussy*; Villiers-sur-Orge, 6 février 1822.

IX

PASSION DE LA REYNIÈRE POUR LOUIS XVIII.
LA POLITIQUE DE GRIMOD. — DELPHINE A LORMOIS.

Une année s'écoule encore, sans que le neuvième volume soit achevé. Le pauvre Maradan, qui l'attendait depuis si longtemps, perdit patience et passa de vie à trépas au grand chagrin de La Reynière, qui fait de ce modèle des libraires un éloge accompli : Ils se connaissaient depuis vingt-neuf ans. Maradan avait laissé sa maison à son premier commis, Grimbert, qui hâta d'écrire à l'auteur de l'*Almanach des Gourmands* combien il serait heureux de débuter par ce neuvième volume aux conditions arrêtées avec son prédécesseur[1]. Grimod ne repoussera pas formellement ces offres ; mais son parti était pris, l'ère des vrais gourmands était close. Des rudiments culinaires tels que le *Cuisinier royal*, le *Cuisinier économe*, le *Traité de cuisine moderne*, la *Cuisine et la Pâtisserie de santé*, le *Pâtissier pittoresque*, le *Parfait Maître d'hôtel*, trouveraient toujours un public et des acheteurs; mais il n'y avait plus place désormais pour un livre quelque peu élevé sur la matière. «Ce qui a fait le succès de vogue

---

1. *Lettres autographes de La Reynière au marquis de Cussy;* Villiers-sur-Orge, ce 13 février 1823.

de l'*Almanach des Gourmands*, c'est qu'il a paru écrit d'un autre style que celui de ces Messieurs ; c'est qu'on y a vu autre chose que des formules et des recettes toujours terminées par : *Dressez et servez chaud*, qui est le *Gloria Patri* de ces Messieurs ; enfin, c'est qu'on y a, pour la première fois, trouvé ce genre d'écrire auquel on a donné depuis le nom de *Littérature gourmande*. Or, pour soutenir ce ton, il faut un esprit de liberté incompatible avec l'ordre de choses actuel ; il faut un gouvernement assez sage, assez fort pour ne pas s'effrayer de la plaisanterie la plus légère, enfin il ne faut pas, en écrivant, avoir sans cesse sous les yeux la prison de Sainte-Pélagie... Lorsque vous m'aurez délivré de ces appréhensions, je vous promets de relever mon encrier[1]. »

Grimod nous semble le prendre bien au tragique. Nous savons que, vers ces temps, Coupigny, Étienne, Jouy, étaient incarcérés pour la virulence de leurs écrits polémiques, que Magalon avait été traîné avec une aussi révoltante que maladroite brutalité, au dépôt de Poissy ; mais La Reynière avait-il à redouter qu'une boutade échappée, dans l'Almanach, à son indignation ou sa colère lui valût le *carcere duro* du rédacteur de l'*Album*[2] ? Quoi qu'il en soit, il ne se sent plus le courage, il ne se sent plus la force de poursuivre une tâche d'ailleurs interrompue depuis tant d'années. Laissons le péril qui est imaginaire, reste la question d'opportunité. La France de 1823 était-elle donc à ce

---

1. *Lettres autographes de La Reynière au marquis de Cussy* ; Villiers-sur-Orge, 5 mars 1823.
2. Magalon, *Ma Translation, ou la Force, Sainte-Pélagie et Poissy* (Paris, 1824).

point dégénérée ? N'y avait-il donc plus de raffinés, de délicats capables d'apprécier, de savourer un tel livre ? Ce pessimisme était, heureusement, moins fondé que Grimod ne le supposait dans une phase de découragement, et une œuvre des plus remarquables, et dont le succès ne se faisait pas attendre, lui donnait alors le plus éclatant démenti : nous avons cité la *Physiologie du goût*.

Toujours méthodique, La Reynière, qui avait à combler un arriéré assez considérable, ne lut pas l'ouvrage dans sa nouveauté. Il était, d'ailleurs, indisposé contre l'auteur qui ne nomme pas, une seule fois l'*Almanach des Gourmands*, et semble ignorer, en effet, jusqu'à son existence. Dans ces conditions, il ne faut pas s'attendre, de la part d'un homme auss passionné que notre Grimod, à une grande bienveillance. L'amour-propre littéraire était en jeu, et la fortune éclatante du livre devenait une circonstance aggravante. Eh bien ! point. La Reynière lira, s'étonnera, admirera avec une sincérité qui est fort à son honneur. Il est vrai qu'il prendra son temps, puisque l'ouvrage avait paru à la fin de 1825 et qu'il en parle, en mars 1827, comme d'une nouveauté acquise et dévorée la veille ou l'avant-veille.

« Je vous dirai, mon illustre ami, que j'ai acheté et lu avec un extrême plaisir la *Physiologie du goût*, de ce pauvre M. Brillat-Savarin, qui a si peu survécu à son succès. C'est un livre de la haute gastronomie et près duquel mon *Almanach des Gourmands* n'est qu'une triste rapsodie. Comment un talent si profond, si piquant, a-t-il tant tardé à se dévoiler ! C'est vraiment le chant du Cygne. *L'auteur est-il mort d'indi-*

gestion ? Cela devroit être, car avec son caractère aimable, gai, insouciant et jouissant en homme sage de tous les plaisirs de Paris, il devoit vivre un siècle, et il n'en avoit pas accompli les 9/12es[1]. C'est sans contredit le meilleur livre qui ait paru depuis bien des années ; et il ouvroit de droit la porte de l'Académie, si elle s'ouvroit aux hommes d'un esprit supérieur[2]. »

Il reviendra sur le compte de l'ouvrage et de l'élégant écrivain, avec plus que de l'équité, avec une abnégation bien rare et bien méritoire. « Il paroît, disait-il encore à M. de Cussy (20 mars 1827), que vous l'avez beaucoup connu et que sa mort vous a été très-sensible. Pour moi, qui ne l'ai jamais vu, je le regrette bien sincèrement, d'après la simple lecture de son ouvrage, et ce sentiment est bien désintéressé, car il n'a pas daigné dire un mot de l'*Almanach des Gourmands* dans le cours de ses deux volumes. Il pouvoit cependant le citer sans danger, car j'avoue de bon cœur que je ne suis qu'un gargottier auprès d'un artiste de cette volée. Il a ennobli le grand art de la gueule, en en parlant en philosophe, en métaphysicien, en excellent philologue, et je ne suis auprès de lui qu'un gâte-sauce. Je conviens que mon *Almanach des Gourmands* est à la portée de plus de gens que la Physiologie du goût, qui, pour être dignement appréciée, exige des connoissances en médecine, en anatomie et en métaphysique, mais pour cela même cet ouvrage est en première ligne; et le mien, malgré son succès, que

---

1. Mort le 2 février 1826. Il était plus âgé que Grimod de trois années. Il avait soixante et onze ans, quand il mourut.
2. *Lettres autographes de La Reynière au marquis de Cussy ;* Villiers-sur-Orge, 11 mars 1827.

vous voulez bien qualifier d'européen, n'est auprès que de la Bibliothèque bleue. »

La Reynière avait salué le retour des Bourbons avec enthousiasme. La Restauration était, d'ailleurs, personnifiée dans un prince qu'il connaissait de vieille date et dont il chantera les louanges sans se lasser. Madame de Sévigné, pour trois mots polis tombés d'une auguste bouche, n'est pas éloignée de proclamer Louis XIV le plus grand roi du monde. Peut-être faut-il attribuer l'affection, l'admiration durable de La Reynière pour Louis XVIII à un motif tout aussi sérieux et non moins personnel.

« Le roi seroit un homme de beaucoup d'esprit quand il ne seroit pas Louis XVIII; j'ai été à même d'en juger dans une conversation de plus de deux heures que j'eus l'honneur d'avoir avec lui, en 1785, au bal de l'Opéra, en présence de madame la duchesse de Bourbon, du marquis de Montesquiou, et de plusieurs seigneurs dont un ou deux vivent encore. Il est convenu depuis qu'il n'avoit jamais tant ri que cette nuit-là, et je le crois, car je lui dis des choses bien extraordinaires, et que très-certainement il n'avoit jamais entendues. Lorsqu'il est remonté sur le trône, en 1814, plusieurs personnes qui me croyoient de l'ambition, et qui savoient que le roi avoit la mémoire la plus heureuse de son royaume, m'engagèrent à demander une audience et à lui rappeler cette nuit de 1785, bien convaincus qu'il en résulteroit pour moi quelque avantage; mais comme jamais l'ambition n'est entrée dans mon cœur, j'ai décliné cette proposition et n'ai pas voulu risquer une visite dont les préparatifs m'auroient coûté beaucoup..... Cependant j'avoue que je serois charmé de savoir (mais par curiosité seulement et sans aucune arrière-pensée) si, en effet, le roi n'a pas perdu la mémoire de cette conversation. Si j'habitois Paris, j'en aurois le cœur net, car il me seroit facile de renouveller connoissance avec plus d'un seigneur de l'ancienne cour qui approchent Sa Majesté de très-près. Mais laissons là ces folies [1]. »

Une autre fois, à propos d'Alissan de Chazet, qui se remuait de son mieux pour s'approcher du soleil, il disait, indigné : « Pour moi, qui suis sorti pur d'une révolution de trente-quatre ans, et qui n'ai pas à me reprocher d'avoir brûlé un grain d'encens sur l'autel des faux dieux [2], j'avoue que je n'aurois pas la même effronterie, et que je me garderois bien d'oser demander une audience du roi, quoique je puisse me flatter d'être l'homme de son royaume qui l'ai fait le plus rire [3]. » On voudrait être au fait des extravagances que La Reynière débita cette mémorable nuit du bal masqué, où il tint, deux heures durant, presque malade de fou-rire le comte de Provence, et on lui en

---

[1]. *Lettres autographes de La Reynière au marquis de Cussy*; Villiers-sur-Orge, 26 avril 1823.

[2]. Après avoir chanté Marie-Louise, Chazet s'était constitué l'un des soutiens de l'opinion royaliste, et était devenu rédacteur de *la Quotidienne*. Il publiait, en 1820, *la Nuit et la Journée du 29 septembre, ou Détails authentiques de tout ce qui s'est passé le jour de la naissance de M. le duc de Bordeaux*; et, peu de temps après cette lettre de Grimod, *Louis XVIII à son lit de mort*; La Reynière et lui avaient été liés. Dans *la Revue de l'an XI*, Alissan avait adressé à l'*Almanach des Gourmands* un mot flatteur, dont on le remercie, « quoique nous soyons persuadés que l'amitié y a beaucoup plus de part que la justice. » L'*Almanach des Gourmands* (1801), IIe année, p. XIX.

[3]. *Lettres autographes de La Reynière au marquis de Cussy*; Villiers-sur-Orge, 23 janvier 1824.

veut de ne point s'expliquer plus catégoriquement. Grimod dit qu'il n'est pas ambitieux, et il est sincère; si Louis XVIII ne fit pas preuve d'une excessive gratitude dans des circonstances plus essentielles et devant des services d'un tout autre ordre, il n'était point avare de mots polis et aimables, et La Reynière se fût contenté et au delà de cette menue-monnaie. Mais encore fallait-il solliciter une audience, endosser l'habit de cour, et c'était au-dessus des forces de notre misanthrope.

L'on s'entretenait beaucoup, au commencement de l'année 1823 et bien diversement, de l'apparition d'un petit volume, qui, sans doute, serait resté inaperçu s'il n'y avait eu à apprécier en lui que sa valeur intrinsèque; mais cela était sorti d'une auguste plume, et le nom de l'écrivain fit la fortune de ce livret d'une centaine de pages, véritable chef-d'œuvre de récit, s'il fallait en croire l'auteur de l'*Almanach des Gourmands*. « Je ne puis douter maintenant, écrivait-il en avril au marquis de Cussy, que la relation du voyage de Coblentz fait en 1794 [1] ne soit réellement du roi; je viens de la lire avec le plus vif intérêt, une émotion que je n'ai jamais senti d'aucun roman. C'est la vérité, la simplicité en personne; un pareil style ne s'imite pas, et le monarque qui écrit et raconte ainsi a plus que de l'esprit [2]. » Voilà une appréciation; en veut-on une autre, dans un sens bien opposé? Citons alors cette note manuscrite jointe par un bibliophile

---

1. *Relation d'un voyage à Bruxelles et à Coblentz, en* 1791. (Paris, Baudouin, 1823).
2. *Lettres autographes de La Reynière au marquis de Cussy*; Villiers-sur-Orge, 26 avril 1823.

à un exemplaire de la première édition. « En proie à son appétit glouton, Louis n'a de chaleur que pour décrire les bons repas qu'il a faits, et peindre avec causticité et amertume ceux que les localités ne permirent pas d'élever au niveau de ses désirs. Ce livre seroit un excellent guide pour le voyageur friand qui voudroit parcourir les mêmes contrées; il y trouveroit une indication très-exacte des bonnes et des mauvaises hôtelleries[1]... » Rien n'est plus malveillant et moins fondé que cette critique, qui se fait l'écho de l'appréciation peu loyale des journaux de l'opposition du temps. On sait Louis XVIII, comme tous les Bourbons, excellent convive et non moins bonne fourchette; et le lecteur s'attend, en effet, sur le dire de cette presse hostile, à trouver toute une série de récits culinaires d'un contestable à-propos avec la gravité des circonstances, les dangers que couraient les deux fugitifs, et que devaient simultanément courir, dans une autre direction, le roi et sa famille. Nous sommes un peu déçu à la lecture de cette petite brochure, qui, d'ailleurs, n'était pas faite pour la publicité et qu'une infidélité seule lui livra.

On appuie malignement sur l'utilité du « guide » au point de vue des hôtelleries les plus recommandables. Disons que de ces haltes obligatoires une seule eut lieu dans une hôtellerie. Voilà donc ce pauvre itinéraire dépouillé de l'unique intérêt, de la seule valeur qu'on lui accordait. *Monsieur*, à la poste de Vaurain, songe à déjeuner. Est-ce si excessif, et tout le monde n'en eût-il pas fait autant? L'on s'était muni d'un

---

1. Quérard, *France littéraire*, t. V, p. 368, 369.

pâté et de vin de Bordeaux : le pain avait été oublié. Le prince, d'une mémoire inexorable, se borne à citer, à ce propos, le mot naïf de Marie-Thérèse à l'égard des pauvres gens qui manquaient de pain : « Que ne mangent-ils de la croûte de pâté ? » A Mons, à l'*Hotel de Hollande* (la seule hôtellerie où l'on mettra le pied), le souper est mauvais; les voyageurs s'en accommodent avec bonne humeur et le trouvent excellent. A Marche, ils soupent chez un ancien officier du régiment de Ligne. Là, le narrateur entre dans plus de détails, l'on avait faim, l'on avait mauvaise idée du repas, qui, à la grande surprise des deux amis, fut assez bon. C'est le seul épisode de ce genre qui, sans prêter sérieusement à ces accusations de gloutonnerie, aura pu en fournir le prétexte. Dans tout le voyage, il n'est question de manger que quatre fois : *Monsieur* et d'Avaray semblent s'arranger de tout ; ils sont, d'ailleurs, pressés d'arriver, et s'ils ne manquent pas d'appétit, ils sont plus modérés et plus sobres que ne s'y attendaient leurs hôtes. Ils se perdaient presque de réputation par leur continence aux yeux du bon évêque de Namur, qui voulait les faire boire beaucoup plus qu'ils n'en avaient envie. En somme, tous ces détails tiennent huit pages de ce volume de cent vingt pages, et ce n'est pas suffisant, on en conviendra, pour être de quelque utilité à un gourmand en voyage.

Et maintenant, est-ce un chef-d'œuvre que cette brochure, comme La Reynière n'est pas éloigné de le croire ? Cette relation a contre elle une comparaison qui se fait d'elle-même, *le Voyage de Dantzig à Marienwerder* (1734), l'émouvant récit de la fuite du grand-père du narrateur, Stanislas Leczinski, après la dispersion de sa petite armée et des quelques amis attachés à sa fortune. La tête du prince est mise à prix, l'anxiété est de tous les instants, il faut se cacher, errer de gîte en gîte sous les plus pauvres travestissements; et le lecteur qui le suit dans cette hégire hérissée de périls ne respire que lorsque le roi de Pologne est hors d'atteinte. Dans la fuite de *Monsieur*, si le danger existe, il n'a ni cette imminence, ni, en perspective, ce dénoûment sanglant; au pis-aller, pour le moment, du moins, tout cela peut se borner à rebrousser chemin, et à regagner piteusement son palais du Luxembourg. Donnez les deux sujets à amplifier à un rhétoricien, évidemment ils sont d'un inégal intérêt. La relation du comte de Provence, en définitive, est écrite avec agrément et naturel, grâce et gaieté. L'émotion, le cœur, n'y font point défaut; elle serait un argument, au besoin, contre cette accusation de complet égoïsme que même les siens ne se sont pas fait scrupule de propager peu charitablement, et il n'y a pas à lui en demander plus.

Si le vieux roi avait trouvé grâce aux yeux de La Reynière, le régime et les hommes lui étaient également antipathiques; il voyait la Révolution partout : dans les mœurs, dans le gouvernement, et ne parlait de tout le gâchis constitutionnel qu'avec une véhémence qui touchait à la furie. Il en veut à la politique parce qu'elle ne répond pas à son idéal; il lui en veut encore parce qu'elle est la politique, parce qu'elle absorbe tout, parce que le sot public n'a plus d'oreilles que pour les divagations d'un Manuel, d'un Laîné, d'un Benjamin Constant, d'un Jacquinot. Ce malheureux gouvernement représentatif aura porté le dernier coup à la littérature et à l'art sous toutes ses formes. Que feraient, auprès de ces divagations malsaines, tous les traités de gastronomie du monde? Tout était bien perdu, l'esprit et les mœurs[1]! Lorsque Louis XVIII revint en France, des politiques avisés lui conseillèrent de se coucher dans le lit de Bonaparte, et de jeter au feu cette Constitution au nom de laquelle on renverserait son successeur. Certes, La Reynière n'avait pas d'avis à donner, et on ne lui en demanda point, mais cet avis était le sien, et il le formule avec sa véhémence habituelle.

« Que dites-vous de la séance du 13[2]. Cette canaille sinistrale a-t-elle donné le spectacle d'un assez grand scandale? Tout cela fait voir l'inutilité du gouvernement représentatif qui s'avilit à ce point. Et je pense bien comme vous, cher vénérable maître, qu'au lieu de nous donner une Charte dont on s'écarte continuellement, parce que l'on en reconnoît l'insuffisance, le roi en remontant sur le trône auroit mieux fait de nous donner le gouvernement de 1788, sous lequel nous étions tous heureux. On l'auroit reçu avec reconnoissance, il n'y auroit point eu de 20 mars; et les François, ce peuple le plus lâche de la terre, qui a rampé sous Robespierre, se seroit trouvé bien heureux d'être gouverné comme on l'étoit sous Louis XIV, Louis XV et Louis XVI, c'est-à-dire sous les époques les plus glorieuses et les plus heureuses de la monar-

---

1. *Lettres autographes de La Reynière au marquis de Cussy*; Villers-sur-Orge, 6 février 1822.
2. La discussion du Budget et l'attaque virulente du ministère par Benjamin Constant. *Moniteur*, du vendredi 15 mars 1822, p. 396, 397.

chic. On finira par y revenir, mais nous n'y serons plus et nous sommes destinés à voir encore une révolution. » Et notre Grimod ajoutera sans beaucoup de logique, quelques lignes plus bas : « Eh bien! voilà M. Béranger acquitté, et le grand inquisiteur Marchangy avec un pied de nez. Cela prouve que l'opinion est plus forte que le fanatisme et la tyrannie[1]. »

Mais La Reynière a plus d'une passion, s'il est réactionnaire et autoritaire, s'il a horreur de la liberté de la tribune, il entend qu'on laisse aux gens de lettres le droit de tout écrire. Le plus beau titre qu'il y ait au monde, c'est celui d'homme de lettres. En tête de toutes ses épîtres, à dater de 1814 (nous croyons l'avoir déjà dit), on lit : *A. B. L. Grimod de La Reynière*, homme de lettres, propriétaire, etc[2]. Il écrivait à Rétif, en janvier 1787 : « j'ai l'honneur d'être homme de lettres, et ce titre sacré m'impose le devoir de mériter d'être honoré[3]. » Mais ce qu'il dit là, encore

1. *Lettres autographes de La Reynière au marquis de Cussy*; Villiers-sur-Orge, 17 mars 1822.
2. Dans le *Père de la Débutante*, charmante comédie de Théaulon et Bayard, qui n'a pas vieilli d'une heure, il est un trait qui échappe au public. M. Castor ne manque jamais de joindre à son titre d'écrivain celui de propriétaire. « Bon, j'ai mon paquet... Heureusement, je suis propriétaire... — C'est tout naturel... Je suis propriétaire. » Act. II, sc. v. « *M. Brulot.* Vous êtes auteur. — *M. Castor*, auteur et propriétaire. » Act. III, sc. IV. « On demande l'auteur !... — Nommez-moi : « M. Castor, propriétaire. » On cherche en vain la signification que cela peut avoir. Cela ne viserait-il pas la double prétention de Grimod de La Reynière, qui existait alors, quoique bien vieux? *Le Père de la Débutante*, fut représenté le 28 octobre; et La Reynière s'éteignait le 25 décembre de la même année.
3. Rétif de la Bretonne, *Les Contemporaines* (2ᵉ édit.), t. XXX, 4ᵉ lettre; à l'abbaye de Domèvre, 23 janvier 1787.

jeune, il le répétera toute sa vie; toute sa vie il sera aussi fier de ce titre, qu'il aurait voulu ennoblir davantage. Il prendra tout homme de lettres sous sa protection ; et, quand le pouvoir, taquiné, excédé par ces frelons importuns, fera sentir plus ou moins lourdement son courroux à ces audacieux, Grimod ne demandera plus de quel côté vient l'attaque et criera à l'arbitraire, au despotisme. Toutefois, il y a gens de lettres et gens de lettres. En matière de goût il s'en tient au grand siècle, ainsi qu'aux œuvres remarquables que nous a laissées le dix-huitième siècle. Il sera classique, lorsque le romantisme prêt à naître trouvera sa première formule dans M. de Chateaubriand. M. de Chateaubriand ! Grimod n'a pas assez d'indignation et de mépris pour cet écrivain grand seigneur qui prétend remplacer notre idiôme si net, si précis par un galimatias inintelligible qu'il transportera dans la politique, quand la mauvaise étoile de la France l'appellera aux affaires.

« Pauvre France, s'écrie-t-il, voilà donc tes belles destinées abandonnées à un petit avocat gascon devenu premier ministre[1] et à un romancier boursouflé plus connu par son style néologique et ridicule que par ses talens diplomatiques qui lui ont fait donner le portefeuille du ministère le plus important. Il paroît au reste que ces deux parvenus ne sont pas d'accord et que l'un ne tardera pas à renverser l'autre[2] et peut-

---

1. Nous ignorons pourquoi Grimod fait de Villèle un avocat gascon. C'était un agriculteur très-avancé, faisant de la haute culture dans son domaine de Marville, près Toulouse, jusqu'au moment où la vie publique s'empara de lui.
2. Ce fut Chateaubriand, comme on le sait, qui fut renversé

être tous deux vont-ils rentrer dans le néant dont ils n'auroient jamais dû sortir.

« Autrefois les rois de France ne prenoient pas leurs ministres dans le tableau des avocats, ni dans le catalogue des auteurs. On ne parvenoit à la tête d'un département qu'après avoir blanchi dans les ambassades, soit dans les grandes intendances, soit dans le conseil d'état, ou les hauts grades militaires. Aussi y avoit-il quelque différence entre les Choiseul, les d'Argenson, les d'Aguesseau, les Orry, etc., etc., et ceux que l'on voit siéger aujourd'hui dans le conseil. Ah ! (ajoutait-il, en revenant à sa thèse de prédilection) si en rentrant en France en 1814, notre excellent monarque qui a tant d'esprit et de connoissances, au lieu de nous donner une Charte insignifiante, et qu'on n'a réussi à faire marcher qu'à force de lois d'exception ; au lieu de ce gouvernement prétendu représentatif qui n'est qu'une source de révolutions, eût rétabli tout ce qu'il y avoit de bon dans l'ancien régime, en en retranchant les abus, et prenant pour base les déclarations du 23 juillet 1789, les circonstances étoient telles, et le peuple si las du joug des despotes depuis Robespierre jusqu'à Buonaparte (surnommé par madame de Staël le Robespierre à cheval) qu'il eût reçu à belles baise-mains le gouvernement que Louis XVIII lui eût donné, et nous ne serions pas où nous en sommes[1]. »

L'on ne dira pas que La Reynière est un esprit intransigeant et sans concessions. Après avoir demandé

et chassé avec une grossièreté inqualifiable, dont l'auteur de *René* s'est d'ailleurs surabondamment vengé.

1. *Lettres autographes de La Reynière au marquis de Cussy;* Villiers-sur-Orge, 28 janvier 1823.

que l'on nous ramenât au gouvernement de 1788, il passe le pont et accepte 1789. La différence est grande déjà, et il ne faut pas lui en savoir un mince gré! Ces thèses, en définitive, ne lui étaient pas propres ; et les chevaux-légers de l'émigration ne parlaient pas autrement. La politique de boutade de notre solitaire était peu logique, nous ne ferons pas difficulté d'en convenir. A tout instant, sans en avoir conscience, il regrettera ce qu'il avait réprouvé la veille, anathématisera ce qu'il exaltait naguère. Ne l'avons-nous pas vu citer le règne de Louis XV comme l'un des plus glorieux, l'un des plus prospères de notre histoire? Et il demande qu'on lui rende la vieille monarchie sans les abus, comme si les abus n'eussent pas été l'essence même d'un régime qui n'avait d'autre base que le caprice du maître, d'autre frein que la modération du ministre.

Mais c'est le parlementarisme qu'il daube sans se lasser. Qui ne croirait qu'il fût enchanté de l'expulsion de Manuel? Eh bien! il y trouve des inconvénients. Le côté gauche, atterré par cet acte de vigueur, se tait, fait le mort : plus d'opposition alors, et les ministres feront passer impunément et impudemment, même sans discussion, toutes lois à leur convenance, « ce qui est un très-grand mal, lorsqu'on a fait tant que de s'imposer un gouvernement représentatif. » Et les journaux, que deviendront-ils, désormais sans intérêt, et partant sans lecteurs? La question n'est pas sans importance, au moins aux yeux de Grimod, dont ils sont le pain quotidien[1] ; mais le moyen de le con-

---

1. *Lettres autographes de La Reynière au marquis de Cussy*, Villiers-sur-Orge, 8 mars 1823.

tenter et d'accorder tous ces contraires ? Que de gens n'étaient hélas ! ni plus raisonnables ni plus pratiques, regrettant l'Empire et prêchant la liberté, laissant la responsabilité de telles inconséquences au poëte populaire dont les chansons surexcitaient un pays ravagé, humilié, encore frémissant des hontes et des outrages de l'occupation. Mais il est des points sur lesquels l'on peut compter que Grimod ne variera pas, c'est sa haine de la Révolution et son effroi du fanatisme et du jésuitisme. La Congrégation a déjà fait des siennes, elle a envahi tout le territoire, elle a déclaré une guerre à outrance aux lumières, elle exalte les esprits, trouble les familles, et croit avoir posé les bases d'une puissance inébranlable, en plantant des calvaires de cent cinquante pieds de haut et faisant chanter aux fidèles « les plus sots cantiques » sur l'air de la *Marseillaise*[1]. Grimod n'aimera pas mieux les calotins que les sans-culottes, les fanatiques de religion que les fanatiques de révolution, et le crédit des jésuites qui veulent ramener la France au treizième siècle, lui semble le présage du sombre avenir qui se prépare.

Il est encore une classe de gens que La Reynière n'affectionne guère plus : les émigrés. Leurs malheurs, leur long exil, le pain noir de l'étranger, l'humiliation, l'avilissement de la détresse, tout cela, à ses yeux, n'a rien effacé. Il ne voit que les conséquences funestes de leur défection et aussi de leur retour ; car leur rappel a dû peser lourdement sur le pays, qu'on ne

---

1. *Lettres autographes de La Reynière au marquis de Cussy*; Villiers-sur-Orge, 4 mai 1823.

doit jamais déserter et dans lequel on ne doit pas rentrer, quand on a trouvé bon de le livrer au déchaînement des factions plutôt que de mourir à son poste, en combattant au pied du trône qui s'écroulait, qu'on eût sauvé peut-être. Si le « tigre couronné » a jamais commis une faute politique, ça été de les rappeler. Il fallait les laisser s'éteindre petit à petit à l'étranger où personne ne les avait obligés d'aller, et ils ne serviraient point de prétexte à dépouiller « les honnêtes gens, qui ont perdu toute leur fortune sur l'état. » L'attitude de cette noblesse à l'Assemblée constituante, où elle a fait autant de mal que le côté gauche, dispensait de toute pitié pour des brouillons qui méritaient la guillotine, et envers lesquels on devait être inexorable. « Cela vaudroit mieux que de nous voler nos rentes[1] » s'écrie Grimod, qui aura sur le cœur, toute sa vie, le milliard d'indemnité, et trouvera dur d'avoir encore à refaire, avec les débris de son propre naufrage, la fortune de ces « exécrables émigrés. » Voilà le thermomètre de sa politique, quelques mois avant la fin du vieux roi, le roi de son cœur. Elle s'accentuera autrement encore, sous le règne suivant.

La Reynière se trouvait à ravir dans ce coin perdu, dont il vantait le site, l'air pur, les aspects souriants. Il venait de faire achever le belvédère du haut duquel l'on embrassait tout le pays[2]. La petite rivière d'Orge,

---

1. *Lettres autographes de La Reynière au marquis de Cussy*; Villiers-sur-Orge, 15 avril 1824.
2. *Ibid.*, Villiers-sur-Orge, 24 juillet 1822. Il est également question d'un pavillon qu'on faisait alors meubler voluptueusement, et dont il serait difficile présentement d'indiquer la place.

qui coulait à quelques pas, était le but presque constant de ses promenades. Sa prédilection pour ce mince filet d'eau n'était pas complétement platonique. Parmi les nombreux titres honorifiques dont La Reynière s'affuble, il faut mentionner celui de « maître juré pêcheur sur la rivière de Seine. » C'était un pêcheur habile qui savait les bons endroits, les mœurs de l'ennemi, le moyen d'endormir ses défiances, et ne revenait jamais sans l'élément d'une abondante friture. Il ne sortait guère que dans cette unique fin ; et, s'il avait noué quelques rapports avec certains de ses voisins, c'avait été pour se ménager une pêche plus étendue. On va voir, en une circonstance du moins, que cette considération n'était pas sans poids sur ses déterminations et ses procédés, lors même qu'il y allait de certains froissements d'amour-propre ou de fierté, chose notable, car on n'offensait pas impunément La Reynière. Nous lui laisserons raconter l'incident. C'est à son correspondant habituel qu'il s'adresse, c'est M. de Cussy, l'homme poli par excellence, qu'il établit juge dans une question de courtoisie et de savoir-vivre qu'on tient fort à vider à fond.

« Vous saurez que le 31 janvier (1823), j'ai écrit à un très-noble duc et pair de France, la lettre dont teneur suit :

« Monsieur le duc, j'ai appris, il y a quelque tems,
« par M. Pinchon, régisseur de vos domaines en ce
« pays, que le beau paon qui fesoit l'un des orne-
« mens de la superbe basse-cour de votre château de
« Lormois étoit décédé par suite d'une funeste bles-
« sure, et qu'il avoit laissé une veuve désolée avec un
« enfant en bas âge.

« C'est un mari vivant qui console d'un mort. Nul
« doute que cette pauvre délaissée ne suive son époux
« au tombeau, si l'on ne lui fournit pas les moyens de
« se consoler. — Il se trouve, Monsieur le duc, que j'ai
« en ce moment, au nombre de mes élèves, un paon
« qui est dans la force de l'âge et l'éclat de la beauté
« et qui, je crois, seroit pour votre veuve, un mari
« bien assorti. — Oserois-je prendre, Monsieur le duc,
« la liberté de vous l'offrir, comme un bien foible gage
« de ma gratitude pour toutes les marques de bien-
« veillance et de bonté dont vous m'avez constamment
« honoré ? — Si cet hommage vous est agréable, je
« vous prie, Monsieur le duc, de vouloir bien me le faire
« savoir, soit par M. Pinchon, soit par toute autre
« voie, et dès que vos intentions me seront connues,
« je m'empresserai de faire transporter l'oiseau de
« Junon dans le jardin de Jupiter. — Je suis, avec
« respect, etc., etc. »

« Treize jours après, c'est-à-dire le mercredi
12 janvier, j'ai reçu la réponse dont la teneur suit : [février]

« Le duc de Maillé a l'honneur de faire ses compli-
« mens à monsieur Grimod de La Reynière ; il le re-
« mercie beaucoup de l'offre aimable qu'il veut bien
« lui faire et accepte avec plaisir le remplaçant dont
« il lui parle. »

« En conséquence, dès le 13 février, j'ai envoyé
par Marguerite le plus beau de mes paons au château
de Lormois, avec une lettre à M. Pinchon, dans laquelle je lui marquois le sujet de cet envoi d'après
l'acceptation de M. le duc. Cette lettre est demeurée
sans réponse. M. le duc est venu le même jour, 13, de
Paris à Lormois, où il a passé plusieurs jours. Non-

seulement il ne m'a rien écrit, mais rien fait savoir ; en sorte que si je connoissois moins la fidélité de Marguerite, je croirois qu'elle a mangé le paon (pour le port duquel on ne lui a pas offert un denier) en chemin.

« Maintenant, mon très-honoré maître, voici la question que je soumets à votre excellence : 1° Est-il de la politesse actuelle de répondre par un simple billet à la troisième personne à une lettre respectueuse et accompagnée d'un assez beau présent ? 2° Ce billet, par lequel on accepte ledit présent, tient-il lieu d'accusé de réception ou de remerciment ? Voilà ce que je vous prie de vouloir bien décider en votre âme et conscience, et sans acception de personne. Vous pourrez même, mais sans nommer les masques, soumettre ce problème à quelques membres de votre cercle, que je regarde, par la manière dont il est composé, comme un tribunal très-compétent pour tout ce qui tient au savoir-vivre. Je m'en referrerai en tout à votre décision [1]. »

---

1. *Lettres autographes de La Reynière au marquis de Cussy* Villiers-sur-Orge, 27 février 1823. Il s'agit du cercle de la rue de Gramont, où Cussy passait sa vie, et dont il était l'âme. La Reynière n'avait pas toujours été aussi bienveillant pour cette réunion, qui avait, à ses yeux, le tort de prendre tous les instants du marquis au détriment de la neuvième année, et il disait au transfuge, avec une furie qu'il ne pouvait contenir : « Je vous souhaite bonne chance dans votre nouveau gouvernement. Denis, détrôné, devint maître d'école à Corinthe, pour avoir un empire quelconque à exercer ; il n'est donc pas étonnant que Monsieur l'ancien préfet du palais impérial de France et l'ex-grand chambellan de l'impératrice, M. L... voulant tromper et amuser un petit reste d'ambition, ait troqué le sceptre de la Halle et de la dégustation, contre les élucubrations de la tribune d'un cabinet de lecture ; ce qui suppose du moins que ses nou-

Grimod avait passé sa jeunesse à débiter des impertinences aux grands seigneurs qu'attirait, dans l'hôtel des Champs-Élysées, la table exquise du financier. Mais il avait oublié tout cela, et, en dépit de ses allures bourgeoises, il était très-exigeant et très-susceptible. Au cas présent, l'avait-il été trop ? Certes, non ; et M. de Cussy, dont nous regrettons vivement de n'avoir point la correspondance, lui répondait en donnant raison à tous ses griefs. Toutefois, La Reynière avait réfléchi, dans l'intervalle. C'était bien d'être fier, c'était bien de se cabrer devant un manque d'égards et de politesse d'autant moins excusable qu'il avait été provoqué par une démarche des plus aimables. Mais, en somme, c'est toujours une sotte chose que faire la guerre à ses dépens. Il avait recommandé au marquis, tout en soumettant la question à son cercle, de ne point nommer les masques ; celui-ci, de nature conciliante, chargea quelqu'un d'en toucher deux mots à M. de Maillé, sans soupçonner les inquiétudes que cette officieuse entremise allait donner au châtelain de Villiers-sur-Orge.

« Il ne pourra que prendre mal la chose, s'écrie La Reynière, et me voilà privé d'aller pêcher dans la rivière sur les bords de ses prés, privation d'autant plus cruelle que, dans ce moment, c'est là seulement que l'on peut espérer de trouver encore quelque poisson. Il a, sans doute, d'après ma lettre même, regardé mon cadeau comme la rémunération de la permission qu'il a bien voulu m'octroyer de pêcher sur son terrain, et,

---

veaux sujets savent lire, ce qu'on ne pratique pas toujours à la Halle, voire même à la Vallée... » Lettre au marquis de Cussy, du 21 novembre 1821.

d'après cela, il n'est pas surprenant qu'il se soit cru dispensé de tout remercîment et même d'un accusé de réception, que la réputation de probité de Marguerite rendoit superflus. Au reste, M. le duc est trop aimé, trop estimé dans ce pays où il fait beaucoup de bien, et je n'ai eu personnellement qu'à me louer de ses politesses ; mais je suis un si petit être auprès de lui, que je n'ai pas dû m'étonner de la forme de son billet, et que je sens que j'ai eu tort de m'en plaindre... »

C'était s'en aviser un peu tard. Ce plaidoyer *pour*, après un tel débordement d'humeur, est plaisant et accuse une notable élasticité de tempérament, quand l'intérêt et la passion se trouvent n'être pas d'accord. Quoi qu'il en soit, le marquis calmait bientôt les inquiétudes du pauvre Grimod, qui se voyait déjà fermer tout accès aux domaines de son illustre voisin. « Vous m'avez fait un grand bien, mon très-doux maître en me rassurant sur les suites de mon indiscrétion, et en me promettant que M. le duc de Maillé ne saura jamais que j'ai trouvé son billet un peu court et sa reconnoissance un peu muette. Il ne faut jamais s'aliéner les grands seigneurs, qui, comme dit Figaro, nous font toujours assez de bien quand ils ne nous font pas de mal. D'ailleurs celui-ci est un excellent homme, mais il est peut-être susceptible ; et comme le plus grand tort qu'on puisse avoir avec plus puissant que soi, c'est d'avoir raison, je ne me consolerois pas de m'en être rendu coupable... Puis la pêche[1] ! » Voilà un Grimod bien pusillanime sur ses vieux jours. Mais

---

1. *Lettres autographes de La Reynière au marquis de Cussy* ; Villiers-sur-Orge, 8 et 17 mars 1823.

le secret, qu'il avoue de reste, de cette longanimité, est dans ce dernier mot : la pêche !

Pour avoir cédé à la tentation d'être courtois et prévenant, une fois dans sa vie, il s'en était fallu de l'épaisseur d'un cheveu que Grimod ne se brouillât avec un grand seigneur, son voisin, qui pensait en avoir assez fait en remerciant ce petit bourgeois, par un billet laconique à la troisième personne. En somme, le paon trônait à Lormois, et, à cet égard, les choses étaient dans l'ordre. Cette même année, cinq semaines plus tôt, La Reynière constatait d'une manière assez plaisante qu'il n'est pas toujours aisé de faire le bien et que, quelque bref que soit le chemin qui l'en sépare, une bonne œuvre peut dévier parfois de sa destination. Son curé s'était plaint devant lui de la misère de son église : ses chantres et ses enfants de chœur n'étaient pas vêtus, et il ne manquait que de l'argent pour acheter de quoi leur faire des aubes. « J'ai cru, en bon paroissien, dit La Reynière, devoir envoyer de suite une pièce de vingt-quatre à vingt-cinq aunes de très-beau calicot. Depuis je n'en ai plus entendu parler, ni les chantres, ni les enfans de chœur non plus qui sont en loques. Comme on a vu des rideaux neufs au presbytère, les mauvaises langues répandent que M. le curé avoit meublé sa chambre et s'étoit fait des chemises avec les aubes de son clergé. J'ignore ce qui en est. Mais la chose s'étant répandue dans le village, on m'a fait demander si j'avois en effet donné ce calicot, et, sur ma réponse affirmative, on va, je crois, travailler le curé. Il faut avouer que je ne suis pas heureux dans mes cadeaux. Cela dégoûteroit presque d'en faire, si ce n'étoit le plus doux des plaisirs[1]. » Au moins, voilà un don authentique fait par Grimod à son curé, le curé de Longpont (car les habitants de Villiers n'avaient pas d'église), et nous voudrions en pouvoir dire autant sur cette dotation de deux mille francs d'argenterie, dont il a été question plus haut, et à laquelle nous ne nous faisons aucun scrupule de ne pas croire.

Si La Reynière avait appréhendé un instant d'être mal avec son illustre voisin, il en fut donc quitte pour la peur. Celui-ci, loin d'avoir songé à le froisser le moins du monde, l'invitera à prendre sa part des fêtes qu'il allait donner à l'automne. « ... M. le duc de Maillé joue dans peu la comédie à Lormois. Rien que la *Coquette corrigée* et les *Fausses confidences*... Il a la bonté de m'envoyer demander si je voulois des billets. Je me suis excusé le plus respectueusement possible. Je n'ai pas vu ces pièces depuis la mort de Molé, de mademoiselle Contat et de Fleury. Je veux rester sur ma bonne bouche[2]. »

Nous ignorons si ces deux ouvrages, qui eussent exigé des acteurs excellents, furent joués par des artistes du Théâtre-Français, ou si l'interprétation en fut laissée à des comédiens amateurs. Le château de Lormois n'était inaccessible ni aux artistes ni aux lettrés; et, à ce moment même, une jeune et brillante muse, *la Muse de la Patrie*, comme on allait la nommer, la belle et rayonnante Delphine Gay, demandait ses inspirations aux solitaires ombrages du parc dans

---

1. *Lettres autographes de La Reynière au marquis de Cussy;* Villiers-sur-Orge, 25 mars 1823.
2. *Ibid.;* Villiers-sur-Orge, 9 octobre 1823.

lequel il lui avait, ce nous semble, été réservé un pavillon isolé, d'où elle date ses lettres et ses vers : « A la chaumière de Lormois[1]. » C'est sous les feuillées de Lormois qu'elle avait composé son *Elgise*, et qu'elle travaillait alors à son poëme de la *Madeleine*, qu'elle n'achèvera que quelques années après. Une légende qui a cours encore dans ces parages nous présente La Reynière dotant madame de Girardin, dont la vraie et seule dot fut sa jeunesse, sa splendide beauté, ses talents et un esprit dont le trait était toujours corrigé par un franc éclat de rire. Rien n'existe donc de tout cela, quoiqu'il fût lié avec sa famille bien avant qu'un hasard le fît, chaque été, le voisin des dames Gay.

Il avait beaucoup connu M. Gay, qui, d'abord associé dans une maison de banque, obtenait sous le Consulat la place de receveur-général du département de la Roër où il ne devait point d'ailleurs s'éterniser[2]. Homme aimable, financier habile, c'était un gourmand de distinction dont La Reynière[3] et le marquis de Cussy faisaient le plus grand cas. « On citait son esprit, nous dit ce dernier, son mérite en affaires, comme on citait sa science gastronomique ; et on ne le jugeait pas mal, car le viveur était éminent[4]. » Mais la fortune ne demeura pas au niveau d'une habileté entravée par ces dons même de l'homme du

---

1. Madame Émile de Girardin, *Poésies complètes* (Paris, 1856), p. 243.

2. Alphonse Rabbe, *Biographie des hommes du jour*, t. II, p. 1833.

3. *L'Almanach des Gourmands* (Maradan, 1807), V° année, p. 267.

4. *Les Classiques de la table* (Paris, 1844), p. 284, 285.

monde et de l'épicurien; et l'existence des siens eut à souffrir de cet éparpillement de grandes facultés. Grimod, qui ne sortait pas, recevait la visite de Sophie, encore charmante, de la blonde Delphine et de l'autre sœur, la comtesse O'Donnel. Sauf le voyage de Rome en 1827, de 1822 à 1831, les favorites de la duchesse de Maillé ne manquèrent pas une saison à Lormois; et elles étaient trop voisines de notre sauvage pour se dispenser d'aller le voir; mais ces apparitions, en tous cas, ne devaient pas se répéter fréquemment, et il n'est question de la famille Gay qu'une fois ou deux dans la correspondance si remplie de La Reynière avec le marquis de Cussy.

Tout original, tout sauvage qu'il fût, La Reynière était bon et paternel pour ses gens, et l'on a des témoignages plus que concluants de sa bienveillance et de son affection pour ces vieux serviteurs avec lesquels il faut aussi compter. Le cordon bleu de la Seigneurie était Hélène, depuis un quart de siècle au service de l'auteur de l'*Almanach des gourmands*. Marguerite, dont il a été question plus haut à propos du paon de M. de Maillé, ne venait qu'en sous-ordre. Altière, ombrageuse, jalouse, Hélène n'eût permis à personne de mettre la main à l'œuvre, et ce n'avait été que grâce à une vacance de la titulaire que l'on avait été à même d'apprécier le talent de la suppléante. Cette dernière, paraîtrait-il, réussissait les béchamels comme pas une; mais c'était un talent perdu, et Grimod avait dû en prendre son parti, lui qui ne le prenait guère en pareille matière. « Je sacrifie donc, disait-il à M. de Cussy, au bien de la paix et à la satisfaction d'une fille qui est depuis plus de vingt-quatre ans à mon service, ma sensualité gourmande, et je mourrai avec le regret de ne pouvoir plus faire un bon dîner. Il faut convenir que c'est cependant bien triste ! [1]... » Si cela fait sourire, à la réflexion on s'attendrit sur le cri de détresse de ce voluptueux qui, par bonté d'âme, se résigne à une cuisine médiocre, la pire des conditions pour un raffiné, un érudit, un délicat, dont les inflexibles jugements avaient fait et défait les réputations des Vatels modernes. Quant à Marguerite, elle avait été prise en amitié par M. de Cussy et madame Augusta. Cette dernière, l'année précédente, lui avait fait voir l'Opéra, dont elle était sortie comme d'un rêve [2]. A cette époque, ce que l'on peut constater encore, c'est que le domestique appartient à la famille, qu'il se considère comme l'un de ses membres : il s'affectionne, parce qu'il se sent aimé, et son dévouement, bien qu'abrupte, sera la rémunération des égards qu'il rencontre et dont il est digne. Nous sommes bien loin déjà de ces temps.

Les châtelains de Villiers-sur-Orge et les citadins de la rue de Gramont [3] étaient les uns à l'égard des autres sur le pied de la plus étroite intimité. Durant ses quartiers d'hiver parisiens, madame Grimod honorait le ménage du marquis de ses visites jusqu'à satiété. La Reynière, de son côté, écrivait lettres sur

---

1. *Lettres autographes de La Reynière au marquis de Cussy;* Villiers-sur-Orge, 6 février 1823.
2. *Ibid.;* Villiers-sur-Orge, 6 février 1822.
3. M. de Cussy avait occupé plus d'un logis. En 1810, il habitait rue du Helder, 21. En 1812, il transportait ses pénates rue Saint-Thomas-du-Louvre. En 1820, nous le trouvons rue de Louvois, n° 3. En 1822, rue de Gramont, 26 ; quatre ans plus tard, 28. Enfin, en 1831, rue du Faubourg-Poissonnière, n° 8.

lettres pour attirer l'intéressante famille dans son manoir, vantant la pureté de l'air et la clémence du climat pour des poitrines malades ou convalescentes. Augusta avait une santé délicate et venait sans façon passer quelques jours à Villiers, avec ses deux enfants, M. l'officier ou M. Charles, comme on l'appelait indifféremment, et mademoiselle Minette-*Minor* (*Minor*, pour la distinguer de sa tante, mademoiselle Ménestrier, du Vaudeville). M. de Cussy, qui avait en horreur la vie bucolique, trouvait un prétexte pour rester à son bien-aimé cercle, ou, s'il avait cru ne pouvoir se dispenser de suivre son monde, fabriquait un conte pour détaler au plus vite. Grimod n'en était pas dupe, et reprochait parfois durement cette prestesse peu obligeante à lever le camp, après la plus courte halte. Mais c'était tout, et la correspondance entre les deux amis n'en était point interrompue pour un peu d'humeur, essuyée toujours avec beaucoup de sérénité par le coupable.

Cette correspondance, que nous avons dépouillée dans sa généralité, est fort curieuse. La Reynière est un épistolier; ses lettres presque des brochures, chacune, pleines d'humour et de sel, à part quelque vulgarité dans la forme, s'attaquent à tout, littérature, théâtre, politique, cuisine. Il s'écoute dire, c'est sa grande affaire, l'emploi de la meilleure partie de sa journée; et ce qu'il a dû omettre, faute de temps et de loisir, il le remet au lendemain, au surlendemain, à huit, à quinze jours, quand les commères de madame Grimod, les importuns de tous grades qu'elle attire incessamment chez lui sans l'en prévenir, l'auront rendu lui, à cette chère occupation[1]. A une date antérieure, c'était déjà le même soin, la même recherche, la même prolixité piquante ou fantasque dans les lettres qu'il adressait à M. Morel de Rombiou. Maniaque encore plus que méthodique, il pourrait vous dire jusqu'au nombre de lignes qu'il vous a consacrées, et il lui arrivera même d'en donner le chiffre au bas de ses lettres. Il clôra celle du 26 auguste 1793, à son ami de Lyon, par cet ensemble chiffré d'apparence cabalistique : CCCXXXIX, qui n'est que le relevé des lignes de son interminable épître[2]. Pour les dates, les siennes comme celles de son correspondant sont relevées à l'occasion avec une exactitude judaïque et conformément aux prescriptions du célèbre M. Aze.

Tout serait au mieux, et l'on prendrait le plaisir le plus vif à dépouiller ces amusants bavardages que l'esprit, l'originalité relèvent, n'était un inconvénient qu'il faut bien signaler, et qui arrête court tout lecteur qui, comme nous, n'a point de mission à remplir. La Reynière raconte une plaisante aventure arrivée à son père, dont l'écriture, *quoique fort belle*, était illisible. Le fermier-général avait adressé à un correspondant provincial une lettre d'affaire qu'il n'avait fait que signer, en sorte que cet homme lut la dépêche à merveille. Mais, parvenu à la signature, ce dernier eut

---

1. Ainsi, sa lettre au marquis, du 29 juin 1823, ne sera close que le 8 août; une autre, du 30 juin 1826, ne sera achevée que le 29 juillet.
2. Il nous apprend, dans cette lettre même, qu'il en écrivait de cinquante-cinq à quatre-vingts par mois. *Revue du Lyonnais* (mars 1856), t. XII, p. 259.

beau s'y reprendre à mille fois, il ne put la déchiffrer, et il ne se rencontra point de plus habile que lui dans tout le pays. Après d'interminables essais, il s'avise de découper cette signature énigmatique et de la coller sur l'enveloppe à la suite de *Monsieur*, avec l'indication : *à Paris*. « La lettre parvint très-exactement à mon père, dont la signature étoit si bien connue à la poste. Je me rappelle qu'il en rit beaucoup en nous la montrant, mais il n'en signa pas pour cela plus lisiblement à l'avenir[1]. »

Nous ne saurions trop décider si l'écriture du fils, *quoique fort belle* également, était plus ou moins illisible que celle du fermier-général; mais elle le sera encore assez pour faire le désespoir de celui qui s'imposera la tâche de dérober à ces caractères indescriptibles leur secret. On sait que Grimod ne se servait de ses mains que grâce à un appareil destiné à compléter ce qui manquait à cet admirable outil de l'homme. Son écriture a quelque chose de rigide, de métallique, de dense qui rebute à première vue comme un chemin sans issue frayée. Ce n'est pas tout : Grimod, qui n'a jamais trop de place, qui n'en a jamais assez, serre les lignes d'une telle façon qu'il semble qu'elles manquent d'air : on étouffe pour elles. Ce n'est qu'avec le secours de la loupe (surtout dans les dernières années) que l'on parvient, à force de peine, à découvrir de distance en distance un mot qui servira de jalon et

---

1. *Lettres autographes de La Reynière au marquis de Cussy;* Villiers-sur-Orge, 17 mars 1823. L'écriture du père Grimod était presque aussi indéchiffrable, nous dit son fils, que celle de M. Le Bœuf de La Bret, notaire, dont l'infortuné Chaudot avait acheté l'étude en 1781.

aidera à de nouvelles conquêtes. Si cette recherche pénible n'a pas rebuté, par la comparaison des mêmes signes, on acquerra à la longue une certaine habitude de ces jambages fantastiques, sans jamais arriver à une lecture courante. De loin en loin, l'on se butera à quelque mot qui ne se laissera pas deviner, et qu'il faudra écarter dans une citation, quoiqu'on en aie. Quant aux noms propres, ceux qui ne sont pas en quelque sorte historiques, on conçoit l'embarras, l'incertitude dans lesquels ils vous jettent et dans lesquels on demeure. Nous avons consacré tout un été au dépouillement de cette correspondance intéressante et amusante, si elle n'était pas un véritable danger pour la meilleure vue et la plus assurée.

Puisque nous sommes sur ce chapitre, donnons quelques détails sur la physionomie accessoire de ces épîtres. En tête de la lettre, à gauche, les initiales dans un encadrement rond et enrubanné; à droite, l'indication imprimée du lieu, soit Paris, soit Villiers-sur-Orge, et un espace pour le jour, le mois, et le dernier chiffre du millésime. Suivent les nom, prénoms de La Reynière, et l'énumération verbeuse de ses titres et qualités; vers la fin de sa vie, il sera moins touffu, mais au début, une douzaine de lignes y suffiront à peine. Dans son billet d'invitation du trop fameux souper, ce sera « M. Grimod de La Reynière, écuyer, avocat au parlement, membre de l'Académie des Arcades de Rome, associé libre du Musée de Paris, et rédacteur de la partie dramatique du *Journal de Neufchâtel*, etc., etc. » Laissons de côté les factures et titres de lettres de la raison sociale Grimod et Cie, les petits billets, les convocations nutritives, qui ont leurs formules particulières. En 1812 notamment, nous rencontrons cette interminable litanie : « A. B. L. Grimod de La Reynière, auteur de l'*Almanach des Gourmands*, du *Manuel des Amphitryons*, de la *Lorgnette fantastique*, du *Censeur dramatique*, de l'*Alambic littéraire*, et d'autres ouvrages ; membre des académies de Rome et de Marseille, et du comité de lecture du théâtre de S. M. l'impératrice des Français, reine d'Italie, etc., et secrétaire perpétuel du jury dégustateur, en exercice auprès de l'*Almanach des Gourmands*. » Quand il écrivait au nom du jury, il ne s'attribuait que ce dernier titre. Toutefois, à dater de 1814, le misanthrope, enfermé dans son fromage avec la volonté de n'en plus sortir et revenu des vanités de la gloire, renoncera à cette énumération encombrante pour ne garder que les qualifications « d'homme de lettres et de propriétaire. » En voilà suffisamment, nous le pensons, pour reconnaître, entre mille et d'un coup d'œil, un autographe de La Reynière ; ajoutons que, si ses lettres sont indéchiffrables, au moins la signature en est-elle fort nette et fort lisible.

X

LES DEUX MINETTES. — JEANNEL ET M. DE CHOISEUL.
DERNIÈRES ANNÉES. — MORT DE LA REYNIÈRE.

Grimod, qui n'était plus, et il s'en fallait de quelques lustres, dans l'âge des passions (en 1822, il avait soixante-quatre ans), avait depuis longtemps abdiqué toutes prétentions. Aux rapports un peu tendus entre lui et mademoiselle Augusta, avait succédé une bonne et franche amitié. Sœur Gourmandinette était la bien-venue quand elle daignait honorer Villiers-sur-Orge de sa présence, et c'était avec un chagrin réel qu'on la voyait s'éloigner. La Reynière s'intéressait à cette jeune femme, d'une tenue parfaite, très-dévouée au marquis, qu'elle avait rendu deux fois père, et dont le sort eût été critique, si M. de Cussy lui eût manqué sans faire de dispositions; car ce n'est pas son double traitement de l'Opéra et de la Chapelle du roi qui eût pu faire face aux exigences de la plus modeste existence. L'auteur de l'*Almanach des Gourmands*, vivement préoccupé de cet état de choses, s'en ouvrit à plusieurs reprises avec l'ancien préfet du palais impérial, qu'il avait habitué de vieille date à la rudesse de sa franchise. C'était toujours à l'occasion de la petite Minette, dont la gentillesse, la douceur, les qualités aimables, tranchaient avec la turbulence, le caractère décidé et un peu cavalier de son frère. « C'est vraiment une enfant unique de tous points. Il est difficile d'unir une plus belle peau à un plus joli caractère ; une aussi charmante figure, à un cœur si aimant; à une chevelure aussi blonde[1], les manières aussi caressantes, etc., etc. Quatre pages d'etc. Je ne doute pas que le désir d'assurer une existence honorable et une alliance digne d'elle à cette excellente Minette, ne vous détermine à faire au plus tôt, pour elle et sa mère, ce que l'honneur, la raison, la probité, et tous les sentimens honnêtes vous prescriront; ce que vous avez sans doute résolu depuis longtems au fond de votre cœur noble, grand et généreux... Pardon, si j'ose toucher une corde délicate, mais l'amitié peut conseiller une action dont elle-même a donné l'exemple sans avoir peut-être pour sa justification des motifs aussi puissans, et des considérations aussi excusables que ceux qui se réunissent pour vous y inciter[2]. »

A la date de cette lettre, mademoiselle Ménestrier avait vingt-neuf ans ; au début de sa liaison avec le marquis, elle en avait dix-sept, si elle les avait: c'était toute sa vie. Mais M. de Cussy se sentait trop heureux de ce *statu quo* pour être bien pressé de le modifier par

---

1. Pour ceux qui ont connu, en 1841, à l'Opéra-Comique, la jolie madame Potier, d'une blancheur diaphane, d'une figure si agréable, si merveilleusement encadrée par ses longs cheveux d'un blond cendré, ce portrait n'est que ressemblant. Quant au charme de ce caractère d'une angélique douceur, ses amis assuraient que ce côté moral du portrait n'était pas demeuré moins fidèle.

2. *Lettres autographes de La Reynière au marquis de Cussy;* Villiers-sur-Orge, ce 15 juin 1822. Même insistance dans sa lettre du 24 juillet.

une détermination qu'il n'entrevoyait pas sans effroi. Grimod, avec sa ténacité habituelle ne laissera pas échapper une occasion de rappeler ces obligations à ce père de famille dont les enfants attendent un état. Le marquis quatre ans plus tard avait été fort souffrant ; La Reynière le félicite de son rétablissement, et il ajoute résolument : « J'ai appris avec moins de surprise que de satisfaction les soins assidus que la sœur Gourmandinette vous a prodigués dans cette circonstance. Je m'applaudis d'avoir sans cesse plaidé sa cause auprès de vous dont la perte la plongeroit non-seulement dans la plus vive douleur, mais dans un abyme dont je frémis de sonder la profondeur... Je livre ce texte à vos méditations, persuadé que ce grain semé dans une aussi bonne terre ne manquera pas de germer un jour[1]. »

Cette chaleur, cette insistance, qui vont jusqu'à l'indiscrétion, indiquent dans cet original d'écorce passablement âpre, un cœur sensible, solide en ses amitiés et que n'arrête pas l'appréhension assez concevable d'ailleurs d'être importun et déplacé. Cette figure d'Augusta est souriante, telle qu'elle nous apparaît. Sans être plus sérieuse qu'il ne convient, elle a le sentiment de ses devoirs, elle est sincèrement attachée au marquis, elle élève parfaitement ses enfants, qu'il aime à la folie, et se fait estimer de son entourage comme de tous ceux qui ont occasion de pénétrer dans cet aimable intérieur.

Sa sœur aînée, Minette Ménestrier, moins concen-

---

1. *Lettres autographes de La Reynière au marquis de Cussy;* Villiers-sur-Orge, 30 juin 1826.

trée, était faite pour cette existence du théâtre qui emporte comme dans un tourbillon. Grimod avait conservé des relations avec elle, et, bien que ses préférences fussent pour Augusta, il lui adressait de petits billets aimables où la pointe se laisse voir, et auxquels elle répondait avec gaieté. « Votre tendre sollicitude pour ma santé, lui écrivait-elle, précisément à cette époque, va droit au cœur. Le docteur Roques prétend que la *continence doit faire partie essentielle* de mon régime. J'étois (bien malgré moi, sans doute) à ce régime avant qu'on me le prescrivît. Je ne dissimule point comme nos tyrans de mélodrame, et si un de mes soupirans m'avoit touché droit au cœur, je me serois fait scrupule de ne pas vous le dire. Vous êtes indulgent, vous savez que la chair est faible... il n'en est rien pourtant, je suis toujours en attendant ces douces illusions que je crois avoir perdues (25 juillet 1822). » Minette avait trente-cinq ans (que l'on était fort éloigné d'avouer), ce qui n'est pas encore l'âge des réformes et du renoncement. Aussi bien n'y songeait-elle guère. Cette vie folâtre et insoucieuse se clôra, deux ans après, par le mariage, un mariage avantageux et honorable, sans l'enlever toutefois au théâtre qu'elle ne quittera que cinq ou six ans plus tard. L'on trouve de temps en temps un mot, une pointe maligne sur cette aînée des Gourmandinettes dans les lettres de La Reynière à M. de Cussy, qui, le cas échéant, lançait aussi son petit trait contre sa belle-sœur, mais sans le moindre fiel et par pure gaieté. Minette n'aura rien de plus pressé, que de présenter son mari au châtelain de Villiers, dont l'accueil sera des plus affables et des meilleurs.

Enclin par sa nature à prendre le contrepied en toutes choses, La Reynière, sur la fin de sa vie était devenu (et cela n'a pas lieu de beaucoup étonner) chagrin, misanthrope, un frondeur aussi excessif qu'infatigable. Rien du présent ne le satisfaisait. Il regrettait le bon vieux temps, ce bon vieux temps qu'il avait aidé à jeter bas, et il l'opposait avec plus d'obstination que de discernement aux institutions présentes. On a vu de quel ton leste il caractérise le talent, (il ne faut pas parler du génie,) de l'auteur d'*Atala* et des *Martyrs*. Ses opinions musicales ne sont pas plus sympathiques à l'art nouveau. Il appellera Rossini *un charlatan ultramontain*, « ce Rossini que je hais je ne sais trop pourquoi », dit-il avec une naïveté désarmante[1]. L'idée d'un opéra italien le met hors de lui, et il faut voir avec quel courroux, quelle indignation il s'exprime sur le compte de ces « infames chanteurs d'Italie » qui n'ont qu'un gosier et pas d'âme. « Mon sang bout, écrivait-il à Cussy qui, lui, était bouffoniste enthousiaste, en apprenant que l'on veut non-seulement acclimater ces misérables en France où la politique de l'usurpateur les avait attirés, mais anéantir pour eux le premier théâtre de l'Europe... Le supplice des galériens me paroît trop doux pour les misérables qui ont conçu un tel plan[2]. » Nous en passons et des meilleures. Ce n'est pas qu'il soit compétent en musique, qu'il tienne pour Gluck contre Piccinni. La

---

1. *Lettres autographes de La Reynière au marquis de Cussy*; Villiers-sur-Orge, 18 juillet 1823. Note relative au bénéfice de Garcia écrite, après coup, dans un coin de la quatrième page, qu'il semble avoir rouverte tout exprès.
2. *Ibid.*; Villiers-sur-Orge, 23 avril 1823.

lutte de ces deux maîtres ne l'a pas vu dans la mêlée, lui si disposé à intervenir dans tous les conflits. En réalité le canevas seul l'aura frappé ; et, s'il est si violent contre les Bouffes, c'est que leurs pièces sont détestables, et qu'ils n'ont été tolérables qu'en traduisant nos comédies, le *Barbier de Séville*, le *Mariage secret*, *Don Juan*, « sur leurs indignes traiteaux. » Cela n'est-il pas merveilleux : Grimod peuplant Rochefort et Toulon de tout le dilettantisme parisien, comme antérieurement il parlait de guillotiner en groupe ces « infames émigrés, » qui menacent ses rentes sur l'État ?

Au fond, ces misères ne le touchent que facticement. Mais il faut le voir, quand un obstacle réel vient obstruer sa marche, si une mesure administrative contrarie ses arrangements et son bien-être, même pour un peu ! Il apprend tout à coup que le bureau de poste a changé de lieu, Villiers n'était pas un village, c'était, au spirituel, un hameau coupé en deux, dont les habitants avaient été répartis entre deux paroisses, et dont les convenances devaient médiocrement peser sur les déterminations de l'administration. Cette décision, loin de hâter pour Villiers la distribution, la retardait de quelques heures, et c'était là un désagrément qu'un épistolier aussi actif que La Reynière ne devait pas envisager sans quelque chagrin. Mais, à son ordinaire, il poussera des clameurs, s'emportera outrageusement contre les auteurs d'un règlement que rien ne justifiait à ses yeux, et, de proche en proche, il en arrivera jusqu'à l'institution moderne, aussi vicieuse, s'il faut l'en croire, qu'était paternel et regrettable l'ancien ordre de choses, qu'il avait bien, il est vrai, quelque intérêt à défendre, puisque depuis 1725 jusqu'à la veille de la suppression de la Ferme, les postes avaient été dans sa maison.

Après tout, qu'objecter aux preuves qu'il allègue, que répliquer à des chiffres ? Non-seulement le tarif était fort modéré, mais c'était une tout autre latitude dans le volume et le poids des lettres : jusqu'à une demi-once, elles étaient considérées comme lettres simples. Une lettre dépêchée des extrémités de la France, qui coûtait en février 1823 (l'époque où nous sommes) vingt et vingt-deux sous, n'en coûtait que dix au plus haut taux. Les villes commerçantes étaient l'objet même de faveurs particulières, et Lyon n'était taxé qu'à sept sous au lieu de quatorze, son présent tarif. Voilà pour le droit commun. Mais, comme les administrateurs étaient en même temps fermiers, il leur était loisible d'accorder des grâces qui n'allégeaient que leur recette : pas un écrivain distingué, pas un individu nanti d'un titre sérieux n'était rebuté par ces fonctionnaires bienveillants et serviables qui « regardoient la poste comme un patrimoine et la régissoient en bons pères de famille. » Toute la correspondance de Voltaire, ses papiers quelconques, ses livres lui parvenaient par cette voie, gratuitement, avec des politesses qui doublaient le procédé. Et que de choses, de faits décisifs à l'appui de ces considérations, si celles-ci ne suffisaient pas, et au delà, à faire regretter une institution aussi débonnaire[1] C'est Gri-

1. La Reynière oppose le passé au présent pour en accabler ce dernier. Voici maintenant l'éloge de ce même passé comparé à l'époque plus reculée, où les postes étaient régies par l'Université. « Qu'on se rappelle le tems où une lettre à envoyer,

mod, cela va sans dire, qui donne tous ces détails à son ami, et qui, une fois sur le chapitre des récriminations et des apologies, ne saura s'arrêter ni se borner. Au fait, à côté de la glorification, il y a des renseignements historiques sur les postes en même temps que sur les titulaires, qui ont leur prix. Mais cet idéal a pourtant son côté faible, son côté vicieux et odieux ; La Reynière forcé au moins de toucher à cette question délicate, ne l'abordera que de profil, et s'en tirera par une anecdote, qui ne prouve rien, à l'égard du système.

« Quant au bureau du secret, il existoit sans doute depuis longtems, et très-certainement sous le règne de Louis XIV. Nous en avons la preuve dans beaucoup de mémoires de ce tems-là, même dans une foule de lettres de madame de Sévigné, qui le fait entendre fort clairement. Et M. de Louvois, entre autres, n'étoit certainement pas homme à négliger un tel moyen... Au reste, l'intendance des postes étoit seule dans la confidence, et ce bureau étoit en quelque sorte étranger aux administrateurs. Il y a plus, lorsqu'il y

une nouvelle à recevoir, coûtoit une somme considérable. Présentement, quelques sols procurent à chaque citoyen cet avantage. Rendons hommage aux lumières supérieures du grand ministre (Louvois) qui a commencé cet établissement utile, beaucoup perfectionné depuis, et convenons que de toutes les fortunes, celle des fermiers des postes est celle qui doit le moins exciter la jalousie, puisque leur ferme procure des secours au roi, et que le produit en coûte si peu aux particuliers, qu'il n'est personne, quelque peu aisé qu'il soit, qui ne paye avec plaisir le port d'une lettre. » *Réplique pour la dame Grimod contre les tuteurs du sieur Grimod Dufort* et contre les hôpitaux et autres gens de main-morte. (Paris, Simon, 1756.) p. 19. M° Brousse, avocat.

avoit un surintendant des postes, place qui ne se donnoit qu'à de grands seigneurs ou à des ministres en haute faveur, ce surintendant étoit absolument étranger au secret de la poste. Il y en eut un exemple bien remarquable lorsque M. le duc de Choiseul, qui étoit comme premier ministre, et dans toute la force de sa toute-puissance, fut nommé, vers 1763, je crois, grand-maître-surintendant général des postes, relais et courriers de France. Il vint à l'hôtel des Postes se faire recevoir et prendre en quelque sorte possession de cette dignité, à laquelle un grand revenu sans fonctions étoit attaché. M. Jeannel, alors intendant des postes (et prédécesseur immédiat de M. Rigoley, baron d'Ogny), lui fit les honneurs de l'hôtel et le conduisit dans ses bureaux. Arrivé à celui du secret, M. de Choiseul (qui sans doute avoit ses raisons pour cela, et qui d'ailleurs avec son nez au vent ne doutoit de rien) voulut entrer. M. Jeannel s'y opposoit poliment. M. de Choiseul insista, et lui dit : « Monsieur, est-ce « que vous ne me connoissez pas? — Pardonnez-moi, « Monseigneur, lui répondit M. Jeannel, en se met- « tant à travers la porte, mais à moins que vous ne me « passiez sur le corps, vous n'entrerez pas ici. Il faut « que le roi m'en donne l'ordre, et *de sa propre b   ·ie,* « autrement je ne saurois y obtempérer. » M. de Choiseul se retira furieux et bien déterminé à se venger et à en porter ses plaintes au roi. Mais M. Jeannel le prévint; il se rendit sur-le-champ à Versailles, selon le privilége qu'avoit l'intendant des postes d'entrer sur-le-champ chez le roi, à telle heure du jour et de la nuit que ce fût ; il rendit compte au roi de ce qui venoit de se passer, ne dissimulant pas qu'il redoutoit tout de la vengeance du premier ministre. « C'est bien, « dit le roi, j'approuve votre conduite, soyez tran- « quille. » Lorsque, quelques heures après, M. de Choiseul vint porter ses plaintes, Louis XV répondit : « Jeannel a bien fait, et s'il eût agi autrement, je lui « en aurois su très-mauvais gré. » Il fallut donc que M. de Choiseul dévora (sic) cet affront. Le roi, qui aimoit M. Jeannel, redoubla pour lui d'affection, et il est mort en place longtems après[1]. »

Cette anecdote est curieuse, et ferait le plus grand honneur à Jeannel, si son authenticité était hors de toute discussion. Que La Reynière l'ait entendue ra- conter chez son père; cela est d'autant moins surpre- nant que Jeannel avait été l'instrument de la chute des Pajot, auxquels les Grimod et les trois frères Thiroux succédèrent, contre le vœu du public, qui affectionnait et respectait cette famille, à la tête des postes depuis quatre-vingts ans[2]. D'Argenson nous fait de lui un assez vilain portrait, et le présente comme un dénonciateur et un espion[3]. C'était, en tout cas, par sa place, un homme fort dangereux, un homme qui tenait, à vrai dire, dans ses mains la faveur, la fortune, l'existence des plus grands, fort en crédit auprès du maître dont il charmait les ennuis, rendant des services à la maîtresse toute-puissante, et rui- nant, par contre, ceux qu'il y avait mérite à accabler[4].

1. *Lettres autographes de La Reynière au marquis de Cussy;* Villiers-sur-Orge, 27 février 1823.
2. Barbier, *Journal* (Paris, Charpentier), t. III, p. 133, 134, 135. Mercredi 21 mai 1738.
3. Marquis d'Argenson, *Mémoires* (Paris, Jannet), t. II, p. 137, 138. 8 février 1740.
4. Madame du Hausset, *Mémoires* (Didot). t. III, p. 84, 85.

En somme, la Restauration n'était guère plus scrupuleuse sur le secret des lettres; toutefois, plus sévère dans ses mœurs, si elle le violait, c'était dans un tout autre but que le divertissement d'un roi qu'il fallait occuper. Ce n'est point que Louis XVIII, sceptique et gouailleur, ne fût homme à s'en amuser aussi bien que son aïeul. Mais il y avait à compter avec l'opinion autrement éveillée et chatouilleuse; et les soucis d'une royauté qui n'était plus le règne du bon plaisir, ne laissaient ni le loisir ni l'envie de tels passe-temps.

A dater de la mort de Louis XVIII, La Reynière sera plus amer, plus frondeur. Les hommes et les actes, le parti royaliste aussi bien que l'opposition, tout sera l'objet de critiques chagrines et de sinistres prophéties. Dans ses accès de désapprobation acerbe, c'est encore son parti, le parti qu'il dit être le sien, sur lequel il frappe le plus impitoyablement.

« Les ministres ont fait tant de sottises depuis trois ou quatre ans, que mes opinions ont singulièrement changé : non que je déteste moins la Révolution, non que je regrette l'exécrable monstre qui a fait tant de mal à la France, et qui, après l'avoir épuisée d'hommes et d'argent pendant quinze ans, l'a laissée moins étendue, moins peuplée, et endettée de plus de quatre milliards de francs. Mais sans cesser d'être bon royaliste et fidèle au sang des Bourbons, tout dégénéré qu'il soit depuis Louis XIV, je me suis sincèrement attaché à la Charte, ouvrage de Louis XVIII, homme d'esprit, et qui connoissoit bien les besoins de la France et la portée de l'esprit françois. Depuis la mort de ce prince, à jamais regrettable, l'on n'a fait que rétrograder, et ce n'est pas la faute de ceux qui gouvernent aujourd'hui si nous ne sommes pas encore reculés jusqu'au xive siècle. J'ai eu ici, le 4 février dernier, avec M. de Beaussel (?), une conversation qui m'a douloureusement affecté, et des détails sur les gouvernans, à commencer par le chef, qui m'ont fait saigner le cœur. Voilà donc les prêtres, et ce qui est encore pis les jésuites, absolument les maîtres de la destinée de cette pauvre France. On ne peut plus arriver à rien que par une révolution nouvelle à la manière de celle de 1792. Pauvre France! pauvre France! Et pourquoi ne suis-je pas mort cet hyver pendant que j'étois si bien en train (16 mai 1826). »

Ces paroles n'étaient que trop prophétiques, et Grimod, qui regrettait de n'avoir pas été emporté par l'âge et la maladie, assistera à l'accomplissement d'une partie de ces calamités, qu'il avait pressenties avec tous les gens un peu clairvoyants, un peu sensés, que l'intérêt ou la passion n'avait point aveuglés. Plus il était incapable et faible, plus le gouvernement se montrait audacieux et violent; il croyait effrayer par des mesures de rigueur dont rien ne pouvait excuser l'excès, et ne faisait en cela qu'exalter et exaspérer un parti convaincu de sa force, et très-résolu, lui aussi, à tout tenter pour écraser l'adversaire. La presse était l'objet de répressions inouies, qui assimilaient l'écrivain hostile au forçat en rupture de ban; et n'avons-nous pas vu un journaliste mis à la chaîne, des menottes aux mains, accouplé à des galériens rongés de gale qui ajoutaient leurs insultes à ces révoltantes représailles? « Voilà ce coquin, ou plutôt ce furibond de Bellart mort, et les gens de lettres s'en réjouiroient si son successeur ne s'étoit point annoncé comme très-disposé à marcher sur les traces de ce vil éteignoir... Tandis que la France est couverte d'escrocs, de voleurs, de brigands, d'assassins qu'on laisse tranquilles, la presse est bâillonnée comme la tribune, et l'on démolit pièce à pièce cette pauvre charte qui bientôt sera renfermée dans la même tombe que son auteur, le seul roi homme d'esprit qu'ait eu la France depuis Henri IV, et que nous devons chaque jour pleurer davantage, car tout ce qu'on fait contribue à le faire regretter[1]. »

La loi sur la presse, « cette exécrable loi, » votée en mars de l'année suivante (1827), mettra le comble à son indignation. Sa conscience en sera troublée. En présence de tels faits, c'était à se demander quel parti prendre, de quel côté le royaliste le plus fervent devait se ranger. Pour lui, il ne peut que vouer à l'exécration ces ministres ineptes qui entraînent le roi, le pays à l'abîme, avec cette intrépidité de l'imprévoyance qui ne verra, ne devinera rien jusqu'à la dernière minute. « Assurément, par mon âge, mes antécédens, mes opinions même, j'étois pour la France monarchique, mais constitutionnelle. C'est au point, qu'en 1814, on m'appeloit dans ce pays le vieux royaliste, ce qui ne m'a pas empêché d'être plus pillé, plus vexé, et plus maltraité par nos amis les ennemis que tous les autres propriétaires. Mais d'après ce qui se passe depuis quatre mois, j'en suis à regretter celui que j'appelois, lors même qu'il régnoit, l'exécrable

---

1. *Lettres autographes de Lâ Reynière au marquis de Cussy;* Villiers-sur-Orge, 30 juin. — 29 juillet 1826.

monstre. Au moins, il ne déguisoit pas son despotisme; mais il savoit gouverner par lui-même... aujourd'hui, quelle différence ! Ah ! si M. Saint-Méard (cet extravagant ultra), vivoit encore, c'est alors et avec plus de raison qu'il pourroit m'appeler Jacobin[1]. »

Laissons la politique de Grimod, qui a bien ses variations et ses fluctuations. Il s'est constitué le champion un peu tardif de cette même Charte qu'il eût conseillé à Louis XVIII de déchirer, à une autre époque. Bien qu'aux portes de Paris, il en était à mille lieues, et ne savait de ce qui s'y passait que ce que lui en disaient les journaux. C'était, du reste, la même vie consacrée à la lecture, qu'il n'interrompait que pour se remettre à sa correspondance. Cependant, au moment où nous sommes, une sérieuse alerte venait troubler cette sérénité de cloporte et changer en réelle inquiétude l'imperturbable paix de la seigneurie.

Madame Grimod, qui, malgré les ans et sa part d'infirmités, ne pouvait se résigner à rester chez elle par les plus mauvais temps, courait quotidiennement tout Paris, visitant ses amies, les commères que La Reynière avait en exécration, tuant les heures de son mieux, non sans parfois fatiguer son monde ; mais c'était la chose qu'elle soupçonnait le moins. Ce qui était immanquable, ce que son mari ne lui avait que trop souvent prédit, arriva. Sortie par une affreuse journée, son pied glisse, elle perd l'équilibre, et se laisse tomber si malheureusement qu'elle se rompt une jambe. Elle n'en avouera que la moitié, pour ne point

---

1. *Lettres autographes de La Reynière au marquis de Cussy ;* Villiers-sur-Orge, 14 mars 1827.

l'effrayer, dans un bout de lettre qu'elle lui écrivit, aussitôt qu'elle put prendre la plume. « Le vent qui étoit horrible m'a jettée par terre au coin de la rue de Mondovi, ce qui m'a un peu blessée à la jambe et me retiendra à la chambre quelque tems[1]. » Madame Grimod avait soixante-trois ans ; pareil accident est toujours grave, à plus forte raison à cet âge ; et il y avait là de quoi inquiéter ceux qui lui portaient intérêt. Elle ne voulait pas qu'on en parlât à son mari ; mais M. de Cussy s'empressa d'en informer le châtelain de Villiers-sur-Orge, qui serait parti aussitôt, s'il n'eût craint, par sa brusque arrivée, d'occasionner une fâcheuse émotion à la malade. « Cependant, malgré ma répugnance extrême pour une ville qui, dans l'espace de treize mois, m'a ravi mes plus anciennes connaissances et de vrais amis, tels que M. de Saint-Martin[1], M. de Saint-Meard[2], M. Lémontey[3], M. de Fortia[4], M. L. Roussel (car il n'en vaut guère mieux que s'il étoit décédé), je ne renonce pas à m'y rendre pour peu que l'état de madame Grimod me donne la plus légère inquiétude. Je vous prie donc de vouloir bien, à cet égard, ne me rien dissimuler[5]. »

---

1. *Lettres autographes de La Reynière au marquis de Cussy ;* Villiers-sur-Orge, 14 mars 1827.
2. Jourgniac de Saint-Meard, le général en chef des Gobe-Mouches, mort le 3 février 1827.
3. Mort le 26 juin 1826. Grimod avait été très-lié avec Lémontey, et ce ne fut pas sans grand chagrin qu'il le vit accepter les fonctions de censeur. « Je regrette fort, disait-il à cet égard, que mon ami Lemontey fasse partie de cette bande d'éteignoirs. Mais cela rapporte deux mille écus, et vous savez combien il est avare. » Lettre à Cussy, du 23 janvier 1824.
4. Mort à Sisteron, le 18 février 1826.
5. *Lettres autographes de La Reynière au marquis de Cussy ;*

Les docteurs Larrey et Roques avaient été appelés; leur habileté, leur zèle étaient autant de motifs de tranquillité pour le mari de madame Grimod, qui, prêt à partir au premier signal, ne partira pas cependant, et attendra à Villiers la guérison de la malade. « J'ai été en proie aux plus vives inquiétudes, malgré le ton rassurant de la vôtre du 9, reçue le 10 au soir et lue seulement le 11 au matin, ayant pour habitude de ne lire mon courrier que le lendemain matin[1]. » N'est-ce pas admirable cela? et les mânes du méthodique M. Aze ne durent-elles pas tressaillir délicieusement à cette héroïque observation de ses sacrés règlements? Mais, absent comme présent, sa tendresse sera la même, et pareillement sa sollicitude; il entend qu'on ne néglige rien, il ajoutera à la pension, et payera tout ce qu'il faudra, bien que ce surcroît de dépense n'arrive pas en un moment fort opportun.[2]

Villiers-sur-Orge, 11 mars 1827. « J'ai dû agir comme j'ai fait, dit-il neuf jours après, étant de ma nature très-mauvais garde-malade, et bien sûr que ma présence donneroit plus d'inquiétude et d'embarras que de plaisir à la dame du lieu. »

1. *Lettres autographes de La Reynière au marquis de Cussy;* Villiers-sur-Orge, 14 mars 1827.

2. Il a été dit plus haut que La Reynière faisait à sa femme une pension de 150 fr. par mois, sur l'insuffiance de laquelle elle se récrie. (Fossé Darcosse, *Mélanges curieux et anecdotiques.* Paris, Techner, 1861, p. 204, n° 492.) Mais il faut ajouter, à la décharge de celui-ci qu'il l'alimente, et qu'à chaque courrier, elle reçoit de Villiers pigeons, poulets, canards, légumes et poisson. Il lui envoie le résultat de sa pêche, il lui adresse (en fraude, quand il le peut) de ses meilleures liqueurs, et donne des ordres à ses marchands parisiens pour porter à la « bourgeoise » les comestibles dont elle a besoin. A cette date, d'ailleurs, la vie était loin de coûter ce qu'elle coûte à l'heure où nous sommes. Lettres de La Reynière à sa femme des 2 mai et 26 décembre 1822,

« J'ai bien prévu que cette maladie occasionneroit de grands frais, et, s'il faut en juger par la visite taxée 20 francs d'un aide chirurgien, tandis que celles des médecins de Paris ne se paient que **6 fr.** (au lieu de 3 qu'elles coûtoient avant la Révolution), ils seront excessifs. C'est une tuile qui me tombe sur la tête, au moment même où mon notaire, dont on m'annonce la faillite, ce que je ne connoissois pas, m'emporte 2,900 fr.... Nonobstant cette perte, je suis bien résolu à ne rien épargner dans cette circonstance, et pour commencer, je me propose d'adresser à madame Grimod, dans ma prochaine lettre, un secours provisoire de 250 fr. et un bon pour fin courant. Cela servira à acquitter les premiers frais indispensables. »

Mais c'est cet aide-chirurgien qui lui tient au cœur, et dont la présence près de la malade a également étonné M. de Cussy. « Je dirai comme vous, mon illustre maître, que je ne sais trop pourquoi M. Larrey a amené avec lui ce chirurgien *consultant*, à moins que ce ne soit pour lui faire gagner ces 20 fr. qu'il a fallu lui donner en sortant. Quand un chirurgien est baron, chirurgien en chef de la garde royale, etc., etc., il doit regarder ses malades comme de bonnes vaches à lait, surtout si cette malade s'appelle madame de La Reynière et habite une maison qu'il suppose sans doute être encore à nous, puisqu'elle y loge. Il faut espérer que celui-ci se montrera raisonnable quand il connoîtra au juste l'état des choses, et qu'il ne portera pas ses prétentions au delà de ce qui est juste et raisonnable. » L'accident n'eut pas de suites. Madame

et 5 février 1824, communiquées par M. Delaunay, de Corbeil.

Grimod en fut quitte pour quelques jours d'un repos absolu ; puis elle reprit son train habituel, ses visites, ses courses, ses flâneries au sein de Paris ; et elle enterra son mari, (son aîné, il est vrai, de cinq ou six ans).

Pour lui, bien différent de cette mondaine, il se complaît, il s'enferme dans une complète solitude. Le général Le Barrois, qui le visitait de temps à autre[1], vient lui apporter des nouvelles de la « bourgeoise; » on le retient à dîner, et ils passent ensemble une journée agréable. « Il y avoit ce jour-là 124 jours révolus que je dînois absolument seul, sans cependant pouvoir dire que je n'ai pas un chat auprès de moi, car il y en a régulièrement cinq qui assistent à mon dîner et même le partagent[2]. » Grimod aimait les chats et s'en entourait. Il disait à M. de Cussy, le 24 décembre 1821, en équivoquant sur le nom de sa fillette : « A propos de minette et de minets, vous en retrouverez ici trois dont l'embonpoint fait honneur à la table du jury et aux souris et rats du château. Le général, entre autres, est gras comme un mouton du Berry. Ils sont depuis un mois mes seuls convives, et mon unique société, et je vous assure que je trouve le tems moins long avec eux qu'avec les convives de

---

1. Le général ne faisait pas beaucoup de bruit, et avec lui le dialogue était plus languissant qu'animé. « ... Il me sera plus facile, disait Grimod à sa femme, de le substanter que de soutenir avec lui la conversation du tête-à-tête, car vous savez qu'i n est pas grand parleur ; j'y ferai cependant de mon mieux. » Lettre autographe de La Reynière ; Villiers-sur-Orge, ce 5 février 1824. Communiquée par M. Delaunay, de Corbeil.

2. *Lettres autographes de La Reynière au marquis de Cussy ;* Villiers-sur-Orge, 20 mars 1827.

madame G...[1] » Ils n'entravaient rien par leur importunité, et le distrayaient sans le déranger de ses bien-aimées lectures. « Je mets cette solitude à profit en lisant 14 heures par jour, et si j'avois conservé la mémoire comme les yeux, je saurois bien des choses. »

Nous avons dit que l'auteur de l'*Almanach des Gourmands* était affable et paternel envers ses gens. S'il ne couronnait pas de rosières, il faisait des heureux à l'occasion, et consentait de la meilleure grâce à sortir, pour un jour, de sa chrysalide. Nous avons sous les yeux une lettre à M. Margueritte, le mari de Minette, où ce dernier est invité à assister au mariage et festoyements nuptiaux de François Tanier, artiste culinaire de la succursale champêtre du jury dégustateur. « La séance commencera vers cinq heures de relevée, lui écrivait-il, et se prolongera, Dieu aidant, jusqu'à cinq heures du matin, dimanche 15, sauf les jeunes époux, que des motifs faciles à deviner obligeront sans doute à prendre congé plutôt que l'honorable compagnie, qui est suppliée de ne point s'en offenser, d'autant qu'elle restera en séance mangeante, dansante et buvante jusqu'au lever de l'aurore[2]. » Le vieux lion sortait de son engourdissement et de son sommeil, il se ressouvenait de ses originales convocations manducatoires. Ce ne fut sans doute pas

---

1. La Reynière avait fait admettre sa chatte aux séances du jury, et elle n'a pas été oubliée dans le frontispice de la VIIIe année. « La chatte ordinaire du jury dégustateur, postée près de la porte du poêle, qui, placé sous la table, favorise la digestion du gourmand, lui tient fidèle compagnie, et le considère, ainsi que le déjeuner, d'un air tout à la fois sentimental et apéritif. »

2. Laverdet, *Catalogue d'autographes* du 20 avril 1855, p. 327, n° 724, Lettre de La Reynière à M. Margueritte; 11 février 1829.

François Tanier qui mit, ce jour-là, la main à la pâte. Mais mademoiselle Hélène n'était donc plus céans, cette exclusive Hélène qui ne permettait pas à la vieille Marguerite de réussir les béchamels qu'elle manquait? Tout le monde était si vieux à Villiers qu'il est à penser que sa retraite ne dépendit pas plus de son maître que d'elle.

La main de Grimod s'était alourdie, son écriture, si peu lisible à toutes les dates de sa vie, était devenue entièrement indéchiffrable. Il écrivait péniblement, et sa correspondance s'était ressentie de cette gêne. La dernière lettre à M. de Cussy, que nous ayons, est datée du 26 juin 1831. Le marquis était venu avec M. Margueritte et un autre convive passer à Villiers la journée du 25 mai, journée dont ceux-ci avaient emporté le souvenir le plus agréable. Ils avaient pris l'engagement de répéter leur petite débauche le 26 juin; et c'est pour se plaindre, mais sans amertume, de ce manque de parole, qu'on écrivait au marquis ce billet qui n'est pas sans fiel, pourtant; mais ce fiel est à l'adresse de la direction générale des postes du régime nouveau, des préposés ainsi que de leurs chefs, « tous nommés au milieu des pavés de juillet 1830. » Il va sans dire que le nouvel état de choses n'avait pas trouvé grâce devant l'éternel frondeur, qui fut plus désespéré que flatté d'avoir été si bon prophète. C'était la voie rouverte aux révolutions. Mais si l'avenir lui apparaissait des plus sombres, il avait lieu d'espérer que ce serait le dernier bouleversement auquel il assisterait. Qui vivrait, verrait.

La neuvième année de l'*Almanach des Gourmands*, le croirait-on? était revenue sur l'eau. Nous avons énuméré plus haut les différentes causes qui avaient rebuté le secrétaire perpétuel du ci-devant jury dégustateur. Nous en avions omis une, qui n'était pas la moindre. Le libraire Roret s'était emparé de ce titre consacré, de cette valeur commerciale, et s'était mis, sans plus de façon, à éditer un nouvel *Almanach*, avec l'espoir que le public prendrait le change sur cette substitution de personnes et de compétence. Grimod, furieux, aurait voulu que M. de Cussy, plus à portée que lui d'agir, effrayât, actionnât ce corsaire, et empêchât un tel brigandage[1]. Le marquis était alors à Bayeux, dans le centre de ses propriétés. Nous ignorons quelles démarches furent faites, quelles tentatives d'intimidation; mais, en tout cas, ce dut être en pure perte, car l'ouvrage annoncé paraissait au commencement de 1825[2]. Sept années s'étaient écoulées depuis lors, et l'on était fondé à supposer La Reynière à tout jamais revenu de ces velléités de résurrection. Mais ses amis veillaient. Ils attachaient tous une grande importance à la publication de ce neuvième volume, tant de fois annoncé et toujours arrêté. Ils voyaient le vieillard flottant, hésitant, et sentaient qu'à moins de lui faire violence, de ne pas le laisser respirer, rien ne s'achèverait, bien qu'il dise au bas de sa lettre du 26 juin 1831 : « Je ne perds pas de vue la 9ᵉ année, et Dieu et M. de Cussy aidant, je crois pouvoir la livrer le 1ᵉʳ janvier 1832. »

---

1. Lettre autographe de La Reynière au marquis de Cussy; Villiers-sur-Orge, 21 auguste 1824, déjà citée.
2. *Le nouvel almanach des gourmands* (Paris, Baudoin, 1825), par A. B. de Perigord. (Léon Thiessé et Horace Raisson). 1825, 1826, 1827. Mais on voit que Roret a fait ici place au libraire Baudouin.

Le docteur Roques donnait rendez-vous au marquis, un beau matin, à sept heures moins le quart, rue Mazarine, au bureau des voitures de Linas, attendant de cette tentative les meilleurs résultats. « Ce petit voyage me plaît, mon doux maître, lui écrivait-il, puisque je dois le faire avec vous; mais une sorte d'inquiétude vient tempérer mon plaisir. Notre seigneur de Villiers est-il bien résolu? croyez-vous qu'il passera le Rubicon?... Une volonté ferme, et la reconnaissance de tous les hommes qui savent vivre, voilà de quoi réveiller ses idées; et puis n'êtes-vous pas là pour le conduire dans les voies dont il a pu perdre la trace? N'êtes-vous pas ferré à glace sur les traditions nouvelles? Vous avez tout vu, tout su, tout flairé depuis qu'il a laissé languir son génie (*horrendum!*) et qu'il a refusé d'éclairer le monde gastronomique. Une chute? elle est impossible. Sa vieille réputation le soutiendra, et son esprit aussi, toujours fécond, toujours étincelant de verve, s'il veut la suivre. Ceux qui disent qu'il a dégénéré sont des ignorants; malheur à eux s'il reprend son fouet vengeur[1]. »

Ce n'était pas de la rhétorique pour le docteur comme pour le marquis : l'art de bien vivre était, à leurs yeux, une question de vie et de mort pour cette société en péril. Les traditions s'en allaient, et tout était perdu, si des ouvrages compétents, d'une autorité indiscutable ne venaient réveiller le zèle, ranimer le feu sacré prêt à s'éteindre, éclairer ceux qui, quoique bien intentionnés, eussent pu s'égarer, faute d'un guide sûr. M. Roques ne plaisante pas, et ce n'est

---

1. Lettre autographe de Roques à M. de Cussy, 13 juillet 1831.

pas une partie de plaisir qu'il veut faire en se dirigeant vers la succursale champêtre. Ils sont sérieux et déterminés comme Ulysse partant pour dérober les flèches d'Achille à Philoctète[1]. Hélas! moins heureux que ce plus rusé des Grecs, ils n'arrivèrent à rien de décisif; et, malgré les promesses de La Reynière, la neuvième année ne paraissait point en janvier 1832. Elle ne paraîtra jamais.

A dater de ce moment, l'auteur de l'*Almanach des Gourmands* nous échappe, par la monotonie, l'insignifiance de sa vie toujours réglée, toujours absorbée par la lecture, car ses yeux lui sont restés fidèles si sa mémoire a quelque peu faibli. Au moins s'en plaint-il. Mais ce qui a faibli, c'est cette fraîcheur, cette verdeur, cette remarquable originalité du conversationniste (un nouveau mot qui a conquis sa place au soleil, tout en attendant encore ses diplômes). A ces bavards divertissants, il faut bien pardonner l'excès en faveur de l'amusement qu'ils nous donnent. Mais, depuis longtemps, l'excès seul était resté, et cette verve, ces saillies pleines de surprise avaient fait place à un rabâchage des plus fatigants, pour ceux surtout qui savaient le livre par cœur. « Grimod de La Reynière était charmant dans ses belles années, nous dit M. de Cussy; mais il a trop causé dans les dernières, et sur toutes choses : c'était force lieux communs; on ne pouvait rien entendre de plus impatientant. Il ne rappelait plus son premier esprit. Tout finit, et surtout la

---

1. Le marquis de Cussy avait eu un instant le projet d'un journal quotidien, *La Gastronomie*, mais auquel il ne donna pas de suite. *Lettres autographes de La Reynière au marquis de Cussy;* Villiers-sur-Orge, 20 mars 1827.

faculté de bien causer; l'ardeur s'éteint et la voix tombe[1]. »

Ce n'était sans doute ni l'ardeur ni la voix qui faisaient défaut, mais bien plutôt ces qualités exquises du discoureur, dont on ne voudrait rien perdre, et dont les fusées ont toujours le tort de s'évanouir trop vite. Pourtant il fallait qu'alors encore le feu sacré jetât des lueurs et des étincelles, puisqu'on venait demander à ce vieillard de soixante-quatorze ans d'affiler ses armes pour un dernier combat. En somme, c'était une robuste et verte vieillesse, fortifiée par un régime aussi soutenu que rigoureux. Il en fait l'aveu, sans trop d'embarras, dans une lettre à Cussy, du 11 mars 1827. « Pour moi, je ne me maintiens qu'à force de privation. Ni café ni liqueurs, une bouteille de vin du crû pour six jours; un seul repas en vingt-quatre heures. Point de ragoûts, abstinence et continence perpétuelles… C'est ainsi que je me suis passablement maintenu en hyver, et que j'ai pu supporter sans fatigue quatorze heures de lecture par jour. Un peu d'exercice quand le tems le permet; toujours couché à dix heures. » Et cette vie mesurée, sagement équilibrée, dont le lendemain était l'inexorable répétition de la veille, cheminera ainsi sans secousses comme sans imprévu, de 1827 à 1837, époque redoutable pour ce septuagénaire qui touchait à sa quatre-vingtième année.

Nous sommes parvenus au dernier terme de cette existence bizarre, traversée de tant d'étrangetés et de

---

1. *Les Classiques de la table* (Paris, 1844), p. 280. L'art culinaire, par le marquis de Cussy.

folies. Dans les derniers temps, la machine, épuisée, ne fonctionnait plus que par soubresauts ; à mesure que l'intelligence s'alourdissait, l'animal reprenait le dessus, et l'heure des repas avait seule le privilége de le sortir de son engourdissement. Le docteur Roques nous a laissé *de visu* un tableau des plus curieux et des plus saisissants de l'emploi de cette journée, fait à la veille, ou peu s'en faut, de sa mort dans le *Nouveau Traité des Plantes usuelles*. Il s'agissait des *Tomates farcies à la Grimod*. Le moyen, à ce nom, de ne pas céder à la tentation de peindre cette gloire expirante, qui se survivait à elle-même? Le docteur nous semble oublier qu'il avait été, qu'il était l'ami de Grimod. C'est l'homme de lettres, c'est le physiologiste qui tient la plume, une plume spirituelle, préoccupée de bien dire au point de nous paraître quelque peu désinvolte et irrévérencieuse même.

« En lisant le nom de Grimod, on pensera sans doute à M. Grimod de La Reynière, notre vieil ami, et l'on dira : Quel dommage que ce fameux gourmet soit mort!... Rassurez-vous, l'auteur de l'*Almanach des Gourmands* est encore de ce monde : il mange, il digère, il dort dans la charmante vallée de Longpont. Nous l'avons vu il n'y a pas encore huit jours. Mais comme il est changé! cet homme jadis plein d'esprit, d'une originalité piquante, d'une verve intarissable, d'une conversation sarcastique, est maintenant comme ces ombres des enfers qui fuient à l'aspect de la lumière. Si vous lui parlez de sa haute renommée, de son *Almanach des Gourmands*, de son *Manuel de l'Amphitryon*, il vous répond à peine ; il veut mourir, il invoque la mort comme la fin de ses tourmens. Il saura bien devancer son heure, si elle tarde trop à venir.

« A neuf heures du matin, il sonne ses domestiques : il les gronde, il crie, il extravague, il demande son potage aux fécules, il l'avale. Bientôt la digestion commence, le travail de l'estomac réagit sur le cerveau, les idées ne sont plus les mêmes, le calme renaît, il n'est plus question de mourir. Il parle, il cause tranquillement, il demande des nouvelles de Paris et des vieux gourmands qui vivent encore. Lorsque la digestion est faite, il devient silencieux et s'endort pour quelques heures. A son réveil, les plaintes recommencent, il pleure, il gémit, il s'emporte, il veut mourir, il appelle la mort à grands cris. Vient l'heure du dîner, il se met à table, on le sert, il mange copieusement de tous les plats, bien qu'il dise qu'il n'a besoin de rien, puisque sa dernière heure approche. Au dessert, sa figure se ranime, ses sourcils se dressent, quelques éclairs sortent de ses yeux enfoncés dans les orbites. « Comment va M. de Cussy, cher docteur ? Vivra-t-il « encore longtems ? On dit qu'il a une terrible « maladie. On ne l'a pas mis à la diète sans doute, « vous ne l'auriez point souffert, car il faut au moins « manger pour vivre, n'est-ce pas ? »

« Enfin, on quitte la table, le voilà dans une immense bergère ; il croise ses jambes, appuie ses deux moignons sur ses genoux (il n'a pas de mains, il n'a qu'une sorte d'appendice qui ressemble à une patte d'oie), et continue ses interrogations toujours roulant sur la gourmandise. « Les pluies ont été abon-
« dantes, il y aura beaucoup de champignons dans
« nos bois à l'automne ; quel dommage, docteur, que

« je ne puisse pas vous suivre dans vos promenades
« à Sainte-Geneviève! je n'ai plus la force de mar-
« cher. Comme nos ceps sont beaux! quel doux par-
« fum! Vous reviendrez, n'est-ce pas? vous nous en
« ferez manger, vous présiderez à leur préparation. »
La digestion commence, la parole devient rare, ca-
dencée, peu à peu ses yeux se ferment : il est dix
heures, on le couche, et le sommeil vient le transporter dans le pays des songes, et il rêve à ce qu'il man-
gera demain [1]. »

L'auteur de l'*Almanach des Gourmands*, que toutes
les biographies font mourir au commencement de
1838, s'éteignait à Villiers-sur-Orge, le 25 décembre
1837, à l'âge de soixante-dix-neuf ans, un mois et
cinq jours. Il était si parfaitement oublié de ce
monde parisien dont il s'était volontairement séparé
depuis un quart de siècle, que le *Journal des Débats*
n'annonçait sa fin que le 14 janvier, par une simple
ligne. Ainsi disparaissait en lui l'un des représentants
les plus étranges de la vieille société française, non
un de ses types, encore moins une de ses figures les
plus brillantes, un de ces échantillons d'élégance,
d'urbanité, de distinction que même alors on ne
retrouvait plus guère qu'au théâtre ; mais une de ces
individualités originales, rétives à toute discipline,
frondeuses autant par boutade que par nature, fan-
tasques, bizarres, tourmentées du besoin de se singulariser à tout prix, comme on en rencontre dans
la dernière moitié du dix-huitième siècle.

On nous demandera où était l'urgence d'une telle

[1]. Joseph Roques, *Nouveau traité des plantes usuelles* (Paris, Dufort, 1837), t. III, p. 18, 19, 20.

résurrection, et la grande nécessité d'évoquer toutes ces frivolités. Mais le philosophe et le moraliste n'ont point de ces dédains. N'est-ce pas là d'ailleurs une page de notre histoire littéraire, et presque ignorée ? Car, si la Curiosité s'est mise à rechercher avec une rage malsaine ces dédaignés dont l'étrangeté constitue trop souvent l'unique valeur, l'auteur du *Tableau de Paris*, celui du *Paysan perverti* et de *Monsieur Nicolas*, les patrons du jeune La Reynière, sont des physionomies avec lesquelles il faut compter ; écrivains du ruisseau (ce dernier tout au moins), ils ont fait école aussi bien que Dorat à l'autre pôle, et les contemporains fourvoyés les ont assez longtemps admirés et dévorés pour qu'ils entrent, malgré la concevable répugnance des délicats, dans le tableau général d'une littérature de décadence.

La Reynière est un classique de la table, il vivra par son *Almanach des Gourmands*, tant que les légumistes et les buveurs d'eau n'auront point converti le monde à leur cuisine. Ce n'est ni son seul ni son meilleur titre. Il aura été un juge éclairé, écouté, vraiment compétent, en un moment où la scène française semblait ne devoir point se relever de ses ruines, défendant avec une âpreté puritaine les bons principes, les traditions classiques contre les révolutionnaires du genre, les ignorants et les impuissants. Son *Censeur dramatique*, tout comédien soigneux de son art et désireux d'en atteindre les sommets, fera bien de le lire et relire. Et n'en est-ce pas assez pour expliquer cette étude trop ample peut-être, à laquelle nous nous sommes laissé entraîner par la fortuite rencontre de documents nombreux dont l'intérêt était réel, et que l'avenir pouvait disperser d'un moment à l'autre. L'on ne nous contestera point cette recherche et cet amour de la vérité que l'érudit ne doit jamais perdre de vue dans les moindres sujets. Faute d'autre mérite, celui-ci nous sera compté et nous vaudra, nous l'espérons, l'indulgence de cette classe de lecteurs qui fait cas de l'exactitude, de la persévérance et de l'impartialité de l'écrivain.

APPENDICE

I. — LES GRIMOD AUX POSTES
(P. 6.)

« En 1719, les postes furent retirées à l'Université et données aux trois frères Pajot, qui les gardèrent jusqu'en 1725, qu'ils manquèrent. Les trois frères Grimod, Grimod de La Reynière, mon ayeul, Grimod Dufort père et ayeul de M. le comte d'Orsay, et Grimod de Beauregard, mes deux oncles, leur succédèrent et les gérèrent seuls jusqu'à la mort du cardinal de Fleury (1741). Alors on augmenta de cinq le nombre des administrateurs, mais les trois frères furent conservés, et même M. Grimod Dufort fut intendant général des postes jusqu'à son décès arrivé en 1749. C'étoit un homme d'un grand mérite, et l'ami particulier de Louis XV. A mon ayeul décédé en 1754, succéda mon père... »

Lettres autographes de la Reynière au marquis de Cussy;
Villiers-sur-Orge, 13 février 1823 (même lettre).

II. — LE PÈRE ET LE FILS [1]
(P. 8.)

« Le père de La Reynière, qui revenait d'une inspection financière, entre dans une auberge de village, et

---

[1]. Cette anecdote ne saurait être applicable qu'au grand-père de l'auteur de l'*Almanach des Gourmands*. Mais duquel de ses trois fils est-il question? C'est ce que l'histoire ne mentionne point, et nous ne savons s'il s'agit de Grimod Dufort, de Grimod de Beauregard, ou de Grimod de La Reynière, le père de notre Grimod.

s'en va bien vite à la cuisine afin d'y faire quelque bonne remarque et pour y procéder à l'organisation de son souper. Il y voit devant le feu sept dindes à la même broche, et pourtant l'aubergiste n'avait à lui donner, disait-il, que des fèves au lard.—Mais toutes ces dindes? — Elles sont retenues par un monsieur de Paris. — Un monsieur tout seul? —Il est tout seul comme l'as de pique. — Mais c'est un Gargantua comme on n'en vit jamais; enseignez-moi donc sa chambre... »

« Il y trouva son fils qui s'en allait en Suisse. — Comment donc, c'est vous qui faites embrocher sept dindes pour votre souper? — Monsieur, lui répondit son aimable enfant, je comprends que vous soyez péniblement affecté de me voir manifester des sentiments si vulgaires et si peu conformes à la distinction de ma naissance; mais je n'avais pas le choix des aliments, il n'y avait que cela dans la maison.— Parbleu! je ne vous reproche pas de manger de la dinde à défaut de poularde : en voyage on est bien obligé de manger ce qu'on trouve; c'est une épreuve à supporter, et je viens d'en avoir de rudes! Mais la chose qui m'étonne est ce nombre de sept, et pourquoi donc faire? — Monsieur, je vous avais ouï dire assez souvent qu'il n'y a presque rien de bon dans une grosse dinde, et je n'en voulais manger que les sot-l'y-laisse.

« — Ceci, répliqua son père, est un peu dispendieux (pour un jeune homme), mais je ne saurais dire que cela soit déraisonnable. »

Les Classiques de la table. (Paris, 1844), p. 505, 506.

III. — ADRESSES DE M. AZE ET DE GRIMOD
(P. 70.)

M. Aze le père, maître fondeur, ciseleur, graveur, doreur et argenteur, ci-devant officier de la communauté, ci-devant bourgeois de Paris, ci-devant porte-dais de la paroisse Saint-Jacques-de-la-Boucherie et des SS. Innocents y-réunis; ci-devant seigneur du fief de Notre-Dame de Montmélian, ses pigeons, leurs fientes et dépendances; ci-devant adjoint des Déjeuners philosophiques et semi-nutritifs de M. A. B. L. D. L. R. (ci-devant écuyer, ci-devant avocat au parlement, membre de l'Académie des Arcades de Rome, et de celles de Marseille, associé libre du Musée de Paris; ci-devant rédacteur de la partie dramatique du *Journal de Neufchâtel;* ci-devant maître juré pêcheur sur la rivière de la Seine, demeurant rue des Champs-Élysées, paroisse de la Madeleine de la ville l'Évêque); le susdit M. Aze demeurant à Paris, rue et hôtel de la Vieille-Monnaie, vis-à-vis de la petite rue de Marivaux, au bout de la rue de la Savonnerie, dite Pierre-au-Lard, département de maître Charles-Alexandre Ferrand, ci-devant conseiller du roi, commissaire enquêteur, examinateur, taxateur de dépens au ci-devant Châtelet et siége présidial de la ci-devant ville, prévôté et vicomté de Paris, y demeurant rue des Lombards, entre la rue des Trois-Mères et celle des Cinq-Diamants, vis-à-vis l'étude de maître Larcher, ci-devant conseiller du roi, notaire garde-sceau, garde-note au ci-devant Châtelet et siége présidial de la ci-devant ville, prévôté et vicomté de Paris, le tout de la susdite paroisse Saint-Jacques-de-la-Boucherie et de SS. Innocents réunis, section des Lombards.

Omniana ou extrait des archives de la Société universelle des Gobe-Mouches, par Moucheron (Fortia de Piles). Paris, 1808, p. 313, 314.

On peut penser qu'en faisant à sa cousine une stricte obligation de ne rien omettre dans la suscription de sa lettre au grand législateur, La Reynière s'amusait à ses dépens. Toutefois, plaisanterie ou non, c'était une formule à laquelle on se conformait. Quant à l'auteur de la

Lorgnette philosophique, il faut citer intégralement son adresse, bien qu'une partie se trouve enclavée dans celle de M. Aze.

Maitre Alexandre-Balthazar-Laurent Grimod de La Reynière, écuyer, avocat au parlement de Paris, membre de l'Académie des Arcades de Rome, associé regnicole de l'Académie royale des Belles-Lettres, Sciences et Arts de Marseille, associé libre honoraire du premier Musée de Paris, fondateur de la Société des *Déjeuners* littéraires, philosophiques, semi-nutritifs, maitre juré pêcheur sur la rivière de Seine de la communauté de *l'isle Saint-Denys* en France.

Ayant son principal domicile, rue des Champs-Élysées, cy-devant de la *Bonne-Morue*, faubourg Saint-Honoré, paroisse de la Madeleine de la ville l'Évêque, département de M. Carré, conseiller du roy, commissaire enquêteur, examinateur, taxateur des dépens au Châtelet et siége présidial de la ville, prévôté et vicomté de Paris, y demeurant rue Saint-Honoré, paroisse de Saint-Roch, près le monastère des Révérends pères dominicains, dits Jacobins, n° 112, à Paris.

Cette adresse date de 1783 à 1784. Celle de M. Aze, on n'a pas besoin de le dire, est postérieure à la chute de la monarchie. Elle doit être de 1792 ou du commencement de 1793, puisque la recommandation de La Reynière à mademoiselle Justine de N*** se trouve dans sa lettre à M. de Rombiou, du 31 mai de cette dernière année.

IV. — MADAME DE NOZOYLS
(P. 79.)

Quelle était cette dame de Nozoyls, habillée en homme, qui figure parmi les dix sept? La Reynière ne la nomme nulle part, et le peu que nous en sachions, c'est à Rétif de la Bretonne que nous le devons. « ... Quant à cette personne dont vous prenez si chaudement le parti, lui disait-il, vous ne la connoissez pas : elle est encore au-dessous de mad. Denozoil, qui en alant à Lyon, pour vous joindre, sous la conserve d'un libraire de Paris, vous tournoit en ridicule avec des officiers de la voiture, et les excitoit à vous faire c..., parce que leur reste seroit encore trop bon pour vous. Voulez-vous des preuves? le nom du libraire? vous l'aurez; car il dit à tout le monde, lui non scrupuleus, que c'est la plus abominable coquine qui existe. »

Le Drame de la vie, t. V, p. 1338, 1339.

V. — ANNONCE DE COMMERCE DE LA MAISON GRIMOD DE LA REYNIÈRE [1]

(P. 160.)

GRIMOD ET COMPAGNIE,

Négociants au magasin de Montpellier, à Lyon, ont réuni à leur commerce d'ÉPICERIE, DROGUERIE et PARFUMERIE en *gros*, une

---

1. Nous devons à l'obligeance de M. Aimé Vingtrinier la communication du *fac-simile* de cette marque de fabrique.

FABRIQUE DE BRODERIE dans tous les genres, on y trouvera Habits, Vestes, Gilets, et Articles pour Femmes, brodés dans les goûts les plus *nouveaux*, et à des prix très-modérés.

LESDITS SIEURS continuent de faire la Commission dans toutes les Marchandises de leur ville, comme Étoffes de Soie, Draperie, Chapellerie, Bas de Soie, Parasols, Livres, Marrons, Comestibles, Cervelas, Mortadelles, Pâtés-Velay, et autres articles de la Fabrique de Lyon. Ils procurent ces objets au même prix que les Fabricans, et prennent en retour des Marchandises du Levant, Épiceries, Drogueries, Denrées indigènes ou d'Amérique, ou du *papier fait* sur les principales places de l'Europe.

Ils sont connus pour ne tenir dans chaque genre que la première qualité, et pour vendre à *prix fixe*.

Ils se chargent d'expédier en droiture, pour telle destination que ce soit, toutes les marchandises qui leur sont commises; et ils ont, dans les principales villes de France, et surtout dans les Ports de mer, des Commissionnaires affidés chargés de retirer tout ce qui leur est adressé.

Ledit Magasin publie, deux fois par mois, un cours de toutes ses *Épiceries*, *Drogueries*, et autres denrées exotiques dont les prix sont nécessairement sujets à varier, par les rapports qu'ils ont avec les événements politiques des quatre parties du Monde.

On le fera passer franc de port aux personnes qui le désireront.

M DCC XCII.

De l'Imprimerie de Faucheux, imprimeur ordinaire du Magasin de Montpellier, rue Mercière, n° 14, à Lyon.

VI. — AVIS D'UN BONHOMME A Mr GRIMOD
(P. 174.)

(Nous donnons ces vers, malgré leur insignifiance, parce qu'ils sont un petit tableau du monde des théâtres à Lyon, à cette époque. L'auteur, qui se garde bien de se nommer, est incontestablement Lyonnais.)

Grimod, tes vers valent moins que ta prose,
Et cependant ta prose ne vaut rien.
Pour titre à tes écrits mets toujours *Peu de chose*,
Ce titre heureux les désigne trop bien.
Des Lyonnois, tu vantes le génie,
 Partout tu trouves de l'esprit,
 Et jusque dans l'Académie,
 Où Delandine écrit, récrit [1]
 Ce qu'avant lui d'autres ont dit,
 Où de Bory [2] comme toi versifie,
 Où Potot fut, dit-on, introduit
  Par une escroquerie,
 Où tu le seras si tu veux,
 Vu que pour t'asseoir avec eux,
Tu fais si bien tes preuves d'ânerie ;
Je parle ici de ce goût épuré,
 Qui, de la glacante Feuchère,
Nous prône par extrait le talent ignoré.
Passe encor de louer les vertus D'ocquerre [3],
 A ses talens de bon cœur j'applaudis.
Sa taille svelte et sa marche légère,
A mon esprit rappellent Eucharis ;
De sa figure, et si mâle et si fière,
L'amante de Dunois n'eut pas les traits hardis.
 Console-toi, mon pauvre La Reynière,
 La cruelle bientôt couronnera tes feux,
Bientôt de l'Affecteur le secret merveilleux
La reproduira vierge aux héros de Cythère.

1. Auteur de l'*Enfer des peuples anciens*, bibliothécaire de la ville de Lyon.
2. M. de Bory, commandant de Pierre-Seize.
3. L'épître à madame d'Ocquerre. Voir notre note de la page 173.

VII. — ARRESTATION DE Mᵐᵉ DE LA REYNIÈRE
(P. 178.)

Les Femmes La Reynière. — 2 ventoze. — *Section des Champs-Elysées.*

Cejourd'hui deux ventôse, l'an deuxième de la République françoise une et indivisible, en vertu d'un arrêté du Comité de sûreté générale et de surveillance de la Convention nationale, du vingt-neuf pluviôse dernier, signé des citoyens Louis du Bas-Rhin, Ragot, Le Bas, Roulland, La Vicomterie et Élie Lacoste, membres dudit Comité, lequel porte que *la ci-devant comtesse d'Ourche, ayant mari, père et beau-père émigrés; et la veuve La Reynière, sa tante, chez qui elle demeure rue des Champs-Élysées, seront saisies par le citoyen Pérès, porteur du présent, autorisé pour cet effet à faire toutes réquisitions civiles et militaires, qu'examen sera fait de leurs papiers, et extraction de ceux trouvés suspects qui seront apportés au Comité; perquisitions seront faites, les scellés apposés, procès-verbal dressé, et les susnommées et tous autres chez elles trouvés suspects, conduits dans des maisons d'arrêt pour y rester détenues par mesure de sûreté générale.* L'arrêté sus-énoncé nous ayant été communiqué par le citoyen Pérès y dénommé, nous, Jean-Louis Humbert, Jean-Alexis Poutrel, Prudent-Joseph Gillerond, commissaires civils et de police, nous sommes transportés au domicile de la veuve La Reynière, rue des Champs-Élysées, où étant, nous nous sommes adressés aux domestiques, qui nous (ont) introduits dans un appartement du rez-de-chaussée et où nous avons trouvé ladite veuve La Reynière, laquelle, après avoir pris connoissance de l'ordre qui lui a été représenté par le citoyen Pérès, a déclaré qu'elle étoit prête à satisfaire aux

1. Bien que nous l'ayons analysé avec détail, nous avons cru devoir reproduire textuellement ce document désormais anéanti et qui se peut joindre aux innombrables pièces relatives à l'époque révolutionnaire.

dispositions y contenues, malgré sa faible santé; de suite est comparue la nièce de ladite veuve, laquelle nous a dit s'appeler Baudot, femme divorcée du citoyen Charles Dourches, ainsi qu'elle nous en a justifié par un extrait du registre des mariages et divorces de la municipalité de Paris, sous la date du vingt-quatre du deuxième mois de l'an second de la République. En même tems se sont présentés les citoyens Jean-Baptiste Gay, homme de confiance et secrétaire du feu citoyen La Reynière, et Alexandre-Balthazar-Laurent Grimod, fils du décédé, lequel nous a dit être domicilié à Béziers, département de l'Hérault, y faisant le commerce de la commission, et étant à Paris, depuis le vingt-cinq pluviôse, pour les affaires de la succession de son père, ce qu'il nous a justifié par un passe-port de la municipalité de Montpellier, lequel nous a paru en forme et dont nous lui avons fait remise à l'instant; nous avons de suite et en présence des sus-nommés procédé à la visite et recherche de tous les papiers qui pouvoient se trouver dans l'appartement au rez-de-chaussée de ladite veuve La Reynière; après l'examen le plus exact, n'en ayant trouvé aucuns suspects, nous avons fermé toutes les portes, croisées et issues dudit appartement et avons apposé les scellés, savoir sur la porte intérieure de la chambre à coucher, plus sur trois croisées donnant sur le jardin, et enfin sur la porte extérieure du cabinet de toilette servant seule d'entrée audit appartement du rez-de-chaussée, tous lesquels scellés ont été empreints de notre cachet ordinaire, lequel porte pour exergue un faisceau romain surmonté du bonnet de la liberté avec ces mots liberté, égalité, autour duquel est pour légende section des Champs-Élysées, et au bas commissaire de police.

De suite étant parvenus dans l'appartement de la nièce de la dite veuve La Reynière situé au premier, ayant vue sur la cour, visite et examen fait de tous ses papiers, nous n'y avons rien trouvé de suspect, et après avoir fermé les portes et issues dudit appartement, avons apposé nos scellés sur deux portes, l'un intérieur, l'autre extérieur, et pour la sûreté des scellés ci-dessus, avons établis gardiens les citoyens Sébastien Estancelin, demeurant à Paris, rue des Bouchers, n° 37, section du Temple, et Louis-Pierre Lesourd, rue Saint-Honoré, n° 43, section des Piques, lesquels présents à notre opération et ayant reconnu lesdits scellés se sont engagés de les rendre sains et entiers sous les obligations de droit, dont et du tout avons rédigé procès-verbal que les citoyens Humbert, Poutrel, Gillerond, Dubal, Gay, Grimod, Estancelin et Le Sourd ont signé avec nous, et avons remis lesdites veuve La Reynière et Baudot divorcée Dourches sous la responsabilité du citoyen Pérès pour être par lui conduites dans une maison d'arrêt conformément à l'ordre, lesquels ont également signés avec nous lesdits jour et an.

REGISTRE DE L'ENTRÉE DES DÉTENUES DANS LA MAISON D'ARRÊT RUE NEUVE-DES-CAPUCINES

SORTIE. Du 2 ventôse est entrée la citoyenne Suzanne-Élisabeth Françoise Jarente vᵉ La Reynière, en vertu d'un ordre du Comité de sûreté générale, âgée de 58 ans. Demeurant rue des Champs Elisées n° 8. Laquel a signé

Veuve La Reynière.

Du 2 ventôse est entrée la citoyenne Maximillienne Baudot de Sainneville femme divorsé de Charles Dourche en vertu du même ordre âgée de 25 ans demeurant dans la même maison, laquel a signé

Baudot Sainneville.

(*Répertoire*)

Entrées rue Neuve des Capucines à la chambre d'arrêt de la maison des Piques, le 2 ventôse.

La femme Dourches, transférée au Luxembourg le 26 vendémiaire an 3 ; mise en liberté, le 24 brumaire suiv.

Arrestation de la veuve Grimod de La Reynière et de sa nièce Maximilienne Baudot de Sainneville, femme divorcée du cidevant comte de Dourches, prévenues d'être parentes d'émigrés.

Archives de la police, Mandats C. 19. n° 65-76. C. 27. n° 34.

VIII. — ACTE DE NAISSANCE DE Mlle MÉZERAY
(P. 202.)

Mademoiselle Mézeray n'était pas mieux renseignée que les biographes, sur l'époque de sa naissance. C'est à l'état civil (très-peu civil en pareil matière), de mettre les choses et les dates à leur place.

« Le onze may mille sept cent soixante-quatorze a été baptisée *Marie-Antoinette Joséphine*, née d'hyer, fille de *Jacques* MEZERAY, marchand limonadier, et de *Marie-Antoinette* MURET, demeurant rue du Brave. Le parrain, *Joseph* MURET, aïeul maternel de l'enfant, et la marraine *Marie* LAURENT, épouse de *François* BOUGIER, chirurgien. »

Extrait des registres de la paroisse de Saint-Sulpice, à Paris.

IX. — MORT DE Mlle MÉZERAY
(P. 210.)

Nous avons mis la main sur ce petit billet éploré qui ne vient que trop confirmer les découvertes de la Reynière. « Mon cher Gomel, je suis honteuse de vous importuner, mais il faut que vous me rendiez le service de me pretter de suite cinq cents francs pour acquitter la lettre de change de fondation. J'ai remué ciel et terre pour les avoir aujourd'huy ; mais on ne peut me les compter que le quatre du mois prochain. J'en ai reçu la parole d'honneur, et je vous donne la mienne de vous les rendre à cette époque. Ne me refusez pas ce léger service. Ce sera une obligation de plus que je vous aurai ; mais mon cœur est chargé par moi de vous en payer les intérêts. Bonsoir ami. Ce 29 floréal. J. Mezeray [1]. »

> Gabriel Charavay, Revue des autographes (mai 1877), p. 13, n° 136.

Le manque d'ordre et d'administration, qui jetait l'aimable actrice dans d'incessants embarras à l'époque la plus brillante de sa vie, allait élargir chaque jour l'abîme épouvantable qui devait l'engloutir. Mise à la retraite en 1816, avec cinq mille francs de pension, elle aurait pu, en organisant sa dépense, se faire une existence tranquille et honorable, telle que le comportait son âge. Mais, aux regrets de n'être plus jeune, de n'avoir plus une cour d'adorateurs, se joignirent les importunités et les poursuites de mille créanciers de toute date, qui ne lui laissèrent plus un seul instant de repos. Pour échapper à cet enfer, l'infortunée demanda l'oubli à l'abrutissement des liqueurs fortes. Sa raison ne résista pas longtemps à tant d'ennemis. Un soir, s'étant précipitée hors de chez elle, presque nue, dans un état complet d'ivresse, elle alla s'échouer dans un des anciens fossés qui bordaient le boulevard des Invalides. Son chien, qui ne l'avait pas quittée, appela par ses aboiements l'attention d'un passant matinal, qui alla à son secours. Elle était vivante encore, et on put la transporter dans la maison de santé du docteur Prost, à Montmartre, où elle traîna un reste de vie, jusqu'au 20 juin 1823. Elle n'avait que quarante-neuf ans.

> De Manne, La Troupe de Talma (Lyon, Scheuring, 1866), p. 147.

X. — JURY DÉGUSTATEUR

(P. 230)

JURY DÉGUSTATEUR. EXPÉDITION.

Extrait du procès-verbal de la   e *séance du Jury*
dégustateur, tenue le   180.

ORDONNANCE.

Sur la requête qui nous aurait été présentée par M.   demeurant à   rue   à l'effet d'obtenir une Expédition du Procès-verbal de la   e Séance du *Jury dégustateur,* de service auprès de l'*Almanach des Gourmands,* seulement en ce qui concerne les objets qu'il auroit soumis ledit jour à l'examen, dégustation et jugement du jury; nous PRÉSIDENT PERPÉTUEL dudit jury, avons ordonné et ordonnons, par ces présentes, qu'Expédition dudit Procès-verbal sera délivrée audit M.   qui en paiera les droits en notre Chancellerie, à raison d'un franc cinquante centimes le premier rôle, et un franc vingt-cinq centimes les rôles suivans, conformément à la Loi, y compris le coût du papier, les droits de greffe, de scel et d'expédition; lesquels seront versés par ledit M.   ès-mains du Secrétaire général qui en comptera dans les trois mois à la Chancellerie du jury, par l'entremise du trésorier.

Fait à Paris, en l'Hôtel de la Présidence du Jury Dégustateur, le   180.

Signé :

Par M. le Président,

Secrétaire aux Expéditions et Légitimations.

Suit la teneur de ladite expédition :

Extrait du Registre des Procès-verbaux du Jury Dégustateur.
  « *Séance du mardi*   180.

Est comparu devant le Jury Dégustateur, réuni en nombre compétent pour délibérer, aux termes de l'article LXXIII de ses Constitutions, un   envoyé par M.   susmentionné, d   quel   le Jury, après de mûres réflexions, une mastication convenable, et une dégustation éclairée, a porté le jugement suivant :

D'après l'ordonnance de M. le Président, relatée ci-derrière, Copie dudit Jugement sera délivrée en Expédition et dans la forme accoutumée, au Légitimateur, s'il le requiert.

Délivré par moi, soussigné, secrétaire perpétuel fondateur du Jury dégustateur, à Paris, ce
180

    Scellé du sceau
        du jury.
                              Signé :

                            avec paraphe.

Signé :

Référendaire et Secrétaire ordinaire de la Chancellerie du Jury dégustateur.

                    (P. 231.)

JURY DÉGUSTATEUR.   ASSIGNATION.

L'an mil huit cent   le   jour du mois de   a   midi, à la requête du Secrétaire Perpétuel du Jury Dégustateur, de service auprès de l'Almanach des Gourmands, faisant les fonctions de Ministère public, et qui fait élection de domicile

ASSIGNATION.

J'ai
Huissier-Audiencier près le Tribunal Gourmand du Département de la Seine, et de service hebdomadaire auprès du Jury Dégustateur, patenté, reconforté et immatriculé, aux termes de la loi, n°   demeurant
soussigné donné assignation à M.
Membre du Jury Dégustateur, demeurant
parlant à   à comparoître
le   180   en l'audience du Tribunal Gourmand du Département de la Seine, section des Victuailles, pour s'y voir condamner en
d'amende, en principal ; en outre aux dommages et intérêts, pour n'avoir point répondu, dans les délais de l'Ordonnance, à la Sommation amiable qui lui auroit été faite par le dit Secrétaire Perpétuel, de se trouver à la   ° séance du Jury Dégustateur ; avec les intérêts à compter de ce jour, dépens en cause principale, d'appel et demande, sans préjudice des autres dus, et ce, PAR CORPS : le Tout conformément à l'article 18 du titre xxxii des Réglements de M. Aze, auxquels, en sa qualité de *Membre du Jury,* ledit M.   a
promis obéissance et fidélité, lui déclarant que M°
avoué ordinaire du Jury près ledit Tribunal civil demeurant   occupera au dit nom, et lui ai, au susdit domicile et parlant comme dessus, la présente copie.

Signé :

Enregistré à Paris, le   180
reçu

Signé :
avec paraphe.

Scellé du grand
sceau du Jury.
M.   Membre du Jury Dégustateur, rue

XI. — L'ALMANACH DES GOURMANDS ET LE LIBRAIRE MARADAN

(P. 303.)

«... Vous avez bien deviné que la perte que je déplorois étoit celle de M. Maradan, brave et digne homme et libraire honnête, franc, loyal et même grand dans les affaires, si jamais il en fut. J'en ai fait souvent l'épreuve pendant près de 20 ans que nous avons travaillé ensemble, sur les 29 qui composoient notre liaison. Ce fut à un déjeuner, en novembre 1802, que me vint l'idée de l'Alm. des G., idée qu'il saisit au passage, et qui peu de jours après donna naissance à un petit acte synalagmatique entre nous, et par suite à la première année de l'Alm., qui fut ensuite composée, imprimée et publiée en moins de six semaines, ce qui ne lui coûta que 100 écus. Il est vrai qu'il a payé les autres volumes le double, c.-à-d. 25 louis et 100 f. de livres, plus un paquet de plumes et six bouteilles de liqueurs fines, quoique certainement elles ne valussent pas la première. Mais v/savez, mon très-cher et honoré maître, que l'on vend souvent le son plus cher que la farine... »

Lettres autographes de La Reynière au marquis de Cussy ; Villers-sur-Orge, 13 février 1823, déjà citée.

XII. — MORT DU MARQUIS DE CUSSY

(P. 360.)

« Nous venons de perdre M. de Cussy, cet homme aimable, poli, spirituel, dont tous les traits repiraient la douceur et la bienveillance...

« Affligé depuis plus d'un an d'une maladie cruelle, affreuse, indomptable, il l'a supportée avec une philosophie, avec une patience surhumaine. Les médecins les plus renommés lui ont prêté leur assistance; mais l'opiniâtreté du mal a peu à peu multiplié les consultans, et il a fallu subir toutes les tentatives de l'art. Pommades, linimens, frictions, bains de toute espèce, que n'a-t-on pas mis en œuvre pour nettoyer la peau vers laquelle la nature prévoyante portait sans cesse ses mouvemens pour garantir les organes intérieurs.

« Nous avons vu quelquefois M. de Cussy, non comme médecin, mais comme son ami de vingt ans, et nous lui disions, il y a environ six mois : « Du courage, vous méritez de guérir par votre admirable patience, et vous guérirez. Vous avez la tête, la poitrine, l'estomac, parfaitement libres, vous n'avez besoin que d'une alimentation douce, mais assez substantielle pour conserver vos forces et donner le tems à la nature de compléter la crise qu'elle a commencée sur la peau : les remèdes énergiques ne pourraient que la distraire de son travail et déplacer le siége de la maladie. Buvez force petit-lait, baignez-vous souvent dans de l'eau de son, faites-vous oindre la peau avec de l'huile de Provence, et plus tard, si c'est nécessaire, vous irez prendre les eaux des Pyrénées. » Ce langage simple, et conforme, du moins je le crois, à la médecine hippocratique, n'a pas été compris. Les médecins se sont succédé, les avis n'ont pas toujours été unanimes, et les plus habiles (car il y avait des hommes qui se sont livrés spécialement à l'étude des maladies de la peau) ont dû faire place à de nouveaux consultans. On s'est livré à des pratiques aventureuses, et notre infortuné gastronome aurait pu dire, comme l'empereur Adrien : « Hélas! j'ai eu trop de médecins. »

    Joseph Roques, *Nouveau Traité des plantes usuelles* (Paris, Dufort, 1837, t. III, p. 275).

Le portrait du marquis de Cussy, par Passot, nous donne l'idée la plus avantageuse de l'ancien préfet du palais impérial : physionomie fine, lèvre souriante, un peu sensuelle comme il convient à un gourmand, œil intelligent et caressant, l'ensemble, tout l'extérieur de l'homme du monde. Dantan, vers 1837, fit une charge du marquis, sortant d'un pâté, qui, loin de le blesser, le divertit beaucoup; elle a été reproduite, dans un dessin microscopique, page xii des *Classiques de la Table*.

NOTICE BIBLIOGRAPHIQUE

Le Fakir, conte en vers, par Lantier (à Constantinople, de l'imprimerie du Muphti, 1780).

Édité par La Reynière.

« Un jeune homme de beaucoup d'esprit, son compatriote et son ami est devenu (peu importe au public d'apprendre comment) possesseur du manuscrit; il l'a communiqué à plusieurs gens éclairés de la capitale, et principalement à un homme de lettres, connu dans le monde pour s'être occupé longtems d'un journal consacré à l'art dramatique et dévoué à la défense du goût et de la vérité. (Vacher de Charnois.) » *Avertissement*.

Le Flatteur, comédie de Lantier avec avertissement de l'éditeur, Grimod de La Reynière. (Paris, Duchesne, 1782.)

Réflexions philosophiques sur le plaisir, par un Célibataire, (Neufchâtel et Paris, 1783.) In-8º de 80 p. — Troisième édition, (Lausanne, 1784.) in-8º de 136 p., augmentée de deux dialogues, entre l'auteur et l'éditeur, le premier; le second avec le public.

Lorgnette philosophique, trouvée par un R. P. capucin sous les arcades du Palais-Royal, et présentée au public par un Célibataire. (Londres et Paris, 1785.) 2 vol. in-12.

Mémoire à consulter et Consultation pour Mᵉ Marie-Émilie Guillaume *Duchosal*, avocat en la Cour, demandeur; contre le sieur *Ange Fariau* de Saint-Ange, coopérateur subalterne du *Mercure de France*, défendeur. 28 février 1786. (Paris, Simon et Nyon, 1786.) 40 p.

Peu de chose, idées sur Molière, Racine, Crébillon, Piron, etc. Hommage à l'académie de Lyon, par Grimod de La Reynière. (Neufchâtel, 1788.) In-8º.

Lettre à M. Mercier, ou Réflexions philosophiques sur la ville de Lyon. (1788). Grand in-8º.

Rien et pour cause. (1789, 1790 [1].)

---

[1]. Nous trouvons cet opuscule indiqué comme publié, dans l'*Avis du libraire*, en tête de la *Lettre d'un voyageur à son ami sur la ville de Marseille*. Nous l'avons cherché inutilement, et nous ne croyons pas qu'il ait jamais paru.

Copie d'une lettre de Grimod de La Reynière, négociant à Lyon, etc., à madame Desroys, ancienne sous-gouvernante des ci-devant princes de la maison d'Orléans. Lyon, le 7 décembre 1791. In-8° de 8 pages. Rarissime.

Lettre d'un voyageur à son ami ou Réflexions philosophiques sur la ville de Marseille, par Grimod de La Reynière. (Seconde édition. Genève, 1792.) In-8°.

Moins que rien, suite de *Peu de chose*, par Grimod de La Reynière. (Lausanne, 1793). In-8°.

Le Censeur dramatique ou Journal des principaux théâtres de Paris et des départements, par une société de gens de lettres, rédigé par A. B. L. *Grimod de La Reynière*, (Paris, 1797-1798.) 4 vol. in-8°. Le quatrième, suspendu par la censure directoriale, s'arrête à la page 256, avec le trente-unième numéro. Il est très-rare.

L'Alambic littéraire ou Analyse raisonnée d'un grand nombre d'ouvrages publiés récemment. (Paris, 1803.) 2 vol. in-8°.

Almanach des Gourmands ou Calendrier nutritif, servant de guide dans les moyens de faire excellente chère; suivi de l'Itinéraire d'un gourmand dans différents quartiers de Paris et de quelques variétés morales, apéritives et alimentaires, anecdotes gourmandes, etc., par un vieil amateur. (Paris, Maradan, 1803-12). 8 vol. in-18.

Manuel des Amphitryons, contenant un traité de la dissection des viandes à table, la nomenclature des menus les plus nouveaux pour chaque saison, et les élémens de la politesse gourmande; ouvrage indispensable à tous ceux qui sont jaloux de faire bonne chère, et de la faire faire aux autres; par l'auteur de l'*Almanach des Gourmands*. (Paris, Capelle et Renaud, 1808.) In-8° avec planches.

Nous croyons devoir joindre à cette liste bibliographique les livres annoncés comme devant paraître bientôt ou comme déjà parus, et qui demeurèrent à l'état de projet. Cette recherche est curieuse, au moins au point de vue biographique.

Nous lisons dans l'*Avertissement*, en tête du *Fakir* (1780) : « L'éditeur du *Fakir* va publier incessamment trois ouvrages dont le public a paru désirer l'impression : l'un est l'éloge d'un célèbre écrivain polémique, mort en 1776; l'autre, celui d'un poëte agréable que la littérature vient de perdre, et qu'on a surnommé à bon droit l'*Ovide françois*. (C'est à l'instigation de plusieurs littérateurs connus, et surtout d'une femme aimable (madame la comtesse de Beauharnais), distinguée par ses talens, ses grâces, ses vertus, qu'il s'est déterminé à l'entreprendre). Le troisième enfin aura pour titre : *Réflexions philosophiques sur le plaisir*, etc., etc. » Il s'agit ici de Fréron et de Dorat. C'est la seule fois qu'il sera question de ce dernier. Quant à l'*Éloge de Fréron*, La Reynière dit ailleurs, en y faisant allusion ainsi qu'à cette Lausanne où il avait passé de si doux moments : « C'est ici que j'ai fait mon premier ouvrage. » (Voir p. 155.) Mais *faire* n'est pas même chose qu'*imprimer* et *publier*, et nous avons toutes les raisons de penser que l'*Éloge* demeura manuscrit.

Nous trouvons dans l'avis des libraires qui précède *Moins que rien*, (1793), la liste curieuse des ouvrages dont l'auteur s'occupait alors et qu'il promettait pour un temps plus ou moins prochain.

1° *Considérations sur l'art dramatique*, ouvrage en 4 vol. in-8°, dont la souscription est toujours ouverte à Paris et à Lyon, chez les libraires indiqués. Ce livre est le fruit de vingt années de méditations sur le théâtre : l'homme du monde et l'homme de lettres y trouvent également à s'instruire et à s'amuser ; et l'on peut dire, sans orgueil, qu'il tiendra lieu de beaucoup d'autres.

2° *Coup-d'œil philosophique sur quelques individus de la société*. C'est un ouvrage purement moral, mais dans lequel on reconnaîtra bien des masques, pour peu qu'on ait vécu à Paris. Lorsque la satyre est utile aux mœurs, elle cesse d'être un mal ; c'est un miroir dans lequel on offre le portrait du vice, pour inspirer l'amour de la vertu [1].

3° *Voyage dans les provinces méridionales de France* [2]. Dans ce voyage l'auteur s'est attaché à la partie philosophique, à tout ce qui peut peindre les mœurs, le caractère et le commerce des villes qu'il a parcourues. Sous ce rapport il deviendra intéressant pour les esprits qui aiment à réfléchir.

4° *Essai sur le commerce en général et sur quelques commerçants en particulier*. C'est après avoir bien médité son objet sous toutes ses faces, et l'avoir considéré sous tous ses rapports, que l'auteur a entrepris cet ouvrage. C'est la première fois peut-être qu'on aura vu traiter cette matière philosophiquement, et l'on sera étonné des aperçus qu'elle offre à tout homme qui voudra la

---

1. L'annonce de ce livre était au moins une menace, sur laquelle Grimod comptait peut-être pour contenir ceux qu'il savait lui être hostiles.

2. Dans l'avis du libraire de la *Lettre d'un voyageur à son ami sur la ville de Marseille* (1792), on lisait : « M. Grimod a publié une lettre philosophique sur la ville de Lyon à laquelle celle-ci peut servir de pendant et de *correctif*. Il en fera successivement paraître sur les principales villes de commerce de France. »

méditer en moraliste. Cet essai sera très-utile aux jeunes négocians, dans un moment surtout où l'on croit que pour exercer cette profession il suffit d'ouvrir un magasin et de payer patente ; enfin les consommateurs apprendront à se défier de plus d'une espèce de fraude, et sauront peut-être gré à l'auteur de les avoir fait jouir, à peu de frais, du résultat de ses pénibles recherches, et des fruits de sa longue expérience.

Le libraire a soin d'ajouter :

N. B. On ne peut déterminer absolument le temps où paraîtront ces quatre ouvrages ; cela dépend des circonstances ; mais nous pouvons assurer que l'auteur s'en occupe assidûment.

Ce que nous pouvons assurer, de notre côté, c'est qu'aucun des quatre n'a vu le jour. Il faut remarquer que c'est toujours sous un aspect *philosophique* que Grimod envisage chaque chose. Ses *Réflexions sur le plaisir*, sont philosophiques, la *Lorgnette* est philosophique ; ce sont des *Réflexions* philosophiques sur les villes de Lyon et de Marseille. Et, sur quatre ouvrages qu'on nous annonce ici, en voilà trois encore qui affichent les mêmes visées métaphysiques. Avouons que La Reynière ne se pique pas trop de réaliser ses promesses, et que la philosophie est ce qui se rencontre le moins dans ces productions de quelques pages pour la plupart et qui n'ont pas coûté de longues veilles à leur auteur.

En messidor, an VI, La Reynière faisait allusion, dans le *Censeur dramatique*, à un livre prêt à paraître, *Roman véritable* ou *Vie et aventures d'un vieux célibataire*, qui devait être sa propre biographie. Toute sa vie, il parlera de révélations, de mémoires inédits mais dont l'éclosion sera prochaine ; et il en parlait encore dans sa vieillesse, comme de choses faites et qu'on trouverait après lui. Il a été question de cela plus haut, dans une note à laquelle nous renverrons pour éviter les redites (p. 82, 83). Que sont devenus ces mémoires, s'ils ont existé ; et peut-on espérer qu'ils verront le jour tôt ou tard ? Violent et homme de rancune, Grimod n'est pas d'humeur à rien ménager, et si ces pages sont pleines d'historiettes piquantes, nous comprenons que, jusqu'ici, ce qu'il y a eu de mieux à faire ç'a été de les laisser dormir. Mais actes et gens sont bien loin de nous désormais. La Révolution a creusé un abîme entre la veille et lendemain, et le lendemain compte déjà à son actif bien près de quatre-vingts ans.

Dans une lettre autographe au marquis de Cussy, en date du 8 mars 1823, La Reynière fait mention d'un *Petit recueil d'anecdotes inédites* « que j'avois composé autrefois, dit-il, pour le libraire Rabillot, qui est encore imparfait et qui n'a jamais paru. » Nous avons trouvé dans ses papiers des fragments de ce recueil d'anecdotes, qui nous semblent avoir été utilisés pour un ensemble quelconque, mais sur lequel nous n'avons nulle indication.

Les lettres de La Reynière, on en a pu juger, sont intéressantes. L'on a vu, par les citations que nous en avons faites, que Rétif de la Bretonne a trouvé bon de recueillir celles que lui adressait son ami. Les quatre premières et le commencement de la cinquième se trouvent aux tomes XXVII, XXVIII, XXIX, XXX des *Contemporaines* (2ᵉ édition, 1788). Les suivantes ont été reproduites dans le tome V du *Drame de la vie*. D'autres auxquelles nous avons fait d'abondants emprunts ont été publiées dans la *Revue du Lyonnais* t. X (1855), XII (1856), XV (1857) et XXIX (1864).

La Reynière a fait du journalisme toute sa vie, et cette notice ne serait pas complète si nous ne rappellions les feuilles dans lesquelles il a plus ou moins déchargé sa bile de critique.

En 1777 et 1778, le *Journal des Théâtres* (avec Le Vacher de Charnois.)

En 1781 et 1782, le *Journal de Neufchâtel*.

En 1787, il insérait divers articles dans la *Correspondance secrète de Newied* et les *Affiches de Metz*. (*Lettre d'un voyageur sur la ville de Marseille*. (Avis du libraire.)

Détenu à l'abbaye de Domèvre à cette même époque, il nous apprend lui-même que l'un de ses plus doux passe-temps était de dire son avis, dans le Journal de Nancy, sur le talent des comédiens qui l'eussent dispensé de cette peine.

En 1801, il s'enrôle au *Parisien*, supprimé après six jours d'existence.

Enfin, en 1814, engagé au *Journal des Débats* (*Journal de l'Empire*) où il ne resta guère plus qu'au *Parisien*.

TABLE

1. — Origine des Grimod. — Enfance de Balthazar. — L'hôtel des Champs-Élysées. — La forme et le fond, 2. — Portrait de Balthazar. Horribles moignons et mains artificielles, 3. — Sa naissance, 4. — Les Grimod. Le banquier Jean Grimod. 5. — Le chef de la dynastie. Antoine Grimod. Marguerite Le Juge. Sa femme. Leurs trois fils, 6. — La Reynière, 7. — Meurt d'indigestion. Sa descendance, 8. — Mademoiselle de Jarente, 9. — Conditions romanesques. Elle épouse La Reynière, 10. — Malveillances féminines, 11. — *Adèle et Théodore*. Madame d'Olcy, 12. — Protestation de madame de Genlis, 13. — Étranges coïncidences. Un mot sanglant, 14. — Attaquée de noblesse. Enchantement du financier, 15. — Étrange saillie de M. de Malesherbes. Le *Lutrin* et la *Pucelle*. Un mari bonhomme, 16. — Peur du tonnerre, 17. — Inoffensives moqueries. Chansonné par l'abbé Arnaud et le comte d'Albaret. Le tambour et le baril d'huile, 18. — Salon de madame de La Reynière. Ce qu'en disent madame du Deffand et la comtesse de Sabran. 19. — Différentes manières d'avoir de l'esprit. M. de Thyard. Madame de Staël. Mesdames de Cambise et de Boufflers, 20. — Résidences successives du fermier général, 21. — L'hôtel des Champs-Élysées, 22. — Un million à mettre à fonds perdus. Le graveur Wille, 23. — La Thuilerie. La dot de madame de La Reynière. Inconvénients des grandeurs, 24. — Le grand Mérillon. Vente du château. Balthazar au collège. Son précepteur, 25. — L'adultère introduit dans les mœurs. Répartie du duc de Coigny au marquis de Conflans, 26. — Études terminées. Grimod à Lausanne, 27. — Mademoiselle Suzanne. Amour malheureux, 28. — Grimod se calomnie,

20. — Se lasse de voyager. Lettre de M. de Malesherbes, 30. — Retour de La Reynière. L'entresol de la rue d'Enfer. Sa passion du théâtre. Homme de lettres et journaliste, 31. — Mademoiselle Quinault du *bout du banc*. Son affection pour Grimod, 32. — Mademoiselle Luzy. Le *Journal des Théâtres* et le *Journal de Neufchâtel*. L'Académie des Arcades, 33. — *Nerino*. Pourquoi Grimod préfère être avocat que juge, 34. — Indépendance de la profession. Son cabinet, rue Chauchat, 35. — N'est pas un avocat amateur. Paie à déjeuner à ses clients. Alcibiade estropié. Besoin de s'étourdir, 36.

II. — LA JOURNÉE DU 26 AOUT.— LONGUEVILLE, ÉCRIVAIN PUBLIC. — LE GRAND M. AZE. — Mademoiselle de Bessi. Son portrait, 37. — Locataire dans la maison paternelle. Parents complaisants, 38. — Mariage d'Angélique. Lettre de Grimod à M. Mitoire, 39. — Conséquences funestes, 40. — *La fille à la bonne mère*. Il cesse d'honorer sa mère, 41. — Désaveu de Grimod, 42. — Scène terrible. Ressentiment profond de madame de La Reynière, 43. — Le bailli de Breteuil. Démarche pénible, 44. — Un dogue enfant, 45. — Nouvelle tentative. Mademoiselle Quinault intervient, 46. — Silence offensant. Balthazar hors de lui. Épître injurieuse au bailli, 47. —Violentes récriminations. La modération de Grimod, 48. — Torts communs, 49. — Le bureau de la galerie des Fontaines, 50. — Longueville écrivain public. Un nouveau Diogène, 51. — Officier de Morale. Assentiment des Cydalises de province. *Le Portrait de Rousseau*, 52. — Un point de rapport avec Voltaire. Hospitalité du *journal* de *Paris*. Visées ambitieuses, 53. — Coin du voile soulevé. Ce qu'était Longueville, 54. — La recette des deniers du diocèse de Laon. Indulgence du cardinal de Rochechouart, 55. — Petites habiletés, 56. — Bontés de La Reynière et reconnaissance emphatique de Longueville. Un vieux Pégase à réchauffer, 57. — Bienfaits anonymes. Le prince de Conti menacé d'un siége, 58. — Le prieur de Chartrage. Plaisant mode d'emprunt. Inquiétudes que peut donner un habit neuf, 59. — Les chartreux de Gaillon. Mademoiselle Cécile. Longueville adore les femmes, 60. — Une perruque dans la Loire. Désapprobation de La Reynière, 61. — La correspondance de Longueville. Une physionomie du ruisseau, 62. — Le grand M. Azo. Un procédé ingénieux et expéditif, 63. — Portrait curieux, 64. — Universalité de M. Azo. Origine de la liaison des deux amis, 65. — M. Azo seigneur du fief de Montmeillan, 66. — Une terre de rapport. Le Pelletier de Morte-Fontaine. Où est le grand homme dans M. Azo, 67. — Les immortels Règlements, 68. — Mademoiselle Justine et le *Règlement épistolaire*. Moyens d'arrangement, 69. — M. de Cussy à Villiers-sur-Orge, 70. — Cas embarrassant, 71. — Le manuscrit des Règlements, 72.

III. — LE FAMEUX SOUPER. — DÉJEUNERS PHILOSOPHIQUES. — RÉTIF ET MADAME MITOIRE. — Étrange billet d'invitation. Une majuscule d'enterrement, 73. — L'huile et le cochon, 74. — Plaisant expédient. Grimod maître de la place, 75. — Fortia de Piles. Correspondance avec toutes les notoriétés parisiennes, 76. — Lettre de Caillot-Duval à M. Barth, 77. — Réponse de M. Barth, 78. — Description officielle du fameux souper. Les dix-sept convives, 79. — Teneur du billet. Curieux cérémonial. Le chevalier Bayard et l'homme à la robe noire, 80. — Le repas. Les quatorze services, 81. — Réticences volontaires. Promesse d'une relation plus complète, qui ne viendra jamais, 82. — Les *Mémoires secrets* et la *Correspondance* de Grimm. Concordance des récits, 83. — Les deux La Reynière. Petite question du suisse. Des encenseurs à gage, 84. — Les parents de Grimod. Chaudement recommandés aux convives, 85. — L'abbé de Jarente mis à la porte, 86. — Réclamation de M. de Bonnières. Un vers de l'abbé Delille, 87. — Dugazon l'ordonnateur de la fête. Sévérité de l'opinion, 88. — Pourquoi le souper. Date de la liaison de Rétif et de Grimod, 89. — Défense de l'amphitryon, 90. — M. de Lélisée. Infortunes conjugales de M. Jean-de-Vert. Innocence de Grimod, 91. — Damis et Sirap, 92. — Petit dialogue. On ne récolte que ce qu'on a semé, 93. — Coup de grosse caisse. *Réflexions philosophiques sur le plaisir*, 94. — Trois éditions successives. Le logement du Pont-Neuf, 95. — Le naturaliste la Faye. Conditions mal observées. L'affaire s'arrange, 96. — Déjeuners philosophiques. Leur composition bigarrée, 97. — L'admission, 98. — L'amour-propre d'auteur, 99. — Mufles en bronze distribuant le café et le thé. Point de domestiques, 100. — Comment le Célibataire recrutait ses convives, 101. — Procédés expéditifs. Ni nappes ni serviettes. Les Mercredis et les Samedis, 102. — Anchois qui courent la poste. Les dix-sept tasses obligatoires, 103. — Le président Clavaux. Une tragédie de *Charles-Martel*, 104. — Le jurisconsulte Fardeau. *Le Service récompensé*. Répartition originale des syllabes, 105. — « Votre Excellence » et « votre Impertinence, » 106. — Un grand toupet, 107. — Un jour de souffrance, 108. — Changez-moi cette tête, 109. — Un coup d'épée pour un coup de peigne, 110. — Une chaîne indigne, 111. — Répétition du fameux souper, 112. — Madame Mitoire, 113. — Étrange dialogue, 114. — Conseil violent, 115. — Un philosophe relâché, 116.

IV. — Fariau de Saint-Ange. — La Reynière a l'abbaye de Domèvre. — Parodie du songe d'Athalie. — Mot plaisant de Châteaubriand sur Saint-Ange. Le café Procope, 118. — L'*Année littéraire* et l'homme à l'habit bleu. Ridicule altercation, 119. — L'histoire d'un soufflet. Demi-aveux, 120. — *Les Curieux de Compiègne*, 121. — *Mémoire à consulter et Consultation*. Les armes de La Reynière, 122. — Vers à la louange de Saint-Ange, 123. — Paternité flottante. Impatience du public, 124. — Griefs de La Reynière, 125. — Vers à Suzanne. Lettre à Imbert, 126. — Impudent plagiat. Fureur de Grimod, 127. — Mᵉ Duchosal. Membre des déjeuners philosophiques, 128. — M. de Ville. Évincé par Saint-Ange, 129. — Tour perfide du trésorier de la généralité d'Amiens. Conclusions de l'avocat, 130. — Deux éditions en cinq jours, 131. — Scandale prodigieux. Menace d'un procès criminel, 132. — La Reynière enlevé, 133. — Abstention de M. de Malesherbes. Un ministre à cheval, 134. — Grimod à l'abbaye de Domèvre. Ce qu'il dit de son père, 135. — Ce qu'il dit de sa mère. Résigné aux concessions, 136. — Exigences des parents. Le chapitre de la singularité, 137. — Intervention hostile de Beaumarchais. L'homme qu'il a le plus aimé et admiré, 138. — La prison de Maréville, 139. — Appréciation plus équitable. Échappées à Nancy, 140. — L'avocat Gerbier. Grimod a-t-il été rayé de la liste de l'ordre?

141. — Mystérieuses distractions. Mauvaise tournure de ses affaires, 142. — *Le Compère Grimod*, 143. — Morne abattement, 144. — Le *Songe d'Athalie*. Madame de Genlis. L'abbé Gauchet et l'Académicien Gaillard, 145. — *Désaveu du sieur Grimod de La Reynière*. Rivarol et Champcenetz, 146. — Bienveillance inattendue de Grimod envers madame de Genlis, 147. — Grimod peint par lui-même, 148. — Cruel persiflage, 149. — Second désaveu. Grimod puni par où il a péché, 150.

V. — GRIMOD ET COMPAGNIE. — RUPTURE AVEC RÉTIF. — MARIAGE DE LA REYNIÈRE. — RETOUR A PARIS. — Conditions humiliantes, 151. — Atteint du tœnia. Départ pour la Suisse, 152. — Premières amours. Madame B***, 153. — Retour sentimental sur le passé, 154. — Sentence mal placée. Suzanne n'est pas heureuse. Lausanne chère à Grimod, 155. — Le théâtre de Lyon. Collot d'Herbois. A neuf ans d'intervalle, 156. — Retraite du baron de Breteuil. Zurich et Lavater, 157. — Apparition à Domèvre. Levée de la lettre de cachet. Façon de penser de La Reynière, 158. — Grimod aristocrate. Son exaspération contre Mercier, 159. — Grimod commerçant. *Au Magasin de Montpellier*. Un bazar universel, 160. — Les soupers de l'Hôtel de Milan. Nature de ces agapes, 161. — La crapule a du bon. Le chevalier Aude. Emplète d'une femme. L'abbé Barthélemy de Grenoble, 162. — Soupers de la Croix de Saint-Louis. Les dames y sont admises, 163. — La comtesse de Beausset. Son portrait par son neveu. Rétif admiré à Beziers, 164. — Symptômes alarmants. Ce qui sauve La Reynière, 165. — Sa conversion gastronomique. Il la doit aux bons chanoines, 166. — La fourchette et la plume. Entre la vie et la mort, 167. — Horreur de la Révolution. Imprécation de Camille, 168. — Rupture avec Rétif, 169. — Les trois classes. Regard mélancolique vers le passé, 170. — Sous la pique. Un célibataire démissionnaire, 171. — Adélaïde Feuchère. Ses débuts à la Comédie-Française, 172. — Actrice agréable. Engagée au théâtre de Lyon, 173. — Leur mariage, 174. — Amoureux et gourmand. Court et sans queue, 175. — Fournée des vingt-huit. Mort de M. de La Reynière, 176. — M. de Malesherbes à son neveu, 177. — L'hôtel envahi. La comtesse d'Ourches, 178. Double arrestation, 179. — Courte captivité, 180. — Le blanc et le noir. Le fabricant Lyonnais, 181. — Hostilité de la famille. Madame Desroys, 182. — Les époux Schérer. Trois imprimeurs et deux afficheurs à ses ordres, 183. — Biens sous le séquestre. Motion de Rebwel, 184. — Un ménage à la gêne. Cherté des denrées, 185. — Une recette à l'Opéra en juin 1795. Prudence de madame Grimod, 186.

VI. — LE CENSEUR DRAMATIQUE. — TALMA ET MADAME PETIT. — MADEMOISELLE MÉZERAY. — LA RIVE. — Paris après l'orage. Les deux camps, 187. — Les relations d'autrefois. Un regret donné à Rétif, 188. — Mercier rentré en grâce. Sa valeur littéraire, 189. — M. Azc et la Révolution. Ni fief ni pigeons, 190. — Le baron de Clootz, ancien ami de Grimod, 191. — La nouvelle aristocratie. Sa grossièreté, 192. — Encore la perruque de Grimod. Indicible exaspération, 193. — Les théâtres de Paris. *Le Censeur dramatique*, 194. — Après Thermidor. La Reynière manque de liant, 195. — Attaques à fond de train. L'orthographe de Fleury, 196. — Talma. Scission regrettable. Paroles sévères de La Reynière, 197. — Madame Petit. Talma prend sa défense, 198. — Réplique emphatique. Apologie de Grimod par lui-même, 199. — Maligne allusion. Distance qu'il y a entre un *ami* et un censeur, 200. — Impartialité de l'Aristarque, 201. — Un dessous de cartes. Joséphine Mézeray, 202. — Pactisation de conscience. Étrange démarche, 203. — Lettres à l'ami. Est-il ou non jaloux? 204. — Un madrigal. Protestations de La Reynière, 205. — Une correspondance philosophique et littéraire. Repoussé avec perte, 206. — Gracieusetés en pure perte. Grimod au désespoir, 207. — On glisse dans le lyrisme. Brûlante déclaration d'amour, 208. — Le nouveau Saint-Preux, 209. — Une pensée unique. Mademoiselle Mézeray a plus d'un chagrin. Consolations qu'on lui offre, 210. — Châteaux en Espagne. Le cœur et la main, 211. — Rappel à la raison, 212. — Suspecte humilité. L'amant est mort, vive l'ami! 213. — La femme légitime, 214. — Dernières conditions. Pas de nouvelles bonnes nouvelles, 215. — Secrets de ménage. Agacement de mademoiselle Mézeray, 216. — Congé en forme, 217. — Le distique de La Noue. *Mon abjuration*, 218. — Suppression du *Censeur*, 219.

Dénouement inattendu, 220. — Cordiale invitation, 221. — Le Kain, 222. — La Rive opposé à Talma. Curieux dialogue, 223. — Appréciation peu équitable, 224.

VII. — LE JURY DÉGUSTATEUR ET L'ALMANACH DES GOURMANDS. — VILLIERS-SUR-ORGE. — FOLIES APOCRYPHES. — La bonne chair et les femmes. Grimod n'est pas galant, 226. — Société du mercredi. S'assemble au *Rocher de Cancale*, 227. — Jury dégustateur. Importance de son institution, 228. — Grimod secrétaire perpétuel. Assises gastronomiques. Les *Légitimations*, 229. — MM. Chugot, Balaine, Dazincourt, Camerani. Admission des dames, 230. — Amendes contre les contrevenants. Châtiment de mademoiselle Mézeray. L'esprit et la lettre, 231. — Séance du jury. Inconvénients du service. *Table de confiance*, 232. — Table volante de Trianon. Le porte-voix du maître, 233. — Le coup du milieu. Étranges hérésies, 234. — La truffe échantillon du paradis. La 352e séance. Réception du marquis de Cussy, 235. — Minettes et Augustinettes. Nécessité d'un organe, 236. — L'*Almanach des Gourmands*. Impertinence de l'Avertissement. Augustes adhésions, 237. — Pique-nique à la Rapée. Madame Guichard. Ménagements de La Reynière, 238. — Un pâté gâté. Le Rhadamante culinaire, 239. — *Amphitryons ruraux*, leurs devoirs. L'hospitalité à Achères, 240. — *Dîners par cœur*. Griefs personnels, 241. — Intervention de Guys. Inutiles soumissions, 242. — Exactitude obligatoire dans le convive. Porte fermée aux retardataires. Respect de l'amphitryon, 243. — Les patrons de l'*Almanach des Gourmands*, 244. — Importance attachée aux estampes, 245. — Interruption de l'*Almanach*, 246. — Procès au criminel et au civil, 247. — Bons rapports avec Madame de La Reynière. La comédie à l'hôtel des Champs-Élysées, 248. — Situation bornée du ménage, 249. — Acquisition de Villiers-sur-Orge. Le *Parisien* et les *Petites-Affiches*, 250. — L'*Alambic littéraire*, 251. — Curieux petit dialogue. Roux La Borie, 252. — Grimod ne fait que paraître aux *Débats*. Le cabinet de Fouché, 253. — Fortune de La Reynière, 254. — Le duc de Wellington et son concierge, 255. — Obsèques pour rire, 256. — Grimod n'est pas mort, 257. — Funèbre souper. Un Lucullus apocryphe, 258. — Proscription des glaces, 259.

Résidence à la Radcliff, 260. — Les convives de Grimod, 261. — Trucs de toute nature, 262. — Une tabatière de carton, 263. — Les cosaques à Villiers. Dépenses ruineuses, 264. — Nature d'Allobroge, 265. — L'ancien laboratoire de la marquise de Brinvilliers, 266. — *La Seigneurie*, 267. — Grimod s'arrondit, 268.

VIII. — VICTORINE. — SAUVAGERIE DE GRIMOD. — LE DOCTEUR ROQUES. — M. DE CUSSY. — MINETTE ET AUGUSTA. — Antagonisme de goûts, 270. — Une fille de Grimod. Mariage de Victorine, 271. — Elle abandonne son père. Profond ressentiment, 272. — Coup de tête irréfléchi. Ses irréparables conséquences, 273. — Distribution de la journée, 274. — Isolement absolu de Grimod. Sa rage de lecture. Un volume par jour, 275. — Les trompettes de Madame Grimod. Fâcheux et fâcheuses, 276. — Dîners et nains jaunes. Plaisantes doléances, 277. — Désœuvrement et perpétuelle flânerie de la bourgeoise, 278. — Dunant, hôte aimable. Le docteur Roques, 279. — *Traité des plantes usuelles*. Un médecin trop galant, 280. — Le châtelain de Villebouzin. Le marquis de Cussy, 281. — La cour impériale. Salons et champs de manœuvre, 282. — L'Émigration s'humanise. Les ouvriers de la dernière heure. M. de Cussy, préfet du palais, 283. — Chute de l'empire. Premier chambellan de l'impératrice. Retour en France, 284. — Plume et tablier, 285. — Le type du vrai gourmand. Le marquis et son cuisinier, 286. — Minette, une charmante et piquante soubrette. Lauréat du Conservatoire, 287. — Augusta, coryphée à l'Opéra. Son portrait. Considération qu'elle s'était acquise, 288. — Nouvelles faiblesses. Un amoureux sans prétentions. Traité outrageusement, 289. — Consigné à la porte. Fureur de Grimod. 290. — La glace rompue. Minette réconciliée, 291. — Parrain et marraine à pied. L'enfant d'Hélène. Grimod pris comme pis-aller, 292. — Ajournement au troisième enfant, 293. — Manque de parole du marquis. Longanimité de M. de Cussy, 294. — Assassinat du duc de Berri. Il paralyse la plume de Grimod. Maradan le détermine, 295. — Difficultés de l'œuvre, 296. — Un collaborateur inexact, 297. — Désormais l'on comptera sur soi seul. Vivacités qui passent les bornes, 298. — Amertume contenue. La tribune a tué la table,

299. — Grimod s'est trop hâté de se plaindre. Gratitude du commerce parisien, 300. — MM. Balaine, Debauve, Chevet et Labour. Perfides insinuations. Un gourmand-légion, 301. — Gloires de l'autre siècle. Madame des Nœuds et le poisson d'eau douce. Les honneurs de la faillite. Grimod le *toutou* de la Halle, 302.

IX. — PASSION DE LA REYNIÈRE POUR LOUIS XVIII. — LA POLITIQUE DE GRIMOD. — DELPHINE A LORMOIS. — Mort de Maradan. Son successeur Grimbert, 303. — *Dressez et servez chaud.* Magalon à Poissy. Crainte du *carcere duro*, 304. — *La Physiologie du Goût* opposée à l'*Almanach des Gourmands*, 305. — Noble désintéressement de Grimod. Il n'est qu'un gargottier auprès d'un tel artiste, 306. — *Monsieur* à l'Opéra en 1785. Deux heures de fou-rire, 307. — Le roi s'en souvient-il? Alissan de Chazet. Son effronterie, 308. — *Relation d'un Voyage à Bruxelles et à Coblentz*. Enchantement de Grimod, 309. — Appréciation d'un goût différent. Louis XVIII bonne fourchette. Le but manqué, 310. — Étapes culinaires. Marie-Thérèse et la croûte de pâté. L'évêque de Namur, 311. — *Le Voyage de Dantzig et de Marienwerder*, en 1734. Inégalité d'intérêt. Ce que l'on doit penser du premier. La Révolution partout, 312. — Une erreur politique. Inutilité du gouvernement représentatif. Le gouvernement de 1788, 313. — L'Inquisiteur Marchangy avec un pied de nez. Homme de lettres et propriétaire. Titre sacré, 314. — Les hommes de lettres. Un petit avocat gascon et un romancier boursouflé, 315. — Le bon vieux temps. Autrefois et aujourd'hui. L'ancien régime sans les abus, 316. — Plaisantes inconséquences. L'expulsion de Manuel. Que deviendront les journaux? 317. — Les fanatiques de religion et les fanatiques de révolution. Les émigrés, 318. — Attitude de la noblesse à la Constituante. Le milliard d'indemnité, 519. — Maître juré pêcheur. La seule distraction du solitaire, 320. — Le paon décédé. Offre gracieuse. Billet trop bref du duc de Maillé, 321. — Une question de savoir-vivre. On en appelle au jugement du cercle de Gramont, 322. — La paille et la poutre. La nuit porte conseil. Vive inquiétude, 323. — Quitte pour la peur. La morale de Figaro, 324. — Le curé de Longpont et son clergé. Aubes métamorphosées en rideaux, 325.

Invitations courtoises. Fêtes à Lormois. La *Muse de la patrie*, 326. — Grimod a-t-il doté Delphine? M. Gay. Son portrait, 327. — Le cordon bleu de la Seigneurie. Marguerite et les Béchamels, 328. — Paternel pour ses gens. Marguerite à l'Opéra, 329. — Épistolier à outrance, 330. — Anecdote plaisante, 331. — L'écriture de Grimod, 332. — Physionomie de ses épîtres, 333. — Verbeuses énumérations, 334.

X. — Les deux Minettes. — Jeannel et M. de Choiseul. — Dernières années. — Mort de La Reynière. — Franche affection de La Reynière pour Augusta. Il se préoccupe vivement de son avenir, 334. — Minette-*minor*. Portrait souriant. Appel aux bons sentiments du marquis, 336. — Une corde délicate. Grimod ne se rebute pas. Augusta sincèrement attachée à M. de Cussy, 337. — Minette-*major*. Plaisant petit billet. Elle se marie, 338. — Chateaubriand et Rossini. Un charlatan ultramontain. Gosier et pas d'âme, 339. — Le dilettantisme parisien à Rochefort et à Toulon. Arrangements qui dérangent Grimod, 340. — Les postes au dix-huitième siècle. Différence des taxes. Fonctionnaires bienveillants et serviables, 341. — Le bureau du Secret. Étranger aux administrateurs, 342. — Jeannel intendant des postes. Sa fermeté à l'égard du duc de Choiseul, 343. — Louis XV lui donne raison. Les Pajot et les Grimod. Ce que d'Argenson dit de Jeannel, 344. — Impéritie des ministres, 345. — Paroles prophétiques. Le gouvernement faible et violent. Journaliste mis à la chaîne, 346. — Loi sur la Presse. Anxiétés et incertitude d'un royaliste honnête homme, 347. — Amour un peu tardif pour la Charte. Chute de Madame Grimod, 348. — Hésitation de la Reynière. Il a perdu tous ses amis, 349. — Les docteurs Larrey et Roques. Prix excessif des visites. Ce qu'elles coûtaient jadis, 350. — Le chirurgien consultant. Baron et chirurgien en chef de la Garde. Les malades des vaches à lait, 351. — Les cinq chats de Grimod. Ses seuls convives et sa seule société, 352. — François Tanier. Un repas de noces. Réveil du vieux lion, 353. — Pèlerinages à Villiers-sur-Orge. Les pavés de Juillet. Qui vivrait verrait, 354. — Encore la neuvième année. Une contrefaçon de l'*Almanach des Gourmands*. Persistance des amis, 355. — Roques et le marquis à

Villiers. Bon espoir du premier, 356. — Un conversationniste remarquable. A trop causé dans les dernières années, 357. — Robuste vieillesse. Les avantages du régime, 358. — *Tomates à la Grimod*. Un portrait *de visu*, 359. — Grimod n'est plus qu'un ventre et un estomac, 360. — Sa mort, 361. — Page d'histoire littéraire. Un classique de la table. Réels services rendus à l'art dramatique, 362. — Recherche et amour de la vérité, 363.

APPENDICE

I. — LES GRIMOD AUX POSTES, p. 365.
II. — LE PÈRE ET LE FILS, p. 365, 366.
III. — ADRESSES DE M. AZE ET DE GRIMOD, p. 366, 367, 368.
IV. — MADAME DE NOZOYLS, p. 368, 369.
V. — ANNONCE DE COMMERCE, p. 369, 370.
VI. — AVIS D'UN BONHOMME A Mr GRIMOD, p. 371, 372.
VII. — ARRESTATION DE Mme DE LA REYNIÈRE, p. 372, 373, 374, 375.
VIII. — ACTE DE NAISSANCE DE Mlle MÉZERAY, p. 375.
IX. — MORT DE Mlle MÉZERAY, p. 376.
X. — JURY DÉGUSTATEUR. — Expédition. — Assignation, p. 377, 378, 379.
XI. — L'ALMANACH DES GOURMANDS ET LE LIBRAIRE MARADAN, p. 380.
XII. — MORT DU MARQUIS DE CUSSY, p. 380, 381, 382.

NOTICE BIBLIOGRAPHIQUE, p. 383, 384, 385, 386, 387.

FIN DE LA TABLE.

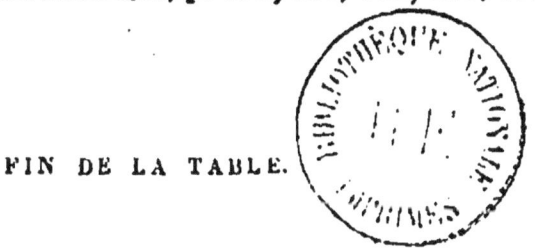

Paris. — Imp. E. CAPIOMONT et V. RENAULT, rue des Poitevins, 6.

www.ingramcontent.com/pod-product-compliance
Lightning Source LLC
Chambersburg PA
CBHW052036230426
43671CB00011B/1673